国家出版基金项目
NATIONAL PUBLICATION FOUNDATION

石鸥 主编

百年中国教科书图文史 1840—1949

段巍 编著

生物

SPM 南方传媒
全国优秀出版社
全国百佳图书出版单位 广东教育出版社
·广 州·

图书在版编目（CIP）数据

百年中国教科书图文史 ：1840—1949. 生物 / 石鸥主编 ；段巍编著. -- 广州 ：广东教育出版社，2024. 10. -- ISBN 978-7-5548-6448-7

Ⅰ. G423. 3-092

中国国家版本馆CIP数据核字第2024CR2363号

百年中国教科书图文史　1840—1949　生物

BAINIAN ZHONGGUO JIAOKESHU TUWENSHI　1840—1949　SHENGWU

出 版 人：朱文清

丛书策划：李朝明　卞晓琰

项目负责人：林检妹　黄　倩

责任编辑：李　慧　阳　洋

责任校对：李彦谚

责任技编：杨启承

装帧设计：邓君豪

出版发行：广东教育出版社

（广州市环市东路472号12—15楼　邮政编码：510075）

销售热线：020-87615809

网　　址：http://www.gjs.cn

邮　　箱：gjs-quality@nfcb.com.cn

发　　行：广东新华发行集团股份有限公司

印　　刷：广州市岭美文化科技有限公司

（广州市荔湾区花地大道南海南工商贸易区A幢）

规　　格：889 mm × 1194 mm　1/16

印　　张：19.25

字　　数：385千

版　　次：2024年10月第1版

2024年10月第1次印刷

定　　价：188.00元

如发现因印装质量问题影响阅读，请与本社联系调换（电话：020-87613102）

导　论

小课本，大启蒙，大学问，大政治。

需要构建中国特色的课本的学问——教科书学。

教科书学只能建立在多领域、多维度研究成果基础上，尤其是建立在教科书文本丰富、教科书发展史得到基本梳理、教科书理论研究成果突出、教科书使用研究取得明显进展等基础上。

很显然，教科书发展史的研究是重要维度。教科书发展史就是教师教什么、学生学什么的历史，就是教育教学内容的历史，就是一代又一代的先辈对后辈的期望的历史。这种历史的研究，要依赖过往人们的教育活动所保留下来的实物或遗存来进行。本套教科书图文史就是注重遗存的教科书实物的体现——聚焦于1840—1949年我国教科书文本实物。

一

19世纪中叶以来，中华大地风起云涌，巨大裂变在社会的各个领域发生。1862年京师同文馆的成立与大量洋务学堂的创办，标志着我国古代教育的开始退出和新式教育逐渐兴起。新式教育能否成功，很大程度上取决于能否提供适应时代的新式教科书。一代开眼看世界的知识分子行动起来，新式教科书如雨后春笋般涌现，新知识、新思想、新观念如开闸之水，轰然涌入古老的中国。中国传统的知识系统为西方以近代学科为分类标准构建起来的新知识系统所冲击，中华民族壮丽的启蒙大幕徐徐拉开，中国近现代教科书事业也走上了一条可圈可点之路。

教科书是时代的镜子。1840—1949年中国近现代教科书发展历程，折射出中国艰难曲折的变革之路、复兴之路。教科书的发展史，就是中华文明的进步史，是中国社会的变迁史，是中华民族的心灵史。

（一）西学教科书的引进时期

大约处于19世纪中至19世纪末这一时期。科举时代，没有近代意义的新式教育和新式学堂，只有启蒙教育和科举预备教育，学生初学“三百千千”，进而学“四书五经”，我们称之为“教材”，但不是现代意义上的教科书。现代意义的教科书是从19世纪后期开始，伴随着新式学堂而逐渐发展起来的。当时大量西学教科书被教会学校和洋务学堂引进，拉开了中国现代教科书发展的帷幕。这一过程表现出如下基本特征：

第一，现代教科书处于萌芽阶段。作为教科书，这些西式教材的基本要素不全，没有分年级编写，基本上还没有使用“教科书”一词，多用“读本”“须知”“入门”“课本”等来命名。不仅“教科书”文本还未出现，即便现代意义的“科学”也没有找到恰当的名称，所以当时出现了不少类似于“格致”“格物”“火学”“汽学”“名学”“计学”等教材。这些教材整体上处于前教科书阶段，或现代意义的教科书的萌芽阶段。

第二，教科书多从西学编译而来，且多出现在科学技术领域。这些西式教材主题多为洋务运动中最急迫需要的知识类型，如工兵、制造、天文、算学等，同时也适应了当时洋务学堂的教学需要。教材的编译和出版多与教会的印刷机构以及洋务运动的教育与出版机构相关，如墨海书馆、美华书局、京师同文馆、江南制造局翻译馆等。西式教材的编译者主要由中国学者和欧美传教士共同组成。

第三，教科书与一般科技类西学书籍没有明显界限，广泛流布于社会和学堂。19世纪中晚期的中国，从国外译介的西学著作和教材几乎是相同的，没有本质区别。它们既是开明知识分子了解西学的门径，也被充作教会学校和早期新式学堂的教学用书，甚至中国一些地方的书院也多以它们为教材。

（二）自编教科书的兴起与蓬勃发展时期

这一阶段起始于19世纪末南洋公学自编教科书，止于清朝终结。这是教科书的引进与自编自创结合、引进逐渐为自编自创所取代的阶段，是教科书涉及学科基本齐全的阶段，也是教科书要素日益完整的阶段。这一时期产生的教科书，我们一般称为“新式教科书”，以区别于前一阶段的以翻译为主的“西式”或“西学”教科书。有学者认为，“西学”与“新学”二词意义相仿，但新学在1894年后方见盛行。西学更重在引进之学[1]，新学则已经有国人自动、主动建设，用本国语言消化的味道了[2]。这很能够说明近代西式和新式教科书的微妙区别。这一时期的标志性事件是我国第一个近代学制的颁布，延续1300多年的科举制度的废除，以及第一套现代意义的教科书产生。这一时期教科书发展的主要特征是：

第一，学堂自编教科书不断涌现。伴随着科举制的取消，新式学堂迅猛出现，对新式教科书的需求激增，以南洋公学、上海澄衷蒙学堂、无锡三等公学堂等为代表的学堂自主编写的教科书影响大、使用范围广，逐渐打破了编译的西学教科书垄断的格局。

第二，我国最早的现代意义的教科书产生。适应1904年《奏定学堂章程》的正式实施，中国第

[1] 王尔敏. 中国近代思想史论[M]. 北京：社会科学文献出版社，2003：18.
[2] 孙青. 晚清之“两政”东渐及本土回应[M]. 上海：上海书店出版社，2009：12.

一套现代意义的教科书——《最新教科书》（商务印书馆1904年版）出版发行，紧接着由清学部编撰的第一套国定本教科书也开始陆续出版发行。这些教科书首先是以“教科书”命名，其次要素基本齐全，分册、分年级、分学科编写，有配套教授书发行，已经是很完整的现代意义的教科书了。[1]

第三，教科书编写主体发生变化。这一阶段的教科书作者大多是中国学人，以留日学生群体为主，部分教科书原型也来自日本教科书。以商务印书馆和文明书局等为代表的中国本土民间书坊开始加入教科书编写与出版队伍。

（三）教科书的兴盛与规范化时期

时间大致定位在中华民国成立到壬戌学制颁布及其相应的教科书编写出版使用[2]。中华民国的建立，把教科书推向了重要的发展阶段。清末到民国早期，各种思潮纷至沓来，形成了中国历史上教科书受各种新思潮、新主义影响，发展最开放、最活跃的时期之一。新教育思潮下多样化的教科书不断涌现，为民国共和思想的传播和民国教育的发展作出了重要贡献。这一阶段的主要特点有：

第一，清末旧教科书全部退出，民国新政体要求下的新教科书迅速登场。为适应1922年新学制需要，成套而完整的教科书逐渐实现对学校教学的全覆盖，零散的、单本单科的、小型出版机构的教科书逐渐被挤出学校、挤出市场，新教科书编写与出版机构以商务印书馆、中华书局以及后起的世界书局为突出代表。

第二，教科书编写主体再次发生变化。1922年新学制的出台，以适应该学制的教科书的编写出版，把留欧美学生推上了教育的前台。留欧美学生逐渐取代留日学生成为教科书的主要编撰队伍，大批崭露头角的学者参与到教科书的编写中。

第三，以白话文编写的教科书逐渐取代文言文教科书，横排教科书逐渐取代竖排教科书，教科书外在形式基本定型。从表面来看，白话文只是一种语言形式，它与教育内容的新旧无必然的关系。但白话文具有平民性和大众性，对国民文化的普及，对塑造国民全新的世界观、价值观都意义重大，可以说，白话文是传播新文化、新思想的有效载体。民初白话文的使用，使得现代教科书以摧枯拉朽之势普及。同理，没有海量的教科书，任胡适等知识分子如何呼号呐喊，白话文的普及都可能非常缓慢。

（四）多种政治制度并存下的教科书发展时期

这一阶段大致从1927年开始，一直持续到1949年。前期是教科书稳定、制度化并略显沉闷时期；中后期是教科书全面服务抗战、服务尖锐的阶级对抗的时期，是一个统整和分化并行的时期。

[1] 在我们看来，现代意义的教科书要符合如下基本条件：分册、分开级编写，按学科编写，有配套的教授书或教授法。

[2] 因为根据新学制编写的教科书全面投入使用总会滞后于新学制实施几年，所以此阶段约到1927年前后。

抗日战争的爆发致使中国政治格局发生新的变化，由土地革命战争时期中国共产党领导的革命根据地和国民党统治区域，到解放战争时期逐渐分割成解放区、国统区、沦陷区的不同政治气候，形成了不同政治语境下的教科书新格局。

第一，国民党的党化教育、三民主义教育在教科书中强势出现。国统区教科书的编写与出版逐渐往国定本集中，教科书逐渐进入相对平稳甚至沉闷的发展时期，日益规范化、标准化，但也少了开放的生气，少了创新的锐气，教科书发展的兴盛时期结束了。

第二，中国共产党领导的抗日根据地及解放区的教科书呈现出服务抗战、服务党的宣传的鲜明特征。它们为共产党的事业发展和壮大作出了重要贡献，为新中国教科书建设铺垫了基石。

第三，抗战时期，沦陷区教科书的奴化教育色彩浓厚，尤以伪满洲国的教科书为甚。

总体而言，抗战期间的地缘政治导致教科书分化发展，教科书的社会动员与政治宣传功能发挥到极致。

二

尼采说过：重要的不是怀念过去，而是认识到它潜在的力量。而要认识教科书的潜在力量，恰恰又需要认清楚教科书的过去或过去的教科书。这是我们编撰这套教科书图文史的初衷之一。

首先，早期教科书对于我国现代科学具有重要的启迪、导引甚至定型价值。著名学者托马斯·库恩（Thomas kuhn）认为“任何一门科学中第一个范式兴起的附带现象，就是对于教科书的依赖”[1]。中国一些学科的早期发展与定型，几乎都离不开早期教科书。比如，有研究认为张相文《初等地理教科书》和《中等本国地理教科书》的出版，标志着中国民族的新地理学的产生[2][3]。台湾学者王汎森认为，在近代中国建立新知的过程中，新教科书的编撰具有关键的作用，很多学科的第一代或前几代教科书，定义了我们后来对许多事物的看法，史学就是其中的一个[4]。傅斯年在20世纪30年代写了《闲谈历史教科书》一文，称编历史教科书“大体上等于修史”，可见其对教科书的“充分看重”[5]。

其次，早期教科书是传播新思想、新伦理的最适切的工具，是新教育得以成功的最重要的保障。在漫长的传统教育里，“三百千千”“四书五经”等都是不可撼动的经典教材，但是当新学校创办、新课程实施以后，这种不分科、不分年级，不顾教与学，只重灌输的旧教材日益暴露出它的不适应性。旧教材是可以“修之于己”，但不易“传之于人”的文本。旧学堂先生大多是凭经验和

---

[1] 托马斯·库恩. 科学革命的结构[M]. 金吾伦，胡新和，译. 北京：北京大学出版社，2003：85.

[2] 杨吾扬. 地理学思想史纲要[M]. 开封：河南大学地理系，1984：98.

[3] 林崇德，姜璐，王德胜. 中国成人教育百科全书：地理·环境[M]. 海南：南海出版公司，1994：192.

[4] 王汎森. 执拗的低音：一些历史思考方式的反思[M]. 北京：生活·读书·新知三联书店，2014：33.

[5] 傅斯年. 傅斯年集[M]. 广州：花城出版社，2010：401.

理解来教的，学童大多是凭禀赋和努力来学的，大多的结局是“人人能读经而能经学者无几，人人能识字而能小学者无几，人人能作文而能词章学者无几”[1]。所以，在西学知识大量涌入中国、新式教科书逐渐进入新学堂的时代，理论上旧教材就已经失去了作为新学堂教材继续存在的基础。尤其是废科举、兴学堂之际，旧教材被取代已经是大势所趋。传统旧教材不敌按照现代教育学理论构建的、关注教也关注学的新教科书。当时的士人事实上已经意识到旧教材与新教科书之间的巨大差距，甚至认为，即便教旧内容，也应该用新形式。许之衡1905年就指出，经学乃孔子之教科书，今人能够完全理解者极少，这因为旧教材与今天的新教科书不同，“使易以今日教科书之体例，则六经可读，而国学永不废”[2]。这实际上等于已经承认旧教材不如新教科书效果好。张之洞更是明确表示，中学之“存”不能不靠西学之“讲”。[3]可见，现代意义的教科书闪亮登场完全是时代所需，是应运而生，而且一出现，就以摧枯拉朽之势取代了旧教材，新式教科书地位得以确立。到《最新教科书》出现时，教材的性质发生了巨大的变化，在文本意义上真正实现了教与学的统一，以“教科书”命名的现代新式教科书全面登场，完成了由纯粹的教本、读本向教学结合文本的转型。

再次，早期教科书为我国的现代化进程培养与输送了大批新式人才。到第二次鸦片战争之后，洋务派及当时的先进知识分子基本上已经认识到中国落后于西方，主要是人才的培养落后，是科学技术落后。因此，中国要改变落后挨打的局面，就必须发展新式教育，大力培养人才。而新式教育的成功，依赖于新式教科书。19世纪末20世纪初，中国历史的进程到了一个极具转折意义的时刻，新式学堂如雨后春笋般涌现，一批最不能遗忘的教科书诞生了，演绎了一幕思想大启蒙、科学大传播的历史教育剧，它们为启民智、新民德，培养大批现代社会的呐喊者和建设者，作出了重要的知识贡献和人才储备。

章开沅先生曾经为戊戌变法的失败找原因：“百日维新是幸逢其时而不得其人。”[4]这是非常有道理的。不过，戊戌变法的失败也许还与新教育即开而未开，新教科书即出而未出，即将找到但还没有大规模实践传播改革思想的媒介或工具有关。在这一意义上，确实是“不得其人”。即便在士大夫精英中，有新思想、新知识者也寥寥无几，更不要说普通民众了。这个时候，任变法者颁布的维新诏令雪花般飞舞，也只能看作主观愿望，一厢情愿。社会还没有准备好，心态、舆论、思想、观念都还没有准备好迎接这场变法。所以，不管是谁，都无法完成这场不能完成的变法，它失败得如此迅速也就在情理之中了。谭嗣同曾经自责性急而导致事情不成。其实，性急也就意味着时候还不到，之所以时候不到，是因为新思想之星火还未成燎原之势，人才还没有储备到基本够用。

几年后情况变了。维新变法以后十余年，几乎是新思想、新观念如火如荼的燎原时期，其中新教育、新式教科书教材起了重要作用，它把新思想、新观念传播到千家万户，由此推动了近代中国

[1] 罗志田. 裂变中的传承：20世纪前期的中国文化与学术[M]. 北京：中华书局，2003：143.

[2] 许之衡. 读国粹学报感言[J]. 国粹学报，1905（6）：4.

[3] 罗志田. 裂变中的传承：20世纪前期的中国文化与学术[M]. 北京：中华书局，2003：143.

[4] 章开沅. 改革也需要策略[J]. 开放时代，1998（3）：12-13.

启蒙高潮的形成。严格地说，辛亥革命的成功一定程度上与当时的变革舆论的传播和革命思想的宣传有密切关系。当时初步的民主自由的思想、宪政共和的观念随着海量新式教科书铺天盖地而来。以《最新教科书》为例，1904年一经出版便势不可挡，在那毫无现代化营销渠道的时候，“未及数月，行销10余万册”[1]。1907年有传教士惊叹，商务印书馆“所编印的优良教科书，散布全国”[2]。民智为之而开，民德为之而新，武昌的枪炮声尚未完全平息，许多地方已经插上了革命的旗帜。读书声辅佐枪炮声，革命的成功乃成必然。没有教科书的普及，就不会有民众思想与观点的前期储备，就不会有辛亥革命的一呼百应。某种意义上，教科书的出现比康有为等人深邃的著作，对普通民众的影响更大。

最后，早期教科书是中国课程与教学论的重要研究领域，它对今天的教科书建设仍具有难得的参考价值。早期教科书的内容结构与形式呈现，选文的经典性与时代性、稳定性与变迁性，作业设计与活动安排等，都是今天课程教学论需要研究的，都是教科书编写值得参考的。课程教学历史不是一个个文本，可离了文本，历史难以企及。今天看来，几乎教科书的所有要素、结构与类型，都发生并完成在19世纪后期至20世纪20年代，以后只是在这些基础上的漫长提质过程。我们完全可以从今天的教科书中看到百年前教科书的样子。遗憾的是，总体上我们对这一时期的教科书研究还不够，这是一个学术开拓空间非常广阔的研究领域。教科书是一个跨学科、综合性的资料库和研究域，种类繁多的教科书，对政治、经济、文化、教育有全方位的反映和描述，是研究该时期社会思潮、观念认识、语言形态、乡风民俗、价值观、人生观等领域的鲜活而宝贵的历史材料。大部分学科可以从中获取本学科需要的早期研究史料及发展素材。这是一个没有断裂的、连续的而又变化的学科发展史的活资料库。难怪不同学科的科学史专家对现代科学引入、发展与定型的研究几乎都要盯着早期教科书。[3]

三

几乎没有教科书可以溢出教科书史的范畴，也几乎没有一个教科书文本能够挣脱教科书史的发展谱系而天然地、孤立地获得价值。教科书一定是继承的，也是创新的；一定是独立的文本，也是系列文本。站在教科书的历史延长线上，摆在我们面前可资借鉴的精神遗产既广阔又复杂。系统梳

[1] 王建军. 中国近代教科书发展研究[M]. 广州：广东教育出版社，1996：111.

[2] 林治平. 近代中国与基督教论文集[C]. 台北：宇宙光出版社，1981：219.

[3] 比如郭双林著《西潮激荡下的晚清地理学》（北京大学出版社2000年版）、邹振环《晚清西方地理学在中国：以1815至1911年西方地理学译著的传播与影响为中心》（上海古籍出版社2000年版）、杨丽娟《地质学在中国的传播与发展：以地质学教科书为中心（1853—1937）》（浙江古籍出版社2022年版）、张仲民等《近代中国的知识生产与文化政治：以教科书为中心》（复旦大学出版社2014年版）等，甚至本杰明·艾尔曼《中国近代科学的文化史》（上海古籍出版社2009年版）等，都把早期教科书与早期科学的发展紧密关联起来。

理其实很难，厘清它们的背景与意义更难。本套书涉及的教科书覆盖1840—1949年晚清民国中小学主要学科。而在清中晚期，学堂课程并未定型，很多学科边界也不明晰，教科书本身也未定型，诸如格致教科书、博物教科书、蒙学课本、蒙学读本等均属于这种情况，均有综合类教材的色彩。一些教科书按今天的课程命名不好归类，一些教科书更是随着课程的选取而昙花一现，这都给我们今天的梳理带来了困难。所以，有些早期教科书也许出现在不同分卷上，比如格致教科书，有可能出现在物理卷，也可能出现在化学卷、生物卷。同理，也有些早期教科书因为分类不明晰，所以各卷都可能忽视、遗漏了它。也有些教科书实在不好命名，比如早期的修身、后来的公民一段时期也出现过“党义”“三民主义”等等，都和今日之课程名称不能完全对应。

教科书发展史的梳理需要依赖过去师生用过的文本，这是历史上的课堂教学活动仅存下来的几种遗存之一。本套书的一个特点就是看重教科书实物，这遵循了我们的研究原则：不见课本不动笔，不见课本慎动笔。我们很难想象离开教科书实物的教科书脉络的梳理。无文本，不研究，慎研究。就好像中国的小说史、诗歌史、电影史研究，甚至任何文本研究，离开文本，一切都是浮云。特别是教科书，它和其他任何文本不一样，因为其他文本都有独一无二的名称，独一无二的作家，一提起某某人的某某书，大家就有明确的指向性，绝不会混淆犯晕，研究者和读者可以在同一文本上展开对话。比如曹雪芹的《红楼梦》，茅盾的《子夜》。唯有教科书是名称高度雷同的文本，我们说“历史”，说“数学”，几十年上百年一直这么说，成百上千的、完全不一样的文本都是这个名称，因此让研究者和读者很难迅速在同一文本上展开对话的命名，如果不展示文本的实物图像，很容易让人云里雾里一时半会进不了主题。如何让读者明白我们是在讨论这本《历史》，而不是那本《历史》？

由此，本套书特别关注图文结合，简称“图文史”。适时展示教科书实物照片，让读者能够比较清晰地知道我们在讨论哪一种教科书。而且，以图证史、以图佐文也是我们的重要追求（沿袭了《新中国中小学教科书图文史》的风格）。南宋史学家郑樵曾在《通志·图谱略》中谈到图文结合的价值是“左图右史”“索象于图，索理于书”。足见图像对学理呈现的重要性。确实，有时图像比文字包含更多的东西。英国著名史学家彼得·伯克（Peter Burke）在《作为证据的图像：十七世纪欧洲》（*Images as Evidence in Seventeenth-Century Europe*）一文中提出，图像是相当重要的历史证据，要把图像视为“遗迹”或“记录”，纳入史料范围来处理。他著有《图像证史》（北京大学出版社2008年版）一书，专门研究怎么让图像说话。在他看来，现在的学界已经出现了一个“图像学转向”（Pictorial Turn）。

本套书以时间为经，以学科为纬，以文领图，以图辅文，由语文（国语、语文）、数学（含珠算）、外语（英语、日语、法语）、科学、物理（含格致等）、化学、生物、德育（修身、公民、政治）、历史、地理（含地文学、地质学等）、音乐、体育、美术共13册组成。这套书与《新中国中小学教科书图文史》（广东教育出版社2015年版）衔接贯通，比较系统地呈现出一个多世纪以来中国近现代中小学教科书的发展历史，也算了却我们一个心愿。

这套书的编写非常艰难。一是作者的组织不易。从事教育史、学科史研究的学者相对较多，即便是学科课程史也有不少研究者，但长期研究教材史（像内蒙古师范大学的代钦教授之于数学教材史、上海师范大学的胡知凡教授之于美术教材史）的学者还是相当少的，长期研究教材史而又有暇能够参与本套书编写的人更少，能够集中一段精力主动参与本项目的研究者更是少之又少。二是虽然我们最后组织了一个小集体，但这些作者多是高校的忙人，有的还是大学的校级领导，尽管他们已经尽力了，但让他们完全静下心来如期而高质量地完成任务还是很难。三是项目进行期间遭遇三年新冠疫情，而要较好地完成这套书，需要翻阅大量教科书文本实物，疫情使得我们几乎没有办法走进首都师范大学教科书博物馆，更不要说将书中文本与实物一一对应，而有些文本的照片及其清晰度又几乎是必不可少的。这一切因素都直接影响了本套书的进展，也影响了书中一些照片的品质，加之受限于作者和主编的水平导致各卷质量多少有些不均衡，难免遗憾。还有方方面面不必一一言说的困难。说实在的，我这个主编有时候很有挫败感，也很难受。不仅我难受，有些作者也被我逼得很难受，逼得他们害怕收到我的微信，逼得他们害怕回复我的要求。对不起这些作者！感谢之余，希望得到他们的谅解。

主编难，作者难，责任编辑也很难。

难为广东教育出版社的卞晓琰、林检妹、黄倩及其团队成员了。他们要面对作者，面对主编，面对多级领导，面对一而再再而三进行的审读与检查，面对有时候模糊不清的照片和让人提不起神的文字。他们要一一解决，一一突破。他们做到了，只是多耗了一杯又一杯的猫屎咖啡，多熬了一个又一个的漫漫长夜。面对他们的执着与认真，我们还能松懈、还敢松懈吗？我们的水平不易提高，态度还是可以端正的。感谢他们！

感谢广东教育出版社社领导多年来的支持与看重。曾经有学界朋友对我说：你们的成果要是在北京的国家级出版社出版就好了！我笑笑。我以前说过：我看重认真做我们的书的人和出版社。今天我还是这么说，我依然把郑重对待一个学者的学术成果作为选择出版社最重要的标准，这就是我们选择广东教育出版社的原因。感谢他们！感谢广东教育出版社几任社领导及其具体操持者对我们作品的看重！

感谢时任教育部教材局局长、现在是我的同事的田慧生教授长期对我们的关心！感谢首都师范大学孟繁华教授对我们研究成果的支持！感谢首都师范大学教育学部、教育学院及首都师范大学教科书博物馆提供的各种帮助与便利！感谢我的同事和我们可爱的博士、硕士团队！感谢给我们直接、间接引用了其研究成果或给我们以启发的所有专家学者！感谢在心，感激在心，感恩在心。

2024年7月20日于北京学堂书斋

（石鸥，首都师范大学教育学部教授、博士生导师）

目　录

第一章　001

近代生物学教科书的滥觞（1840—1901）

第一节　近代生物学与生物学教科书的萌芽　003

第二节　传教士出版机构及其出版的生物学相关著作　007

本章小结　020

第二章　021

清朝末年生物学教科书的发展（1902—1911）

第一节　学制的产生与博物教科书的引进　022

第二节　官编教科书与民间自编教科书的发展　035

本章小结　050

第三章　053

民国初期的中学生物学教科书（1912—1921）

第一节　民国初期的教育变革与学制　054

第二节　民国初期出版的中学生物学教科书　057

本章小结　109

1912　1902　1840

1922
1938

第四章 111

民国中期的中学生物学教科书（1922—1937）

第一节　民国中期的新学制与课程标准 112
第二节　三大书局出版的中学生物学教科书 118
第三节　其他出版机构与地方自编中学生物学教科书 233
本章小结 253

第五章 255

民国晚期的中学生物学教科书（1938—1949）

第一节　民国晚期中学教育的状况 256
第二节　民国晚期中学生物学教科书出版与使用 258
本章小结 294

后　记 295

第一章

近代生物学教科书的滥觞（1840—1901）

1840

中国古代没有近代意义上的生物学，但人们通过与农产品、中药材打交道，积累了以经验为主的生物学知识，有了生物学的雏形，产生了《毛诗草木鸟兽虫鱼疏》《植物名实图考》等著作。不过大多是些博物性质的“鸟兽草木之学”。在《诗经》《橘颂》等古代文学作品中，也出现了“蒹葭”“橘”等动植物意象，说明古时的人们在注重生物实用性的同时，也在开发生物的文学价值。在漫长的封建时代，我国古代的生物学知识已经初步形成了体系，人们对于动物、植物、人体生理知识有了一定的了解，对于一些种类的生物与一些生物学现象有了很好的利用[1]。但直至近代，我国的生物学仍停留在经验层次，少有系统科学的论著，更没有进入中小学课堂。近代生物学是随着西学东渐的潮流传入中国的。

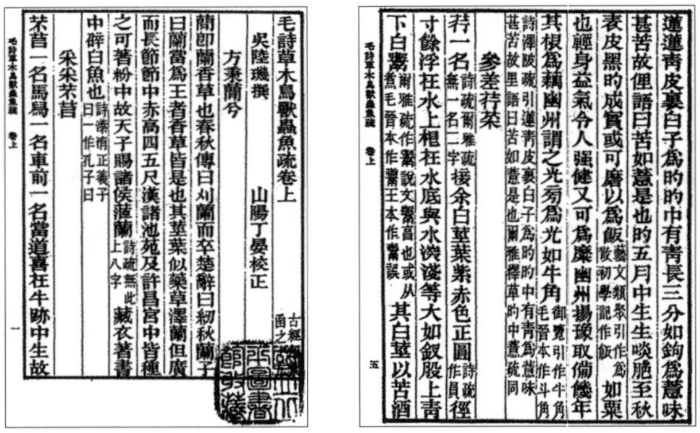
毛詩草木鳥獸蟲魚疏卷上
吳陸璣撰　山陽丁晏校正
方秉蘭兮
蘭即蘭香草也春秋傳曰刈蘭而卒楚辭曰紉秋蘭孔子
曰蘭當為王者香草皆是也其莖葉似藥草澤蘭但廣
而長節節中赤高四五尺漢諸池苑及許昌宮中皆種
之可著粉中故天子賜諸侯茝蘭詩疏無此上八字藏衣著書
中辟白魚也詩溱洧正義孔子曰一作孔子曰
采采芣苢
芣苢一名馬舄一名車前一名當道喜在牛跡中生故

蓮蓮青皮裏白子為的的中有青長三分如鉤為薏味
甚苦故俚語曰苦如薏是也的五月中生生啖脆至秋
表皮黑的成實或可磨以為飯藝文類聚引作為飯初學記作飯如粟
也輕身益氣令人強健又可為糜幽州揚豫取備饑年
其根為藕幽州謂之光旁為光如牛角御覽引作牛角毛晉本作斗角
詩澤陂疏引蓮青皮裏白子為的的中有青為薏味
甚苦故里語曰苦如薏是也爾雅釋草的中薏疏同
參差荇菜
荇一名詩疏爾雅疏無一名二字接余白莖葉紫赤色正圓詩疏作員徑
寸餘浮在水上根在水底與水深淺等大如釵股上青
下白鬻爾雅疏作鬻說文鬻䰞也或从煮毛晉本作鬻王本作䰞誤其白莖以苦酒

1—1

图1—1　《毛诗草木鸟兽虫鱼疏》内容节选

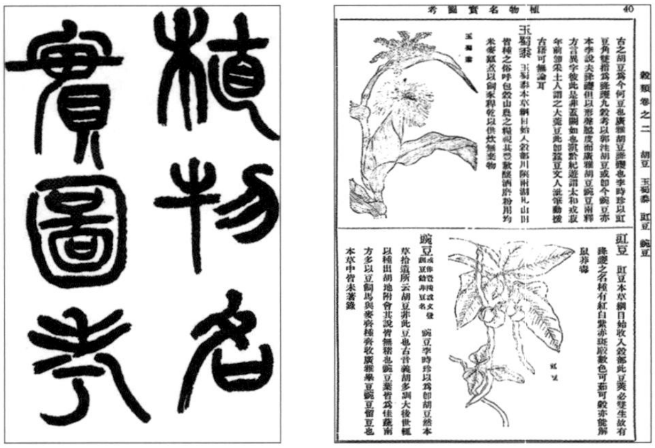

1—2

图1—2　《植物名实图考》封面及内容节选

[1] 苟萃华，汪子春，许维枢，等. 中国古代生物学史[M]. 北京：科学出版社，1989：13-33.

第一节 近代生物学与生物学教科书的萌芽

我国古代的学校教育起源于夏朝。从西周时官学所教授的“六艺”，到明清时代被发挥至极致的八股文，我国古代学校教育一直在为“学而优则仕”服务，所教内容多为“四书五经”。受此影响，即使我国古代的自然科学与技术有一定的发展，其科学技术成果也很难被学校教育所吸收，因而几千年以来都没有与学校教育存在交集。在古代，若儿童对自然界中的花、鸟、鱼、虫产生兴趣，就会被视作玩物丧志。因此，除颜元等少数提倡“真学”“实学”等科学教育思想的人物进行的科学教育实践外[1]，包含生物学在内的自然科学并未正式进入学校教育。

近代生物学知识传入中国的时间可以回溯至明清之际。在耶稣会传教士传入中国的西学中，解剖生理学是比较特殊的一门。西方传教士邓玉函译述的《泰西人身说概》与传教士罗雅谷译述的《人身图说》[2]，被认为是最早传入中国的西方人体解剖生理学著作。1943年范行准在他的《明季西洋传入之医学》中，以现代生理学的分类为纲目，对《人身图说》文字部分所探讨的西方解剖生理学问题进行了梳理和介绍。[3]

除解剖学知识外，明末清初时也有少量的西方动植物学知识传入我国。由意大利耶稣会传教士、数学家和神学家利类思在1678年所纂译的《狮子说》和1679年所纂译的《进呈鹰论》中涉及了一些西方的动物学知识。利类思纂译《狮子说》缘于当年葡萄牙使臣希望进入中国贸易，向康熙进贡了一头狮子，想以此为名，觐见皇帝，提出通商请求。由于当时狮子在我国很少见，很多人提出了关于狮子的各种问题，于是利类思就编译了《狮子说》。全书共六篇，包括狮子形体、狮子性情、狮子忘恩、狮体治病、借狮箴儆、解惑等，介绍了狮子的身体结构与习性等。[4]《进呈鹰论》是奉康熙之命而撰写的，该书介绍了鹰的结构、性情、饲养及训练方法、种类、疾病防治等，主要是为了满足清朝贵族等上层人士玩鹰的喜好。起初，传教士们向皇帝和贵族呈献西洋工艺品与科学技术著作只是为了讨好清朝的统治者，减小其传教的阻力。鸦片战争后，清政府与列强签订的

[1] 孙培青. 中国教育史[M]. 3版. 上海：华东师范大学出版社，2009：291.

[2] 该书目前所见均为抄本，中国国家图书馆、北京大学图书馆所藏抄本均与《泰西人身说概》合订一册。据推测，该书的主体部分完成于1638年前。

[3] 范行准. 明季西洋传入之医学：卷四[M]. 上海：中华医史学会钧石出版基金委员会，1943.

[4] 罗桂环. 中国生物学史：近现代卷[M]. 南宁：广西教育出版社，2018：9.

一系列不平等条约更是为传教士的传教提供了便利条件。正如美国传教士狄考文所说："传教士的工作同军队一样，主要目标不只是尽可能多杀伤或俘虏敌人，而在于征服他们，要使整个国家基督化。"教会教育旨在让教外青年倾心入教，倾慕西方文明，最终达到奴化青年的目的。[1]可见，西方传教士在动机上与侵略者并无二致，但是他们传播西学、开办学校、兼做慈善的行为，在一定程度上又促进了中国近代科技与教育的发展。在教会学校的课程中，除传统的"四书五经"与宗教课程外，还存在着以介绍动物、植物、矿物等为主的自然科学课程，走进我国基础教育的生物学课程也正是起源于此。这种"科学辅教"的教育方法，本意是推进传教事业，同时开了在中国通过学校引进和传播西方近代自然科学的先河，培养了大批先进的科技人才。另外，教会学校的普遍创立打破了人们陈旧僵化的教育观念，对以科举考试为目的的传统教育提出了严峻的挑战，推进了科举制的废除。可以说，教会学校的创办开启了我国近代教育改革的先河[2]。

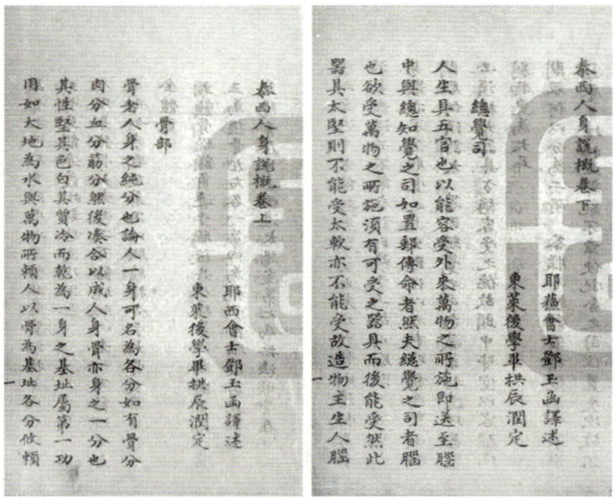

1—3

图1—3　《泰西人身说概》内容节选

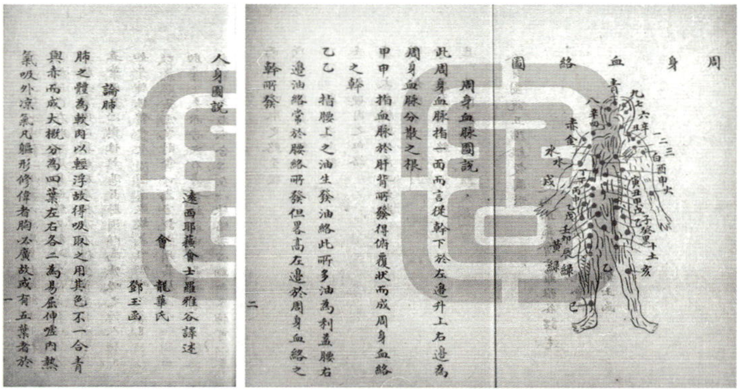

1—4

图1—4　《人身图说》内容节选

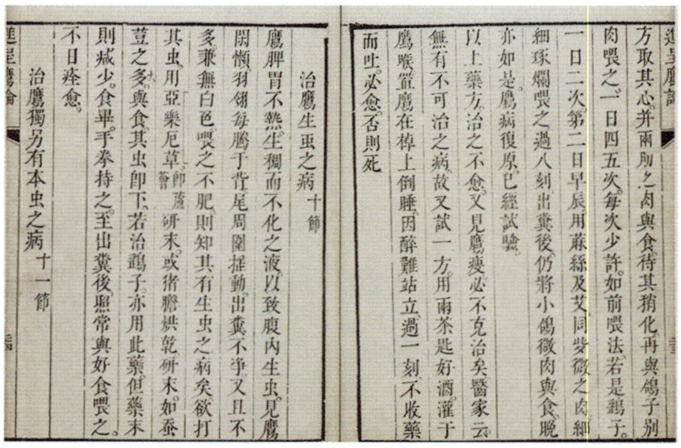

方取其心并兩肫之肉與食待其消化再與鴿子別
肉喂之。一日四五次每次少許。如前喂法若是鷄子。
一日二次第二日早辰用蔴綠及艾同炒微之肉細
細琢爛喂之過八刻出糞後仍將小鴿微肉與食晚
亦如是鷹病復原已經試驗
以上藥方治之不愈又見鷹瘦必不克治矣醫家云
無有不可治之病故又試一方用兩茶匙好酒灌于
鷹喉置鷹在棹上倒睡因醉難站立過一刻不收藥
而吐必愈否則死

治鷹生虫之病 十節
鷹脾胃不熱生獨而不化之液以致腹內生虫見鷹
閉懶羽翎每將于背尾周圍捉動出糞不爭又且不
多兼無白色喂之不肥則知其有生虫之病矣欲打
其虫用亞樂厄草即蘆薈研末或猪膽烘乾研末如蚕
荳之多與食其虫即下若治鷄子亦用此藥但藥末
則減少食畢手拳持之至出糞後照常與好食喂之
不日痊愈
治鷹獨另有本虫之病 十一節

1—5

图1—5　《进呈鹰论》内容节选

[1] 郑登云. 中国近代教育史[M]. 上海：华东师范大学出版社，1994：80.
[2] 唐腾渊. 近代来华传教士与西学的传播[J]. 哈尔滨学院学报，2014，35（9）：118-122.

19世纪初，欧洲和美洲的传教士兴起了来华传教的潮流。他们在中国宣传基督教教义的同时也传播了一部分西方先进的科学知识。然而，他们所提出的“不祭祖，不祭孔，专敬上帝”的基督教教义被中国政府与民间所抵制，尤其是政府的禁教政策使传教士的活动受到了较大的限制。

为更好地实施基督教的传教活动，从文化上同化中国，传教士针对清政府的政策，制定了“医务传教”“教育传教”等所谓“文化传教策略”，在鸦片战争前后又一次开始了对中国的传教活动。1839年，以英国传教士马礼逊的名字命名的马礼逊学堂成立，开创了教会在华办学的先河。

1—6

图1—6　马礼逊肖像

马礼逊，西方派到中国的第一位基督教新教传教士。他在华27年，在许多方面都有首创之功。马礼逊提出“要在马六甲建立一所学校，用以培养海外传教士”。1818年11月11日，马礼逊与米怜在马六甲创办了第一所西式学校，教授英文与中文。

1839年11月4日，由马礼逊教育会筹办的中国第一所新式学堂——马礼逊学堂在中国澳门宣布开学，学校工作由美国传教士、教师布朗主持。1842年，马礼逊学堂迁至中国香港。其课程设置包括“四书”、《易经》、《诗经》等科目的中文科与包括天文学、历史学、地理学、算术、初等机械学、生理学等科目的英文科[1]，生物学课程内容在我国学校教育第一次出现。此后，许多教会学校都设有生理学、生物学。当时教会学校的教学内容带有浓厚的宗教色彩和神学观点，并且使用的是外国教材，且由外国人执教，国人并未普遍接受这些课程和教材，也就是说生物学课程当时并没有进入我国学校的课程设置。但是，这些教材为我国生物学教科书的编写提供了参考，可以称之为生物学教科书的萌芽。

自第二次鸦片战争到义和团运动的约四十年间，世界资本主义向垄断资本主义转化，帝国主义列强在疯狂扩张的斗争中也加紧了对中国的侵略扩张。《北京条约》等一系列不平等条约使帝国主义有了进入中国内地传教、租购土地、建造教堂与学校的特权。自此，教会学校不仅出现在沿海地区，也出现在了河南、直隶（今河北）等内地省份，形成遍及全国的态势。各教会开办学校的行为，本质上是与军事侵略地位等同的文化侵略，但一定程度上促进了自然科学知识在中国的传播，促进了自然科学课程与教科书的发展。

登州文会馆是中国第一所教会大学，是齐鲁大学（1952年分别并入山东大学等校）的初创阶段，是中国最早的现代型大学，为中国早期高等学堂输送了大批师资。

[1] 陈新华．早期教会学校与晚清西学东渐：以“马礼逊学堂”为个案[J]．特区实践与理论，2010（6）：68-71.

1–7

图1–7 登州文会馆原貌

1–8

图1–8 狄考文肖像

美国北长老会传教士狄考文于1864年在登州（今蓬莱）和先期到达的一对传教士夫妇在城西北观音庙办起了一座寄宿的蒙塾。1872年，狄考文又在此基础上，扩大了校舍，增加了课程，称前三年为“备斋”，后六年为“正斋”，“正斋视高等学堂之程度，即隐括中学与内；备斋视高中学堂之程度，而隐括蒙学与内”。除采用上海基督教方面出版的教科书外，狄考文还亲自编写了部分课本，包括数学、物理、化学以及《圣经》、国学、英文；狄考文的妻子则讲授历史、地理、音乐等课程。1877年改称“文会馆”。1881年开设大学预科，1882年纽约长老会总部批准以Tengchow College（登州学院）为学校英文名称，以“文会馆”作为中文名称。1886年文会馆的规模再次扩大，可以容纳100多名学生。同时，还增加了木工、电工、车工等工艺课程；另外有一些传教士讲授天文、逻辑等新课程。登州文会馆早期在第三学年安排有生理学课程，该课程通过人体骨架展示人的骨骼，通过人体解剖模型演示人的内部器官。承担生理学教材编写的是美国公理会传教士博恒理，其中文生理学著作包括《省身指掌》和《省身初学》。[1]后期在正斋第五年开设动植物学。传教士这一群体随着西学东渐将生物学逐渐传入中国，催生了生物学教科书。对近代生物学教科书的发展历史进行研究，是了解现代生物学知识及相关思想和方法如何传入中国并被国人所接受的重要途径。19世纪中叶以后，由于西方传教士兴办教会学校，陆续有一些生物学教科书译本出现。

[1] 郭大松，杜学霞. 中国第一所现代大学：登州文会馆[M]. 济南：山东人民出版社，2012：5-11.

第二节
传教士出版机构及其出版的生物学相关著作

鸦片战争后，西学又复东渐，来华传教士是西学在我国传播的重要载体。1840—1860年，是近代西学传播之始。这一时期，中国出现多种传播西学的机构，如报社、图书馆、医院、学堂和印书局等，这些机构多为来华传教士设立。从第二次鸦片战争到中日甲午战争的30多年间，中国社会发生了巨大的变化，社会对科学的需求程度大大提高，西学开始大规模在华传播。据统计，1875年，教会学校由19世纪50年代的50所增至800多所，在校学生从几百人达到2000人左右。到1899年，教会学校发展到2000余所，在校生也超过了4万名。最著名的有1879年设立的上海圣约翰书院，后来就形成了上海圣约翰大学。这一时期，传教士的传教事业也迎来了高峰。

上海圣约翰书院是基督教新教在华教会学校，1877年由美国圣公会上海主教施约瑟于上海筹办。1879年，施约瑟主持合并培雅、度恩两学堂，以银6500两购地90亩于上海梵皇渡建立校舍，学校于9月1日正式开学。先后由施约瑟、颜永京、汤森、卜舫济等主持校务。首届学生39人，第二学期增至71人。1881年开始英语教学，首开中国近代教育体制上对中国学生进行正规系统英语教学的先河。后该校始终保持这一传统，其毕业生以英文水平高而著称。1884年，始盖大学礼堂，兼为圣公会座堂。1890年，加拿大籍体育教师李蔼门来校，提倡开运动会，首创学校运动会的先例。1890年始设大学课程，并有2名大学生。1894年，扩建校舍怀施堂。1895年首届3名大学生毕业（不知何故，比入学者要多出1名），因其学业质量难有保证，故不授学位。学校先后设立：文理科（1879年设，后分文、理两院），神学科（1879年设，后改为神学院），医科（1890年设，后改为医学院，1917年与本雪凡尼亚医校合并），土木工程学院，农学院，等等。1896年建格致室，后改为科学馆，添置物理、化学等实验设备。1904年建成思颜堂、罗氏图书室等。1905年，改名为“圣约翰大学”。1952年，圣约翰大学各系分别并入其他学校。

1—9

图1—9　圣约翰大学原貌

中国近代最早的出版机构是由传教士创办的，如墨海书馆、广学会、美华书馆等。广学会，初名“同文书会”，1887年成立于上海，1894年更名为“广学会”，由英国伦敦布道会传教士韦廉臣联合林乐知、慕维廉等人创办。广学会以中国士大夫阶层为主要宣传对象，其职能是出版报刊。经对广学会早期出版的主要书目的分析，该机构所出版的非宗教类书籍中，以人文、社会科学为主，自然科学类的书不多[1]。美华书馆前身是1844年美国基督教长老会在中国澳门开设的华英校书房，其于1845年迁往宁波，改名“华花圣经书房”，1860年迁至上海，改名“美华书馆”。史料显示，美华书馆在1844—1895年这50多年间发行图书40万册，其中宗教书籍24万册，其他则为西学图书和启蒙教科书。书馆主要出版《圣经》、宗教书刊及供教会学校用的教科书，还印刷出版了几十种自然科学书籍。1879年出版的《英字指南》是中国近代最早的英语读本，1886年出版的《万国药方》是中国最早介绍西洋医药的译本，1898年出版的《格物质学》是物理学教科书，《代形合参》（3卷）、《八线备旨》则是数学教科书，还有《心算启蒙》《五大洲图说》《地理略说》等被作为教会学校教科书。传教士在印刷出版宗教图书和报刊的同时，也印刷了一些自然科学类书籍和报刊，这在一定程度上促进了近代自然科学知识的普及。

1—10

图1—10　墨海书馆原貌

1—11

图1—11　上海广学会成员与胡适合影

[1] 叶再生. 中国近代现代出版通史：第一卷[M]. 北京：华文出版社，2002：450-460.

一、墨海书馆出版的与生物学相关的著作

1843年，英国传教士麦都思创办了墨海书馆，这是传教士在上海创办的第一家现代出版机构。书馆工作人员除麦都思外，还有英国传教士、医生合信，传教士艾约瑟，中国学者李善兰和王韬等。虽然墨海书馆不是专门出版教科书的机构，但是该书馆出版的部分书被用作教科书。墨海书馆出版的与生物学相关的著作主要有以下书籍。

（一）合信译著《全体新论》

19世纪末前，我国一直将解剖学称为“全体学”。《全体新论》是英国传教士、医生合信关于人体解剖学的中文译著，于1851年在上海墨海书馆出版，全书39章，对人体的骨骼、韧带、肌肉、大脑、五官、脏腑、血液循环以及泌尿系统等作了全面介绍，并附有大量的插图。该书是中国近代第一部介绍西方解剖学与生理学的著作。

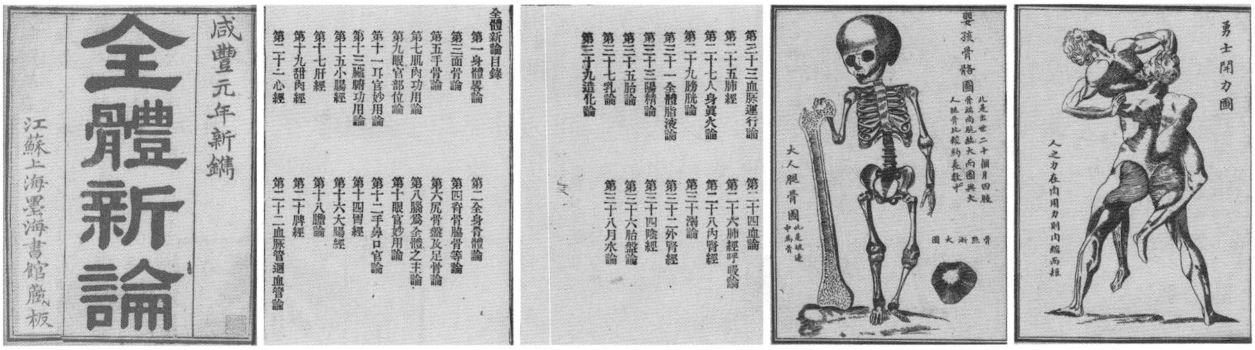

1—12

图1—12　《全体新论》封面、目录及内容节选，1851年初版

（二）合信编著《博物新编》

《博物新编》是合信用中文编著的一本书。该书于1855年在上海墨海书馆出版，是近代西方科技输入中国的第一本书。全书分3集，每集1卷，介绍了物理、天文、生物等自然科学知识，包括许多当时的最新科学发现和成果。这本书风靡一时，对近代中国的科普事业起到一定的促进作用。该书第1集是物理学，第2集是天文学，第3集介绍的是动物学知识，包括“鸟兽略论、猴类、象论”等16个部类。《博物新编》以启蒙为主，内容并不深奥，因此只能说是科普书而非科学著作。

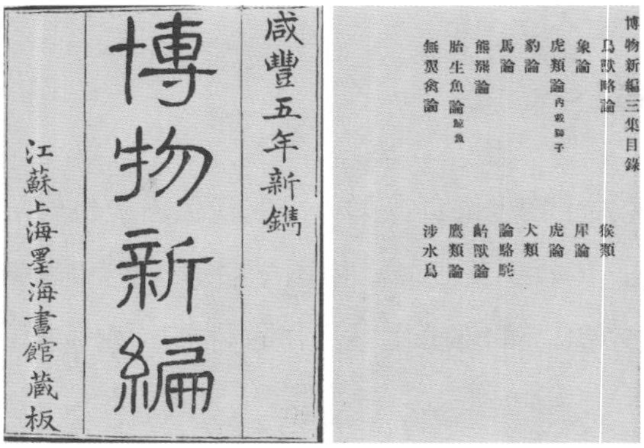

1—13

图1—13 《博物新编》封面及目录节选，1855年初版

（三）韦廉臣与艾约瑟辑译，李善兰译著《植物学》

《植物学》由英国传教士韦廉臣与艾约瑟辑译，中国学者李善兰译著。该书于1857年在上海墨海书馆出版，是我国第一部介绍西方近代植物学知识的书，一般认为该书主要以英国学者林德利的《植物学基础》为基础翻译而来。全书分8卷，介绍了植物地理分布，植物分类方法，植物体的结构、生理等知识，内容体系较为完整。具体内容部分创新性地引入了细胞学说，在植物生理部分还介绍了蒸腾作用、光合作用和受精作用等，这些至今仍属于植物学知识内容。该书因其本身所代表的学科性质未成为“实用学科”的教科书，所以在晚清时期的影响有限，反而在传入日本后产生了巨大影响力，在日本普及西方植物学知识、厘定名词等方面发挥了积极作用。[1]20世纪初，这些影响又反作用于中国学界，对后来中国植物学科的发展影响深远。

1—14

图1—14 韦廉臣肖像

1—15

图1—15 李善兰肖像

1—16

图1—16 《植物学》封面，1857年初版

（四）傅兰雅主编《格致汇编》

《格致汇编》是中国近代最早的以传播科学知识为宗旨的科学杂志。1876年2月在上海创刊，初

[1] 张翮. 基于“双语对校”的晚清译著《植物学》研究[D]. 合肥：中国科学技术大学，2017：120-121.

为月刊，1890年起改为季刊，由英国人傅兰雅主编，上海格致书院发售。该杂志对数学、物理、化学、生物、医学都有介绍，有时还刊有带有趣味性的科学小品“格物杂说”和“博物新闻”，曾介绍对中国作出贡献的中外人士徐寿、李善兰、利玛窦、汤若望等，长期连载“格致释器”，在介绍各种机械时均附有插图。现存最后一期为1892年冬出版的第七年第四卷。由于这些科学知识受到中国文化界的欢迎，该杂志曾多次重印出版，每次重印也都增加了一些新的内容。

《格致汇编》创办之初，曾通过上海申报馆发行，因此早期的《申报》中有关于《格致汇编》的珍贵报道，包括系列书评、申报馆告白、主编傅兰雅和其他机构告白等。首次书评出现在1876年2月24日，主要介绍了关于《格致汇编》的出版背景。

> 格致之学中西儒士皆以之为治平之本，但名虽同，而实则异也。盖中国仅言其理，而西国兼究其法也。自通商以来，西法渐传入于中国，至于今，将有日胜一日之机矣。前岁，英国驻沪之领事麦君议创设格致书院于沪上，欲将西国之书与物与器，凡有关于格致之学者，尽行取置书院之中，俾中国士民有心于西国格致之学者，皆得观览而讲习焉。无锡徐君雪村将其事上达各宪，上自李伯相与李雨亭制府，以及各官，皆嘉之，首捐重资，倡行其事。下则在沪之绅商亦乐此有益之举，均量力捐资，以助其成。……英国傅君兰雅，向在广方言馆翻译各书，固英国博雅士也。因器物虽未送到，而英国格致诸书均在行箧，先行翻译，以供众览，名曰《格致汇编》，每月一卷，以为《中西闻见录》之继。

同时，此书评也对《格致汇编》的首卷内容做了详细介绍。

> 天文算学二事，非平日深明此事之人不能通晓。至于汽锤轮锯，乃制造家所当用者，玻璃印布皆世所常用之物，其造作之法自宜广求。糖为人人所食之物，造法不善，其味不美，尚属末事，恐有伤人之时也。无火之灯，亦系妙法。向日葵一种，中国视为寻常无足重轻之物，亦未考究其有如此用处。金鸡纳、尤加立葛姆二树，中国向无此木，其能愈痁疾，如此神效。且尤加立葛姆一木如此有用，又如此易长，均系中国所当取回而栽种者也。

其中所提到的向日葵、金鸡纳和尤加立葛姆[1]的内容可视为粗浅的生物学知识，内容涉及国内常见植物的效用及国外有益植物的介绍。文末，本篇书评作者表达了对《格致汇编》内容及编者的充分认可和对大好前景的展望。

> ……倘此事不废，数年之后，西国格致诸学流传于中国者不知几何。再俟格致书院之铁屋造成，将西国送来格致之书与器与物陈设齐全，彼此互相证对，数十年之后，西法可以尽入中国矣。……夫西国才智聪明之人，无诗文字赋以束缚其心思，故能专心致志于格致诸学。且果著成一书，制成一物，造成一器，又可以博上赏而邀厚利，是能精通格致者，即能名利兼收，所以人皆乐为之也。今此举尚属创行于下，未必他省均能效之。虽然，果能有益人事，将来定

[1] 结合多种信息考察应为现今的尤加利这一植物。

不胫而走，不翼而飞，传遍天下矣。又况更有此《汇编》哉！

此后均以“书《格致汇编》第×卷后”为题刊登了一系列的书评，书评内容主要包括四个方面：一为对西方科学技术的高度赞扬，细述其神奇之处；二为详细解释《格致汇编》中的内容知识，涉及对原理的阐释、迷信观点的科学反驳等；三为反馈读者的读后感，多涉及对西学内容及李善兰、傅兰雅等方面的褒扬话语；四为对每期《格致汇编》内容的简单罗列介绍。[1]从这些资料能够看出《格致汇编》这份传播西学的刊物在晚清中国社会的反响，开创了在当时封闭、落后的中国进行科学启蒙、普及现代科学知识的先河。同时，也体现出《申报》在宣传出版物方面的过人之处。

1—17

图1—17　傅兰雅肖像

《格致汇编》中的文章，有些是傅兰雅自己撰写的，有些是其他传教士编译或编写后投稿选用的。傅兰雅将期刊上的一些文章整理成册，进行出版发行，有些学校把它用作学校的教科书。

傅兰雅在1868年脱离教会，进入江南制造总局翻译馆，从此开始了他在中国的译书生涯。1885年，他创办了当时唯一的科技书店——格致书室。傅兰雅一生在华30余年，翻译、出版过逾百种科学著作，而这些著作对中国产生了巨大影响。

中厤光緒二年八月
西厤一千八百七十六年九月
每月出印一卷
格致彙編
是編補續中西聞見錄
在上海格致書院發售
英國傅蘭雅輯

1—18

图1—18　《格致汇编》封面

二、学校教科书委员会与生物学教科书

鸦片战争后，在一系列不平等条约的庇护下，大批传教士涌入中国，他们陆续创办了一系列教会学校，以期在中国立足，扩大影响。在教会学校兴办的初期，学生数量少，学习层次低，主要依靠部分传教士自编教材即可解决问题，因而教科书的问题并不突出。随着传教活动的扩展，教会学校不仅数量增加，而且逐步走向正规化，教科书的统一规范即成为教会学校所面临的十分迫切的问题。在华基督教传教士开始谋求合作编辑供教会学校使用的教科书。

1877年，在华基督教传教士第一次大会在上海举办。会上，以狄考文为代表的一派传教士主张采取“教育为主，宗教在其次”的对华传教方针。狄考文认为基督教与教育之间“有着自然而强烈的亲和力，使得它们总是紧密联系在一起”，“基督教传教士不仅有权开办学校，教授科学，

[1] 傅良瑜，张志强.《格致汇编》在《申报》上的投射[J]. 图书与情报，2006（5）：116-120，136.

而且这也是上帝赋予他们的使命”。[1]因此，他建议传教士进行合作和分工，建立一批高水平的学校，并且编辑一批世俗的、传播西学的教科书供各学校使用。由于各差会的门户之见和大多数传教士的保守性，狄考文对于传教方针的观点未能得到普遍认可，但教科书问题引起了多数传教士的共鸣[2]。于是，大会原有的文字工作委员会在报告中提议组织一个专门委员会，为当时各教会学校编辑出版一套初等学校教科书。最后，大会通过了这个提议，决定委员会名为School and Textbook Series Committee，直译为“学校与教科书委员会”，亦称为“益智书会”。

1879年10月，益智书会召开三次全体委员会议。经过讨论，委员会对教科书的编写出版作出决议：由傅兰雅和林乐知负责筹备编写含植物学、动物学、解剖学、生理学等生物学分支的初级（小学）和高级（中学）两套中文教科书。除课本外，还包括植物图表、动物图表。[3]根据傅兰雅在1890年在华基督教传教士第二次大会上的报告，从1877—1890年，益智书会共出版教科书50种，74册，图表40幅。同时，审定合乎学校使用的书籍48种，115册，由益智书会作为教科书重印发行。这些书大多数是传教士所著，共计98种，189册。全部由益智书会提供经费出版的有35种。[4]从此，学校用的课本不再只是科学著作的简单翻译，而是经过系统化编写组织的、适合师生教与学的教科书。

益智书会所编写出版的教科书中，与生物学有关的主要有以下书籍。

（一）韦门道氏译著《百鸟图说》和《百兽图说》

《百鸟图说》和《百兽图说》是韦门道氏（韦廉臣夫人）译著。1882年由益智书会出版。《百鸟图说》将各种鸟类分为肉食之鸟、家鸟、善爬之鸟、鸽之类、鸡之类、善跑之鸟、本地行走之鸟、有掌之鸟等8类，共145种。《百兽图说》中将哺乳动物分为猴类之兽、蝙蝠类之兽、食昆虫之兽、肉食之兽、有袋之兽、龃物之兽、无齿之兽、厚皮之兽、返嚼之兽、水陆同居之兽、永居水中之兽等11类，共135种。

1–19

图1–19　韦廉臣夫人肖像

[1] 狄考文. 基督教会与教育的关系[M]//陈学恂. 中国近代教育史教学参考资料：下册. 北京：人民教育出版社，1987：1-6.

[2] 王立新. 晚清在华传教士教育团体述评[J]. 近代史研究，1995（3）：24-38.

[3] 王宏凯. 清末“学校教科书委员会”史略[J]. 首都师范大学学报（社会科学版），1998（3）：75-80.

[4] 陈名实. 近代基督教教育团体及其出版事业[J]. 教育评论，2006（1）：94-97.

1—20

图1—20 《百鸟图说》封面及内容节选，1882年初版

1—21

图1—21 《百兽图说》封面及内容节选，1882年初版

（二）傅兰雅著“格致须知”系列教科书

傅兰雅计划为益智书会编写的“格致须知”系列教科书为10集，但最后并没有全部编写完成。该系列第三集《全体须知》《动物须知》《植物须知》都是生物学教科书，这三种教科书都列入了京师大学堂的《暂定各学堂应用书目》[1]。

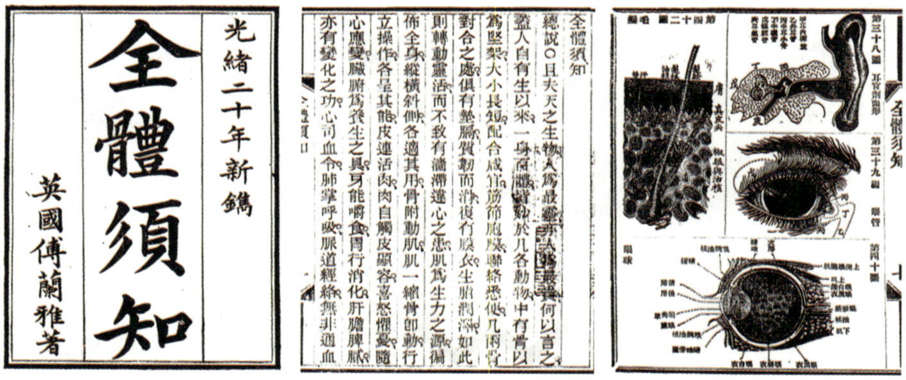

1—22

图1—22 《全体须知》封面及内容节选，1894年初版

《全体须知》是由傅兰雅于1894年编著，益智书会出版的一本生理学教科书。该书是“格致须知”系列教科书中的第二十三册。全书共6章，第一章“略论全身诸骨”，第二章“略论全体诸肌”，第三章“略论养生诸部”，第四章“略论全身血脉”，第五章“略论脑髓脑筋”，第六章

[1] 张静庐. 中国近现代出版史料：初编[G]. 上海：上海书店出版社，2003：229-230.

“略论觉悟诸具”。这六章分别对人体骨骼、肌肉、消化系统、循环系统与呼吸系统、神经系统、感觉器官进行了简要介绍。傅兰雅在该书“总说”（即序言）中写道，近来西医研究成果丰富，不能一一详细列举，所以选取简要、基础的内容编成六章，以供初学者学习。同下文所提的《植物图说》一样，该书使用先图后文的编排方式，先将书中所涉及的所有图片全部排列在该书最前面并编号，再在正文中对图片进行说明。不同的是，该书不仅是对图片进行说明的“图说”，而且使用带有论述性、解释性的语言对人体各系统、器官的功能进行说明，尤其体现了运用实验与实证来辅助说明生物学知识的特点，如“试取一骨，火中烧之则变甚脆，质如石灰。再将一骨浸浓醋内，数日后取出，则变柔软，是为脆骨料。可见凡骨概系脆骨料与石灰所成也”。然而，该书仍没有体现对教师教法与学生学法的指导，仍然不具有现代教科书的体例。

《植物须知》分为6章，介绍了植物的形态结构。书的前面有50幅插图。

（三）傅兰雅著《植物图说》

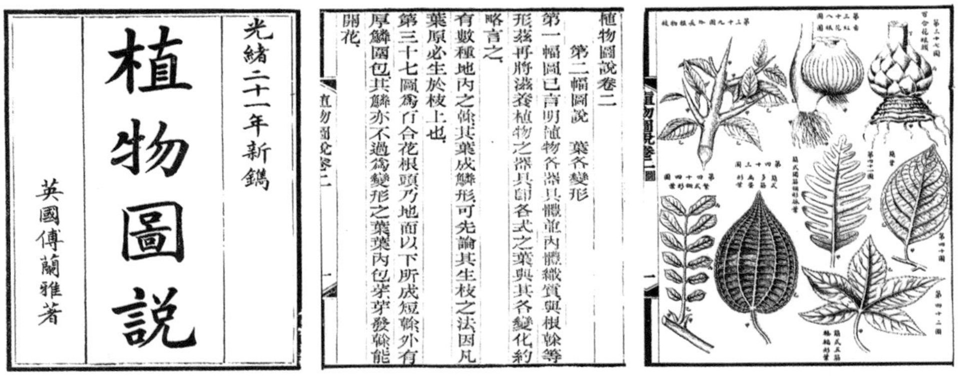

1—23

图1—23　《植物图说》封面及内容节选，1895年初版

《植物图说》是傅兰雅在1895年所著。由益智书会出版的一本植物学教科书。该书共4卷，涵盖了植物形态解剖学、植物分类学等154幅插图。第一卷为“根干膛管”，主要为种子植物的根与维管组织的手绘图与解释说明；第二卷为“叶各变形”，介绍叶与变态叶的形态与功能；第三卷为“开花结子各具”，对花与花序的形态结构进行了说明；第四卷为“花心子实各具”，对被子植物的花、裸子植物的孢子叶球以及部分蕨类、真菌的孢子囊进行了图文描述。“图说”即“说图”。在该书中，每一卷的卷首为对应主题的所有插图，在插图后一次性对几十幅插图依次进行解释说明。解释说明的文字为文言文，仅是就事论事般地对所对应的图片进行说明，少有与生活、生产实践方面的联系。

傅兰雅在该书序言中写道：“是植物学图四幅，并其图说。本为学堂教习生徒而设，凡植物学大概意义，皆经解明，甚便于初学之用。近来课馆童者，率以万物各学肄业要务，是植物学居其一也。故应特设便法，为之教授。不但在学堂外或乡村间，须有实在植物，足供各徒观察，尤须于学堂内张挂大图，以便多生并览。图印画工必精准，形必真实，说亦必格外详细。如此则植物学初基安立。不难实事考求，此外另备详书，以资检察，则所造当益深矣。近来所出此类书，正复不少。”在这段序言中，傅兰雅指出了该书是“为学堂教习生徒而设”的专门的教学用书，并提出了使用挂图教学、使用实物教学应该精准写实等教学建议。从该书编排体例来看，书中仅由序言、插图、对图的解释说明三个主要部分组成，没有设置对学生的学习指导与课后练习。依照学者的定义，该书不是在现代学制背景下编写的，也无配套的教学用书与课纲、课标的指导，严格来说仍不能算作现代意义的教科书，[1]然而此书仍是我国生物学教学史上的重要一笔，是我国生物学教科书的早期代表之一。

（四）叶澜编《全图植物歌略》

1898年，叶澜在《植物图说》的基础上编写了《全图植物歌略》。该书大致可分为两部分：图示内容和文字内容。前面的154幅插图与傅兰雅所著的《植物图说》完全相同，都为植物各部解剖图。后面部分的文字内容，四字为一句，朗朗上口，介绍了基本的植物学知识，包括“通论、论胞体（即薄壁组织）、论木体（即机械组织）、论线体（即筛管）、论乳路体（即乳汁管）、论根、论干、论枝、论花、论果、论种子、论寄生”等内容。两部分内容间的关联性并不紧密，且文字内容部分就其名词的使用来看，更多选自韦廉臣与艾约瑟辑译，李善兰译著的《植物学》一书，如上文所提到的“胞体、木体、线体、乳路体”等。该书可视为杂糅了两本经典植物学著作的简编本，适合植物学启蒙所用，在当时也被列为学生启蒙所用课本之一[2]。

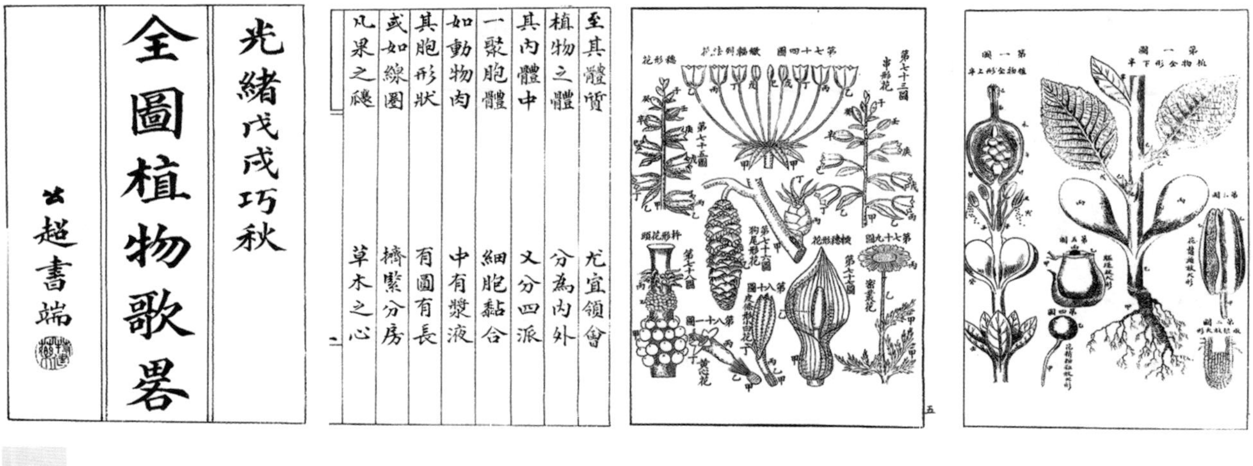

1—24

图1—24 《全图植物歌略》封面及内容节选，1898年初版

[1] 石鸥. 最不该忽视的研究：关于教科书研究的几点思考[J]. 湖南师范大学教育科学学报，2007，6（5）：5-9.
[2] 佚名. 论蒙学[N]. 申报，1902-03-13（1）.

（五）奚伯绶译《昆虫学举隅》

《昆虫学举隅》是美国生物学家祁天锡著，奚伯绶译。1904年由益智书会出版。该书简单介绍了捕虫藏虫法，还介绍了蚱蜢、螳螂、蚂蚁、蝴蝶、秋蝉等多种昆虫的形态结构、生活习性，特别介绍了昆虫与人类之间的关系。此书在古籍文库和古籍电子资源库中很难找到。

益智书会主要是为传教士在中国办的学校编辑出版相当于中小学程度的教科书，这些教科书也被教会学校之外的国人阅读，起到了生物学启蒙的作用。

三、总税务司署出版的生物学相关教科书

1861年，清朝的海关税务机构总税务司署在上海成立，1865年迁至北京，一直由西方人把持。总税务司署资助出版了大量书籍，其中有一套“格致启蒙十六种”丛书，由总税务司署大臣赫德组织编辑，英国传教士艾约瑟（被总税务司署聘为海关译员）翻译。该套书译自英国的科学入门书，适合初级学堂使用。其中，与生物学相关的有《植物学启蒙》《动物学启蒙》和《身理启蒙》，分别介绍了西方近代植物学、动物学和生理学的一些基础知识。

（一）《植物学启蒙》

《植物学启蒙》的原作者为英国植物学家约瑟夫·道尔顿·胡克。该书于1886年出版，全书共30章，并附有68幅图。前25章共155节介绍植物的结构、营养和分类，第二十六章是植物学实验，第二十七～二十九章则是植物学教授法内容，最后的第三十章相当于一个索引，回顾前面曾经提到的各种植物。

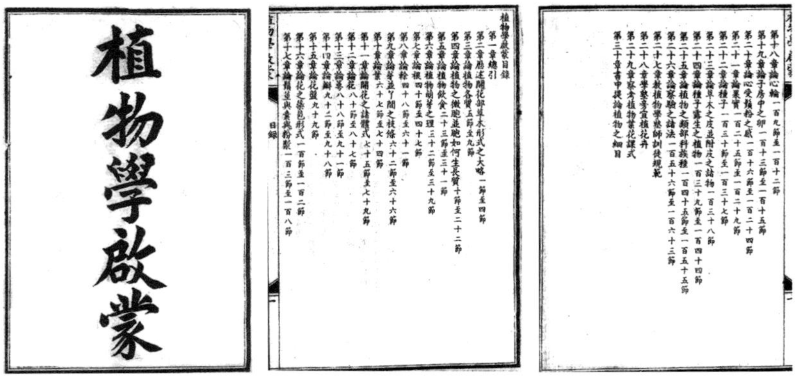

1—25

图1—25　《植物学启蒙》封面及目录，1886年初版

（二）《动物学启蒙》

《动物学启蒙》的原作者为法国动物学家爱德华，此书经艾约瑟翻译后在1886年出版。原书共10卷，译者节译了前8卷。该书介绍了动物分类总纲、脊骨动物各门（乳养类、羽族类、龙蛇类、

蛙类、鱼类）和环节动物的主要特征，并配有200余幅插图。

《动物学启蒙》的主体是动物分类学，除了第一卷的动物分类概述和第二卷的脊骨动物总论，其他6卷分别介绍一类动物的特征。对于每类动物，先是介绍其身体各部特征，然后列举主要的几个科和代表动物。书中对于动物的形态结构、生活习性、与人类的关系、地理分布等都有所介绍。

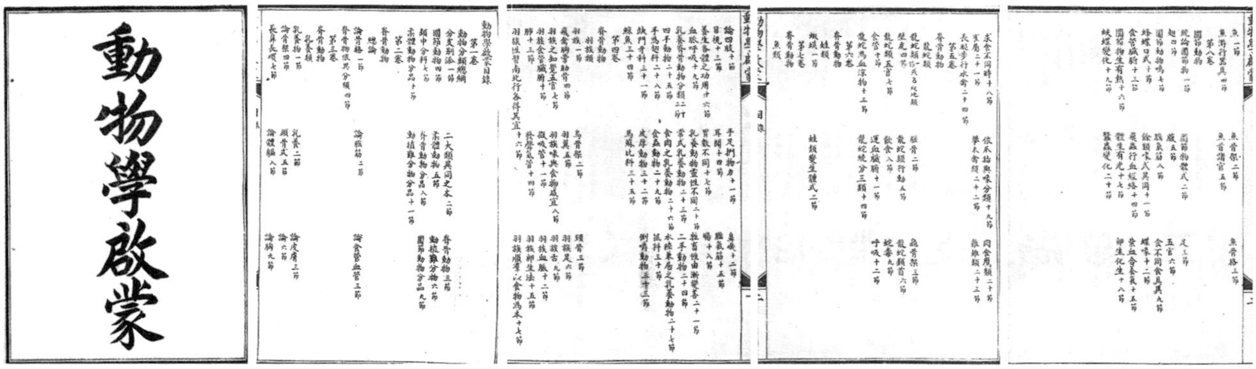

1—26

图1—26　《动物学启蒙》封面及目录，1886年初版

《植物学启蒙》和《动物学启蒙》列入了京师大学堂的《暂定各学堂应用书目》以及江苏督学使唐景崇采辑的《高等小学堂暂用课本之书目》。

（三）《身理启蒙》

《身理启蒙》是艾约瑟译的“格致启蒙十六种”丛书之一，于1886年出版。它是迄今所知且可见到的最早一部介绍西方近代生理学的专著。全书为1册装，共10章，56节，约6万字，插图18幅。第一章“创论身理”和第二章“论身内诸体”，简要论述了什么是生理学并统论（动物）身体内各主要系统、器官的形态。第三章“论人身动时所有诸事”以肢体伸屈为例，说明身体运动的机制，以及在运动过程中的各种影响因素，介绍了肢体伸屈过程中肌肉、关节发生了哪些变化，这些变化如何实现伸屈运动等。第四章“论血”和第五章“论血如何动”主要介绍毛细血管的形态，血液的组分，血液的生理功能，血液在体内的运行途径、运行机制及与之相关的各种调解机制。第六章“论血缘风气为何变更及呼吸之理”首先介绍了动脉血与静脉血颜色的不同与含氧量（书中称之为“养气量”）有关，接着介绍了血液在体内循环过程中气体交换的发生过程和机制以及与呼吸的关系，然后介绍呼吸过程中的各种生理变化以及呼吸的调控机制。第七章“论饮食如何变血并消化饮食之理”介绍了各种有关腺体（汗腺、唾液腺、胃肠道内的各种分泌腺等）的主要生理功能，说明食物在体内被消化、吸收的各种物理和化学机制。第八章“论血于可弃之诸质如何散发”论述了将代谢废物排出体外的重要性以及通过肺、肾、皮肤排出这些废物的三种途径。第九章“统述身理大略”综述了维持机体生长生存的生理机制。第十章“人何以能知觉诸事，何以能立志传意”介绍了人的神经系统的类别及主要功能。

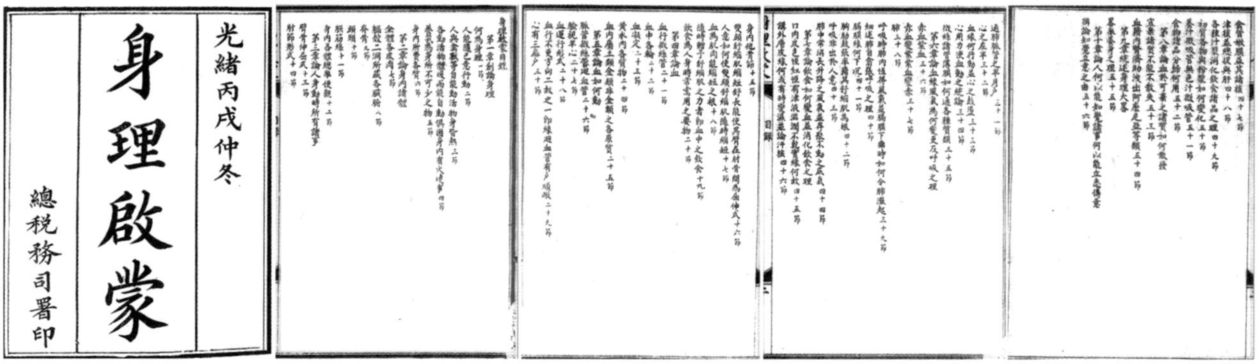

1—27

图1—27　《身理启蒙》封面及目录，1886年初版

鸦片战争后，西方来华传教士的活动推动了西方生物学知识在我国的传播。传教士为服务传教开始在我国建立出版机构，这些机构编写、出版了一些初等程度的生物学相关书籍。这些书籍虽然最初是为教会学校准备的，但由于公开销售，也被其他学校选用，还被社会上对生物学知识感兴趣的人阅读。

从整体来看，这些书籍中所介绍的知识都比较粗浅。由于教会学校和当时我国学堂的学生人数有限，这些书籍影响的范围比较小，加上实用性有限，因而并没有引起社会的广泛关注。但是，这些书籍对国人接触西方科学知识，开阔视野，促进科学技术的引进发挥了一定的启蒙作用。梁启超在评价《植物学》《植物图说》这两本书时说道：“动、植物学推其本原，可以考种类蕃变之迹；究其效用，可以为农学畜牧之资，乃格致中最切近有用者也。《植物学》《植物图说》皆其精。”[1]

[1] 梁启超. 饮冰室合集·集外文：下册[M]. 北京：北京大学出版社，2005：1162.

本章小结

中国近代生物学教科书是随着西学东渐而出现并逐渐发展起来的。

中国古代没有近代意义上的生物学，但人们通过与农产品、中药材打交道，积累了以经验为主的生物学知识，产生了《毛诗草木鸟兽虫鱼疏》《植物名实图考》等著作，不过大多是些博物性质的“鸟兽草木之学”。

鸦片战争后，外国传教士大量涌入中国，他们在传教的同时也传播了一部分西方先进的科学知识。1839年，以英国传教士马礼逊名字命名的“马礼逊学堂”成立，它的成立开创了教会在华办学的先河。在教会学校开办的初期，学生数量少，学习层次低，主要依靠部分传教士自编教材即可解决问题，因而教科书的问题并不突出。随着传教活动的扩展，教会学校不仅数量增加，而且逐步走向正规化，教科书的统一规范即成为教会学校面临的十分迫切的问题。1877年，在华基督教传教士第一次大会在上海举办。会上，以狄考文为代表的一派传教士们主张采取“教育为主，宗教在其次”的对华传教方针。狄考文建议传教士进行合作和分工，建立一批高水平的学校，并且编辑一批世俗的、传播西学的教科书供各学校所用，大会通过并成立学校与教科书委员会，亦称“益智书会”，负责学校教科书的编写。

这一时期的教科书主要由来华传教士及其建立的出版机构根据外国的著作翻译、改编而成。由于传教士编译出版这些书籍最初是为了传教的需要，加之这些传教士储备的生物学知识有限，因此所编译的大多数教科书中所介绍的生物学知识比较粗浅，偏博物性质，且大多为入门级读物。其中傅兰雅和艾约瑟所编译的教科书质量比较高，被广泛选用。

当时，教会学校和学堂的学生人数不多，这些书籍的影响范围比较小，加上实用性一般，并没有引起社会的广泛关注。但是，这些书籍对国人接触西方科学知识，开阔视野，促进科学技术的引进起到了一定的启蒙作用。

第二章

清朝末年生物学教科书的发展（1902—1911）

1902

第一节
学制的产生与博物教科书的引进

中国近代初期，清政府在科学知识、技术等方面远落后于西方。在经历了列强的数次欺压和签订了一系列不平等条约后，当时思想先进的学者意识到各方面的落后导致国家不断被西方列强侵略。无论是挽救民族危机还是维持自身统治，都不能再固守陈腐的旧制度，而是要向西方学习，引进先进的生产方式和物质文明。早在第一次鸦片战争前，林则徐看到外国侵略者的军事优势在于先进的军械火器，便向外国购买过枪炮，又仿照外国船舰式样，试造战船，学习外国制造船炮的技术，以抵抗外国侵略者。林则徐被革职后，魏源继承林则徐的思想，根据所得到的资料，编著了《海国图志》，认为外国侵略者的“长技”有战舰、火器以及养兵练兵之法，这三者都应该“因其所长而制之”。魏源的“师夷长技以制夷”的目的就是把敌人的“长技”变为自己的，用以对付敌人。[1]在此背景下，社会上形成了以维护清王朝封建统治为目的，以引进西方先进的生产技术为主要内容，以“中学为体，西学为用”为宗旨的向西方学习的潮流。

19世纪60年代起，清政府开始了持续30多年之久的洋务运动，具体为奕䜣、曾国藩、左宗棠、李鸿章等人的洋务实践。自此，中国的近代化终于迈出了艰难的第一步。清政府在政治、军事、文化、教育、经济等方面采取了一系列重大改革措施，以“自强”为口号，引进西方先进生产技术，创办新式军事工业，训练新式海陆军，建成北洋水师等近代海军。其中，规模最大的近代军工企业是在上海创办的江南制造总局，除此以外，还有福州船政局、天津机器制造局等一系列军用工业生产厂。以“求富”为口号，兴办轮船、铁路、电报、邮政、采矿、纺织等各种新式民用工业，如在上海创办了最大的民用企业轮船招商局，推动着近代中国民族工业的发展。创办了新式学校，选送留学生出国深造，培养翻译人才、军事人才和科技人才。[2]该时期的留学教育较有影响的主要有两次：1872—1875年清政府派遣了四期，共120名幼童赴美留学；1876—1896年先后派出四批福建船政学堂的学生赴欧留学。尽管当时创立了新式学校，但我国近代学校创立初期并没有一套完善或系统的教学章程来指导学校教学。

清政府采取的上述举措，毫无疑问都是出于维护其自身统治的需要，却自觉或不自觉地适应了

[1]《中国近代史丛书》编写组. 洋务运动[M]. 上海：上海人民出版社，1973：4.

[2] 夏东元. 洋务运动史[M]. 上海：华东师范大学出版社，1992.

资本主义发展的历史要求，使中国进入了近代化发展的大潮之中。清政府对外交往的日益频繁，通商、设厂、开矿、筑路、造船等所有这些带有明显资本主义性质的新式事业的创办都呼唤着新式人才，而传统的教育是无法完成这一时代任务的。因此，新式教育体系的出现和传统教育体系的整改成为历史的必然。

一、学制的产生与演变

1901年1月，慈禧太后以光绪帝的名义颁布上谕，命督抚以上大臣就朝章国政、吏治民生、学校科举、军制财政等问题详细议奏。[1]1901年，清政府开始推行新政，这是清朝末年一场经济体制和政治体制改革运动，而教育改革是其中的一项重要内容。清政府颁布了“兴学诏书”来鼓励全国各地兴办学堂。全国各地出现了大量的新式学堂，但因为缺少教育指导文件，这些学堂在教学程度、课程内容、学习年限等方面参差不齐。在这种背景下，制定全国统一的学制体系来确立教学标准成为必然，“壬寅学制”就此诞生。

19世纪60年代，日本在清政府进行洋务运动的时候开始了明治维新运动，使日本成为亚洲第一个走上工业化道路的国家，并逐渐跻身于世界强国之列。[2]作为邻近国，日本的发展让清政府惊愕，也让清政府开始向日本学习。

1902年8月15日，管学大臣张百熙的《进呈学堂章程折》中有一段话——“古今中外，学术不同，其所以致用之途则一。值智力并争之世，为富强致治之规，朝廷以更新之故而求之人才，以求才之故而本之学校，则不能不节取欧美日本诸邦之成法，以佐我中国二千余年旧制，固时势使然；第考其现行制度，亦颇与我中国古昔盛时良法，大概相同。《礼记》载：‘家有塾，党有庠，术有序，国有学。’试比之各国，则国学即所谓大学也，家塾、党庠、术序即所谓蒙学、小学、中学也，其等级盖颇分明。《记》又曰：‘比年入学，中年考校，一年视离经辨志，三年视敬业乐群，五年视博习亲师，七年视论学取友，谓之小成；九年知类通达，强立而不反，谓之大成。’”

1902年8月15日，清政府回复：“张百熙奏，遵拟学堂章程，开单呈览一折。披阅各项章程，尚属详备，即着照所拟办理，并颁行各省，着各该督抚按照规条，宽筹经费，实力奉行，总期造就真才，以备国家任使。……开办之后，如有未尽事宜，应行增改，仍着随时审酌，奏明办理。”同年，清政府效仿日本学制颁布了《钦定学堂章程》，又称“壬寅学制”，其中包括《钦定蒙学堂章程》《钦定小学堂章程》《钦定中学堂章程》《钦定高等学堂章程》《钦定京师大学堂章程》及《考选入学章程》。这套章程是中国近代由国家颁布的第一个规定学制系统的文件，“壬寅学制”是中国由国家颁布的第一个近代学制。学校系统分为三等，第一为初等教育，第二为中等教育，第

[1] 翟蓓，肖杨. 现代国家的准备：清末新政[J]. 剑南文学（经典教苑），2012（5）：254-256.

[2] 邢琼. 日本明治时期学校艺术教育近代化研究[D]. 南京：南京艺术学院，2016：38.

三为高等教育，另为发展实业教育与师资教育，设有与高等小学堂平行的简易实业学堂，与中学堂平行的中等实业学堂和师范学堂，一般中学堂之高年级部分开设实业科等。该章程规定中学堂作为“高等专门之始基”，设立在府一级，学习年限为四年。

“壬寅学制”中的《钦定中学堂章程》是我国第一个关于中学课程教学的文件，对中学学制、功课教法、各年级的教学内容和各项管理制度作出了规定，是我国最早涉及中学生物学内容的教学大纲。其中提到的博物课程就是我国最早涉及生物学教学的课程。《钦定中学堂章程》第二章“功课教法”规定博物课程开设的内容为动物状、植物状、生理学和矿物学；整个中学生涯都需要进行博物课程的学习，而该课程每一学年学习的内容不同，但每星期都为2课时。[1]具体内容如表2-1所示。

表 2-1 《钦定中学堂章程》规定博物课程开课情况

学年	第一学年	第二学年	第三学年	第四学年
学习内容	动物状	植物状	生理学	矿物学
每周课时	2	2	2	2

由于“壬寅学制”是模仿日本的学制而制定的，学制中的内容有大量日本学制的痕迹。这些内容不完全适合我国国情，加上当时是全国近代教育的起步时期，以及国家在文化、经济、政治等方面处于待兴的状态，因此，“壬寅学制”只是颁布而没有真正在全国实施，但它却是我国指导中学生物学教育的教学文件的萌芽。自此，中学生物学课程以非独立科目出现了。

1904年，清政府颁布《奏定学堂章程》，“癸卯学制”出台，这是中国近代由国家颁布的第一个在全国范围内推行的系统学制。它结束了我国近代新式教育无章可循的历史。由于“癸卯学制”以“壬寅学制”为基础，而“壬寅学制”借鉴日本学制而来，因此“癸卯学制”也与日本的学制相似。尽管该学制借鉴日本学制而来，但并非完全照搬，而是在传承本土化教育的基础上，结合本国国情加以改编。该学制大体内容与“壬寅学制”没有太大不同，但是将中学学习年限由四年改为五年[2]。在《钦定中学堂章程》的基础上颁布的《奏定中学堂章程》对博物课程的教学内容添加了“卫生”这一新内容，还添加了教学目标：“其植物当讲形体构造，生理分类功用；其动物当讲形体构造，生理习性特质，分类功用；其人身生理当讲身体内外之部位，知觉运动之机关及卫生之重要事宜。”[3]除此之外，还增加了教师教法：“凡教博物者，在据实物标本得真确之知识，使适于日用生计及各项实业之用，尤当细审植物动物相互之关系，及植物动物与人生之关系。”[4]从那时起，生物学以非独立科目“博物”正式进入我国的中学课程，我国的中学生物学教育从此揭

[1] 舒新城. 中国近代教育史资料：中册[M]. 2版. 北京：人民教育出版社，1981：493-494.

[2] 同[1]502.

[3] 同[1]505.

[4] 同[1]505.

开了序幕。

在五年的中学学习中，前四年授博物，每周为2课时。授课内容是前两年学习植物和动物，后两年学习生理、卫生和矿物。[1]具体内容如表2-2所示。

表 2-2　《奏定中学堂章程》规定博物课程开课情况

学年	第一学年	第二学年	第三学年	第四学年
授课内容	植物、动物	植物、动物	生理、卫生、矿物	生理、卫生、矿物
每周课时	2	2	2	2

《奏定中学堂章程》还规定中学堂应设有相应的标本室，中学堂课程所需要用到的器具、标本、模型、图画等材料都应该俱全。很明显，《奏定中学堂章程》对博物课程的设置及教学安排的介绍依旧非常简略，涉及生物学的具体内容包括动物形态、动物结构、动物生理与动物生活习性，植物形态、植物结构、植物生理和植物分类以及人体结构、人体感觉器官、人体运动系统和人体卫生。尽管教学内容的规定比较简略，但仍旧可以反映出当时制定博物课程的学者已认识到，要学好博物这一课程，需要认识生命现象，提升生活质量；教师在教学过程中需要用真实的动植物材料或标本来展示。在当时医疗不够发达的年代，让学生通过注意卫生问题来爱惜自己的身体成为一种趋势。另外，该章程并未出现与生物学实验相关的规定，仅有理论知识的学习。

1909年，清政府效仿德国学制颁布了《奏变通中学堂课程分为文科实科折》，规定中学分为文科和实科，这也是我国首次出现分科制度。该文件对文科和实科开设博物课程的学年、内容和课时数作了不同的规定，其中文科为每星期1课时，学习内容为植物学和动物学，学习年限为两年；实科添加了生理卫生学和动植物学实验，每星期6课时，学习年限也为两年。[2]具体内容如表2-3所示。

表 2-3　《奏变通中学堂课程分为文科实科折》规定博物课程开课情况

分科	学年	授课内容	每周课时
文科	第一学年	植物学	1
	第二学年	动物学	1
实科	第一学年	植物、动物、动植物实验	6
	第二学年	矿物、生理卫生学、矿物实验	6

我国近代颁布的章程中，该文件首次提到了“实验”这一名词，代表着中学生物学实验教学的萌芽，不仅拓展了生物学的学习范围，还开始重视对学生操作能力的培养。这是清政府颁布的最后一个涉及中学生物学的教学大纲，这份大纲一直沿用到中华民国成立。

[1] 舒新城. 中国近代教育史资料：中册[M]. 2版. 北京：人民教育出版社，1981：506-508.
[2] 同[1]514-518.

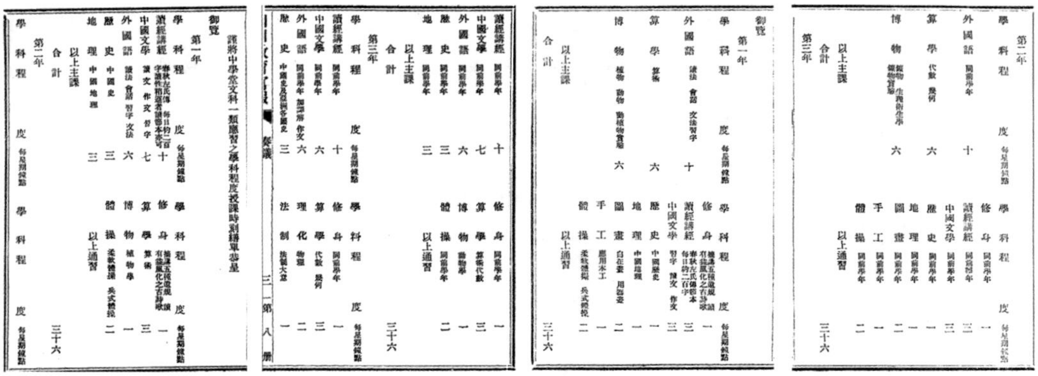

2—1

图2—1 《奏变通中学堂课程分为文科实科折》摘录，1909年

1911年1月，由于中学实行分科制使得学校在财政、教学设备以及学生的学习情况上出现了一系列问题，因而学部对《奏变通中学堂课程分为文科实科折》进行了修订，并颁布了《奏改订中学文实两科课程折》。修订的内容主要为酌情变更中学文实两科课程学习上的课时，但教学内容依旧不变。

二、教科书的编写与出版

我国从清末到中华民国成立的这段时间里，随着社会的变化，教育界对学生的培育要求也在发生变化。教学大纲是教科书编撰的指南，教学大纲的改变也使得教科书的编写与出版不断发生变化。

清末出现的号召学习西方先进文化的知识分子也积极地参与到近代新式学校的建设中来，但有一个问题也急需得到有效解决——新式学校教科书的编撰。清末时期，《申报》曾发表过这样一段话："欲使一国之教育日有进步，在多设学校，欲使教育有成效之可睹，在办理学校者之热心，而办理学校者所挟之利器，即教科书是矣。故兴办教育欲收普及之效，必借合用之教科书以维持其间。"很明显，这一时期的学者已经认识到，一个国家的教育成绩，除了与多建设学校、需要学校管理人员的付出相关，还与学校教学人员所使用的教科书是分不开的。可见，教科书的编订与出版十分重要。1902年，"壬寅学制"对教科书的编写与出版作出了相应的规定："凡各项课本，须遵照京师大学堂编译奏定之本，不得歧异。其有自编课本者，须咨送京师大学堂审定，然后准其通用。京师编译局未经出书之前，准由教习按照此次课程所列门目，择程度相当之书暂时应用，出书之后即行停止。"因此，根据国家统一的教育宗旨、课程标准，分别由国家、地方、民间个人多层次地编辑教科书，再由国家统一审定后发行，教员在已审定的教科书范围内选择适合本地本校情况的教学用书，这适合当时的国情，并且可保证教科书的编辑质量。清末"壬寅学制"中有关教科书编辑与审查的规定，标志着中国有目的、有计划、有组织地编辑新式教科书的开始，从而奠定了现代教科书出版制度的基础。

从清政府颁布《钦定中学堂章程》开始，我国就着手博物教科书的编写工作，但由于新式教育是首次将博物归为中学课程，官方编书机构对博物教科书的编撰没有任何经验。除此之外，还有一些其他原因使得官方编书机构无法很好地应对这次新式教育带来的教科书问题。因此，“壬寅学制”颁布后并没有官方的教科书供新式学校使用。为解决这一问题，我国先进学者想到了翻译国外教科书来供我国新式学校使用。因为清朝有去日本留学的学生，且日本在动植物分布等方面与我国比较相似，所以有关植物学、动物学以及生理卫生学的日本中学教科书成为我国博物教科书翻译的首选。又因为当时有着学习西方先进文化知识的背景，所以美国教科书也是我国博物教科书翻译的重要资源。综上，我国最初的博物教科书都是直接翻译国外教科书或者加以改编而来，尤其翻译日本教科书较多。这时候多位先进学者就担任了教科书译者兼编者两个角色，如何燏时、杜亚泉、谢洪赉、凌昌焕、屈德泽、华文祺等。这些先进学者所翻译或改编的教科书为民国时期的生物学教科书的编撰奠定了基础。

何燏时（1878—1961），字燮侯，浙江省诸暨县人。1898年清政府选派学生留日，他以优异成绩入选。他是第一个在日本正规大学毕业的中国留学生。到日本后，他先进预备学校学日语。1899年入东京第一高等学校学习，1902年考进东京帝国大学工科采矿冶金系，1905年7月从东京帝国大学毕业，获工科学士学位。回国后，历任京师大学堂工科监督、工商部矿政司司长、北京大学校长。后开矿办厂，从事实业救国。抗日战争时期，积极参加抗日民主活动，被推举为游击区的人民代表，两次参加浙东敌后各界临时代表大会，并当选浙东敌后临时参议会副会长。曾两次被国民党特务逮捕入狱，坚贞不屈，后被营救出狱。

2–2

图2–2　何燏时肖像

2–3

图2–3　杜亚泉肖像

杜亚泉（1873—1933），原名炜孙，字秋帆，号亚泉，笔名伧父、高劳，浙江山阴（今绍兴）人，中国启蒙时期的著名爱国学者、出版家。1898年，应蔡元培之聘任绍兴中西学堂数学教员。1900年秋到上海，创办中国近代首家私立科技大学——亚泉学馆，培养科技人才，同时创办了中国人自办的第一种综合性自然科学刊物——《亚泉杂志》。后编辑中国最早的国文教科书《文学初阶》。1903年，返绍兴与人创立越郡公学。翌年秋入商务印书馆编译所理化部。早年又攻理科，商务印书馆早期理化书、博物教科书大多出自他手。1911年，主编《东方杂志》，从东西文报刊选译最新的政治、经济、社会、学术思潮内容，并开设“科学杂俎”栏目；对于国际时事，论述详备，《东方杂志》成为当时很有影响的杂志。他发表的译著论文达300多篇。1920年他辞去《东方杂志》主编兼职，专任理化部主任。

谢洪赉（1873—1916），字鬯侯，号寄尘，晚年自署庐隐，是清末民初知名的中国基督徒翻译家、著述家。1873年5月9日出生于浙江绍兴文亭镇，他曾入基督教监理公会办的东吴大学（1952年并入他校）的前身——博习书院就读，受到院长潘慎文赏识，协助潘慎文翻译书籍，如《格物质学》《代形合参》《八线备旨》等教科书，就是以潘慎文口述、谢洪赉笔录的方式译写的。

2—4

图2—4　谢洪赉肖像

凌昌焕（1873—1947），江苏省吴江县人，柳亚子表兄，近现代著名教育家。1900年自家乡迁居上海，1906年入上海商务印书馆编译所，1907年由黄炎培校长聘为上海浦东中学教员，1912年6月经杜亚泉先生介绍再入上海商务印书馆编译所，任自然科编辑。1932年1月，上海商务印书馆等遭日本飞机炸毁，他失业。后来曾先后在上海中华教育用具厂工作，在南洋中学任教员及负责编译工作，抗战胜利后返乡。曾受聘参与《植物学大辞典》（商务印书馆1918年初版）、《动物学大辞典》（商务印书馆1927年初版）的编纂。其主要编（译）著：《共和国教科书新理科教授法》（商务印书馆1913年初版）、《共和国教科书生理学》（商务印书馆1914年初版）、《新撰动物学教科书》（商务印书馆1916年初版）、《三好学植物学讲义·卷中》（商务印书馆1920年初版）、《自然》（商务印书馆1923年初版）、《植物标本采集制作法》（中华书局1936年初版）、《动物标本简易制作法》（中华书局1947年初版）。

2—5

图2—5　凌昌焕肖像

屈德泽（1876—1940），号春波、恩波，湖北宜昌县人。少时家贫，得乡人蔡朗甫资助考入两湖书院。1899年被选送日本东京帝国大学农科学习。1905年毕业回国，任湖北高等农业学堂坐办。1907年参加留学生会考，奖农科举人及二等嘉禾章。随后，调四川成都办农业讲习所，继任奉节县知县。中华民国成立后，先后任湖北省水利局局长、实习司司长及中央农桑部顾问。1923年任湖北省第一高级农业学校校长。1932年后任省设计委员会委员，主办徐家期棉业试验场，任场长，致力于引进国外优良棉种试种、研究与推广。同时参加《湖北通志》编纂和重印《东湖县志》。抗日战争初期返宜昌，任宜昌县志局局长及财经委员会委员长。1940年病逝于宜昌。

随着这一时期教科书的编写与出版制度的出台，大量的新式教科书发行，关于中学博物教科书也出版了不少。清末学制规定有关中学生物学内容的课程为博物，又根据学年学习将博物拆分为植物、动物、生理和矿物。所以，有关博物的教科书出现了两种形式：一种是将植物、动物、生理和矿物四门分开编写的分科式教科书，另一种则是将四门学科综合编写的综合性教科书。根据《民国时期总书目：中小学教材》（书目文献出版社1995年版）和《中国教育大事典（1840—1949）》（浙江教育出版社2001年版）的记载，在1902年至1911年间，由各书局编写出版的中学博物教科书有好几十本，可能还存在遗漏、没有记录在内的。按照教科书类型和出版时间顺序，整理该时期出版且使用较多的中学生物学相关教科书，如表2-4。

表 2-4　清末时期（1902—1911）中学生物学相关教科书一览表

序号	教科书名称	责任者及责任方式	出版年份及版次
1	中学生理教科书	[美] 斯起尔著，何燏时译	1902
2	博物学教科书	[日] 饭冢启著，益智学社译	1902第3版
3	生理学教科书	廖世襄译述	1903
4	最新动物学教科书	[日] 大森千藏著，戴麒定之译	1904
5	动物教科书	屈德泽编	1904
6	最新植物学教科书	[日] 藤井健次郎著，王季烈译	1904
7	新编中学生理学教科书	[日] 坪井次郎著，沈王桢译	1906
8	最新中学教科书植物学	亚泉学馆编译	1906第3版
9	新编博物学教科书	作新社编译	1906
10	普通教育动物学教科书	[日] 岩川友太郎等著，张修爵、王官寿辑译	1906
11	中学生理卫生教科书	[日] 吴秀三著，华文祺、华申祺译	1906
12	生理及卫生教科书	[日] 三宅秀讲述，[日] 金太仁作译	1907
13	最新初等植物教科书	[日] 矢岛喜源次著，华文祺译	1907
14	中学植物教科书	[日] 松村任三、斋田功太郎著，杜亚泉、杜就田译	1907
15	最新初等动物教科书	[日] 矢岛喜源次著，华文祺译	1907
16	中学动物教科书	[日] 岩川友太郎、小幡勇治、安东伊次郎著，钱承驹译编	1907
17	博物学教科书	虞和寅编辑	1907第3版
18	最新中学教科书动物学	[美] 白纳著，黄英译	1907第4版
19	最新中学教科书生理学	谢洪赉译	1907第8版
20	中学生理学教科书	[日] 坪井次郎著，杜亚泉、杜就田编	1907
21	新撰植物学教科书	杜亚泉编译	1907

（续表）

序号	教科书名称	责任者及责任方式	出版年份及版次
22	动物学教科书	[日] 安东伊三次郎讲述，[日] 金太仁作译	1907
23	普通教育植物学教科书	彭树滋编	1909第5版
24	普通生理卫生教科书	丁福保编	1909
25	普通教育·植物学教科书	曾彦编	1910
26	中学植物新教科书	王明怀译，严保诚改订	1911
27	中等博物教科书生理卫生学	陈用光编	1911第3版
28	实验植物学教科书	[日] 三好学著，杜亚泉译述	1911

注：上表未提及版次的为第1版。

从上表内容可以看出，在教科书的类型方面，这一时期出版的中学博物教科书大多属于分科式教科书，尽管课程名为“博物”，但是以“博物”为名的教科书并不多。在教科书的来源方面，这一时期出版的中学博物教科书大多数是翻译或结合我国国情编译外来教科书而来，其中以日本教科书为主，如亚泉学馆编译日本教科书而出版的《最新中学教科书植物学》、戴麒定之翻译［日］大森千藏的《最新动物学教科书》等；其次还有美国教科书，如何燏时翻译［美］斯起尔的《中学生理教科书》等。总之，这与这一时期相应的课程标准所规定的生物学教育内容相吻合，教科书的整体框架分明，知识点清晰明了，内容由简入繁。

由于大多数先进学者对国外教科书的引进也没有一个特定标准，因此出现了一类内容有很多本对应教科书的现象，如生理学教科书出现了何燏时翻译的［美］斯起尔《中学生理教科书》，廖世襄译述的《生理学教科书》，沈王桢翻译的［日］坪井次郎《新编中学生理学教科书》，［日］三宅秀讲述、［日］金太仁作翻译的《生理及卫生教科书》等版本。

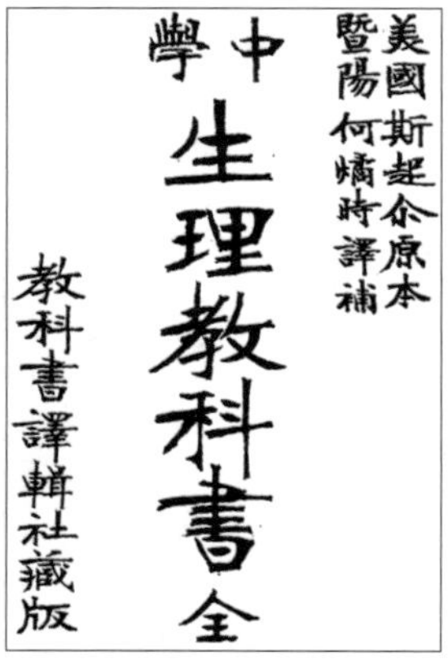
美國斯起尒原本
暨陽何熵時譯補
中學生理教科書　全
教科書譯輯社藏版

明治三十五年九月十日印刷
明治三十五年九月十四日發行
光緒二十八年八月十日
定價大洋捌角
不許翻刻
著作者　美國斯起爾
譯補者　暨陽何燏時
總經售處　上海四馬路老巡捕房東首　開明書莊
印刷人　日本東京市淺草區黑船町二十八番地　酒井平次郎
發行所　日本東京市神田區駿河臺鈴木町　教科書譯輯社
印刷所　日本東京市淺草區黑船町二十八番地　東京並木活版所

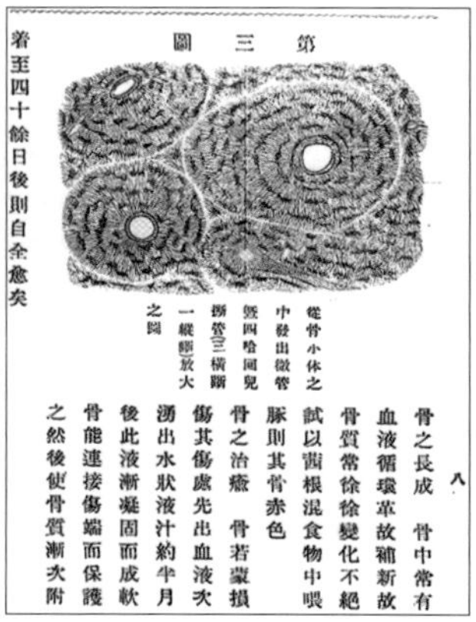
第三圖
骨之長成　骨中常有
血液循環革故補新故
骨質常徐徐變化不絕
試以茜根混食物中喂
豚則其骨赤色
骨之治癒　骨若蒙損
傷其傷處先出血液次
湧出水狀液汁約半月
後此液漸凝固而成軟
骨能連接傷端而保護
之然後使骨質漸次附
着至四十餘日後則自全愈矣
八

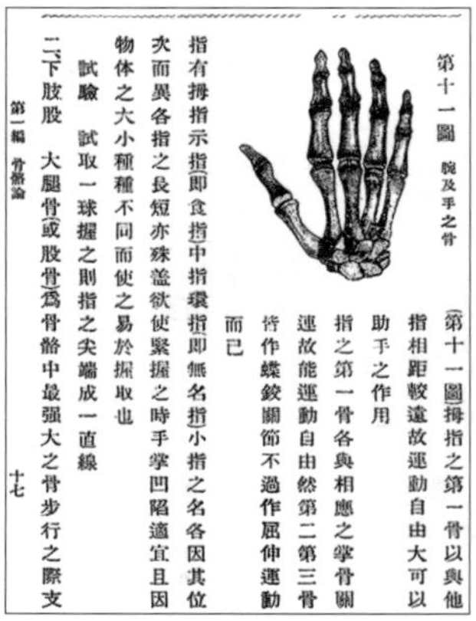
第十一圖　腕及手之骨
(第十一圖)拇指之第一骨以與他
指相距較遠故運動自由大可以
助手之作用
指之第一骨各與相應之掌骨關
連故能運動自由然第二第三骨
皆作蝶鉸關節不過作屈伸運動
而已
指有拇指示指(即食指)中指環指(即無名指)小指之名各因其位
次而異各指之長短亦殊蓋欲使緊握之時手掌凹陷適宜且因
物体之大小種種不同而使之易於握取也
試驗　試取一球握之則指之尖端成一直線
二)下肢股　大腿骨(或股骨)為骨骼中最強大之骨步行之際支
第一編　骨骼論　十七

2—6

图2—6　《中学生理教科书》封面、版权页及内容节选，1902年初版

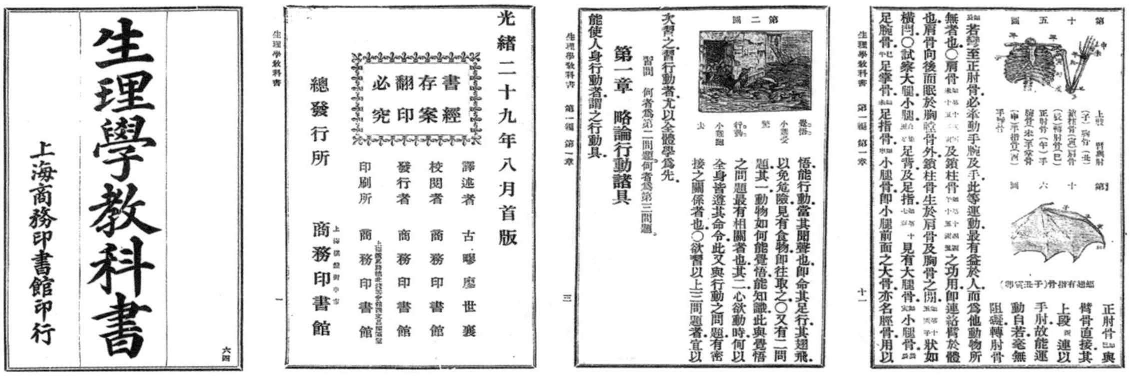

2—7

图2—7 《生理学教科书》封面、版权页及内容节选，1903年初版

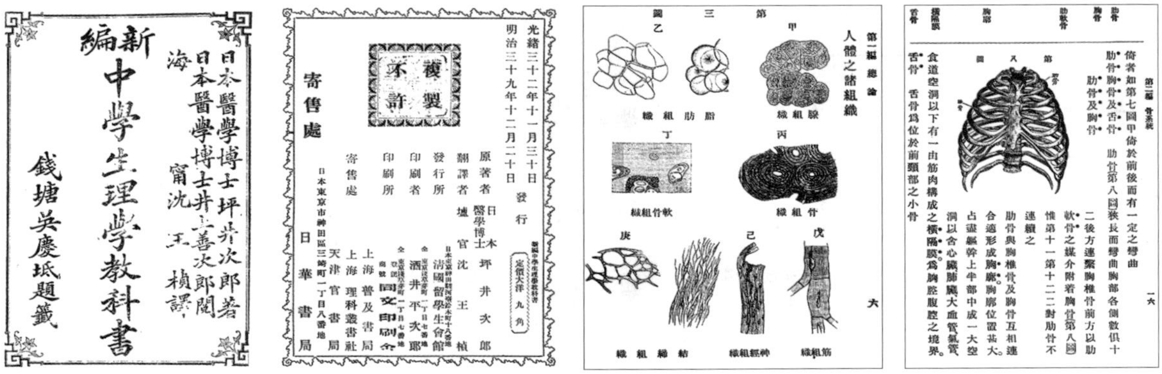

2—8

图2—8 《新编中学生理学教科书》封面、版权页及内容节选，1906年初版

2—9

图2—9 《生理及卫生教科书》封面、版权页，1907年初版

中学植物学代表性教科书有华文祺翻译的［日］矢岛喜源次著的《最新初等植物教科书》、杜亚泉、杜就田翻译的［日］松村任三、斋田功太郎合著的《中学植物教科书》等。

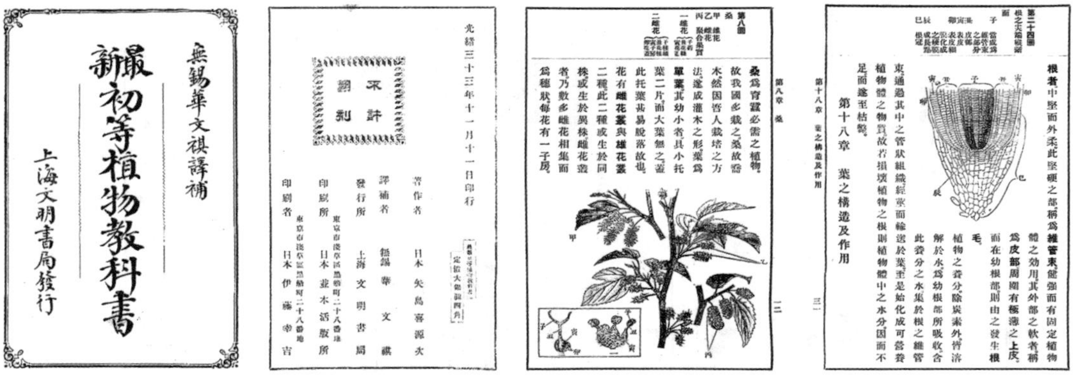

2—10

图2—10　《最新初等植物教科书》封面、版权页及内容节选，1907年初版

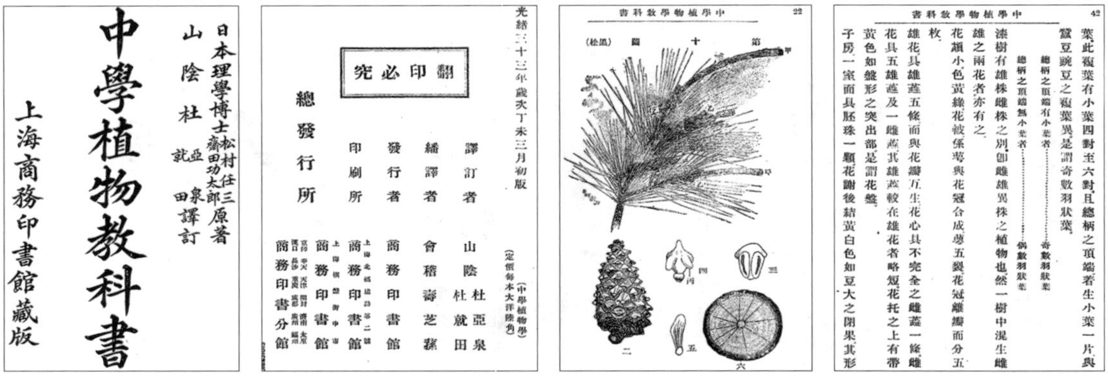

2—11

图2—11　《中学植物教科书》封面、版权页及内容节选，1907年初版

动物学代表性教科书有戴麒定之翻译的［日］大森千藏著的《最新动物学教科书》、华文祺翻译的［日］矢岛喜源次著的《最新初等动物教科书》等。

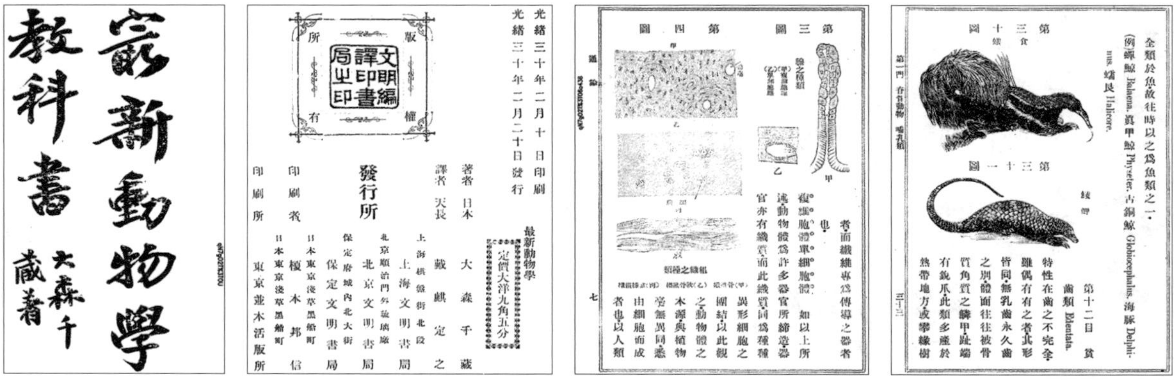

2—12

图2—12　《最新动物学教科书》封面、版权页及内容节选，1904年初版

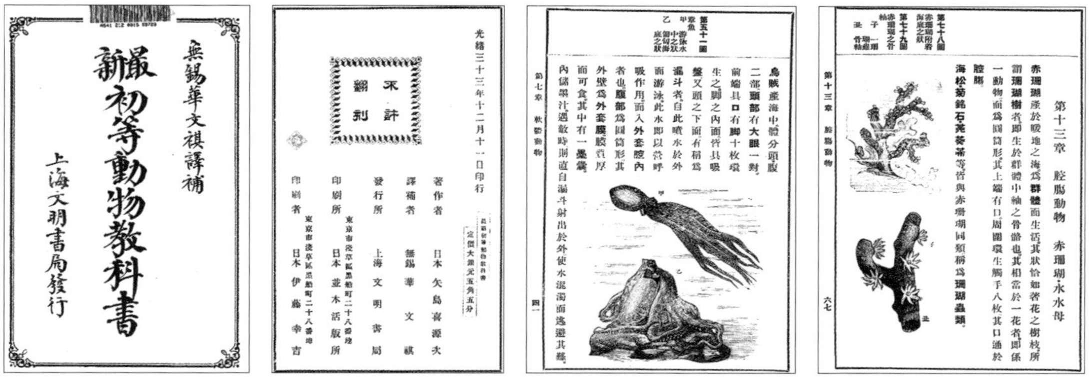

2—13

图2—13　《最新初等动物教科书》封面、版权页及内容节选，1907年初版

除此之外，还有翻译并整合内容的博物教科书，如1902年［日］饭冢启著，益智学社译的《博物学教科书》。

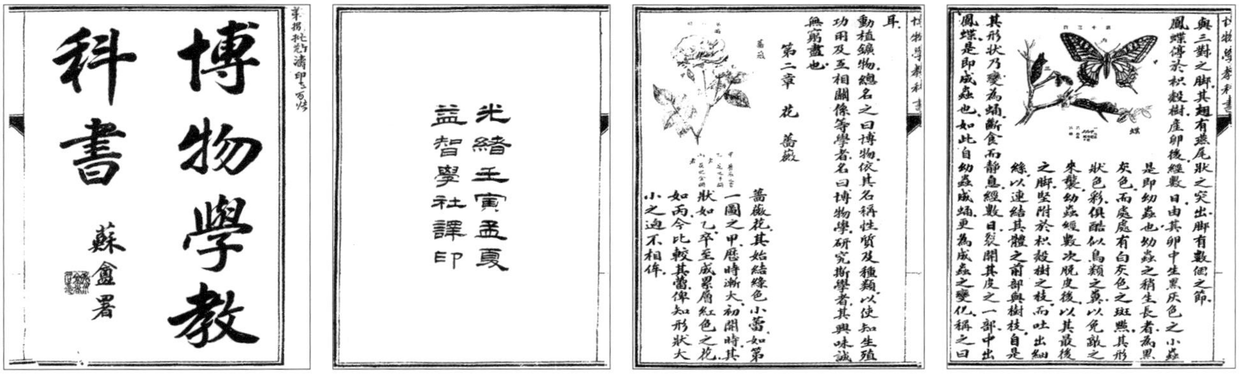

2—14

图2—14　《博物学教科书》封面、版权页及内容节选，1902年第3版

无论是分类式教科书还是综合性教科书，当时的先进学者翻译的教科书数量都不少，这暂时解决了新式学校缺乏博物教科书的问题。

对部分早期翻译的生物学教科书内容进行分析，不同类型的教科书在编排体例、内容呈现方面上相似，大致内容符合教育文件的规定，内容取材于身边常见的生物，都以文言文、从右往左竖排形式进行编写，内容主要是动物形态、结构、类群，植物的形态、结构、类群，人体结构等。例如，［日］矢岛喜源次著，华文祺译的《最新初等动物教科书》，内容有哺乳类、鸟类、爬虫类（即爬行动物）、两栖类、鱼类、软体动物、蠕形动物、昆虫类、蜘蛛类、甲壳类、原生动物、海绵动物等；［日］松村任三、斋田功太郎著，杜亚泉、杜就田译的《中学植物教科书》，包含的内容有普通植物、植物的分类、植物之生理学、植物之构造；［日］坪井次郎著，沈王桢译的《新编中学生理学教科书》，涉及的内容有人体之构造、骨系统、筋系统、皮肤系统、循环系统等。

尽管当时直接翻译或编译过来的三类教科书内容相对单一，但都具有一个亮点：教科书中插入了比较清晰的图片。很多生物体的形态及结构比较抽象，特别是在原先没有生物学课程的新式学校，如果教科书中仅用文字对生物体进行描述，学生难以理解与记忆。因此，教科书中通过添加相应的图片以帮助学生进行生物学学习。生物结构复杂且知识点颇多，对教科书中的插图要求很高。在清末时期，石版印刷术的出现解决了中国传统的雕版及活字印刷需手工雕刻，耗费时间长且无法印制复杂的生物体结构图等问题，使当时生物学教科书中的图片得以栩栩如生。

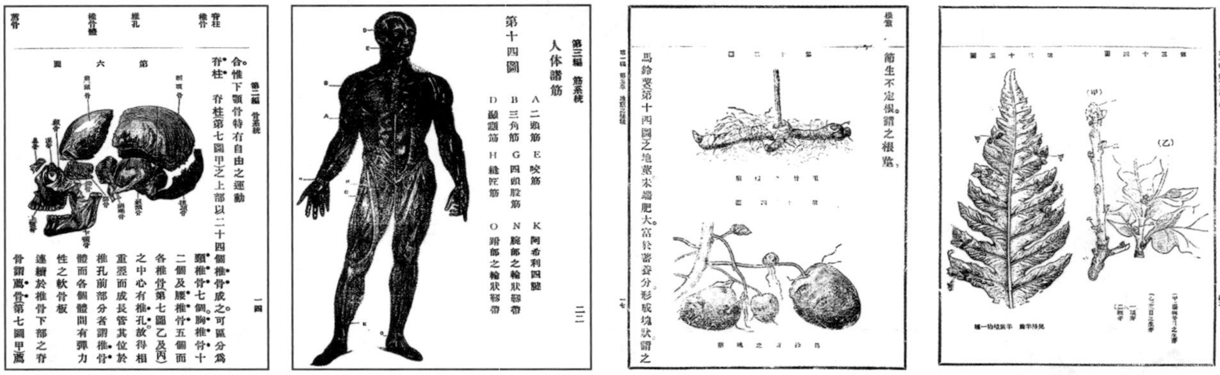

2—15

图2—15　清朝末年教科书中的插图节选

由于最初涉及生物学的教科书是翻译或编译国外教科书而来的，因此当时的中学生物学教科书中的栏目设置与国外教科书中栏目设置差异不大。通过对部分具有代表性的教科书进行研读，发现该时期的生物学教科书栏目形式比较单一，对生物学科的进展缺乏介绍，多数是以介绍简单、常见的生物为主，没有涉及生物学实验和课外实践过程，章节后也没有习题等。教科书内容更多的是传授基础的知识，忽视了对学生科学能力的培养。

第二节
官编教科书与民间自编教科书的发展

一、学部编译图书局的成立

清政府颁布“壬寅学制”“癸卯学制”后，全国各地建立了大量新式学堂。截至1909年，全国各级新式学堂已达58 896所，在校学生数超过16万。[1]教科书的需求十分迫切，清政府的官方机构和民间机构都参与到新式教科书的编写中。1905年清政府正式设立学部，次年成立学部编译图书局，负责编译教科书，这是国家编写统一教科书的初次尝试。

学部是清政府设立的中央机构，总管教育事务。置尚书，侍郎，左、右丞，参议各一人；五司郎中各一人，员外郎十有二人，主事十有五人，视学官无定额。学部的设立，标志着中国历史上延续一千多年的科举制度结束和近代教育开始。

陆费逵（1886—1941）是中国近代著名教育家、出版家和教科书研究专家，曾先后任职于文明书局、商务印书馆等近代著名教科书出版机构，并创办中华书局。他的一生，称得上是中国近代教科书发展的“活历史”。他在《与舒新城论中国教科书史书》一文中提到清末教科书中，“最占势力者，为商务之最新教科书、学部之教科书两种”[2]。学界对清末商务印书馆及其灵魂人物张元济多有研究。然而，作为官方教科书编写机构的学部编译图书局，就没有那么幸运了。学界鲜有关于这一机构的系统研究，即使在相关著述中提到它，也大多描述兴废，条陈典章，罗列课本，泛泛而谈，基本上见物不见人。相关研究大多会提到第一任学部编译图书局局长袁嘉谷。

袁嘉谷生于1872年，云南石屏人。他曾参与康有为、梁启超在京组织的强学会，深受维新思想影响。1903年，袁嘉谷考中进士，同年又应经济特科，复试列一等一名，成为云南历史上唯一的状元。他参加这两次考试的试题都与当时教育革新有关，会试试题涉及日本的学制改革，经济特科首场试题涉及《大戴礼记》与德育、智育、体育的关系。第二年，袁嘉谷赴日本考察学务、政务。回国后，袁嘉谷任职学务处，后又进入新成立的学部。1906年，学部编译图书局成立，接收了原总理学务处编书局的业务，原督办编书局的翰林院侍读学士黄绍箕已被派到湖北担任提学使，学部推荐时任学部行走的翰林院编修袁嘉谷担任编译图书局局长。

[1] 孙培青. 中国教育史[M]. 2版. 上海：华东师范大学出版社，2000：348.

[2] 陆费逵. 与舒新城论中国教科书史书[M]//俞筱尧，刘彦捷. 陆费逵与中华书局. 北京：中华书局，2002：428.

袁嘉谷在任期间，学部编译图书局还设立了研究所。“附设研究所，随时研究，以增长局员编译教科书之知识”[1]。研究所创设之初，聘请精通心理学、教育学及教科书编纂法之人作为讲演员，为局员讲解以上各学科知识。该章程规定，自局长以下均为研究员，入班听讲不得无故不到。等这些课程讲完了，局员自行研究。自行研究包括以下三个方面：“（一）于局员中其已编有成书者，使说明编纂时之体例；其已经认定编何书者，使说明拟定之体例，由各局员批评咨询，以收随时集思广益之效。（二）由本京各学堂之教习，择其素有经验者，认定数人，轮流到局，讲明本局已出之书，于实行教授时，有何不合之处。（三）各省教育总会及提学司报告何书最善，何书尚当改正者，皆取为本局局员切实研究之资。”[2]可见，局员自行研究包括三个方向：一是局员之间交流编写教科书的经验，二是局员定期听取一线教习使用教科书的意见，三是局员研判各省权威教育机构对教科书的评价。这三种研究取向形成了一个立体化的教科书研究策略，对于教科书出版机构来说，至今仍然具有借鉴意义。

二、教科书的审定

“壬寅学制”首次以官方名义提出了“中学堂”这一名称，意味着中学堂是全新的存在，相应的学科教科书亦是如此。为了解决教科书缺乏的问题，《钦定中学堂章程》中要求按照《钦定高等学堂章程》编写与使用教科书：“凡各项课本，须遵照京师大学堂编译奏定之本，不得歧异。其有自编课本者，须咨送京师大学堂审定，然后准其通用。京师编译局未经出书之前，准由教习按照此次课程所列门目，择程度相当之书暂时应用，出书之后即行停止。”[3]这项规定表明这一时期的教科书可以由官方编写、出版后使用，或者由民间私人编写后由京师大学堂审定批准即可使用。“壬寅学制”对教科书编写与审定的规定虽然只是清政府对教科书缺乏的应急手段，但却是我国近代教育教科书编审制度的开端。

《奏定中学堂章程》中则要求：“凡各科课本，须用官设编译局编纂，经学务大臣奏定之本。其有自编课本者，须呈经学务大臣审定，始准通用。官设编译局未经出书之前，准由教员按照上列科目，择程度相当而语无流弊之书暂时应用，出书之后即行停止。”[4]显然，这一时期的教科书是根据国家统一的教育宗旨，由教育机关编撰或者由民间机构编辑后，由国家统一审定后出版使用的；在官编教科书未出版但某学堂又急需教科书时，可以由各学堂教员按照要求自行编撰所需教科书或是直接引进外来教科书，也就是国定制和审定制同时存在。这样的规定非常适合当时的国情，一方面可以尽快解决教科书的编撰问题，除了有官编教科书，还允许民间编写教科书，若这两种方式仍无法解决某一教科书的需求问题，还可以引进外国教科书，这意味着清末时期的教科书有官编教科书、民编教科书和引进外国教科书三种类型；另一方面，无论是官编或是民编都要经过审核，这意味着并非所有编撰的教

[1] 王世光. 袁嘉谷与学部编译图书局[N]. 中华读书报，2016-05-25（14）.

[2] 同[1].

[3] 舒新城. 中国近代教育史资料：中册[M]. 2版. 北京：人民教育出版社，1981：534.

[4] 同[3]509-510.

科书都可出版，这大大保证了教科书的编辑质量。

为了使教科书的编写与审定更为规范有效，1905年12月，清政府的学部成立，设立了专门审查教科书的审定科，还在各省设了图书科，负责审查本省各学堂教科书，进一步规范了教科书的审定制度。

三、博物教科书的编译与出版

清末时期，直接引进国外教科书暂时解决了新式学校缺乏博物教科书的问题，但是由于一些实际情况与我国国情不符，也带来了一些明显弊端。后来，一些先进知识分子意识到自编教科书对我国新式教育发展的重要性，决定在借鉴外来博物教科书的基础上，结合我国国情对外来教科书进行改编，编撰出适合我国新式学校使用的教科书。1904年屈德泽编的《动物教科书》、1907年钱承驹译编的《中学动物教科书》、1909年彭树滋编的《普通教育植物学教科书》、1911年陈用光编的《中等博物教科书生理卫生学》等就是参考了日本教科书又结合我国教学实际编译而来。这些教科书总体框架与内容跟日本教科书差异不大，只是在原版教科书的基础上增删了部分内容。对于一门新课程来说，这些自编教科书即便结合了外来教科书的编写经验，仍是教育界的一大突破。

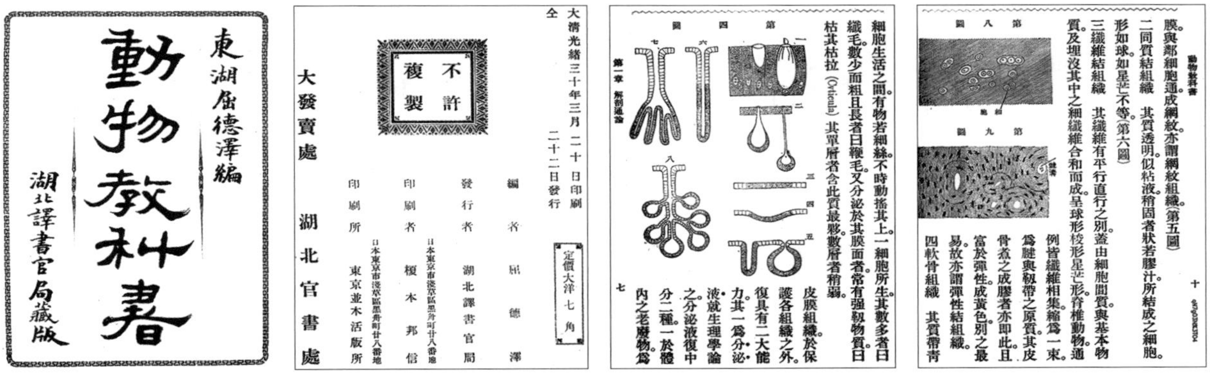
東湖屈德澤編
動物教科書
湖北譯書官局藏版

大清光緒三十年三月二十日印刷
二十二日發行
全
定價大洋七角
不許複製
編者 屈德澤
發行者 湖北譯書官局
印刷者 榎木邦信
印刷所 東京並木活版所
大發賣處 湖北官書處

2—16

图2—16　《动物教科书》封面、版权页及内容节选，1904年初版

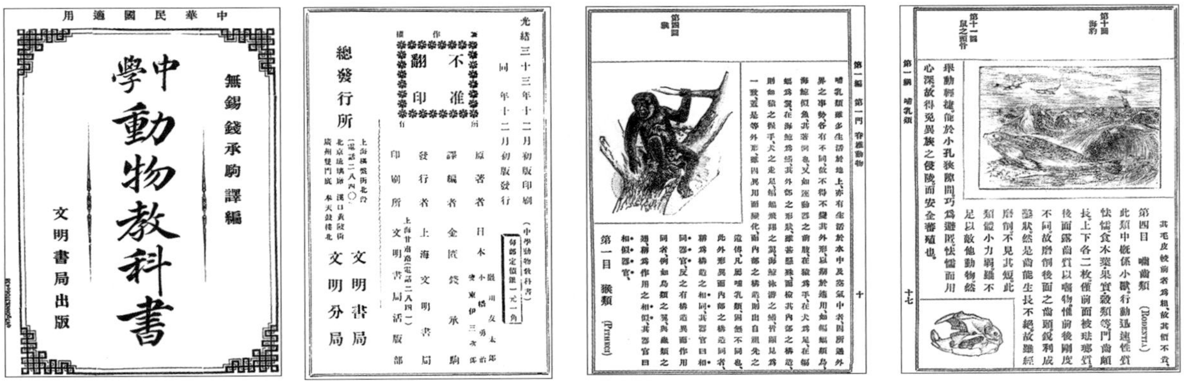
中華民國適用
中學動物教科書
無錫錢承駒譯編
文明書局出版

光緒三十三年十二月初版印刷
同年十二月初版發行
不准翻印
譯編者 錢承駒
發行者 上海文明書局
印刷所 文明書局活版部
總發行所 文明書局 文明分局

2—17

图2—17　《中学动物教科书》封面、版权页及内容节选，1907年初版

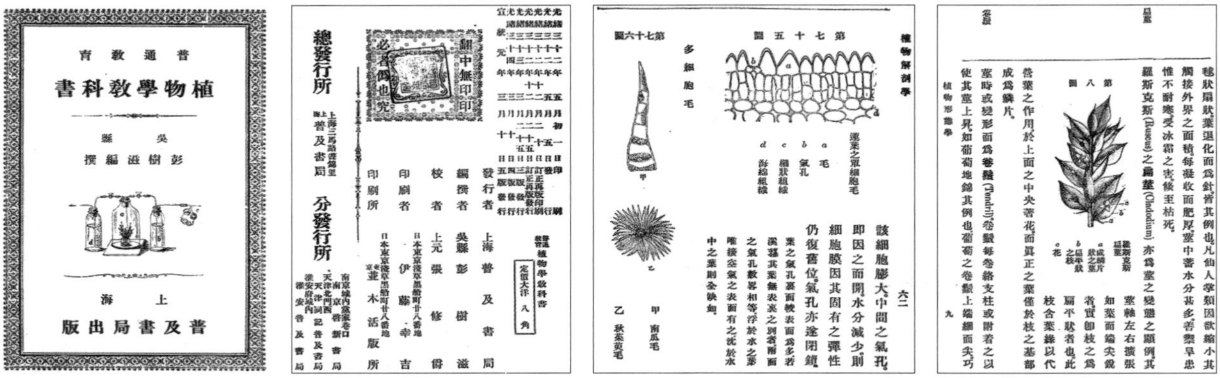

2—18

图2—18 《普通教育植物学教科书》封面、版权页及内容节选，1909年第5版

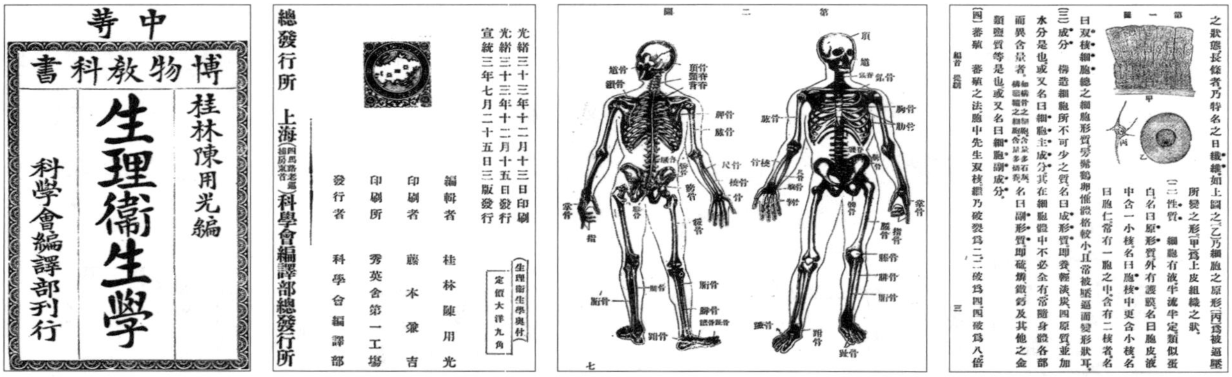

2—19

图2—19 《中等博物教科书生理卫生学》封面、版权页及内容节选，1911年第3版

1902年虞和寅编辑初版的《博物学教科书》与上面所提到的教科书有着明显的不同，这是第一本重视观察、实验和分类的教科书，首次出现了“实验”“观察”二词，也首次出现了“设问”栏目。虞和寅提出：博物教学和学习的方法不外乎“实验”和“观察”，教师要提前准备实物“以便开课时，一面实验，一面讲述”，还要“时时引导学徒，出游野外，观察实验”。教科书对每一课动植物都标明其类属，并简单介绍了动物界的纲目属种名称。

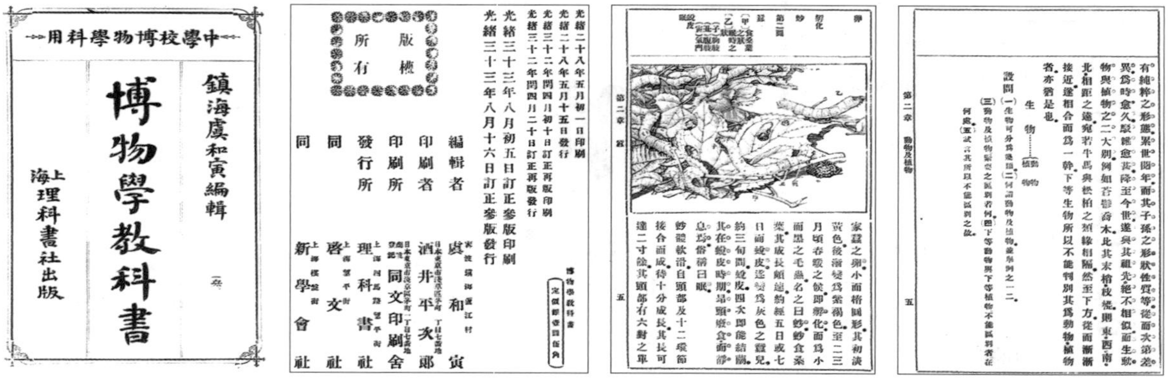

2—20

图2—20 《博物学教科书》封面、版权页及内容节选，1907年第3版

尽管教科书的编译与出版仍然有很多不足之处，但当时的先进学者没有放弃，一直处于不断修改教科书、不断进步的状态。到中华民国成立之前，国内已出现参照国外教学参考资料完全自主编写的中学生物学教科书，如1910年曾彦编的《普通教育·植物学教科书》，这种改变为民国时期国内中学生物学教科书编写的发展奠定了基础。

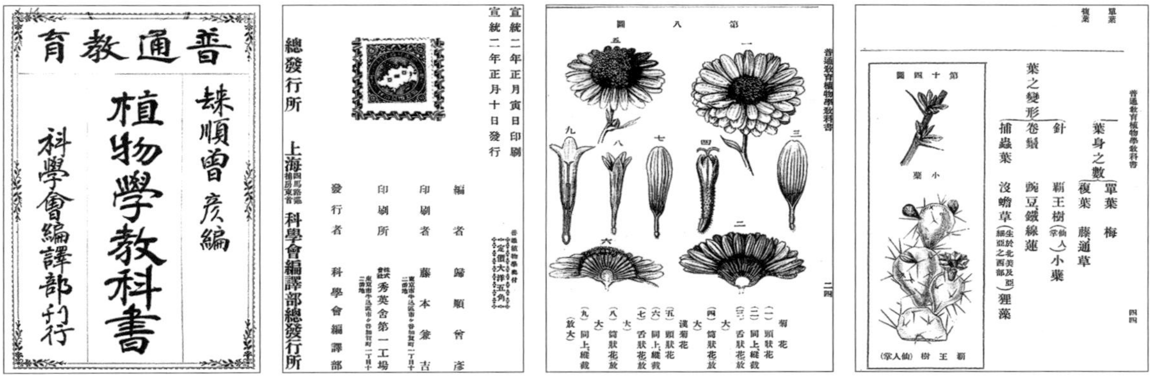

2—21

图2—21　《普通教育·植物学教科书》封面、版权页及内容节选，1910年初版

除了直接翻译的国外教科书、官编教科书，民间编书机构也开始编写中国博物教科书。1903—1907年间，中国第一家现代出版机构——商务印书馆出版了《最新中学教科书植物学》《最新中学教科书动物学》《最新中学教科书生理学》；1906年，上海作新社出版了《新编博物学教科书》；1907年商务印书馆又出版了《新撰植物学教科书》等。

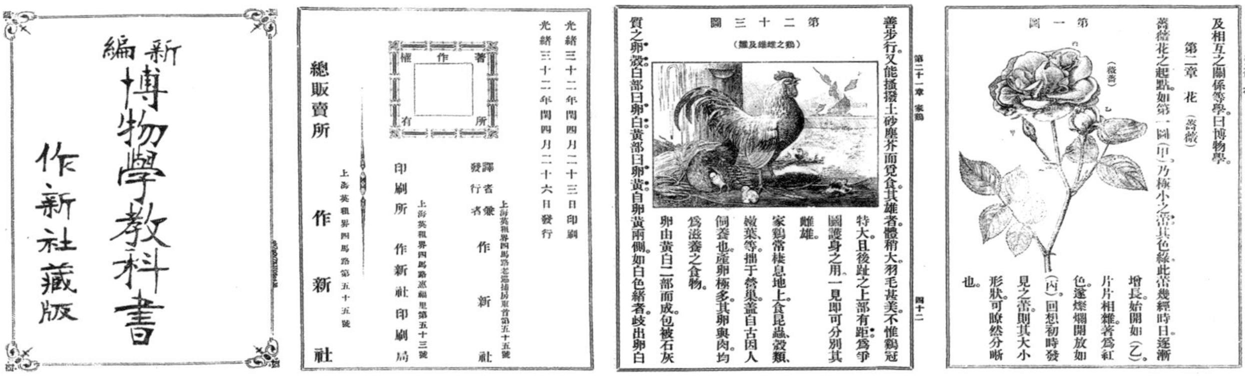

2—22

图2—22　《新编博物学教科书》封面、版权页及内容节选，1906年初版

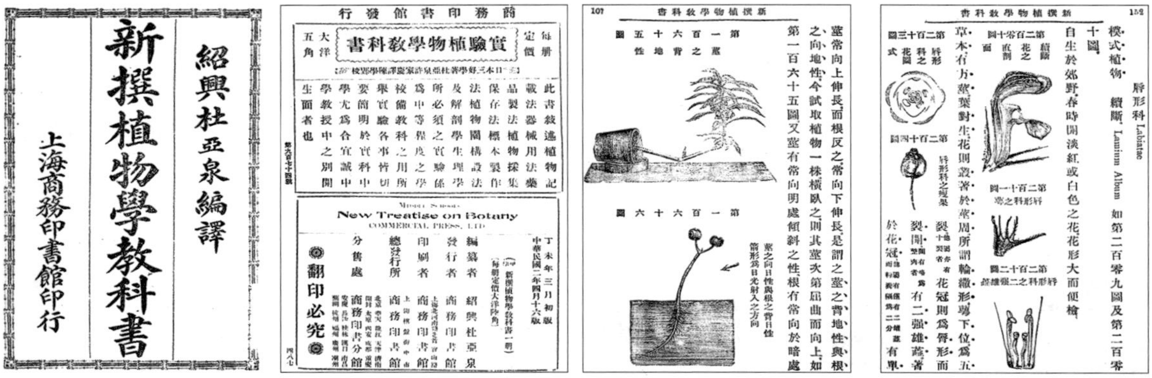

2-23

图2—23　《新撰植物学教科书》封面、版权页及内容节选，1913年第16版，该书于1907年初版

商务印书馆编写并出版了我国第一套具有现代意义的教科书——“最新教科书”系列。由于该套书中每一学科的每一本书上都印有“最新教科书”五个字，所以被称为“‘最新教科书’系列”。该系列涵盖了中小学堂的所有学科，这些教科书的内容材料选择合理，加上这套教科书的编者知识渊博，视野开阔。“最新教科书”系列一经出版，便受到该时期广大师生的欢迎，被学校广泛采用，其影响范围超过了同时期其他出版社出版的同类型教科书。当时的教育工作者对“最新教科书”系列给予了极高的评价，中国近代著名教育家蒋维乔说，“教科书之形式内容，渐臻完善者，当推商务印书馆之‘最新教科书’。此非作者身与其役，竟敢以此自夸，乃客观之事实可以证明：……在白话教科书未提倡之前，凡各书局所编之教科书及学部国定之教科书，大率皆模仿此书之体裁。故在彼一时期，能完成教科书之使命者，舍‘最新’之外，固罔有能当之无愧者也”[1]。此外，还有盛赞该套教科书为我国近代学校用书的新纪录，使得我国的教学为之一变[2]。陆费逵在《与舒新城论中国教科书史书》中谈道：“癸卯［1903年］商务印书馆延聘海盐张元济、长乐高凤谦编辑最新教科书；日人长尾、加藤等以其经验助之，教科书之形式方备。”[3]“最新教科书”系列在中国教科书的出版史上具有里程碑的意义，是清末时期中学教科书的代表之作。其中，与中学博物课程中的生物学内容相关的教科书为：《最新中学教科书植物学》《最新中学教科书动物学》和《最新中学教科书生理学》。这三本教科书是我国近代学制颁布后，第一套比较适合当时国情的中学博物教科书。

《最新中学教科书植物学》由亚泉学馆编译外来教科书而来，于1903年出版了第1版，1906年出版了第3版，16开，精装，整本书共164页。以下介绍的是1906年的第3版。

[1] 蒋维乔. 编辑小学教科书之回忆[M]//1897—1987商务印书馆九十年. 北京：商务印书馆，1987：56.

[2] 郑鹤声. 三十年来中央政府对于编审教科图书之检讨[J]. 教育杂志，1935，25（7）：28.

[3] 陆费逵. 与舒新城论中国教科书史书[M]//俞筱尧，刘彦捷. 陆费逵与中华书局. 北京：中华书局，2002：427.

2–24

图2–24　《最新中学教科书植物学》封面，1906年第3版

这本教科书的内容编排顺序为：绪言、凡例、目录、正文内容和附录。整本教科书没有出现阿拉伯数字，就连目录也没有对应的页码。正文分“篇”和“章”两个部分，每篇分为若干章，全书没有标点符号，只象征性地用句号进行断句。每一章的每一个知识点都配有图片展示，全书一共有265张图片。此外，教科书从绪言到正文内容都是采用从右到左竖排编写形式，字体大小适中，排版规范，适合当时的学生进行阅读与学习。

从教科书的绪言部分可以看出编译者对我国植物界发展的看法。

> 今吾辈之所希望于吾国者，无非欲使吾国与欧美各国列于对等之地位而已，然此希望果如何而可达乎，政治界、经济界、实业界繁博难言……植物界之广漠……此书区区小册，虽则提纲絜［挈］领，不过仅备模式，专家著作，煌煌巨观，其所记述，千百于是，予偶一涉略。辄观叹不置，不知此生有若干福，能观若干册植物书，吾愿吾同志共参观之。今特借此书以寄语诸君。

首先，编译者提出了对当前一辈的厚望，希望中国能与欧美国家在世界上具有相同的地位。紧接着说明我国对植物界的了解程度：东亚处于温带地区，植物种类多不胜数，但是当前学者能叫出名来的少之又少。英国人懂得采集我国植物并制成标本置于大学堂，而我们不会；日本人采集我们的植物就可以给予名字，和其他植物加以区分，而我们也不行，他国对植物学的了解程度远远超过我国。我们知道人类依赖三类物质而生，植物则是其一；我们知道植物会生长，但却不明白植物生长的原因。这些现象表明，在这一时期，我国对植物的了解可谓远远不足。若我们的后辈想将这一不足之处补齐，其中一个方法则是使全国各地有成千上万的植物学家，但就目前的状态来看，完成这一目标有些艰难。最后编译者表明了自己的寄托：希望有生之年可以看见我国植物界研究的繁荣。具体内容如图2–25所示。

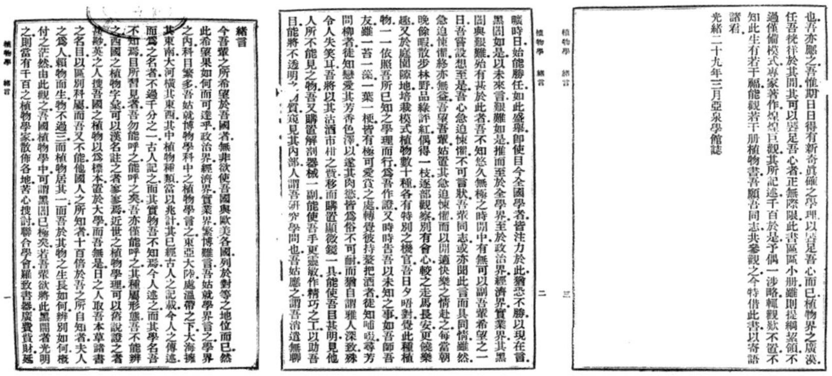

緒言

今吾輩之所希望於吾國者。無非欲使吾國與歐美各國。列於對等之地位而已。然此希望果如何而可達乎。政治界。經濟界。實業界。繁博難言。吾姑就學界言之。學界之內。科目繁多。吾姑就博物學科中之植物學言之。東亞大陸。處溫帶之下。大海擁其東南。大河橫其東西。其中植物種類。當以兆計。其已經古人之記載。今人之傳述。而習之名者。不過千分之一。古人記之而其實物吾不知焉。今人述之而其學名吾不知焉。目所習見者。吾勿能呼之。能呼之矣。吾亦僅能呼之。其種屬形態。吾不能辨之。西國之植物學。粲可以漢名註之者。寥寥焉。近世之植物學理。可以舊說證之者[illegible]論英之人搜吾國之植物以為標本。置於大學。而吾無是。日之人取吾本草諸書之名目。以區別科屬。而吾又不能。他國人之所知者。十百倍於吾之所自知者。夫人之為人。賴物而生。物不過三。而植物居其一。而吾於其物之生長。如何辨別。如何。概付之茫然。由此觀之。吾國植物學中。可謂黑闇已極矣。若吾輩欲將此黑闇者。光明之。則當有千百之植物學家。散佈各地。著心搜討。聯合學會。羅致書器。廣費貲財。延

植物學　緒言　一

曠時日。始能勝任。如此盛舉。即使目今全國學者。皆注力於此。猶恐不勝。以現在言。黑闇如是。以未來言。艱難如是。推而至於全學界。至於政治界。經濟界。實業界。其黑闇與艱難。殆有甚於此者。吾不知悠久無極之時間中。有無可以副吾輩希望之一日。吾嘗設想至是。吾心急迫悚懼。不可言狀。吾輩同志。或亦聞此言而具同情。雖然。急迫悚懼。終亦無益。吾望吾輩。姑置其急迫悚懼。而以閒適快樂之情赴之。每當朝晚餘暇。散步林野。品綠評紅。偶得一枝。逐部觀察。別有會心。較之走馬長安。更饒樂趣。又於庭園隙地。培栽模式植物數十種。各有特別之機官。吾日夕晤對。覺此種植物。一一依照吾所已知之學理而行。為吾作證。又時時告吾以未知之事。如吾師吾友。雖一苔一藻。一葉一梗。皆有極可愛賞之處。轉覺彼持螯把酒者。徒知哺啜。尋芳問柳者。徒知戀愛其芳香色澤。以遂其肉慾。皆為俗不可耐。而猶自謂雅人深致。殊令人失笑耳。吾將以其沽酒市柑之貲。移而購置顯微鏡一具。能使吾目甚明。見他人所不能見之物。吾又購置解剖器械一副。能使吾手更靈敏。作精巧之工。以助吾目。能將不透明之物質。窺見其內部。人謂吾研究學問也。吾姑應之。謂吾消遣無聊

植物學　緒言　二

也。吾亦應之。吾惟期日日得有新奇真確之學理。以饜足吾心而已。植物界之廣漠。任吾徜徉於其間。其可以饜足吾心者。正無際限。此書區區小冊。雖則提綱挈領。不過僅備模式。專家著作。煌煌巨觀。其所記述。千百於是。予偶一涉略。輒觀歎不置。不知此生有若干福。能觀若干冊植物書。吾願吾同志共參觀之。今特借此書以寄語諸君。

光緒二十九年三月亞泉學館誌

植物學　緒言　三

2–25

图2–25　《最新中学教科书植物学》绪言，1906年第3版

该书的凡例部分说明了这本教科书的来源：以日本理学博士三好学的原著为主，结合其另外两本著作，以及参考对比高桥丹波、柴田诸氏翻译的《普通植物学》和白井光太郎的《中等植物教科书》。原著中的植物没有中文名或拉丁名标注的约十之四五，该书将这些内容一一剔除，剩下的参考一系列资料后附上中文名，但也有一小部分为外国植物，是国内未曾发现的，因此只标注拉丁名而不写中文名。另外，凡例中还强调了该书原著的重要性：三好学对原著修订了二十六次，该书就是以第二十六版为主编译而来，体例完美，繁简得当，适合教学之用。具体内容如图2-26所示。

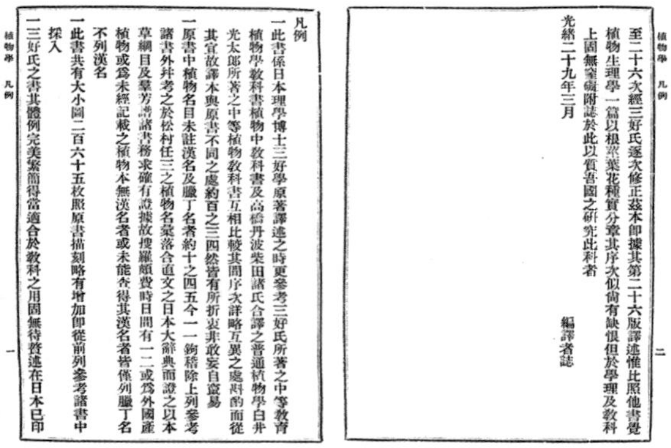
植物學 凡例

凡例
一此書係日本理學博士三好學原著譯述之時更參考三好氏所著之中等教育植物學教科書植物中教科書及高橋丹波柴田諸氏合譯之普通植物學白井光太郎所著之中等植物教科書互相比較其間序次詳略互異之處斟酌而從其宜故譯本與原書不同之處約百之三四然皆有所折衷非敢妄自竄易
一原書中植物名目未註漢名及臘丁名者約十之四五今一一鉤稽除上列參考諸書外并考之於松村任三之植物名彙落合直文之日本大辭典而證之以本草綱目及羣芳譜諸書務求確有證據故搜羅頗費時日間有一二或爲外國產植物或爲未經記載之植物本無漢名者或未能查得其漢名者皆僅列臘丁名不列漢名
一此書共有大小圖二百六十五枚照原書描刻略有增加仍從前列參考諸書中採入
一三好氏之書其體例完美繁簡得當適合於教科之用固無待贅述在日本已印

一

植物學 凡例

至二十六次經三好氏逐次修正茲本即據其第二十六版譯述惟比照他書覺植物生理學一篇以根莖葉花種實分章其序次似尚有缺憾但於學理及教科上固無窒礙附誌於此以質吾國之研究此科者
光緒二十九年三月
編譯者誌

二

2-26

图2-26 《最新中学教科书植物学》凡例，1906年第3版

《最新中学教科书植物学》除去绪言、凡例、总论和附录外，共分为四个部分：第一部分为植物形态学，第二部分为植物解剖学，第三部分为植物生理学，第四部分为植物分类学。每部分的具体目录如图2-27所示。

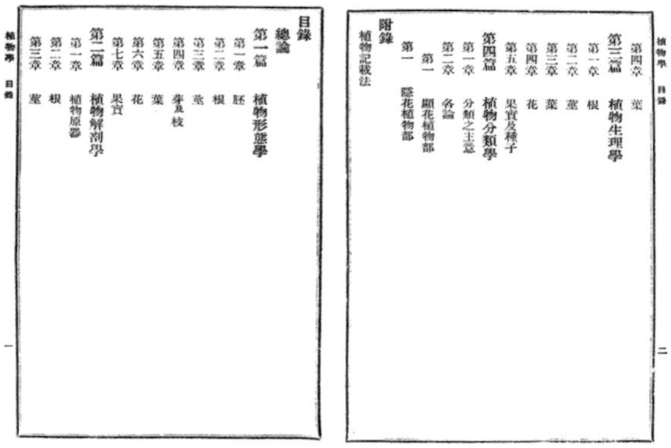
植物學 目錄

目錄
總論
第一篇 植物形態學
第一章 胚
第二章 根
第三章 莖
第四章 芽及枝
第五章 葉
第六章 花
第七章 果實
第二篇 植物解剖學
第一章 植物原器
第二章 根
第三章 莖

一

植物學 目錄

第四章 葉
第三篇 植物生理學
第一章 根
第二章 莖
第三章 葉
第四章 花
第五章 果實及種子
第四篇 植物分類學
第一章 分類之主意
第二章 各論
第一 顯花植物部
第一 隱花植物部
附錄
植物記載法

二

2-27

图2-27 《最新中学教科书植物学》目录，1906年第3版

很明显，《最新中学教科书植物学》与《奏定中学堂章程》中对博物科所规定的植物内容相吻合。从内容呈现上看，除去植物分类学的内容，整本教科书采取从植物外部形态到内部结构的顺序进行展示。先对植物的外部形态进行介绍，然后对植物内部结构进行描述，最后对植物的生理活动进行讲解。而知识点的呈现则是采取“总—分—总”的形式，先对某一知识点进行整体介绍，然后将该知识点拆分为几个小知识点后分别进行概述。值得一提的是，该教科书中所涉及的知识点几乎都配上了图片，且所有图片都是紧跟某一知识点之后呈现，对于相对复杂的图片，还会在图片上加以注释，图片清楚且直观。每一独立部分的最后附有知识结构图进行小结。材料的选择联系生活。这本教科书所提到的例子几乎都为我国生活中常见的植物，如第一部分“植物形态学”中提到的“豌豆”“胡萝卜”“姜”“洋葱”等。这本教科书虽然是编译日本教科书而来，但也可以反映出

我国与日本在自然界生态环境的相似性。从语言文字来看，采取文言文、繁体字形式进行编写。全书对知识点用叙述式进行概述，没有课文导入环节，教科书栏目设置很简单，主要在于对知识的传递，虽涉及较少的实验环节，但还是侧重于理论知识的概述。部分内容如图2-28所示。

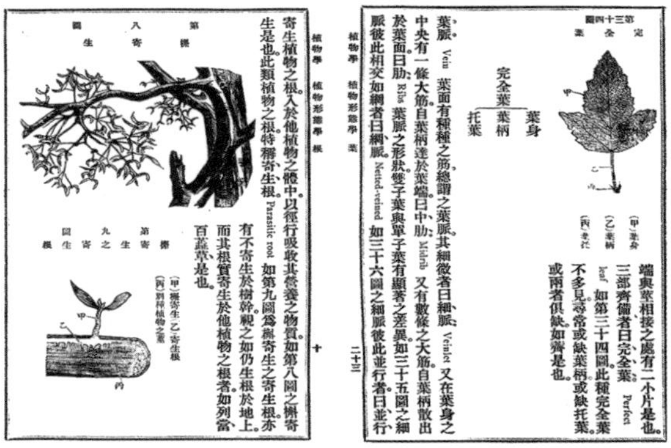
植物學 植物形態學 根

寄生植物之根。入於他植物之體中。以徑行吸收其營養之物質。如第八圖之槲寄生是也。此類植物之根。特稱寄生根。Parasitic root 如第九圖爲槲寄生之寄生根。亦有不寄生於樹幹。視之如仍生根於地上。而其根實寄生於他植物之根者。如列當、百蕊草是也。

第八圖 槲寄生

第九圖 槲寄生之寄生根

(甲)槲寄生(乙)寄生根(丙)別種植物之莖

十

端與莖相接之處有二小片是也。三部齊備者曰完全葉。Perfect leaf 如第三十四圖。此種完全葉不多見。尋常或缺葉柄。或缺托葉。或兩者俱缺。如薺是也。

第三十四圖 完全葉

(甲)葉身 (乙)葉柄 (丙)托葉

完全葉：葉身、葉柄、托葉

葉脈。Vein 葉面有種種之筋。總謂之葉脈。其細微者曰細脈。Veinlet 又在葉身之中央有一條大筋。自葉柄達於葉端。曰中肋。Midrib 又有數條之大筋。自葉柄散出於葉面。曰肋。Ribs 葉脈之形狀。雙子葉與單子葉有顯著之差異。如三十五圖之細脈彼此相交如網者。曰網脈。Netted-veined 如三十六圖之細脈彼此並行者。曰並行

植物學 植物形態學 葉

二十三

2-28

图2-28 《最新中学教科书植物学》内容节选，1906年第3版

《最新中学教科书动物学》由［美］白纳著，黄英译，于1905年9月出版第1版，大32开，精装，全书共194页。以下介绍的是1907年第4版。

最新

中學教科書

動物學

2-29

图2-29 《最新中学教科书动物学》封面，1907年第4版

这本教科书的内容编排顺序为：原序、例言、目录、正文内容和附录。跟《最新中学教科书植物学》一样，整本教科书没有出现阿拉伯数字，目录也没有对应的页码。正文只有“章”一个部分，但每章涵盖若干知识点，每个知识点的标题都进行了加粗处理，每一章最后都有小结和相关实验。全书没有标点符号，只有象征性的黑点进行断句。每一章所提到的动物类群都配有图片展示，全书一共有196张图片。此外，整本教科书也是采用从右到左竖排编写形式。

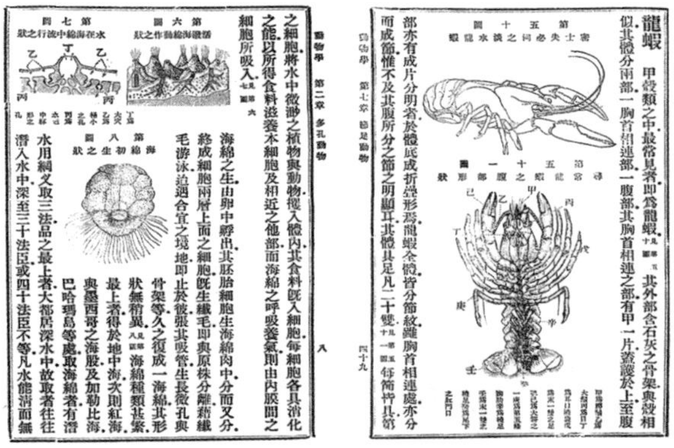
動物學 第二章 多孔動物

之細胞。將水中微游之植物與動物。攝入體內。其食料既入細胞。每細胞各具消化之能。以所得食料滋養本細胞及相近之他部。而海綿之呼吸養氣。則由內胚間之細胞所吸入。(見第六七圖)

海綿之生。由卵中孵出。其胚胎細胞生海綿肉中。分而又分。終成細胞兩層。上面之細胞。既生纖毛。即與原株分離。藉纖毛游泳。迨遇合宜之境地。即止於彼。張其吸管。生長微孔與骨架等。久之復成一海綿。其形狀無稍異。(見第八圖) 海綿種類甚繁。最上者得於地中海。次則紅海。與墨西哥之海股及加勒比海。巴哈瑪島等處。取海綿者。有潛水用網。叉取三法。品之最上者。大都居深水中。故取者往往潛入水中。深至三十法臣或四十法臣不等。凡水能消面無

第六圖 海綿動作之狀

第七圖 水在海綿中流行之狀

第八圖 海綿初生之狀

八

龍蝦 甲殼類之中。最常見者。即爲龍蝦。(見第五十圖) 其外部含石灰之骨架。與殼相似。其體分兩部。一胸首相連部。一腹部。其胸首相連之部。有甲一片。蓋護於上。至腹部亦有成片分明者。於體底成折疊形。爲龍蝦全體。皆分節紋。雖胸首相連處。亦分而成節。惟不及其腹所分之節之明顯耳。其體具足凡二十雙。(見第五十一圖) 每節皆具節

第五十圖 寄士夫必同之淡水龍蝦

第五十一圖 尋常龍蝦之腹部形狀

動物學 第七章 節足動物

四十九

2-30

图2-30 《最新中学教科书动物学》内容节选，1907年第4版

教科书的原序和例言部分给出了编辑该书的目的、教师教学方法等。

动物一学，虽为课程中最浅近者，然足以增长智识，用以教授青年子弟，俾能区别物类，由粗浅以达渊微，讨论诚不容已也。凡人所欲知之事，不惟其多，惟其精。与其广骛，不如精习。自学堂设有精练所，以考察各种动物。如剖解法、显微镜研究法，及他种分辨动物之法，皆足以使学者……

全书中之注释，均有引证之词，教员可随时采用之。教授是书之时……

原作者白纳表示，对于动物知识的学习，不在于学得多而在于学得精。翻译者黄英则对教师与学生进行动物学教与学提出了建议：教授之前，应该鼓励学生对各种动物进行考察，研究其相似性与差异性，并搜集各种能保留的动物作为标本以备解剖教学的需要；学生在野外进行实地观察时，教师应该鼓励学生，培养学生的观察能力；学习动物学之前，学生应该先了解人体解剖学的知识。最后说明了这本教科书所附的材料。通过对原序和例言的分析，可以明显地发现，这本教科书十分在意对学生观察能力的培养，虽然相应的学制并没有提到实验部分，但是这本教科书提到了学生进行解剖实验环节；另外，此书一直强调学生野外观察环节，教师也要鼓励学生进行实地观察。可见，当时的教科书编撰人员已经清楚地意识到了培养学生观察能力的重要性。具体内容如图2-31所示。

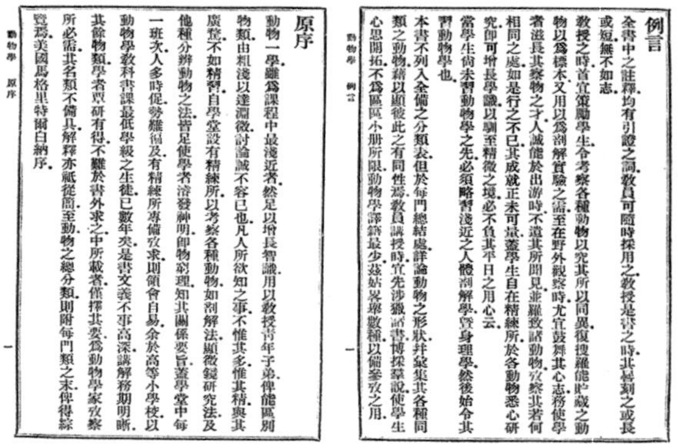
原序

動物一學。雖爲課程中最淺近者。然足以增長智識。用以教授青年子弟。俾能區別物類。由粗淺以達淵微。討論誠不容已也。凡人所欲知之事。不惟其多。惟其精。與其廣鶩。不如精習。自學堂設有精練所。以考察各種動物。如剖解法。顯微鏡研究法。及他種分辨動物之法。皆足使學者濬發神明。即物窮理。知其關係要旨。蓋學堂中每一班次。人多時促。勢難徧及。有精練所專備攷求。則領會自易。余於高等小學校以動物學教科書課最低學級之生徒。已數年矣。是書文義不事高深。講解務期明晰。其餘物類。學者覃研有得。不難於書外求之。中所載者。僅擇其要。爲動物學家攷察所必需。其名類不備具解釋。亦祗從簡。至動物之總分類。則附每門類之末。俾得綜覽焉。美國馬格里特爾白納序。

動物學　原序　一

例言

全書中之註釋。均有引證之詞。教員可隨時採用之。教授是書之時。其晷刻之或長或短。無不如志。

教授之時。首宜策勵學生。令考察各種動物。以究其所以同異。復搜羅能貯藏之動物。以爲標本。又用以爲剖解實驗之需。至在野外觀察時。尤宜鼓舞其心志。務使學者滋長其察物之才。人誠能於出游時。不遺其所聞見。並羅致諸動物。攷察其若何相同之處。如是行之不已。其成就正未可量。蓋學生自在精練所。於各動物悉心研究。即可增長學識。以馴至精微之境。必不負其平日之用心云。

當學生尚未習動物學之先。必須略習淺近之人體剖解學。暨身理學。然後始令其習動物學也。

本書不列入全備之分類表。但於每門總結處。詳論動物之形狀。并彙集其各種同類之動物。藉以顯彼此之有同性焉。教員講授時。宜先涉獵諸書。博採羣說。使學生心思開拓。不爲區區小冊所限。動物學譯籍最少。茲姑畧舉數種。以備參攷之用。

動物學　例言　一

2-31

图2-31　《最新中学教科书动物学》原序与例言节选，1907年第4版

这本教科书除去原序、例言和附录，一共分为八章。具体目录如图2-32所示。

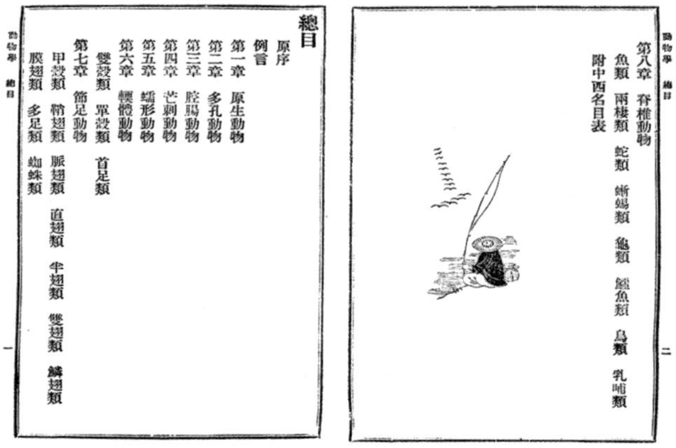
總目

原序
例言
第一章　原生動物
第二章　多孔動物
第三章　腔腸動物
第四章　芒刺動物
第五章　蠕形動物
第六章　輭體動物
雙殼類　單殼類　首足類
第七章　節足動物
甲殼類　鞘翅類　脈翅類　直翅類　半翅類　雙翅類　鱗翅類
膜翅類　多足類　蜘蛛類
第八章　脊椎動物
魚類　兩棲類　蛇類　蜥蜴類　龜類　鱷魚類　鳥類　乳哺類
附中西名目表

動物學　總目　一

動物學　總目　二

2-32

图2-32　《最新中学教科书动物学》目录，1907年第4版

通过目录可以看出，这本教科书是按照低等动物到高等动物的顺序对自然界的动物类群逐一进行介绍，每一章为一种动物类群。

《最新中学教科书动物学》的内容为自然界的动物类群的形态结构特点及生活习性两大方面，和《最新中学教科书植物学》一样，也符合《奏定中学堂章程》中对博物科所规定的动物内容。从内容呈现来看，整本教科书按照低等动物到高等动物的顺序对自然界动物类群的结构特点及生活习性进行介绍，从具有简单结构的原生动物开始，到最后结构复杂的脊椎动物为止。知识点则以“分—总”的形式进行呈现，先对某一动物知识点进行逐一介绍后再进行总结。章总论采用文字的方式对该动物类群的结构特点及生活习性进行小结。而某些章的代表性动物较多，还会附上对这一动物类群进行总结的知识结构图。所提到的案例几乎都为我国生活中常见的动物，如“寄生虫”“河蚌”“苍蝇”“蜜蜂”等。文字采取文言文竖排排列的形式进行编写。另外，全书对知识点用叙述式进行概述，虽涉及较多的实验环节，但多为观察实验，缺少学生进行操作的实验，侧重点也是动物学理论知识的传播。其余方面和《最新中学教科书植物学》类同，如教科书中所涉及的动物知识点也几乎都配上了图片，且所有图片也是紧跟在每一知识点后面，附有注释部分，图片也极为清楚且直观等。

《最新中学教科书生理学》由谢洪赉翻译外来教科书，修订后而来，1904年8月初版，1907年10月第8版，大32开，精装，全书共278页。以下介绍的是1907年的第8版。

2—33

图2—33　《最新中学教科书生理学》封面，1907年第8版

这本教科书内容编排顺序为：生理学序、译例、教授要言、目录、正文内容（包括附录）。与《最新中学教科书植物学》和《最新中学教科书动物学》最大的差异在于《最新中学教科书生理学》每章末尾都设置了相应的习题环节。与《最新中学教科书动物学》一样，正文只有“章”一个部分，每章涵盖若干知识点，每一知识点的标题字体都加粗处理。其余跟《最新中学教科书植物学》和《最新中学教科书动物学》相似：全书没有标点符号，只有象征性的黑点、顿号进行断句，整本教科书采用从右到左竖排编写形式。

2—34

图2—34　《最新中学教科书生理学》内容节选，1907年第8版

该书的译例部分介绍了教科书的编写来源与特点。

一　是书原本为美国科学课本作家……求其合吾国中学校程度者，惟此最宜。

二　本书特色有五：（一）简明生理书过繁则难记，徒废脑力……

三　研究人身之学，共分三科曰全体学、论骨肉血管……

四　本书目的，非为习医者计，乃供寻常中学生徒之需，故一切力求简明……

五　每章之末，附论寻常病症数种，并其治法，庶学者可略知……

六　全书共十章，二百七十节，习问三百四十六条……

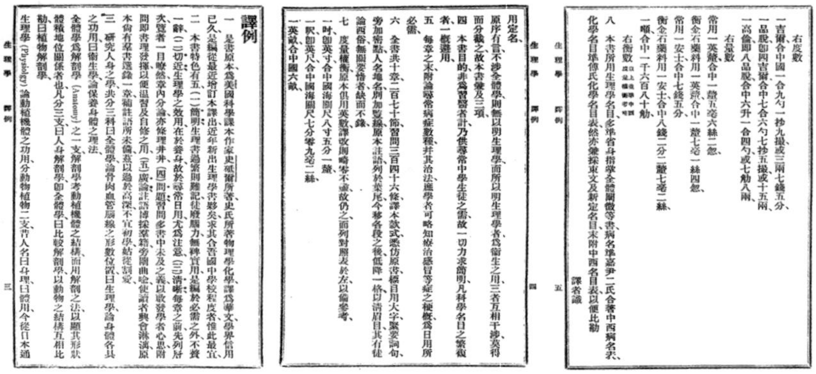

譯例

一　是書原本爲美國科學課本作家史砥爾所著史氏所著物理學化學譯爲華文學界信用已久是編從最近增訂本譯出近年新出生理學書夥矣求其合吾國中學校程度者惟此最宜

二　本書特色有五（一）簡明生理書過繁則難記徒廢腦力無裨實用是編於必需之外不贅一辭（二）切近生理學之效用在於養身故於尋常日用尤爲注意（三）清晰每章之前先列綱次覽者一目瞭然章內分論亦條理井井（四）問題習問多書中未及之義以啟發學者心思附問即書理發揮以便溫習及自修之用（五）廣論註語博採萃籍旁闡曲喻使讀者興會淋漓原本尚有萃書選錄一章補註語所未備惟以過於高深不宜初學姑從割愛

三　研究人身之學共分三科曰全體學論骨肉血管腦線之形數位置曰生理學論身體各具之功用曰衛生學論保養身體之理法

全體學爲解剖學（Anatomy）之一支解剖學考動植機體之結構而用解剖之法以顯其形狀體積地位關係者也凡分三支曰人身解剖學即全體學曰比較解剖學以動物之結構互相比勘曰植物解剖學

生理學（Physiology）論動植機體之功用分動物植物二支昔人名曰身理曰體用今從日本通

生理學　譯例　三

用定名

原序有言不涉全體學則無以明生理學而所以明生理學者爲衛生之用三者互相干涉莫得而分軼之故本書兼及三項

四　本書目的非爲習醫者計乃供尋常中學生徒之需故一切力求簡明凡科學名目之繁複者一槪避用

五　每章之末附論尋常病症數種并其治法庶學者可略知療治感冒等症之梗槪爲日用所必需

六　全書共十章二百七十節習問三百四十六條譯本款式悉仿原書標目用大字緊要詞句旁加密點人名地名則加豎線原本註語列於案尾今移各段之後低降一格以清眉目其有徒論西俗無關要指者缺而不錄

七　度量權衡原本俱用英數譯改則畸零不盡故仍之而列對照表於左以備參考

一吋即英寸合中國海關尺八寸五分一釐

一呎即英尺合中國海關尺七分零九毫二絲

一英畝合中國六畝

生理學　譯例　四

右度數

一吉爾合中國一合九勺一抄九撮或三兩七錢五分

一品脫即四吉爾合中七合六勺七抄五撮或十五兩

一高倫即八品脫合中六升一合四勺或七觔八兩

右量數

常用一英釐合中一釐五毫六絲二忽

衡金石藥料用一英釐合中一釐七毫一絲四忽

常用一安士合中七錢五分

衡金石藥料用一安士合中八錢二分二釐七毫二絲

一噸合中一千六百八十觔

右衡數

八　本書所用生理學名目多準省身指掌全體闡微等書病名準嘉尹二氏合著中西病名表化學名目準傅氏化學名目表然亦兼採東文及新定名目末附中西名目表以便比勘

譯者識

生理學　譯例　五

2—35

图2—35　《最新中学教科书生理学》译例，1907年第8版

通过这一部分内容可以看出，译者在选择外来教科书时，仔细对比了多本他国教科书后，根据我国学情最终选择了这本美国教科书，并提出了选择这本教科书的五点理由，然后简单地介绍了这本教科书的大概内容以及注释部分，并提到了实验操作环节。最为突出的是教科书的每章末都附上了常见的病症以及治疗方法，关注人体健康问题。

此教科书的正文除去绪言和附录，一共分为九章。具体如图2—36所示。

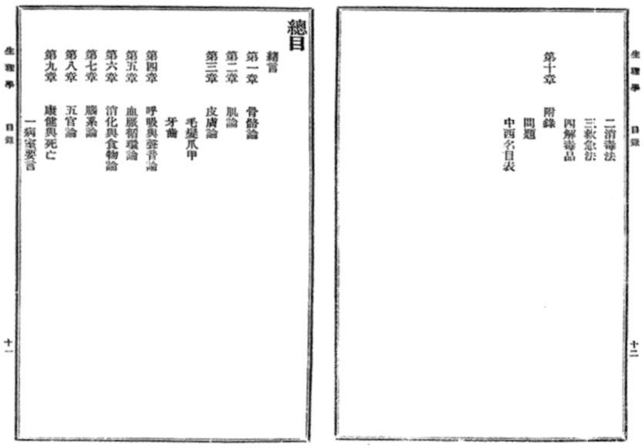

總目

緒言

第一章　骨骼論

第二章　肌論

第三章　皮膚論

毛髮爪甲

牙齒

第四章　呼吸與發音論

第五章　血脈循環論

第六章　消化與食物論

第七章　腦系論

第八章　五官論

第九章　康健與死亡

一病室要言

二消毒法

三救急法

四解毒品

第十章　附錄

問題

中西名目表

生理學　目錄　十一

生理學　目錄　十二

2—36

图2—36　《最新中学教科书生理学》目录，1907年第8版

通过目录可以看出：此教科书以人的身体为研究对象，对人体结构及生理特点进行了详细的阐述。全书共分为三个部分，分别为人体总体结构及作用、人体生理结构和功能以及疾病的预防与治疗。

第一至第三章为人体总体结构的概述：组成人体的骨骼、肌肉及皮肤各有什么特点及其在人的生活中的作用。第四至第八章为人体生理结构及功能介绍：人的各种生理活动是如何进行的，其结构如何，它们对人体有什么作用。第九章为人体疾病及防护，主要介绍常见的疾病及治疗措施。其中，治疗措施具体为消毒法、急救法和解毒法三大类。

从教科书的内容选择来看，与《最新中学教科书植物学》和《最新中学教科书动物学》一样，符合《奏定中学堂章程》中所规定的内容，以人体为研究对象，对人体结构特点及生理卫生进行概述。

在内容的呈现方式上，从人体的整体到部分的顺序进行人体结构的介绍。先对整个人体都具有骨骼、肌肉以及皮肤的结构特点及生理活动进行概述后，分别对人体所具有的生理结构，如血液循环、消化系统、脑系统等组成及生理活动进行逐一介绍。

在知识点的呈现方式上，与《最新中学教科书动物学》一致，以“分—总”的形式进行呈现，先对某一人体知识点进行逐一介绍后再进行总结，但不同之处在于《最新中学教科书生理学》的每一章末尾附有大量的习题供学生进行练习，且教科书中所涉及的生理学知识点并非都配上了图片，而是在较为抽象的知识点上附有图片，如第二节的“杠杆作用”、第三节的“牙齿”等，这些图片也是紧跟在相应知识点后面，附有注释部分，极为清楚且直观。

与《最新中学教科书植物学》《最新中学教科书动物学》相似，整本教科书也是用文言文、竖排形式编写，对知识点用叙述式进行概述，主要在于对知识的传递，缺少学生实验环节等。

此时期，无论是直接翻译的国外教科书、官编教科书还是民编教科书，仍采用文言文、竖排形式编写，很多术语的使用与现今存在很大差别。教科书翻译与编写者不同，他们的教育背景与文化主张各异，因此教科书的编写上存在不同之处。清末对教科书进行编撰的先进学者在借鉴国外教科书编写体系的基础上，也发展出了各自的特色。

这一时期的中学植物学教科书的编写体例大致可以分为两类：一类是以国外植物分类学的体系为参考进行教科书的编排，依次介绍植物形态学、植物解剖学、植物生理学及植物分类学的知识，如1906年亚泉学馆编译的《最新中学教科书植物学》；另一类是先介绍我国各种常见植物的形态及功用，再记述植物生理、分类及生态等其他事项，如1911年4月王明怀译、严保诚改订的《中学植物新教科书》。但无论是哪种编写体例，每本植物学教科书都会介绍植物与人的生活的关系，如果树及园艺植物的栽培、工农业及药用植物的培养等。

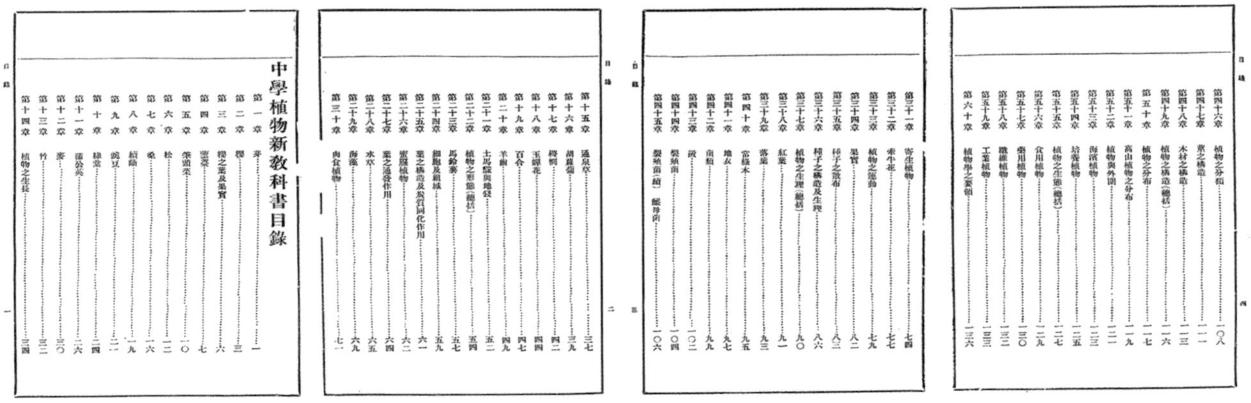
中學植物新教科書目錄

第一章 芽……一
第二章 櫻……三
第三章 櫻之葉及果實……六
第四章 蕓薹……七
第五章 紫頭菜……一〇
第六章 松……一三
第七章 桑……一六
第八章 棉花……一九
第九章 豌豆……二一
第十章 棣棠……二四
第十一章 蒲公英……二六
第十二章 麥……三〇
第十三章 竹……三三
第十四章 植物之生長……三四
第十五章 通泉草……三七
第十六章 胡蘿蔔……三九
第十七章 棕櫚……四二
第十八章 玉蟬花……四四
第十九章 百合……四七
第二十章 羊齒……四九
第二十一章 土馬騌與地錢……五二
第二十二章 植物之形態(總括)……五四
第二十三章 馬鈴薯……五七
第二十四章 細胞及組織……五九
第二十五章 葉之構造及炭質同化作用……六一
第二十六章 蜜腺植物……六二
第二十七章 葉之蒸發作用……六四
第二十八章 水草……六五
第二十九章 海藻……六九
第三十章 肉食植物……七一
第三十一章 寄生植物……七四
第三十二章 牽牛花……七七
第三十三章 植物之運動……七九
第三十四章 果實……八二
第三十五章 種子之散布……八三
第三十六章 種子之構造及生理……八六
第三十七章 植物之生理(總括)……九〇
第三十八章 紅葉……九一
第三十九章 落葉……九三
第四十章 常綠木……九五
第四十一章 地衣……九七
第四十二章 菌類……九九
第四十三章 黴……一〇二
第四十四章 裂殖菌……一〇四
第四十五章 裂殖菌(續) 酸母菌……一〇六
第四十六章 植物之分類……一〇八
第四十七章 葉之構造……一一一
第四十八章 木材之構造……一一三
第四十九章 植物之構造(總括)……一一六
第五十章 植物之分布……一一七
第五十一章 高山植物之分布……一一九
第五十二章 植物與外界……一二一
第五十三章 海濱植物……一二三
第五十四章 培養植物……一二五
第五十五章 植物之生態(總括)……一二七
第五十六章 食用植物……一二九
第五十七章 藥用植物……一三〇
第五十八章 纖維植物……一三三
第五十九章 工業植物……一三三
第六十章 植物學之要領……一三六

2—37

图2—37 《中学植物新教科书》目录，1911年初版

中学动物学教科书的编写体系通常是根据动物分类学的知识，从低等动物到高等动物介绍各类动物的代表物种、生理解剖、生活习性等知识，或者从高等动物到低等动物进行介绍，如1904年屈德泽编的《动物教科书》和1907年［日］安东伊三次郎讲述、［日］金太仁作译《动物学教科书》。

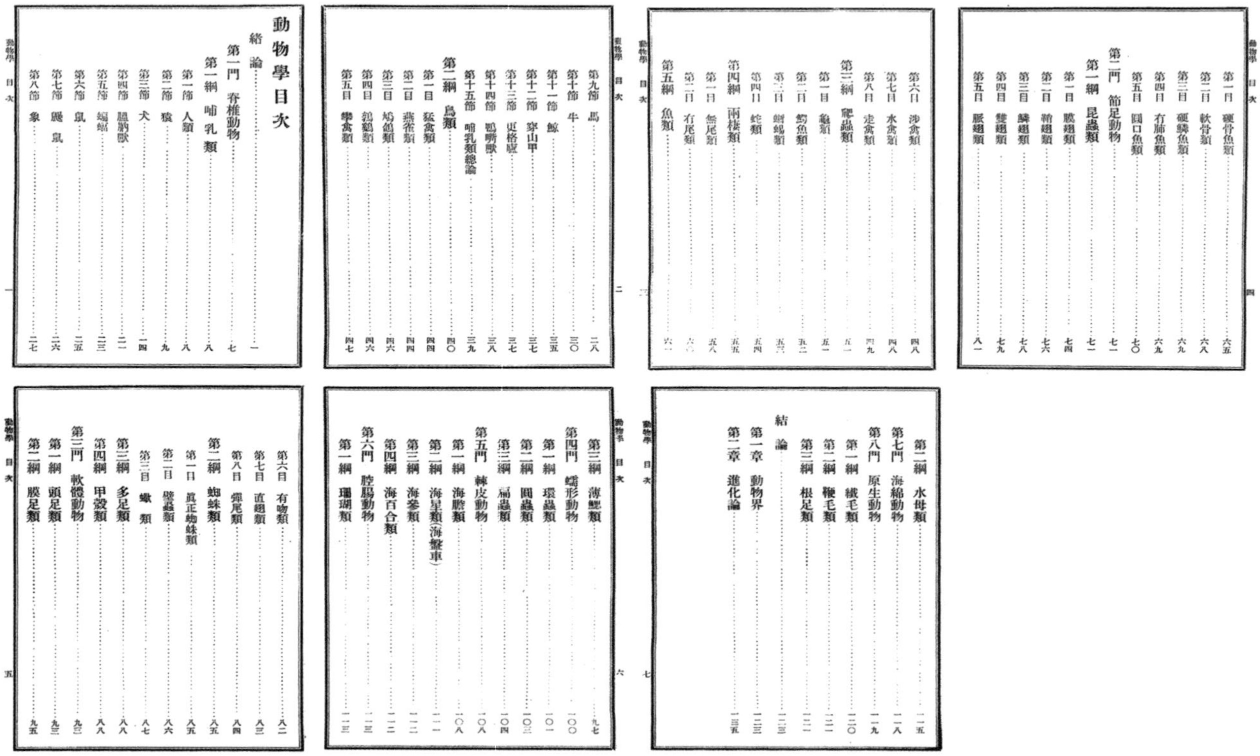

2—38

图2—38 《动物学教科书》目录，1907年初版

中学生理教科书的编写体例是从人体的各器官、系统入手，着重介绍各器官、系统的结构及功能、保健、危险自救及公众卫生等。清末时期中学生理教科书中有关性教育的内容始终处于空缺状态，直至20世纪30年代以后，中学生理教科书中才出现有关人类生殖等性教育内容。

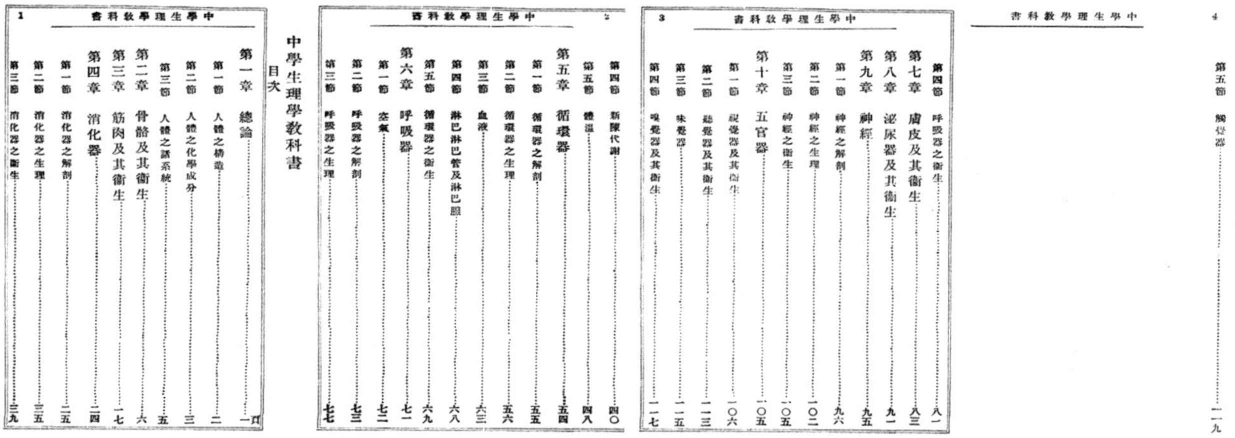

2—39

图2—39 《中学生理学教科书》目录，1907年初版

図2-40 《中学生理卫生教科书》目录，1906年初版

清末时期的中学博物教科书中，涉及生物学实验的教科书很少，仅有部分专门介绍实验的教科书，如1911年在上海商务印书馆出版的［日］三好学原著、杜亚泉译述《实验植物学教科书》。部分内容如图2-41所示。

図2-41 《实验植物学教科书》封面、版权页及内容节选，1911年初版

本章小结

1902年，清政府效仿日本学制颁布了《钦定学堂章程》，又称“壬寅学制”。《钦定学堂章程》是中国近代由国家颁布的第一个规定学制系统的文件，“壬寅学制”是中国由国家颁布的第一个近代学制。“壬寅学制”颁布后没有在全国实施，但它却是我国指导中学生物学教育教学文件的萌芽。

1904年，清政府颁布《奏定学堂章程》，“癸卯学制”出台，这是中国近代由国家颁布的第一个在全国范围内实行的系统学制。它结束了我国近代新式教育无章可循的历史，生物学也以非独立科目“博物”正式进入我国的中学课程，我国的中学生物学教育从此揭开了序幕。

1909年，清政府效仿德国学制颁布了《奏变通中学堂课程分为文科实科折》，规定中学分为实科和文科，这也是我国首次出现分科制度。它对实科和文科开设博物课程的学年、内容和课时数作了不同的规定。

从清政府颁布《钦定中学堂章程》开始，我国就着手博物教科书的编写工作，但由于新式教育是首次将博物归在中学课程中，官方编书机构对博物教科书的编撰没有任何经验，“壬寅学制”颁布后并没有官方的教科书供新式学校使用。为解决教科书问题，我国先进学者想到了翻译国外教科书来供我国新式学校使用。

我国最初的博物教科书都是直接翻译国外教科书或者对其加以改编而来，尤其是翻译日本教科书较多。从教科书的类型来看，这一时期综合性教科书极少，以分科式教科书为主，有关生物学的分为植物学教科书、动物学教科书和生理教科书三大类。这与这一时期相应的课程标准中所规定的生物学相关内容相吻合，教科书的整体框架分明，知识点清晰明了，内容由简入繁。

清政府实施“壬寅学制”“癸卯学制”后，全国各地建立了大量新式学校。1905年清政府正式设立学部，次年成立学部编译图书局，负责编译教科书，这是国家编写统一教科书的初次尝试。学部的设立，标志中国历史上延续1000多年的科举制度结束和近代教育开始。这一时期的教科书是根据国家统一的教育宗旨，由教育机关编撰或者由民间机构编辑后，由国家统一审定后出版使用的。在官编教科书未出版但某学堂又急需教科书时，可以由各学堂教员按照要求自行编撰所需教科书或是直接引进外来教科书，这说明国定制和审定制同时存在。这样的规定非常适合当时的国情，一方面可以尽快解决教科书的编撰问题，除了有官编教科书，还允许民间编写教科书，若这两种方式还无法解决某一教科书的需求问题，还可以引进外国教科书，这意味着清末时期的教科书有官编教科书、民编教科书和引进外国教科书三种类型；另一方面，无论是官编或是民编都要经过审核，这意味着并非所有编撰的教科书都可出版，这大大保证了教科书的编辑质量。这一时期，商务印书馆编写并出版了我国第一套具有现代意义的教科书——“最新教科书”系列。

生物学是研究生命现象和生命活动规律的科学，是自然科学中的一门基础学科，这就决定了中学博物教科书的科学价值。纵观清末时期的博物教科书，均限于对近代西方生物学书本知识的翻译和介绍，缺乏对于学科之间的交叉、学科知识发展的关注。在内容编排上忽视现实社会的发展状况和学生的现实生活，缺乏对学生心理的关照和对社会需求的回应。虽然清末时期博物教科书在内容的设置上有一定局限性，但该时期绝大多数动植物学教科书都是按照当时西方的分类和进化理论，由低等到高等或由高等到低等来介绍各种生物的结构及功能，其中蕴含的进化思想让学习者耳目一新，它改变了国人对待自然界及自身的基本看法，革新了国人的认识方式与思维方式，为我国近代科学教育的普及和国人科学素养的提高奠定了基础。

第三章

民国初期的中学生物学教科书（1912—1921）

1912

第一节
民国初期的教育变革与学制

晚清教育改革开启了中国教育现代化的进程，但并没有完成由传统教育向现代教育的过渡。因为传统教育与现代教育的区别不仅体现为教育体制的不同，更体现在教育目标的不同。清末统治者固守“忠君尊孔”的教育宗旨，使清末的新式教育不能从根本上摆脱传统教育的束缚。近代中学教科书的发展主要受到教育政策尤其是学制变革的影响，教育政策是教科书编写、出版和使用的依据；同时生物学科在中国的发展也明显制约着中学生物学教科书的编撰工作。

一、民国初期的教育变革

中华民国成立后，清末开始的现代化教育在新的时代下继续发展，在改革中国传统教育的过程中，教育者清醒地认识到这样一个问题：如果教育仍停留在清末以日本教育为改革蓝本的框架中，那么必将会制约自身的发展。因此，教育者面对世界形势的变化，不断调整教育改革的思路。通过融合东西方教育的各种因素，教育者以适应新的社会形态的发展方向来发展教育。

以孙中山为代表的资产阶级革命派满怀希望，着手建设一个富强的资产阶级共和国。孙中山认为：“今破坏已完，建设伊始，前日富于破坏之学问者，今当变求建设之学问，世界进化，随学问为转移。”[1]他热切希望，中国教育应着眼于文明，使中国学问能与欧美并驾齐驱。南京临时政府首任教育总长蔡元培也坚信，中国各方面的建设将会呈现出前所未有的新面貌，教育的发展也是如此，“至民国成立，改革之目的已达，如病已医愈，不再有死亡之忧。则欲副爱国之名称，其精神不在提倡革命，而在养成完全之人格”[2]；“养成完全之人格”，意欲提高国民素质，借以从本质上加强国力。蔡元培强调，这一格，不是畸形的，而是完全的；不是奴性的，而是自主的；不是自私的，而是国民的。

为了达到这一理想的目的，蔡元培认为首先应废除清王朝颁布的“忠君尊孔”的教育宗旨。他坚决反对在中小学开设读经讲经课，在大学开设经学科。废除读经讲经课，不仅是否定“忠君尊

[1] 舒新城. 中国近代教育史资料：下册[M]. 2版. 北京：人民教育出版社，1981：1005.

[2] 中华书局. 蔡元培选集[M]. 北京：中华书局，1959：49.

孔”的需要，也是克服国人保守自大心理的需要。所谓自大，就是“保守性太重，以为我国有四千年之文化，为外国所不及，外国之法制皆不足取”[1]。而自大必然走向自弃，“及屡经战败，则转而为崇拜外人，事事以外国为标准……是由自大而变为自弃也”[2]。据此，蔡元培从人的发展角度，提出了公民道德教育、军国民教育、实利主义教育、世界观教育及美感教育的“五育并举”的人格养成方案。

二、“壬子·癸丑学制”的诞生

1912年7月，南京临时政府召开全国临时教育会议，蔡元培将“五育并举”方案提交大会讨论。同年9月，南京临时政府教育部正式提出了“注重道德教育，以实利教育、军国民教育辅之，更以美感教育完成其道德”的教育宗旨，这个教育宗旨与清末教育宗旨的不同之处在于，不仅删除了“忠君尊孔”等方面含有封建专制主义的内容，而且其出发点和归宿都聚焦在健全人格的养成上。该教育宗旨提出后，向全国颁布了《学校系统令》，又称“壬子学制”，废除了清朝颁布的“癸卯学制”。此后，教育部又公布了一些各级学校的法令，对“壬子学制”进行了修改和完善。1912年9月和12月，教育部分别公布了《中学校令》[3]和《中学校令实施规则》[4]，其主要内容如下：中学校的修业年限为4年，以完足普通教育、造成健全国民为宗旨。中学校以省立为原则，各县于设立法令所定应设学校外尚有余力时，得一县或联合数县设立中学校，为县立中学校。私人或私法人依法可设立私立中学校。专教女子的中学校称女子中学校。中学校的设立、变更与废止，均须经过教育总长认可。中学校的教学课目为修身、国文、外国语、历史、地理、数学、博物、物理、化学、法制、经济、图画、手工、乐歌、体操。女子中学校加课家事、园艺、缝纫，但园艺得缺之。外国语以英语为主，但遇地方特别情形，得任择法、德、俄语一种。中学校教员以经检定委员会认为合格者充任。省立中学校校长由省行政长官任用，教员由校长任用，但须呈报省行政长官。县立中学校校长由县知事呈请省行政长官任用，教员由校长任用，但须呈县行政长官转报省行政长官。私立中学校长由设立人任用，但须呈报省行政长官。1913年，教育部对已经公布的法令进行综合，制定了一部完整的学校系统，因1912年和1913年的阴历纪年分别为壬子年和癸丑年，因此又总称为“壬子·癸丑学制”。“壬子·癸丑学制”的诞生标志着中国现代教育的正式确立，该学制改学堂为学校，取消了中小学阶段读经讲经的课程，增加了自然科学课程和实用课程。

“壬子·癸丑学制”将中学教育划为普通教育，取消了清朝的分科制度，在中学课程上增加了

[1] 高平叔. 蔡元培教育论著选[M]. 北京：人民教育出版社，1991：17.

[2] 同[1].

[3] 舒新城. 中国近代教育史资料：中册[M]. 2版. 北京：人民教育出版社，1981：520-521.

[4] 同[3]521-529.

物理、化学。在《中学校令实施规则》中，博物课程有这样的要求："博物要旨在习得天然物之知识，领悟其中相互关系及对于人生之关系。博物宜授以重要植物、动物、矿物、人身生理卫生之大要，兼课实验。"[1]《中学校令》和《中学校令实施规则》规定无论是普通中学还是女子中学，修业年限为4年，前三个学年都要学习博物课程，课时分配上第一、第二学年每周3学时，第三学年每周2学时。在1913年公布的《中学校课程标准》的博物课程中，对生物学相关内容的学习作了更明确的说明："普通植物之形态分类解剖生理生态分布应用等之大要"；"普通动物之形态分类解剖生理习性分布应用等之大要"；"人身之构造、个人卫生、公共卫生"等。[2]具体如表3-1。

表 3-1 《中学校令实施规则》和《中学校课程标准》有关生物学的内容一览表

文件	名称	教学内容	内容与时间分配
中学校令实施规则	博物	博物要旨在习得天然物之知识，领悟其中相互关系及对于人生之关系。博物宜授以重要植物、动物、人身生理卫生之大要，兼课实验	第一、第二学年每周3学时；第三学年每周2学时。女子中学安排与普通中学一致
中学校课程标准	博物	植物 普通植物之形态分类解剖生理生态分布应用等之大要 动物 普通动物之形态分类解剖生理习性分布应用等之大要 生理及卫生 人身之构造、个人卫生、公共卫生	第一学年学习植物、动物内容，每周3学时；第二学年学习动物、生理及卫生内容，每周3学时

1918年，教育部召开全国中学校校长会议，议定要加强理科教育，注重学生实验。实验课时数须占总数的四分之一，且理科教授应注重本地物产及原料，利用时间组织修学旅行、采集标本。[3]

[1] 舒新城. 中国近代教育史资料：中册[M]. 2版. 北京：人民教育出版社，1981：522.

[2] 同[1]531.

[3] 李桂林，戚名琇，钱曼倩. 中国近代教育史资料汇编·普通教育[M]. 上海：上海教育出版社，1995：803.

第二节 民国初期出版的中学生物学教科书

一、生物学教科书的出版

1912年，教科书成了教育行政部门必须重视的一个问题。1912年1月颁布的《普通教育暂行办法》规定："凡各种教科书，务合乎共和民国宗旨，清学部颁行之教科书，一律禁用。凡民间通行之教科书，其中如有尊崇满清廷，及旧时官制、军制等课，并避讳抬头字样，应由各该书局自行修改，呈送样本于本部及本省民政司、教育总会存查。如学校教员遇有教科书中不合共和宗旨者，可随时删改，亦可指出呈请民政司或教育部通知该书局改正。"[1]中华民国教育部成立后，首先宣布废除清学部颁布的教科书，要求新编的教科书"务合乎共和民国宗旨"。1912年9月，教育部又颁布了《审定教科用图书规程》，其中规定中、小、师范学校教科用图书，可以自行编辑，但必须经教育部的审定方可使用；教科用图书必须符合部定学科程度及教育宗旨；部审定有效期为5年，发行人必须在有效期届满前5个月呈请重新审定。[2]

由于博物课程仍然是一类较年轻的课程，教科书编撰经验并不丰富，因此博物课程的教科书主要沿袭了清末教科书的体系，将博物中有关生物学的内容分为植物学、动物学和生理学三部分，以翻译外来教科书为主，或在清末教科书的基础上进行改编，也有部分新编撰的教科书。民国初期的教科书审定制度出台后，相应的新式教科书发行，中学博物教科书也出版了不少。根据《民国时期总书目：中小学教材》和《中国教育大事典（1840—1949）》的记载，在1912年至1921年间，由各书局编写出版、在中学使用较多的部分中学生物学教科书整理如表3-2。

表 3-2　民国初期（1912—1921）中学生物学教科书一览表

序号	教科书名称	责任者及责任方式	出版年份及版次
1	植物学讲义	严保诚、孔庆莱编	1912
2	中学植物学教科书	[日] 藤井健次郎著，华文祺译	1913第3版
3	动物学新教科书	[日] 箕作佳吉著，王季烈编译，杜就田校订	1913第5版

[1] 李桂林，戚名琇，钱曼倩. 中国近代教育史资料汇编·普通教育[M]. 上海：上海教育出版社，1995：473-474.
[2] 同[1]476-477.

（续表）

序号	教科书名称	责任者及责任方式	出版年份及版次
4	新撰植物学教科书	［日］三好学著，杜亚泉编译	1913第16版
5	中学生理学教科书	［日］坪井次郎著，杜亚泉译订	1913第10版
6	生理卫生学	［美］吕特奇著，罗庆堂译	1913
7	民国新教科书植物学	王兼善编	1913
8	民国新教科书动物学	丁文江编	1914
9	最新动物学教科书	［日］丘浅次郎著，唐英译	1914
10	实用教科书生理卫生学	吴冰心编	1915
11	增订最新中学教科书植物学	［美］甘惠德编，杜亚泉校订	1915
12	共和国教科书生理学	杜亚泉、凌昌焕编	1916第3版
13	民国新教科书生理及卫生学	王兼善编	1916第4版
14	中华中学生理教科书	华文祺编	1916第6版
15	新撰动物学教科书	凌昌焕、许家庆编译，杜亚泉、杜就田校订	1916第9版
16	实用主义动物学教科书	马君武著	1918
17	实用主义植物学教科书	马君武编译	1918
18	三好学植物学讲义	卷上：黄以仁编译 卷中：凌昌焕、黄以仁、吴家煦编译	卷上：1918 卷中：1920
19	中华中学植物教科书	彭世芳编	1919第16版
20	中华中学动物学教科书	华文祺编	1919第13版
21	生理卫生新教科书（修订本）	孙佐编译，杜亚泉、杜就田译订	1920第19版
22	共和国教科书动物学	徐善祥等编	1920第12版
23	共和国教科书植物学	杜亚泉编，王兼善、杜就田校订	1921第26版
24	新制植物学教本	吴家煦，彭世芳编	1921第16版
25	新制动物学教本	吴家煦、吴德亮编	1921第13版
26	新制生理学教本	顾树森编，吴家煦校阅	1921第13版
27	中学动物学教科书	杜就田、孙佐编译，杜亚泉校订	1921第15版

注：上表中未提及版次的为第1版。

通过上表可以看出，这一时期出版的中学生物学教科书，仍是以分科式教科书为主流，而直接翻译的外来教科书数量变少，不像清末时期几乎全为外来教科书。其中外来教科书的使用主要是在“壬子·癸丑学制”颁布后不久，跟清末时期一样，以日本教科书为主，且部分教科书在清末时期就已经出版过，如1913年文明书局出版的［日］藤井健次郎著、华文祺翻译的《中学植物学教科书》，1913年商务印书馆出版的［日］箕作佳吉著、王季烈编译的《动物学新教科书》等。此时，博物课程仍属于一门年轻的课程，可借鉴的经验并不是很充足，加之博物不像语文、历史等科目容易受到社会政治环境的影响，所以清末已出版的教科书就成为这一时期教科书编写可借鉴的材料。

二、生物学教科书的内容及编排

在对1912年至1921年间出版的部分中学生物学教科书的内容及编排方式进行分析的基础上，总结该时期生物学教科书内容及编排的特点。以下教科书的内容、图片、目录是按照图题所选版本来介绍的（因资料所限，部分教科书所选的版本并非初版）。

（一）《植物学讲义》

由严保诚、孔庆莱编的《植物学讲义》，在1910—1911年两年内分5期发表于期刊《师范讲义》；1912年，在商务印书馆出版。此书由植物形态学、植物构造学、植物生理学和植物分类学四编组成：植物形态学编由根、茎、叶、花、果实和种子等章组成；植物构造学编对细胞和组织的层次进行了介绍；植物生理学编从营养、成长、运动和生殖的角度进行了介绍；植物分类学编分隐花植物（即孢子植物）和显花植物（即种子植物）两大类，对不同门、科的植物进行了介绍。其中，对植物形态学内容进行了较大篇幅的论述，并详述花的形态。

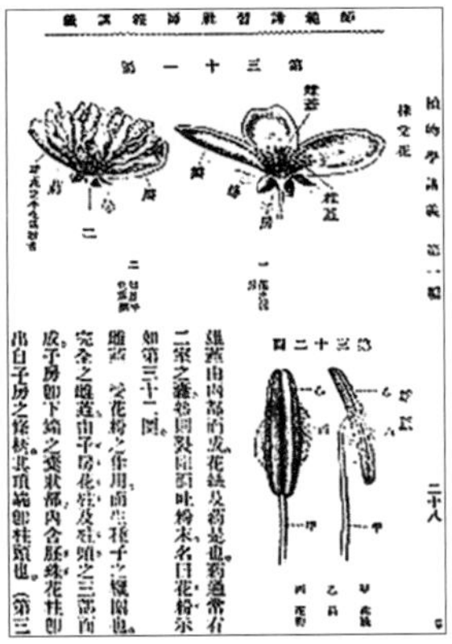

3—1

图3—1　《植物学讲义》封面及内容节选，1912年初版

《植物学讲义》目录[1]

总论

第一编　植物形态学

　　第一章　种子之萌发

　　第二章　根

　　第三章　茎及枝

　　　　第一　茎

　　　　第二　芽及枝

　　　　第三　枝及茎之变形

　　第四章　叶

　　　　第一　叶之性质及官能

　　　　第二　寻常叶形论

　　　　第三　叶之变形

　　　　第四　叶序

　　　　第五　叶之美妙

[1] 本书所选教科书目录按原书内容呈现，不作修改，其中标点符号按现代标点符号用法进行标记。

第五章　花

第一　花序

第二　花之部分

第三　花之由来

第四　花之整齐不整齐

第五　花托

第六　雄蕊

第七　雌蕊

第八　胚珠

第九　花粉传递之法

第六章　果实

第七章　种子

第八章　果实及种子之散布方法

第二编　植物构造学

第一章　细胞

第二章　组织

第一　根

第二　茎

第三　叶

第三编　植物生理学

第一章　营养论

第一　强固

第二　有绿植物之营养原素

第三　根之吸收作用

第四　水及营养物质之上行

第五　类化作用

第六　原器之造成及物质之变化

第七　寄生植物及食虫植物

第八　呼吸作用

第二章　成长论

第一　成长

第二　关于成长之外界之力

第三章　运动论

第一　自动

第二　刺击运动

第四章　生殖论

第四编　植物分类学

第一章　隐花植物

第一　菌藻门

（一）变形菌类

（二）分生菌类

（三）藻类

（四）菌类

第二　藓苔门

第三　羊齿门

第二章　显花植物

第一　棵子门

松柏科

第二　被子门

甲　单子叶类

百合科

禾本科

乙　双子叶类

天　离瓣区

壳斗科

荨麻科

十字科

蔷薇科

豆科

地　合瓣区

茄科

菊科

（二）《中学植物学教科书》

《中学植物学教科书》由［日］藤井健次郎著，华文祺译。1913年由文明书局出版第3版。此书简要浅显，便于初学者学习。编写体例清晰，将植物形态与生态合为第一章，植物解剖与生理合为第二章，植物分类单独一章，第四章为植物分布及应用。其中材料选择新颖，插图精美。此书虽译自日本著作，但对书中所引用的事例中不符合我国实际情况的进行了一定的删减或增添修改，而这些主要体现在植物分类一章中。

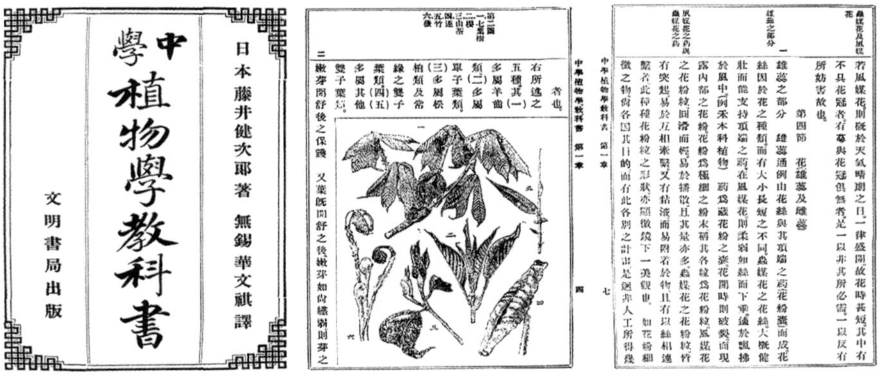

3–2

图3–2　《中学植物学教科书》封面及内容节选，1913年第3版

《中学植物学教科书》目录

第一章　植物之形态及生态
- 第一节　芽
- 第二节　嫩芽之开舒
- 第三节　花（萼及花冠）
- 第四节　花（雄蕊及雌蕊）
- 第五节　花与昆虫特别之关系及人工媒助法
- 第六节　叶之形状部分及其功用
- 第七节　叶之排列与日光
- 第八节　茎干及其功用
- 第九节　根之形状及其作用
- 第十节　果实
- 第十一节　种子
- 第十二节　果实及种子之散布
- 第十三节　植物对于动物之防御
- 第十四节　植物之寿命

第二章　植物之解剖及生理
- 第一节　叶之构造
- 第二节　同化作用
- 第三节　发散作用及其目的
- 第四节　植物之呼吸作用
- 第五节　茎干之构造
- 第六节　木质部
- 第七节　茎之背地性、向日性及其效用
- 第八节　根之向地性、向湿性、背日性及其效用
- 第九节　植物根吸收之天然养料及肥料
- 第十节　寄生植物及共栖植物
- 第十一节　蚁植物
- 第十二节　食虫植物
- 第十三节　植物之运动及感应
- 第十四节　植物之病害
- 第十五节　红叶、落叶及植物之越冬

第三章　普通植物分类
- 第一节　分类序论

显花植物
- 第二节　十字科（双子叶类）　例：莱菔
- 第三节　菊科（双子叶类）　例：鸡儿肠

第四节　桑科（双子叶类）　例：桑

第五节　山茶科（双子叶类）　例：茶

第六节　百合科（单子叶类）　例：卷丹

第七节　禾本科（单子叶类）　例：竹

第八节　松科（松柏类）　例：松

隐花植物

第九节　羊齿类　例：羊齿

第十节　藓类及苔类　例：土马鬃、地钱

第十一节　菌类　例：霉及菌

第十二节　藻类　例：水绵、昆布

第十三节　细菌（拔克脱力阿）及矽藻

第四章　植物之分布及应用

第一节　植物之群落

第二节　浮漂植物

第三节　沼泽植物

第四节　岩上及树上植物

第五节　砂地海滨植物

第六节　中间植物

第七节　高山之草本丛生群落

第八节　丛野及丛原

第九节　始原林

第十节　山林

第十一节　邦土植物

第十二节　植物之盛衰

第十三节　果树

第十四节　园艺植物

第十五节　药用、有毒及救荒植物

第十六节　植物对于自然界之关系

第十七节　植物应用概论

（三）《动物学新教科书》

《动物学新教科书》由［日］箕作佳吉著，王季烈编译，杜就田校订。1913年在商务印书馆出版第5版。本书分类明晰，记载翔实。本书编写内容与以往动物学教科书不同，不偏重动物分类及动物解剖，而重在动物分论、动物通论和结论三篇中突出动物生态学及与人类生活关系之事实。

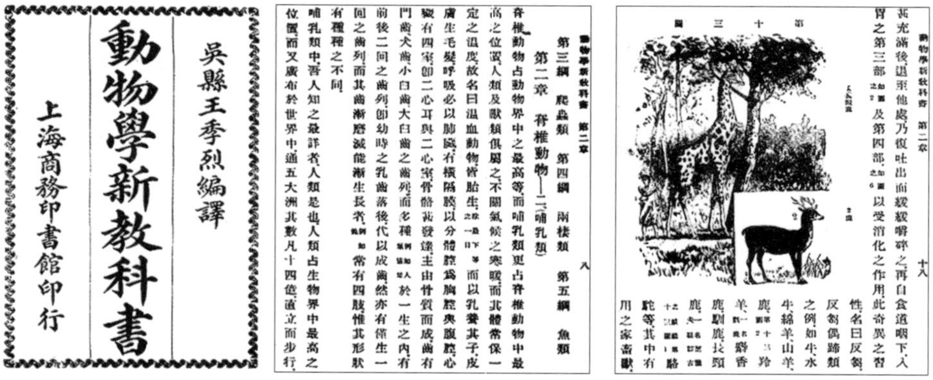

動物學新教科書

吳縣王季烈編譯

上海商務印書館印行

動物學新教科書　第二章　八

第三綱　爬蟲類　第四綱　兩棲類　第五綱　魚類

第二章　脊椎動物——二（哺乳類）

脊椎動物占動物界中之最高等，而哺乳類更占脊椎動物中最高之位置。人類及獸類俱屬之。不關氣候之寒暖，而其體常保一定之溫度，故名曰溫血動物。皆胎生，而以乳養其子。皮膚生毛髮，呼吸必以肺臟。有橫隔膜，以分體腔為胸腔與腹腔。心臟有四室，即二心耳與二心室。骨骼甚發達，主由骨質而成。齒有門齒、犬齒、小臼齒、大臼齒之齒列，而名種於一生之內，有前後二回之齒列，即幼時之乳齒落後，代以成齒，然亦有僅生一回之齒列，而其齒漸磨減，能漸生長者。常有四肢，惟其形狀有種種之不同。

哺乳類中，吾人知之最詳者，人類是也。人類占生物界中最高之位置，而又廣布於世界中，通五大洲其數凡十四億，直立而步行。

動物學新教科書　第二章　十八

甚充滿後，退至他處，乃復吐出而緩緩嚼碎之，再自食道咽下，入胃之第三部及第四部，以受消化之作用。此奇異之習性，名曰反芻。反芻偶蹄類之例，如牛、水牛、綿羊、山羊、鹿、羚羊、麝香鹿、馴鹿、長頸鹿、駱駝等。其中有用之家畜獸。

第十三圖

3—3

图3—3　《动物学新教科书》封面及内容节选，1913年第5版

《动物学新教科书》目录

绪论

第一章　生物与无生物——动物、植物

第二章　动物界及其分类法

第一篇　动物分论

第一章　脊椎动物　一

第二章　脊椎动物　二（哺乳类）

第三章　脊椎动物　三（鸟类）

第四章　脊椎动物　四（爬虫类）

第五章　脊椎动物　五（两栖类）

第六章　脊椎动物　六（鱼类）

第七章　节足动物　一

第八章　节足动物　二（多足类、蜘蛛类）

第九章　节足动物　三（昆虫类）

第十章　节足动物　四（甲壳类）

第十一章　环节动物

第十二章　蠕形动物

第十三章　软体动物

第十四章　棘皮动物

第十五章　腔肠动物

第十六章　海绵动物

第十七章　原生动物

第二篇　动物通论

第一章　动物体之解剖　一

第二章　动物体之解剖　二

第三章　动物体之组织

第四章　动物之生殖及发生

第五章　动物之成长

第六章　动物之寄生与共生

第七章　动物之彩色

第八章　动物之分布

第九章　动物界之过去

第十章　地球表面所受动物之影响

第三篇　结论

第一章　自然界之平衡

第二章　进化论之大意

（四）《新撰植物学教科书》

《新撰植物学教科书》由杜亚泉编译。1913年在商务印书馆出版第16版。本书译自日本学者三好学原著，译述时也参考多位其他日本学者的著作和我国的《本草纲目》等书籍，补充部分植物的中文名和拉丁名；全书插图照原著描刻，精美细致，共计265幅；体例完备，记述简要。全书分植物形态学、解剖学、生理学和分类学四篇内容编排。

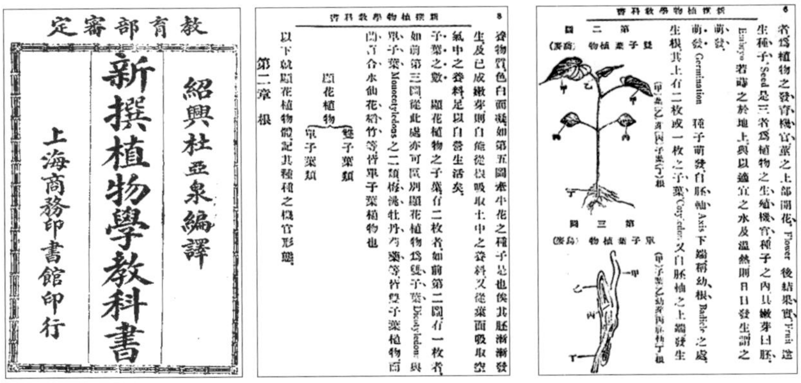

3—4

图3—4　《新撰植物学教科书》封面及内容节选，1913年第16版

《新撰植物学教科书》目录

总论

第一篇　植物形态学

第一章　胚

第二章　根

第三章　茎
第四章　芽及枝
第五章　叶
第六章　花
第七章　果实
第八章　种子
第二篇　植物解剖学
第一章　植物原器
第二章　根
第三章　茎
第四章　叶
第三篇　植物生理学
第一章　根
第二章　茎
第三章　叶
第四章　花
第五章　果实及种子
第四篇　植物分类学
第一章　分类之主意
第二章　各论
第一　显花植物部
第二　隐花植物部
附录
植物记载法

（五）《中学生理学教科书》

《中学生理学教科书》由［日］坪井次郎著，杜亚泉译订。1913年在商务印书馆出版第10版。此书共分10章，第一章为总论，其余各章就骨骼、肌肉、消化、循环、呼吸、皮肤、泌尿、神经、五官等各器官、系统，先述其解剖知识后讨论生理知识，知识内容简单明了，贴近生活实际，在论及生理知识时会涉及简单的卫生知识，其目的是使学习者能略知感冒等治疗的大概方法，同时在书末附上食物分析表以供生活参考之用。

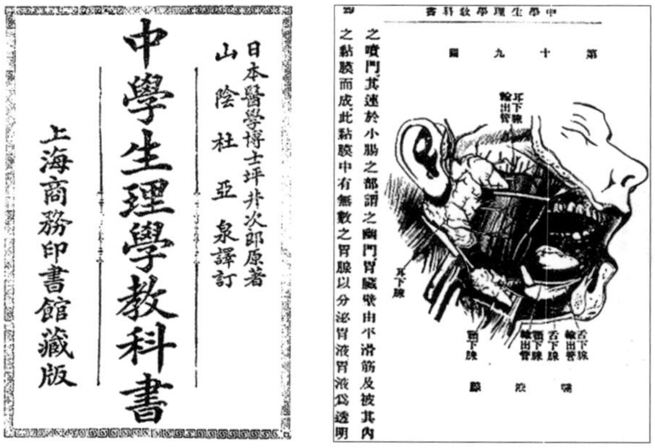

3—5

图3—5　《中学生理学教科书》封面及内容节选，1913年第10版

《中学生理学教科书》目录

第一章　总论
第一节　人体之构造
第二节　人体之化学成分
第三节　人体之诸系统
第二章　骨骼及其卫生
第三章　筋肉及其卫生
第四章　消化器
第一节　消化器之解剖

第二节 消化器之生理
第三节 消化器之卫生
第四节 新陈代谢
第五节 体温
第五章 循环器
第一节 循环器之解剖
第二节 循环器之生理
第三节 血液
第四节 淋巴、淋巴管及淋巴腺
第五节 循环器之卫生
第六章 呼吸器
第一节 空气
第二节 呼吸器之解剖
第三节 呼吸器之生理
第四节 呼吸器之卫生
第七章 肤皮及其卫生
第八章 泌尿器及其卫生
第九章 神经
第一节 神经之解剖
第二节 神经之生理
第三节 神经之卫生
第十章 五官器
第一节 视觉器及其卫生
第二节 听觉器及其卫生
第三节 味觉器
第四节 嗅觉器及其卫生
第五节 触觉器

（六）《生理卫生学》

《生理卫生学》由［美］吕特奇著，罗庆堂译。1913年在科学会编译部出版。本书知识简单易懂，语句清晰明了。因译自国外著作，特别在书末附上中西名目对照表。全书共14篇，除论运动篇与原著内容差异较大，其余各篇基本保留原著内容，且每篇末附有不等数量的习题，有利于学习者的复习及自习。

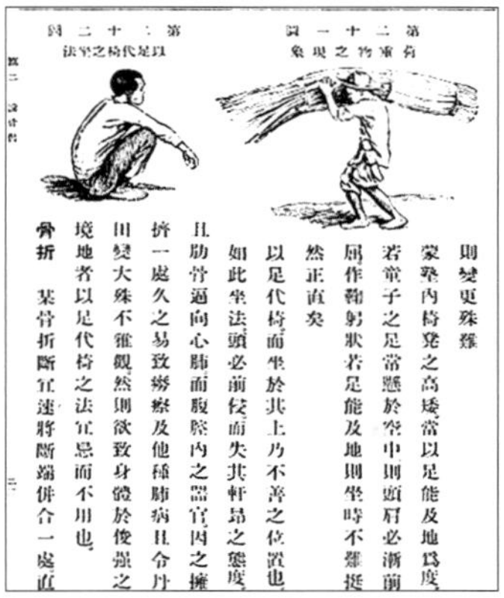

3—6

图3—6 《生理卫生学》封面及内容节选，1913年初版

《生理卫生学》目录

篇一 论人身
篇二 论骨骼
篇三 论筋肉
篇四 论食物
篇五 论消化及消化器
篇六 论循环及血液

篇七　论呼吸与声音

篇八　论肾脏及皮肤

篇九　论神经系统

篇十　论五官　觉、味、嗅、听、视

篇十一　论五官（续）

篇十二　论病种

篇十三　论运动

篇十四　论救急法

（七）《民国新教科书植物学》

《民国新教科书植物学》由王兼善编。1913年在商务印书馆出版。本书突出植物学重要知识内容，共分植物外部形态学、内部形态学、生理学、分类学四篇。较以往教科书不同的是本书将形态学分为外部形态学和内部形态学，内部形态学涉及微观的细胞层面，其实质为植物解剖学。本书编辑充分考虑到教学时间的差异，特用不同字体标记知识内容的重要程度。同时，在每章节上角附有本节知识总结，提纲挈领，便于学习者复习巩固。

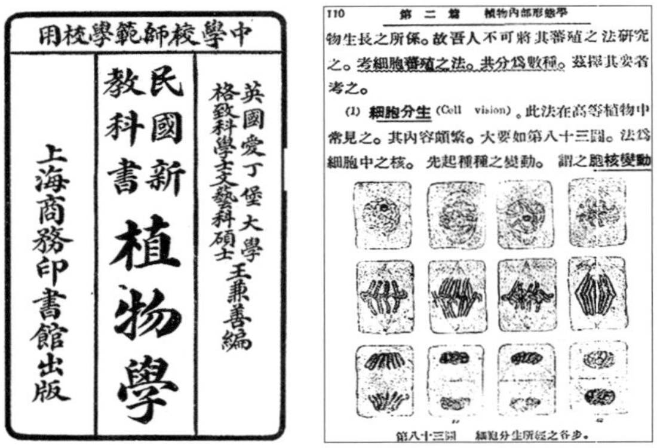

3—7

图3—7　《民国新教科书植物学》封面及内容节选，1913年初版

《民国新教科书植物学》目录

绪论—植物与矿物及动物之别（器官、功用）—植物学之分类研究法

第一篇　植物外部形态学

外部形态学之要旨（同部分、同功用、变态……）—由下等植物至高等植物形态比较之大要

第一章　茎（草茎、木干、秆）—茎之变态（叶状茎、卷须茎、尖刺茎、纤匐枝、胖匐枝、匐枝、吸枝、根状茎、葡萄茎、块茎、鳞茎、球茎）—茎之分枝法（茎顶分枝法、茎边分枝法）

第二章　叶—绿叶（叶身、叶柄、叶托、单叶、复叶、掌状复叶、羽状复叶、叶脉、网形脉、平行脉……）—叶之变态（捕虫瓶、卷须叶、叶状柄、尖刺叶、子叶、鳞叶、苞叶、花叶）—附叶在茎上之布置法（互生、对生、轮生）

第三章　根（根冠、根毛、主根、主边根、随生根、气生根）—根之变态（圆锥根、纺锥根、芜菁根、块根、掌状块根、寄生根）

第四章　花（花柄、花托、萼片、花瓣、雄蕊、雌蕊）—花上各部之形态（上位花、周位花、下位花、离萼、合萼、离瓣、合瓣、花盖、花丝、粉囊、囊连、花粉、单丝雄蕊、两丝雄蕊、多丝雄蕊、聚囊雄蕊、雌上雄蕊、瓣上雄蕊、无丝雄蕊、四强雄蕊、二强雄蕊、柱头、花柱、子房、珠柄、珠心、珠孔、胚囊、卵器、卵胞、辅胞、花粉管、

边绿胎座、侧膜胎座、中轴胎座、特立中央胎座、直生、倒生、弯生……）

花叶之完缺及其相关之排列法（紧要器官、非紧要器官、完全花、不完全花、阴阳花、单性花、雄花、雌花、雌雄同株、雌雄异株、多类花、双被花、草被花、无被花、上生、背生、反生、花图、一向平分花、多向平分花、无向平分花、花程）

花在茎上之布置法（花序、无限花序、无限花序、混合花序、穗状花、总状花、头状花、伞状花、单顶花、单边枝花、双边枝花、多边枝花……）

第五章　果（假果、花序果、外果皮、中果皮、内果皮）—果之种类（裂果、闭果、落子裂果、包子裂果、荚、蓇荚、长角、短角、硬果、翅果、节果、包果、核果、浆果、瘦果、聚合果……）

第六章　子（被子门、裸子门）—子之形态（子皮、内子皮、外子皮、胚、子叶、单子叶、双子叶、幼芽、幼茎、幼根、胚乳、子翅……）—附子之萌发

第二篇　植物内部形态学

第一章　细胞之构造（细胞）—细胞构造之大略（细胞膜、核、细胞液、颜色粒、小粉粒、胞穴、胞穴液、大胞穴、生活质）—核（仁、单核细胞、多核细胞）—细胞液—颜色粒（绿色粒、绿叶素、白色粒、色质粒）—细胞膜（纤维质、木质、软木质、胞面增长、胞厚增长、加点增长法、加层增长法、膜孔、厚角细胞、胞内球、硬条细胞、管胞、硬条管胞、导水管胞、乳汁细胞……）

第二章　细胞之蕃殖及互通—细胞之蕃殖（细胞分生、细胞蕃生、细胞芽生）—细胞之互通（胞液细丝、导管）

第三章　组织及种类（组织、薄膜组织、厚膜组织、生长组织、生长点组织、长足组织、后起之生长组织、初生组织、后生组织）

第四章　初生组织（组织系）—表皮系（气孔、孔边细胞、呼吸穴、水孔、毛）—导束系（导水部、导汁部、筛管、侣胞、生长层、生长导束系、长足导束系）—基本系（皮部、皮部内限层、中柱围束层、中柱、髓部、射出髓、骈列组织、海绒组织）

第五章　后生组织—裸子门及双子叶植物茎之增厚体积（木质、韧皮、春季木质、秋季木质、死木部、活木部）—裸子门及双子叶植物根之增厚体积—软木组织之发生（软木生长层、软木层、后生之皮部、树皮、树皮孔）—叶之脱落（落叶层）—损伤（疗伤软木层、疗伤厚皮、接树）

第三篇　植物生理学

第一章　植物之食料及其吸取之法—植物之食料究为何种物质（水液培养法）—植物之吸取食料法（根上压力、蒸腾作用、细管作用、生活细胞之协助）

第二章　植物之改造食料法—炭化作用（淀粉、光化作用）—淡化作用（蛋白质类、化力作用、霉菌硝酸作用、根瘤、利用淡气之霉菌、共生）—附植物之特别营养法（寄生植物、活寄生、死寄生、地衣类、捕虫植物、捕虫柄）

第三章　植物之长发（长发期、器官萌始期、器官伸长期、器官完发期）—外感于长发上之影响（热于长发上之影响、最高热度、最低热度、中和热度，光于长发上之影响、细白长发，地心吸力于长发上之影响，水于长发上之影响、水中植物、节水植物、生理上之干枯）—各部长发之相关

第四章　植物之呼吸—植物亦必须呼吸—呼

吸作用与炭化作用之不同处（构造作用、破裂作用）—体内呼吸

第五章　植物之运动—含羞草之运动—植物对于地心吸力所起之运动（对地心、向地性、背地性、斜地性）—植物对于日光所起之运动（对光性、向光性、背光性、斜光性）—对水性、对热性、对空气性、对化学物性、对触碰物性

第六章　植物之生殖（回春、分离、滋生）—无性生殖（幼芽生殖、胞子生殖、独阴生殖、代性生殖）—有性生殖（同体受胎作用、异体受胎作用、同体石胎、异期成熟、风媒花、水媒花、虫媒花）—附异种互交之研究（杂种、重杂种）

第四篇　植物分类学

分类之必要（类、门、亚门、区、科、属、种、变种）—植物可分为四大类（勉强分类法、天然分类法）

第一章　菌藻类—菌藻类之大要（营养体、静止胞子、游走胞子、同样细胞之互交、异样细胞之互交、接合子胞）—菌藻类之析分（泞菌门、藻门、菌门）

（1）泞菌门（原形体、假茎、子囊、胞子、原形胚体、生命循环史）

（2）藻门（海藻、蓝藻、红藻、褐藻、绿藻）—念珠藻（寻常之细胞、贮食之细胞、生殖之细胞）—毡藻（游走胞子囊、雄器、雌器、雄子、受子点）

（3）菌门—菌门之大要（菌丝体、裹囊胞子、有定裹囊胞子、无囊胞子、有定无囊胞子、避难胞子）—菌门之析分（下等菌、高等菌）—毡藻菌（受胎管）—伞菌（菌柄、菌盖、菌褶）—附微生植物之大要（裂分生殖、胞子生殖）

第二章　苔藓类—苔藓类之大要（原丝体、雌官、胞子体、有性时代、无性时代、二代交替）—苔藓类之析分（苔门、藓门）

（1）苔门（地钱区、藓苔区、角苔区）—水地钱之有性时代（雌官、总苞、颈部、漕、腹部、腹漕细胞）—水地钱之无性时代（腹包、足部、柄条、落子裂果、弹丝）

（2）藓门（水藓区、裂囊区、真藓区）—湿藓之有性时代—湿藓之无性时代（制食部、柱轴、藓盖、藓缘）

第三章　羊齿类—羊齿类之大要（扁平体、有导束系之隐花植物、同样胞子、异样胞子）—羊齿类之析分（羊齿门、木贼门、石松门）

（1）羊齿门—绵马之有性时代—绵马之无性时代（顶端生长细胞、子囊群、苞被、环带）

（2）木贼门—问荆之有性时代—问荆之无性时代（裸枝、实枝、球果、子囊体）

（3）石松门—卷柏之有性时代（小胞子、大胞子）—卷柏之无性时代（胚柄、根状须、子囊叶、大子囊、小子囊）

第四章　结子类—结子类之大要（显花植物）—结子类之析分（裸子门、被子门）

（1）裸子门—裸子门之大要（胚珠叶）—裸子门析分之大要（苏铁区、银杏区、松柏区、麻黄区）

（2）单子叶亚门（系被子门之一）—单子叶亚门之大要—单子叶亚门析分之大要（露兜树区、沼生区、木乡草区、颖花区、棕榈区、合花区、佛焰花区、粉状胚乳区、百合花区、芭蕉区、微子区）

（3）双子叶亚门（系被子门之一）—双子叶亚门之大要—双子叶亚门析分之大要（离瓣类、合瓣类）—离瓣类（轮生区、胡椒区、杨柳区、杨梅

区、白拉那普区、雷脱耐立区、胡桃区、山毛榉区、荨麻区、山茂樫区、檀香区、马兜铃区、蓼区、中子区、毛茛区、罂粟区、瓶子草区、蔷薇区、风露草区、无患子区、鼠李区、锦葵区、侧膜胎座区、仙人掌区、桃金娘区、伞状区）—合瓣类（石南区、樱草区、柿树区、护花区、管花区、车前区、茜草区、钟花区）

附录

植物之进种培养法

森林

植物之分布及生态

植物实验须知

中西名词索引

（八）《民国新教科书动物学》

《民国新教科书动物学》由丁文江编。1914年在商务印书馆出版。本书共计20章，其中有16章内容为动物分类阐述，所选取的模式动物繁多，且多为我国常见动物，书中逐一详述其形状构造。书中所选用的插图大多为我国动物，且引用实物制作的标本图片，易于学习者学习。

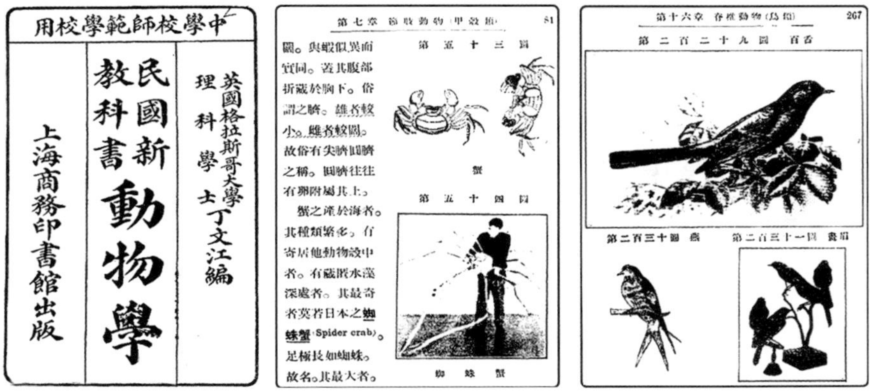

3—8

图3—8　《民国新教科书动物学》封面及内容节选，1914年初版

《民国新教科书动物学》目录

第一章　绪论

生物与无生物—动物与植物—动物之分类—体形学与体功学—发生学—动物与其境遇之关系—动物学之应用

第二章　原生动物

第一节　变形虫　变形虫之形状—变形虫之生活（行动、营养、呼吸、生殖、外界之激刺）—细胞

第二节　草履虫及钟形虫　草履虫之体形—草履虫之生殖—变形虫与草履虫之比较—钟形虫

第三节　总论　原生动物之生活—原生物与卫生（疟疾、睡疾）—原生动物之骨骼—原生动物之分类（食足类、纤毛类、鞭毛类、膜囊类）

第三章　多细胞动物

多细胞动物之生殖与发生—人体中细胞之种类（筋肉细胞、皮肤细胞、连接细胞、软骨细胞、硬骨细胞、神经细胞、血轮细胞）—动物皆有之功用（饮食、消化、循环、呼吸、排泄、行动、生殖、神经、感觉）—体功之分劳

第四章　多孔动物

浴用之海绵—杯形之海绵—结合体之海绵—海绵之分类（石灰质、矽质、角质）

第五章　腔肠动物

第一节　水螅与水母　淡水水螅之形状—淡水水螅之构造—淡水水螅之生殖（发芽生殖、受精生殖）—水螅之结合体（海桧、海桅）—水螅之水母—寻常之水母

第二节　海葵及珊瑚　海葵之形状构造—海葵与珊瑚—珊瑚之骨骼

第三节　结论　腔肠动物之分类（水螅类、水母类、珊瑚类）—结合体与个体

第六章　蠕形动物

第一节　环虫类　蚯蚓之形状—蚯蚓之行动—蚯蚓之土穴—蚯蚓之构造—蚯蚓之复生力—蚯蚓与腔肠动物之比较—沙蚕—水蛭

第二节　寄生之蠕形动物　肝蛭之体形—肝蛭之发生（利的亚）—绦虫之体形—绦虫之发生—绦虫之种类（鱼绦虫、豚绦虫、牛绦虫）—蛔虫之体形—蛔虫之发生—旋毛虫—线虫与金线虫—寄生虫之特色—寄生虫之退化

第七章　节肢动物—甲壳类

1. 高等甲壳类　龙虾之甲壳—龙虾之行动—龙虾之感觉—龙虾之食道—龙虾之血脉、呼吸—龙虾之神经—龙虾之排泄—龙虾之发生—蟹与虾（蜘蛛蟹）—寄居虫

2. 下等甲壳类　水蚤—退化之甲壳类

第八章　节肢动物（续）—昆虫类

第一节　昆虫之种类

1. 直翅类　蝗之头部—蝗之胸部—蝗之腹部—蝗之内部—蝗之发生—蝗之同类（螳螂、蟋蟀、樟螂）

2. 鳞翅类　蝶之形状—蝶之生长（蛹）—蝶与蛾之比较

3. 双翅类　蝇之形状构造—蝇之发生—蝇与疾病（伤寒、霍乱、痢疾、痨瘵）—蚊之构造—蚊之发生—蚊与疾病

4. 鞘翅类　种类（扑火虫、叩头虫、萤）

5. 半翅类　蝉之构造—蝉之发生—木虱之生殖—他种之半翅类（浮尘子、树虱、臭虫）

6. 脉翅类　蜻蜓之生活—蜉蝣之生活

7. 膜翅类　蜂—蜂之生活—蚁之生活

8. 弹尾类　蠹鱼

第二节　昆虫优胜之原因

（甲）形状、彩色与周围之近似　保护色—木叶蝶—竹节虫

（乙）防御器　警戒色—拟态

（丙）合群　合群之利—群之与个体—时与万世

第九章　节肢动物（续）—多足类与蜘蛛类

第一节　多足类　总论—蜈蚣及蓑衣虫—千足虫

第二节　蜘蛛类　总论—蜘蛛之体形—蜘蛛之网—蝎之体形—他种之蜘蛛类（扁虱、疥虫）—节肢动物之总论

第十章　软体动物

总论

第一节　腹足类　蜗牛之生活—蜗牛之形状—蜗牛之壳—蜗牛之食道—蜗牛之血脉—蜗牛之排泄及生殖—蜗牛之神经—海产之腹足类（海螺、尖尾螺、蛾、石决明、石鳖、海蛞蝓）—石鳖之构造—海蛞蝓之构造

第二节　双壳类　总论—蚌之生活—蚌之外部—蚌去壳后之形状—蚌之神经感觉—蚌之食道—蚌之循环系—蚌之鳃—蚌之发生—他种之双壳类—牡蛎—海扇

第三节　头足类　墨鱼之生活—墨鱼之形状—墨鱼之骨骼—墨鱼之内部—鹦鹉螺之壳—其他头足

类（章鱼、蛸船、小螺）

结论—软体、节肢、蠕形三者之比较

第十一章　棘皮动物

总论

1. 星鱼　星鱼之形状—星鱼内部之构造—星鱼之生活

2. 阳遂足　阳遂足之形状—阳遂足之复生力

3. 海胆　海胆之形状—海胆内部之构造

4. 海百合　海百合之形状

5. 海参　海参之形状—海参内部之构造—海参之生活

棘皮动物与腔肠动物之比较

第十二章　脊椎动物泛论

脊椎动物之特色—脊椎动物之分类（鱼类、两栖类、爬虫类、鸟类、哺乳类）—脊椎动物之脊柱—脊椎动物之四肢—脊椎动物皮肤之附属物—脊椎动物之呼吸—热血与凉血

第十三章　脊椎动物（一）—鱼类

总论

第一节　鲈鱼　鲈鱼之形状—鲈鱼之骨骼—鲈鱼之食道—鲈鱼之呼吸器—鲈鱼之循环系—鲈鱼之排泄器—鲈鱼之行动—鲈鱼之神经系—鲈鱼之感觉器

第二节　鱼之种类

1. 板鳃类　鲛鱼—鳐鱼

2. 硬鳞类　鳣鱼—鲟鱼

3. 硬骨类　鲤鱼—鲶鱼—鳟鱼—鳗鱼—鲱鱼—鳖鱼—比目鱼—鲭鱼—河豚—海马

4. 有肺类　肺鱼之特色—肺鱼之种类

第十四章　脊椎动物（二）—两栖类

总论

第一节　蛙　蛙之形状—蛙之皮肤—蛙之骨骼—蛙之神经—蛙之食道—蛙之循环—蛙之呼吸—蛙之生活—蛙之发生

第二节　两栖类之种属

1. 有尾类　蝾螈类—鲵类—土鳗类

2. 无尾类　蟾蜍类（蟾蜍、树蜍、负卵蟾、携卵蛙）

第十五章　脊椎动物（三）—爬虫类

总论

1. 蜥蜴类　蜥蜴之形状—蜥蜴之生活—蜥蜴之种类

2. 龟类　龟之骨骼—龟之食道—龟之血脉—龟之呼吸、排泄—龟之神经感觉—龟之种类（龟、鳖、鼋）

3. 蛇类　蛇之特色—蛇之行动—蛇之食物—蛇之内部—蛇之种类

4. 鳄鱼类　鳄鱼之形状—鳄鱼之种类（扁吻鳄、长吻鳄、短吻鳄）

第十六章　脊椎动物（四）—鸟类

总论

第一节　鸽　鸽之形状—鸽之羽毛—鸽之骨骼—鸽之神经感觉—鸽之食道—鸽之循环系—鸽之呼吸

第二节　鸟之生活　飞行—鸣声—营巢—移居—食物

第三节　鸟之种类

1. 走禽类　走禽类之特色—鸵鸟

2. 飞禽类　潜水类（鸊鷉、潜鸟）—鸥类（鸥、海燕）—鹅鸭类（鹅、鸭、雁、鸬鹚）—鹭鹳类（鹭、鹳、漫画、鹤、水鸡、鹬、千鸟）—鸡类（鸡、雉、鹑、孔雀）—鸽类（鸽、鸠）—鹰类（鹰、鹫、枭、兀鹰）—鹦鹉类（鹦哥、鹦鹉）—杜鹃类（杜鹃、鱼狗）—啄木鸟

3．鸣禽类　鸣禽（百灵、麻雀、莺、云南莺、鸦、乌、鹊、燕、百舌、画眉、鹡鸰、山莺、鹣）

第十七章　脊椎动物（五）—哺乳类

总论

第一节　兔　兔之形状—兔之骨骼—兔之神经感觉—兔之食道—兔之血脉—兔之呼吸—兔之排泄—兔之生活

第二节　哺乳动物之种类

1．下等哺乳类　下等哺乳类之特色—鸭嘴兽—针鼹鼠

2．中等哺乳类　中等哺乳类之特色—澳洲之袋鼠—美洲之袋鼠

3．高等哺乳类　高等哺乳类之特色及种类—贫齿类（食蚁兽、穿山甲）—游水类（海豚、鲸、海牛、人鱼）—翼手类（蝙蝠）—食虫类（猬）—啮齿类—肉食类（狮、虎）—有蹄类（长鼻类、偶蹄类、奇蹄类）—灵长类（阔鼻类、狭鼻类、人猿类）

第十八章　动物之分布

第一节　动物之栖处　动物之境遇—陆栖动物之种类—淡水动物之种类—海中动物之种类

第二节　动物之区域　地理之分区（旧北地区、新北地区、热带区、东洋区、澳洲区、新热带区）—动物分区之理由

第十九章　古动物学

第一节　古动物学之研究法　动物之变迁—化石之由来—地层之分别（太古代、古生代、中生代、新生代）

第二节　化石之种类　三叶虫—笋石（菊面石）—腕足类—中世纪之爬虫（蛇颈龙、怒龙、翼手龙、禽龙）—始祖鸟—石蟹与羊头

第二十章　天演

物种不变论—种与族之区别—家畜之变迁—生物一系论—物竞天择论—用进废退论—外司门之遗传性论—结论

中西名词索引

（九）《最新动物学教科书》

《最新动物学教科书》由［日］丘浅次郎著，唐英译。1914年在科学会编译部出版。全书各种要素罗列清晰，内容简短精要，适合教学时间的变化。前篇为动物各论，主要涉及动物分类学；后篇动物通论，涉及动物的结构与习性，以及与人类生活的实际关系。全书在书末附有实验图，共计120幅图画，便于学习者进行实验解剖。相较于其他教科书，本书是较早在封面处除文字信息外还采用了动物图画进行信息介绍的教科书。

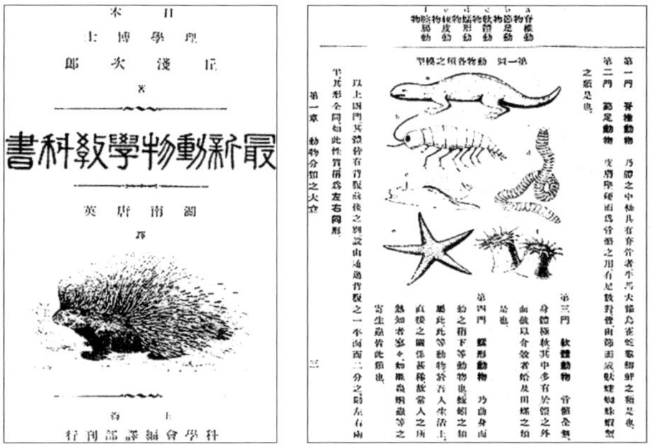

3—9

图3—9　《最新动物学教科书》封面及内容节选，1914年初版

《最新动物学教科书》目录

前篇　动物各论
第一章　动物分类之大意
第二章　脊椎动物总论
第三章　哺乳类
第四章　鸟类
第五章　爬虫类
第六章　两栖类
第七章　鱼类
第八章　节足动物总论
第九章　昆虫类
第十章　甲壳类
第十一章　软体动物
第十二章　蠕形动物
第十三章　棘皮动物
第十四章　腔肠动物
第十五章　原始动物
后篇　动物通论
第十六章　动物之构造
第十七章　动物之习性
第十八章　动物之发生
第十九章　动物对于人生之利害
第二十章　进化论之大意

（十）《实用教科书生理卫生学》

《实用教科书生理卫生学》由吴冰心编纂。1915年在商务印书馆出版。全书分三编，第一编为运动生理，先介绍生活现象，后讲人体运动；第二编为营养生理，将运动、消耗、营养补充三点按先后顺序相互串联梳理；第三编为神经生理，讲述神经控制运动和营养的相关知识。另外，绪论部分主要为生理方面的知识，结论为卫生知识的总结概括，这种新颖的体例是前所未有的。本书内容注重卫生知识，书中陈述生理知识时往往与卫生知识相呼应，且注重实验安排，以此引起学习者的兴趣，同时亦可指导学习者进行实践操作和应用。文字表达清晰明了，语句简练，在文中不同段落列思维导图总结要点内容，易于学习者了解框架内容，同时文中出现的术语多附英文。书中文字有大、小两种，大字为正文内容，小字内容可用于参考，以及教授时按实际教学进行增减选择。

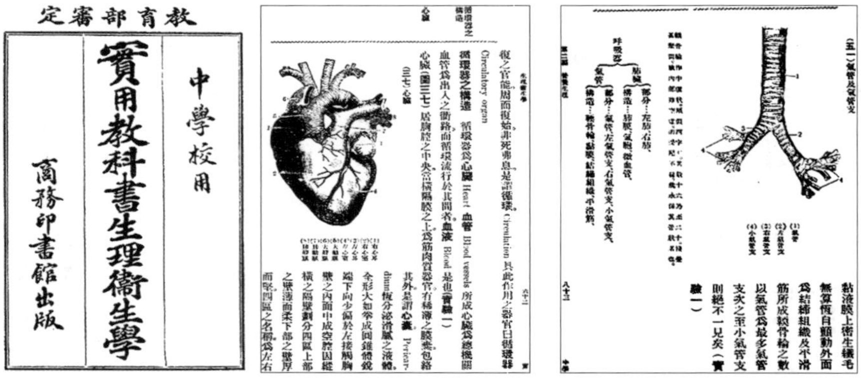

3—10

图3—10 《实用教科书生理卫生学》封面及内容节选，1915年初版

《实用教科书生理卫生学》目录

- 绪论
    - 定义
    - 细胞
    - 组织
    - 器官
    - 系统
    - 人体
- 第一编 运动生理
    - 第一章 骨骼
        - 骨之构造
        - 骨之作用
        - 主要之骨
        - 骨之卫生及疾病
        - （附）关于骨之实验
    - 第二章 筋肉
        - 筋肉之构造
        - 筋肉之作用
        - 主要之筋肉
        - 筋肉之卫生及疾病
        - （附）关于筋肉之实验
- 第二编 营养生理
    - 第一章 消化
        - 消化器之构造
        - 消化器之作用
        - 饮食物
        - 体温
        - 消化器之卫生及疾病
        - （附）关于消化之实验
    - 第二章 循环
        - 循环器之构造
        - 循环器之作用
        - 血液
        - 淋巴
        - 循环器之卫生及疾病
        - （附）关于循环之实验
    - 第三章 呼吸
        - 呼吸器之构造
        - 呼吸器之作用
        - 声音
        - 呼吸器之卫生及疾病
        - （附）关于呼吸之实验
    - 第四章 排泄
        - 排泄器之构造
        - 排泄器之作用
        - 排泄物
        - 排泄器之卫生及疾病
        - （附）关于排泄之实验
- 第三编 神经生理

第一章　脑脊髓及神经

脑脊髓及神经之构造

脑脊髓及神经之作用

脑脊髓及神经之卫生及疾病

（附）关于脑脊髓及神经之实验

第二章　五官

视官之构造及作用

视官之卫生及疾病

（附）关于视官之实验

听官之构造及作用

听官之卫生及疾病

（附）关于听官之实验

嗅官之构造及作用

嗅官之卫生及疾病

（附）关于嗅官之实验

味官之构造及作用

味官之卫生及疾病

（附）关于味官之实验

触官之构造及作用

触官之卫生及疾病

（附）关于触官之实验

结论

个人卫生

公众卫生

（十一）《增订最新中学教科书植物学》

《增订最新中学教科书植物学》由美国人甘惠德编，杜亚泉校订。1915年在商务印书馆出版。本书为甘惠德在浙江蕙兰书院时教授学生的课本，就《新撰植物学教科书》增修删节而成。全书内容分为植物形态学、解剖学、生理学、分类学四篇，分类学中又各论重要科属植物，明确植物学的一般知识。卷首以“总论”开篇，卷末附上植物记载法、制造标本法，以便实践练习时参考用，每章末附有简表，对本章内容进行简要总结。

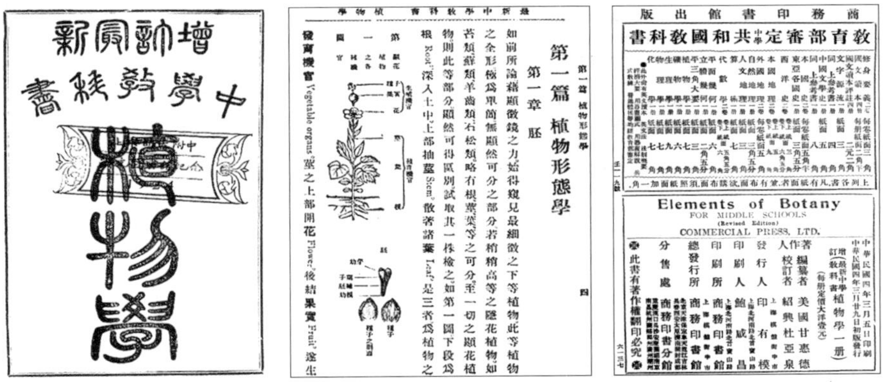

3—11

图3—11　《增订最新中学教科书植物学》封面、内容节选及版权页，1915年初版

《增订最新中学教科书植物学》目录

总论

第一篇　植物形态学

第一章　胚

第二章　根

第三章　茎

第四章　芽及枝

第五章　叶

第六章　花

第七章　果实

第八章　种子

第二篇　植物解剖学

第一章　植物原器

第二章　根

第三章　茎

第四章　叶

第三篇　植物生理学

第一章　根

第二章　茎

第三章　叶

第四章　花

第五章　果实及种子

第四篇　植物分类学

第一章　分类之主意

第二章　各论

第一　显花植物部

第二　隐花植物部

附录

植物记载法

制造标本法

（十二）《共和国教科书生理学》

《共和国教科书生理学》由杜亚泉、凌昌焕编纂。1914年在商务印书馆出版第1版，1916年出版发行第3版。本书共11篇，采用文言文形式进行编写。除第一篇绪论和第十一篇结论概述人体构造及个人卫生和公共卫生外，其余如消化系统、循环系统和呼吸系统等各篇各分三章，分别从解剖、生理、卫生方面详述，同时也将人体器官构造及作用或疾病等中学生所必须掌握的知识穿插其中，并在章或节末对本章节知识列表总结，知识脉络一目了然，便于学生复习巩固。

教育部審定

共和國教科書

中學校用

生理學

商務印書館出版

2　中學校教科書生理學

研究衛生之法則者曰衛生學 Hygiene 兹之所謂生理學實兼包人體解剖學及衛生學而從便宜仍以生理學之名稱賅之

人體之部分　人體自外部觀之則分爲頭 Head 胸 Chest, 腹 Abdomen, 肢 Limbs, 諸部頭部可區之爲頭蓋 Cranium 及顔面 Face 頭蓋之表面以髮被之顔面具眼耳口鼻頭下有頸 Neck 以連屬於胸頸胸及腹三部合成人體之軀幹其前面有乳 Breasts 及臍 Navel 其後面曰背 Back 背之中線爲脊 Spinal 腹背之兩側曰腰 Loins 腹之下爲臀部 Hip 肢有上肢 Upper limbs 下肢 Lower limbs 之别上肢曰手以肩 Shoulder 聯屬於胸分肱（上膊） Humerus, 臂（下膊） Forearm, 腕 Wrist, 掌 Palm, 指 Finger, 各部下肢曰足聯屬於臀部分股（上腿） Thigh, 脛（下腿） Leg, 跗 Tarsal, 蹠 Metatarsal, 趾 Toe, 各部是等諸部皆可從外面觀察而得之

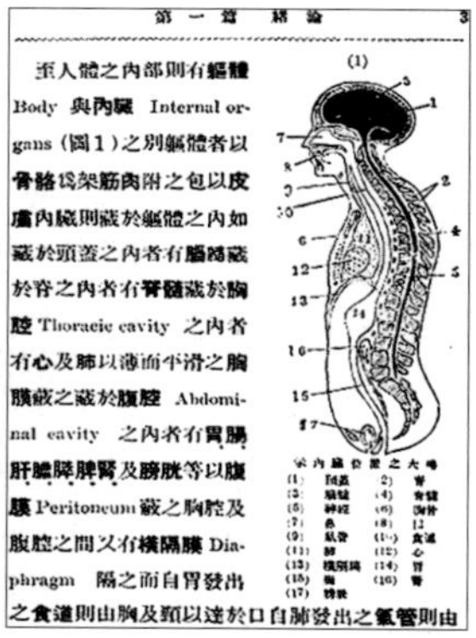

第一篇　緒論　3

至人體之内部則有軀體 Body 與内臟 Internal organs（圖1）之别軀體者以骨骼爲架筋肉附之包以皮膚内臟則藏於軀體之内如藏於頭蓋之内者有腦髓藏於脊之内者有脊髓藏於胸腔 Thoracic cavity 之内者有心及肺以薄而平滑之胸膜蔽之藏於腹腔 Abdominal cavity 之内者有胃腸肝膽膵脾腎及膀胱等以腹膜 Peritoneum 蔽之胸腔及腹腔之間又有横隔膜 Diaphragm 隔之而自胃發出之食道則由胸及頸以達於口自肺發出之氣管則由

3—12

图3—12　《共和国教科书生理学》封面及内容节选，1916年第3版

《共和国教科书生理学》目录

第一篇　绪论

第二篇　消化系统

第一章　消化系统之解剖

第一节　消化管

第二节　消化腺

第二章　消化系统之生理

第三章　消化系统之卫生

第三篇　循环系统

第一章　循环系统之解剖

第一节　心脏

第二节　血管

第三节　血液

第四节　淋巴管及脾脏

第二章　循环系统之生理

第三章　循环系统之卫生
第四篇　呼吸系统
第一章　呼吸系统之解剖
第一节　鼻腔
第二节　喉头
第三节　气管
第四节　肺脏
第二章　呼吸系统之生理
第三章　呼吸系统之卫生
第五篇　排泄系统
第一章　排泄系统之解剖
第一节　排尿机官
第二节　发汗机官
第三节　尿液及汗液
第二章　排泄系统之生理
第一节　排尿机能
第二节　发汗机能
第三章　排泄系统之卫生
第六篇　神经系统
第一章　神经系统之解剖
第一节　神经组织
第二节　脑脊髓神经系
第三节　交感神经系
第二章　神经系统之生理
第三章　神经系统之卫生
第七篇　骨骼系统
第一章　骨骼系统之解剖
第一节　骨之部位
第二节　骨之组成
第三节　骨之关节
第二章　骨骼系统之生理
第三章　骨骼系统之卫生
第八篇　筋肉系统
第一章　筋肉系统之解剖
第一节　随意筋
第二节　不随意筋
第二章　筋肉系统之生理
第三章　筋肉系统之卫生
第九篇　皮肤系统
第一章　皮肤系统之解剖
第二章　皮肤系统之生理
第三章　皮肤系统之卫生
第十篇　五官
第一章　五官之解剖
第一节　视官
第二节　听官
第三节　嗅官
第四节　味官
第五节　触官
第二章　五官之生理
第一节　视觉作用
第二节　听觉作用
第三节　嗅觉作用
第四节　味觉作用
第五节　触觉作用
第三章　五官之卫生
第十一篇　结论
第一章　饮食
第二章　衣服
第三章　房屋
第四章　卫生之设备
第五章　疾病之治疗

（十三）《民国新教科书生理及卫生学》

《民国新教科书生理及卫生学》由王兼善编写。1916年在商务印书馆出版第4版。本书依据教育部令编辑，专为中学校、女子中学校及师范学校、女子师范学校所用。全书共分上、下两编，上编为生理学，专论身体的构造及功用；下编为卫生学，论述个人卫生和公共卫生，进而论述身体保养方面的知识。全书知识编排强调生理学和卫生学的相互联系，相互促进。因本书内容较丰富，编者特采用四号字和五号字，必须讲授的知识为较大的四号字，用较小的五号字编排的知识可依时间安排进行选择讲授。

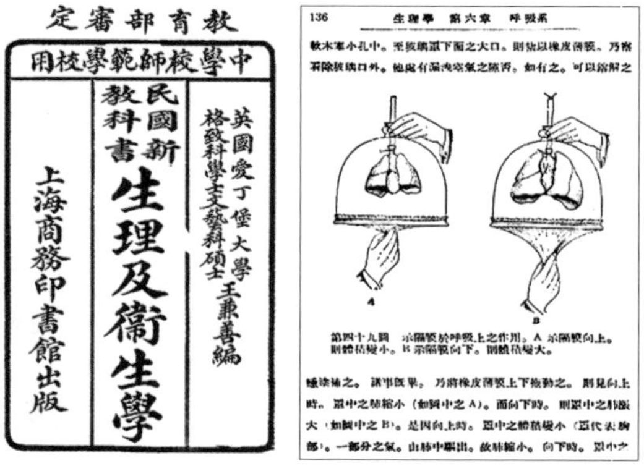

3—13

图3—13 《民国新教科书生理及卫生学》封面及内容节选，1916年第4版

《民国新教科书生理及卫生学》目录

绪论

生理及卫生学之要用与界说—生理学内容之大要（骨骼系、筋肉系、消化系、吸收系、血脉系、呼吸系、排泄系、神经系）—卫生学内容之大要（公众卫生、个人卫生）—本书中研究之次序

上编 生理学

第一章 骨骼系

总论

Ⅰ. **全身骨骼之大要** 头颅骨（头盖、颜面）—体部骨（椎骨、肋骨、胸骨）—四肢骨（上肢、下肢）

Ⅱ. **骨之连接法** 不动骨节—可动骨节（球窝、蝶铰、枢轴、滑动、不完全之可连骨节）

Ⅲ. **骨之含质及构造** 骨之含质（动物质、矿物质）—骨之构造（海绵组织、稠密组织、骨膜、骨髓）

第二章 筋肉系

总论

Ⅰ. **随意筋** 横纹筋—筋条膜—腱—三头筋—伸筋—缩筋

Ⅱ. **不随意筋** 心脏筋—平滑筋

第三章 消化系

总论

Ⅰ. **各种消化器官之研究** 口及齿—咽喉及食管—胃及肠—唾液腺及胃液腺—肝、胆囊及膵

Ⅱ. **食物之研究** 食物于人身之要用—食物之

种类（蛋白质、炭水化合物、油类）—数种食物配合之要理

第四章　吸收系

总论

明汁系　毛吸管—微吸管—总吸管—吸收腺

第五章　血脉系

总论

Ⅰ. 血液　血汁—红血轮—白血轮—血之要用—血之凝结

Ⅱ. 血脉系之各种器官　心—脉管—网管—微血管

Ⅲ. 血之循环　经肺循环—全体循环

第六章　呼吸系

总论

Ⅰ. 呼吸系之各种器官　鼻孔—喉头—气管—肺

Ⅱ. 气体所以得在呼吸器中一出一入之故　肋骨运动—隔膜运动

Ⅲ. 呼吸于生活上之关系

第七章　排泄系

总论

Ⅰ. 泌尿器　肾—输尿管—膀胱

Ⅱ. 皮肤　皮肤之构造—出汗之要用—皮肤上之长出物

第八章　神经系

总论

Ⅰ. 神经系构造之大要　脑脊神经系—交感神经系

Ⅱ. 脑髓　大脑—小脑—脑蒂

Ⅲ. 脊髓　脊髓之构造—脊髓之功用

Ⅳ. 脑线　头脑线—脊脑线

Ⅴ. 附五官之研究　舌—鼻—眼（眼珠之保护及运动法、眼珠之构造、近视及远视）—耳（耳之构造、闻声之理）—触觉器

下编　卫生学

卫生学之要旨

个人卫生与公众卫生之别

第一章　个人卫生

总论

Ⅰ. 运动　运动于全体康健之关系—何为适当之运动

Ⅱ. 休息　吾人所以需休息之故—休息与不用脑之别—休息之法

Ⅲ. 饮食　关于饮食应注意之要点

Ⅳ. 沐浴及衣服　沐浴—温水沐浴—热水沐浴—冷水沐浴—衣服

Ⅴ. 烟酒之害　吸烟之害—饮酒之害

第二章　公众卫生

总论

Ⅰ. 家室之卫生　地位适宜—注意清洁—调换空气

Ⅱ. 传染病之微生物　喉痧—霍乱—鼠疫—疟疾—痨病

Ⅲ. 传染病之防免法　注重清洁—除去废物—考验食物—取缔住屋—注重公众处所—分隔病人—烹煮食物—注意躯体—预防法（天花种痘）

附数种急救法之大要

溺毙—流血—火伤—服毒—折骨

中西名词索引

（十四）《中华中学生理教科书》

《中华中学生理教科书》由华文祺编写。1913年在中华书局出版第1版，1916年出版发行第6版。本书是以日本丘浅次郎所著《近世生理教科书》为根据，又参考各家著述，虽文中内容多采自国外书籍，但语句陈述表达浅显易懂，易于教授学习。依据教育部章程规定，课程主要讲生理兼带卫生，故本书内容编排主要为生理知识，在每章生理知识末附论关于本章的卫生知识。书中对于节标题、重要名词概念、重要知识内容均采用不同类型符号进行标识，易于学习者辨认。书末附有19节实验指导，充分将理论知识与应用相结合。

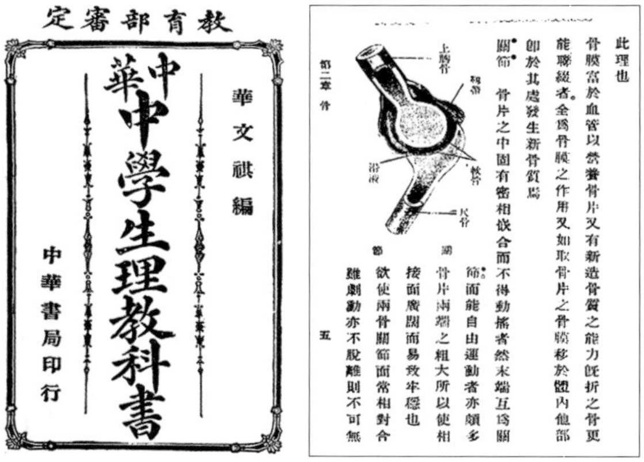

3—14

图3—14 《中华中学生理教科书》封面及内容节选，1916年第6版

《中华中学生理教科书》目录

第一章 绪论
第二章 骨 附骨之卫生
第三章 筋肉 附筋肉之卫生
第四章 循环 附血液循环之卫生
第五章 呼吸 附呼吸器之卫生
第六章 消化 附消化器之卫生
第七章 排泄 附排泄器之卫生
第八章 皮肤 附皮肤之卫生
第九章 神经系 附神经系之卫生
第十章 五官器 附眼之卫生
第十一章 人类之生活
　第一节 物质之新陈代谢
　第二节 人身生长中之变化
第十二章 疾病及治疗
第十三章 卫生
　第一节 个人卫生
　第二节 公众卫生
附实验十九节

（十五）《新撰动物学教科书》

《新撰动物学教科书》由凌昌焕、许家庆编译，杜亚泉、杜就田校订。1916年在商务印书馆出版第9版。该书共计149页，126幅插图，插图数量丰富。内容分总论、各论、泛论三部分，各论中详细描述了每门动物的主要特征，内容较为抽象，对于具体的纲目属种等知识的陈述较少。较其他动物学教科书而言，该书编写体例较新，但其知识内容难度较大。

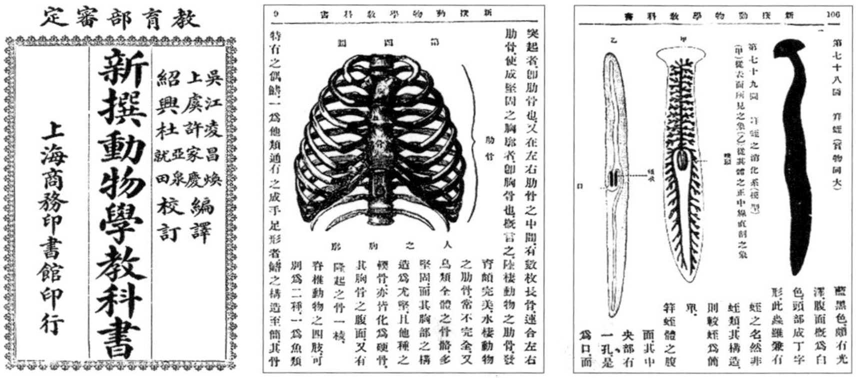

3–15

图3–15 《新撰动物学教科书》封面及内容节选，1916年第9版

《新撰动物学教科书》目录

第一篇 总论

第二篇 各论

第一章 脊椎动物

第一节 哺乳类

第二节 鸟类

第三节 爬虫类

第四节 两栖类

第五节 鱼类

第二章 节足类

第一节 甲壳类

第二节 多足类

第三节 蜘蛛类

第四节 昆虫类

第三章 软体类

第一节 头足类

第二节 腹足类

第三节 双壳类

第四章 环虫类

第一节 蚯蚓

第二节 沙蚕

第三节 蛭

第五章 圆虫类

第六章 扁虫类

第一节 绦虫

第二节 笄蛭

第三节 木叶蛭

第七章 棘皮类

第一节 沙噀

第二节 海胆

第三节 星鱼

第八章 腔肠类

第一节 珊瑚

第二节 海葵

第三节 水母

第九章 海绵类

第十章 原虫类

第一节 变形虫

第二节 夜光虫

第三节 草履虫

第三篇 动物泛论

第一章 动物之生殖

第二章 动物之发生

第三章 动物之成长

第四章 动物之彩色

第五章 动物散布之理及分布

第六章 动物之变迁

第七章 进化论之大意

（十六）《实用主义动物学教科书》

《实用主义动物学教科书》由马君武著。1918年在科学会编译部出版。本书以德国学者司瑞尔博士所著《动物学》为根据，以动物进化层级为次序，由简单到复杂。内容主要为动物分类学知识，并详述动物体的结构与生活习性等相关知识，语言陈述精确简洁。全书内容丰富，正文共计463页，列入精美插图426幅。书末附有拉丁文、德文、中文对照的动物学名词表。

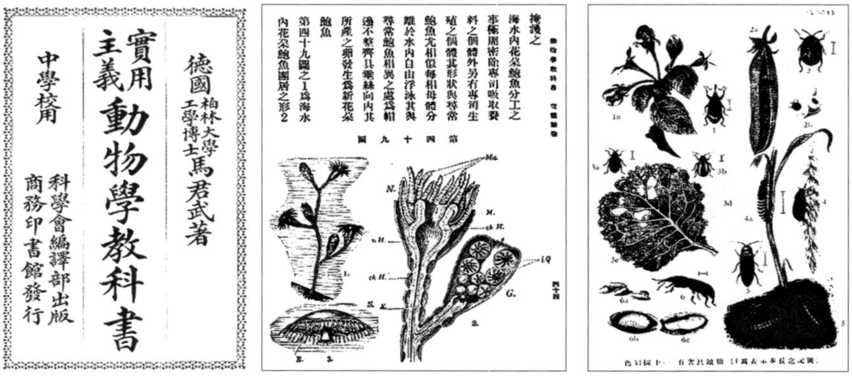

3—16

图3—16 《实用主义动物学教科书》封面及内容节选，1918年初版

《实用主义动物学教科书》目录

通论

细胞及肌体

甲 细胞

乙 肌体

动物界之重要生活现象

动物之根本形状

各论

第一部 全体自一单独细胞成者

第一门 原始动物

第一级 根足动物

第二级 胞子动物

第三级 睫毛动物

第四级 纤毛动物

第二部 全体自多数细胞成者

（甲）半径对称体

第二门 空体动物

第一分门 绵泡动物 （空体动物之不具毒腺者）

第二分门 毒线［腺］动物 （空体动物之具毒腺者）

第一级 珊瑚类

第二级 鲍鱼类

第一族 寻常鲍鱼（省称“鲍鱼”）

第二族 花朵状鲍鱼

第三族 管状鲍鱼

第三门 棘皮动物

第一级 海参类

第二级 海蝗类

第三级 毛星类

第四级 蛇星类

第五级 海星类

（乙）两边对称体

第四门 蠕形动物

第一级 扁虫类

第一族 肝蛭类

第二族 钩条虫类

第二级　圆虫类

第三级　环虫类

第一族　蛭类

第二族　蚯蚓类

第五门　软体动物

第一级　墨鱼类

第一族　二鳃墨鱼类

第二族　四鳃墨鱼类

第二级　蚌蛤类

第三级　螺蛳类

第一族　肺螺蛳类

第二族　鳃螺蛳类

第三族　翼螺蛳类

第六门　节足动物

第一级　虾类

第一分级　甲虾

第一族　十足虾类

第二族　口足虾类

第二分级　环虾

第三族　蚤虾类

第四族　鳖虾类

第三分级　下等虾类

第五族　桨足虾类

第六族　蚌虾类

第七族　叶足虾类

第八族　藤足虾类

第二级　蜘蛛类

第一族　寻常蜘蛛类

第二族　长足蜘蛛类

第三族　蝎类

第四族　假蝎类

第五族　血蜘蛛

第三级　百足虫类

第一族　线状百足虫类

第二族　带状百足虫类（即蜈蚣类）

第四级　六足虫类

第一族　蠹鱼类（又名“无翼类”）

第二族　蜻蜓类（又名“似网翼类”）

第一科　蜻蜓

第二科　蜉蝣

第三科　白蚁

第三族　螽斯类（又名“直翼类”）

第一分族　跳跃的直翼类

第一科　叶螽斯

第二科　田螽斯

第三科　土螽斯

第二分族　阔步的直翼类

第四科　螳螂

第五科　变形螳螂

第三分族　疾走的直翼类

第六科　臊甲虫

第七科　野臊甲虫

第四族　扁喙虫类

第一分族　不等翼的扁喙虫（即臭虫）类

第二分族　等翼的扁喙虫（即蝉）类

第三分族　木虱类

第一科　叶虱

第二科　扁虱

第四分族　兽虱类

第五族　土蜻蜓类（又名“网翼类”）

第六族　蝇蚊类（即两翼类）

第一分族　蝇类

第二分族　蚊类

第三分族　跳蚤类

第七族　蜂类（即膜翼类）

第一分族　蜜蜂类(即具毒针之膜翼类)

第二分族　具卵针之膜翼类

第一科　菜蜂

第二科　五倍子蜂

第三科　叶蜂

第四科　木蜂

第八族　蜣螂类

第一科　叶角蜣螂

第二科　疾走蜣螂

第三科　游泳蜣螂

第四科　尸蜣螂

第五科　叩头蜣螂

第六科　软蜣螂（即萤虫）

第七科　油蜣螂

第八科　黑蜣螂

第九科　针嘴蜣螂

第十科　木蜣螂

第十一科　羊角蜣螂

第十二科　叶蜣螂

第十三科　球状蜣螂

第九族　蝴蝶类

（甲）蝴蝶类及大蛾类

第一科　寻常蝴蝶

第二科　寻常蛾类

第三科　凿木蛾类

第四科　血蛾

第五科　毛蛾

第六科　蚕蛾

第七科　枭蛾

第八科　悬蛾

（乙）小蛾类

第七门　脊椎动物

第一级　鱼类

第一族　管心鱼类

第二族　圆口鱼类

第三族　软骨鱼类

第四族　硬鳞鱼类

第五族　硬骨鱼类

第一分族　鱼胞有空气管道之硬骨鱼类

第二分族　鱼胞无空气管道之硬骨鱼类

第二级　两栖动物

第一族　蛙类

第二族　蝾螈类

第三级　爬行动物

第一族　乌龟类

第一科　泽龟

第二科　陆龟

第三科　海龟

第二族　鳄鱼类

第三族　蛇类

第一分族　无毒蛇类

第二分族　有毒蛇类

第四族　蜥蜴类

第四级　鸟类

第一族　潜水禽类

第二族　长翼禽类

第三族　桨足禽类

第四族　膜喙禽类

第五族　高足禽类

第一科　鹤类

第二科　鹭类

第三科　鸧鸡类

第四科　吉威雀类

第五科　高脚鸡类

第六科　白冠鹅类

第七科　雁鹅类

第六族　疾走禽类

第七族　鸡类

第一科　山鸡类

第二科　鹌鹑类

第三科　林鸡类

第八族　鸽类

第九族　歌禽类

第一科　平雀类

第二科　钻天王类

第三科　黑燕类

第四科　黄莺类

第五科　喜鹊类

第六科　百舌类

第七科　白颊雀类

第八科　廖哥类

第九科　乌鸦类

第十族　长翼类

第十一族　鹦鹉类

第十二族　布谷类

第十三族　啄木鸟类

第十四族　鸷鸟类

第一科　鹰类

第二科　鸢类

第三科　枭类

第五级　哺乳动物

第一族　鸭嘴兽类

第二族　袋兽类

第三族　贫齿兽类

第四族　鲸类

第一分族　须鲸类

第二分族　齿鲸类

第五族　单趾兽类

第一科　马类

第二科　犀类

第三科　泽马类

第六族　双趾兽类

第一分族　不返嚼之双趾兽类

第二分族　返嚼之双趾兽类

第一科　具角之返嚼兽类

第二科　具枝角之返嚼兽类

第三科　具钝角之返嚼兽类

第四科　不具角之返嚼兽类（即骆驼类）

第七族　长鼻兽类

第八族　啮齿兽类

第一科　松鼠类

第二科　水狸类

第三科　鼠类

第四科　野鼠类

第五科　兔类

第九族　食虫兽类

第一科　膄鼠类

第二科　尖鼠类

第三科　箭猪类

第十族　翼肢兽类

第一分族　食虫蝙蝠类

第二分族　食果蝙蝠类

第十一族　鳍脚兽类

第十二族　肉食兽类（又名“猛兽类”）

第一科　猫类

第二科　豺类

第三科　犬类

第四科　狸类

第五科　熊类

第十三族　半猿类（一名“猴类”）

第十四族　猿类

第一科　狭鼻猿类

第二科　阔鼻猿类

（十七）《实用主义植物学教科书》

《实用主义植物学教科书》由马君武编译。1918年在商务印书馆出版。本书资料来自德国司瑞尔所著的《植物学》，编排上，通论先述植物学基本知识内容，主要为适合中学阶段的植物生理学和植物形态学知识，后各论部分详述植物分类学知识，并在其中引入大量插图以引起学生对于植物实验的重视。全书正文421页，书中插图有356幅，其中彩色插图共47幅，附植物学名词表。对于名词的选用有中国旧有名词、日本名词以及编译者本人的新创名词。

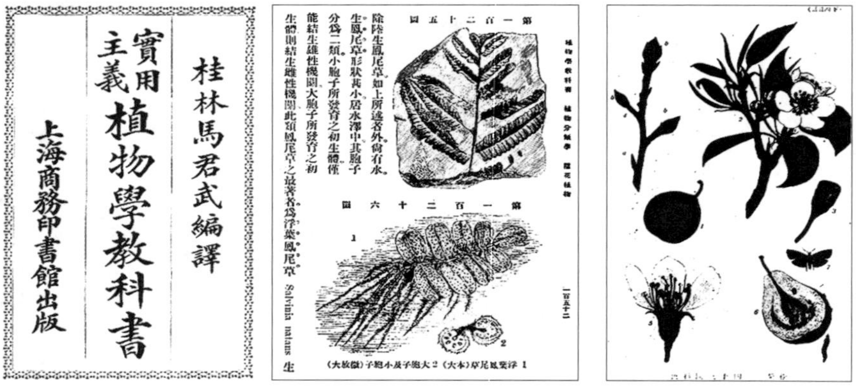

3—17

图3—17　《实用主义植物学教科书》封面及内容节选，1918年初版

《实用主义植物学教科书》目录

通论
第一章　细胞学
第一节　细胞概论
第二节　细胞之内容
（甲）原素及其各部分
（乙）细胞液及其内溶解之物质
第三节　细胞膜
第四节　细胞团体
第二章　植物形态学及生理学
植物之各部分
第一节　叶之形态及生理
（一）叶之分类及位置
（二）叶之消受养料
甲　消受养料之倾向
乙　惟绿色植物及其绿色之部分能消受炭酸
丙　消受作用必需日光
丁　片叶构造及消受关系
戊　叶体消受作用所构成之物质
己　构成物质之迁徙及储藏
（三）叶之呼吸作用及植物呼吸之理
（四）叶之蒸发水汽作用
第二节　根之形态及生理
甲　根之功用及形状
乙　根之生长及构造
丙　根之生长受地心吸力之影响
丁　既萌芽之植物在土地内依根固结之事
第三节　茎之形态及生理
甲　茎之生长及形状
乙　茎之方向
丙　茎之构造
丁　束管
戊　茎之孔道
己　茎之皮层

庚　茎之强度
第四节　花之形态及生理
甲　花及生殖
乙　花之部分
丙　花之地位
丁　花之交蕊
戊　花之结实
第五节　果实及子实之形态及生理
各论
第三章　植物分类学
第一部　隐花植物
第一族　铺生植物
第一类　藻类
第一级　绿藻
第二级　褐藻
第三级　红藻
第四级　矽藻
第二类　菌类
第一级　丝菌
第一分级　竿脚菌
第二分级　管囊菌
第三分级　锈菌
第四分级　烧菌
第五分级　藻菌
第二级　分生菌（即微菌）
第三级　变形菌
第三类　云耳类
第二族　苔藓类
第一级　藓类
第二级　苔类
第三族　凤尾草类
第一级　凤尾草
第二级　木贼
第三级　茑萝
第二部　显花植物
第一族　裸子植物
第一级　针叶木类
第二级　柏类
第三级　杉类
第二族　被子植物
第一级　单仁植物
第一科　百合科
第二科　灯心草科
第三科　水仙花科
第四科　蝴蝶花科
第五科　棕树科　附芭蕉科
第六科　芋科
第七科　管苇科
第八科　鱼子菜科
第九科　谷草科
第十科　酸草科
第十一科　兰花科
第十二科　泽泻科
第十三科　水鳖草科
第二级　双仁植物
第一分级　花瓣不完全之植物
第一科　栗科
第二科　桦树科
第三科　核桃科
第四科　杨柳科
第五科　荨麻科
第六科　大麻科
第七科　桑树科
第八科　榆树科

第九科　寄生树科

第十科　马兜铃科

第十一科　桂树科

第十二科　瑞香科

第十三科　蓼花科

第十四科　甜菜科

第二分级　花瓣完全之植物

（1）离瓣植物

第十五科　鸡足菜科

第十六科　酸棘科

第十七科　莲花科

第十八科　油菜科

第十九科　罂粟科

第二十科　芸香科

第二十一科　茶树科

第二十二科　紫堇科

第二十三科　茅膏菜科

第二十四科　石竹花科

第二十五科　马栗科

第二十六科　枫树科

第二十七科　橙橘科

第二十八科　菩提树科

第二十九科　锦葵科

第三十科　鹤嘴花科

第三十一科　酸蓊科

第三十二科　亚麻科

第三十三科　葡萄科

第三十四科　大戟科

第三十五科　伞花科

第三十六科　常春藤科

第三十七科　佛甲菜科

第三十八科　仙人掌科

第三十九科　虎耳菜科

第四十科　夜烛科

第四十一科　牧地花科

第四十二科　柘榴科

第四十三科　玫瑰科

第四十四科　豆科

第二分级　花瓣完全之植物

（2）连瓣植物

第四十五科　石南科

第四十六科　钥匙花科

第四十七科　刺槌科

第四十八科　橄榄科

第四十九科　龙胆科

第五十科　喇叭花科

第五十一科　毛叶科

第五十二科　辣椒科

第五十三科　唇花科

第五十四科　喉花科（又名“玄参科”）

第五十五科　狸藻科

第五十六科　车前科

第五十七科　钟花科

第五十八科　南瓜科

第五十九科　茜菜科

第六十科　忍冬科

第六十一科　缬菜科

第六十二科　刺篦科

第六十三科　菊花科

（十八）《三好学植物学讲义》

《三好学植物学讲义》分为三卷进行编写出版。卷上由黄以仁编译，1918年在商务印书馆出版；卷中由凌昌焕、黄以仁、吴家煦编译，1920年在商务印书馆出版；卷下编者为吴冰心，但未查阅到具体书籍内容。本书编译自日本学者三好学著作，书中对术语处理尤为重视，中国旧有术语则选择其中最为长久或最准确的，若无旧名则引日本俗称或造新名词，书中多标注有拉丁文，同时满足了学生层面和教师、学者层面的需求。知识内容翔实丰富。卷上主要涉及植物形态学和植物解剖学内容，共330页；卷中主要为植物生理学内容，共520页。

3—18

图3—18　《三好学植物学讲义》卷上（1918年初版）和卷中（1920年初版）封面

《三好学植物学讲义》（卷上）目录

第一编　序论

第一章　自然界之观察

第二章　动植物之区别

第三章　生物之播布及与外界之关系

第四章　植物学分科

植物形态学—植物解剖学—植物生理学—植物分类学—植物地理学—植物生态学

第二编　显花植物形态论

第一章　植物之种类

第二章　显花植物之特性

第三章　根

直根—主根—侧根—生长点—根冠—根毛—副根—气根—柱根—附着根—储蓄根—寄生根—呼吸根

第四章　茎

生长点—节—节间—木茎—草茎—缠绕茎—攀援茎—根茎—块茎—假叶—枝针—叶针—匐枝

第五章　芽

顶芽—腋芽—不定芽—副芽

第六章　叶

生长点—子叶—低出叶—高出叶—通常叶—叶片—叶柄—托叶—完全叶—叶脉—叶之大小、形状及性质—单叶—复叶—异体同官—同体异官—多浆叶—根叶—刺针—卷须—杯状叶—囊状叶—捕虫叶—对生叶—互生叶—轮生叶—叶序—叶之开度—叶面之位置—叶色之变化

第七章　花

部分—花梗—花序—有限花序—无限花序—混

合花序—苞—花篦—颖—花图式—花法式—花托—花被—花盖—萼之形状—冠毛—合瓣—离瓣—花冠之形状—蜜槽—虫媒花—风媒花—雄蕊—雌蕊—雌雄同株—雌雄异株—花丝—药—柱头—花柱—子房—单子房—复子房—外缝线—内缝线—胎座—胚珠—被子植物—裸子植物

第八章　果实

真果—假果—单果—复果—外果被—中果被—内果被—裂果—闭果—干果—液果

第九章　种子

内种皮—外种皮—假种皮—胚—胚乳—内胚乳—外胚乳

第三编　细胞暨组织

第一章　显微镜之构造

第二章　细胞暨其含有物

原形质—细胞膜—原形质运动—微粒体—核—核膜—仁—核丝—核粒—染色体—纺缍射线—中心体—间接分裂—直接分裂—泡核—丝核—叶绿体—叶绿质—叶黄质—白色体—杂色体—淀粉粒—储藏淀粉—同化淀粉—伊奴令—脂肪—细胞液—空胞—糊粉粒—小球体—假晶体—结晶体—针晶体—钟乳体—仁—原形质连络—谭瘻儿氏孔

第三章　组织

生长点—分生组织—形成组织—扁平组织—纺锤组织—厚角组织—厚膜组织—导管—假管—筛管—筛孔—筛板—肉状体—乳管—粘液管—细胞间隙—排泄间隙—表皮系—表皮细胞—角皮—蜡被—气孔—孔边细胞—孔周细胞—气腔—水孔—毛茸—绒毛—水毛—腺毛—硬毛—刺毛—钩毛—星状毛—木栓组织—树皮—皮目—储水组织—基本组织系—同化组织—栅状组织—海绵组织—储藏组织—初成皮层—髓—射出髓—后成射出髓—维管束系—通导组织—器械组织—双子叶茎—韧皮部—木质部—形成层—单子叶茎—假皮层—无限维管束—有限维管束—侧立维管束—两侧立维管束—射出维管束—重心维管束—内鞘—外鞘—年轮—春材—秋材—心材—液材—填充体

第四章　植物体之器械组织

厚角组织—厚膜组织—石细胞—木质纤维—韧皮纤维—屈折抵抗—Ⅰ字形桁—连合桁状组织—牵引抵抗—裂开抵抗

第四编　隐花植物通论

第一章　羊齿门

羊齿类—普通羊齿—木生羊齿—实叶—裸叶—子囊群—胞盖—子囊—环带—胞子—原叶体—雄器—雌器—有性世代—无性世代—世代轮回—精虫之趋化性—蘋类—大胞子—小胞子—胞子窠—大胞子囊—小胞子囊—木贼类—中央气道—缘边气道—子囊穗—弹丝—石松类—同子植物—异子植物—古代之石松类

第二章　藓苔门

藓类—子囊体—藓帽—藓盖—齿毛—胞子—雄器—线状体—雌器—丝状体—世代轮回—苔类—叶状体—雄器托—雌器托—弹丝—前胚时代

第三章　菌藻门

藻类—叶状体—石灰藻—漂流水藻—叶绿素—红藻素—褐藻素—绿藻—红藻—褐藻—牵引抵抗—黏液道—筛状藻丝—红藻素结晶—四分胞子—四分胞子囊—游走子—接合子—休眠子—毛柱—助胞—车轴藻类—菌类—菌伞—菌褶—菌柄—菌轮—菌丝—担子菌—根状菌—囊子菌—霉菌—不完全菌—腐生菌—寄生菌—病菌—酿母菌—芽生菌—发酵菌—野生酿母—培养酿母—芳香酿母—分生酿母—接合酿母—地衣类—科斗地衣—固着地衣—叶状地衣—木状地衣—胶

质地衣—丝状地衣—绿颗层—绿颗体—共生—囊子地衣—担子地衣—别层地衣—混层地衣—子器—雄器—雄子—粉状体—针状体—硅藻类—硅藻素—增大胞子—显微浮游界—硅藻土—无色硅藻—有色硅藻—分生类—蓝藻—青藻素—中心体—异形细胞—细菌—色素细菌—无气细菌—硫黄细菌—病原细菌—无害细菌—有用细菌—腐败细菌—偶发说—消毒—变形菌类—原形体—胞子—动物菌

《三好学植物学讲义》（卷中）目录

第一编　植物与水

第一章　植物体之含水量

第二章　水液交流

皮膜之交流性—半透性膜—原形质膜—膨压—原形质分离—植物细胞之膨压力—膨压力之变化

第三章　组织紧张力

纵茎紧张力—横茎紧张力

第四章　液汁上升

根之吸收水分—液汁上升之通路—液汁上升之原力—原力之种种学说

第五章　通发作用

气孔—角皮—通发作用实验法—通发水量—外围之影响

第六章　排水组织

水孔—排水细胞

第七章　蜜腺

第八章　液汁流出

实验法—液量—液压—液汁之流出量—液压之起因—消压—积压—流出液之成分

第九章　液汁转流

第十章　茎及叶之流水现象

第十一章　叶面干燥之理

第十二章　储水植物

第十三章　生活植物体内之结冰

细胞间结冰—细胞内结冰—植物之耐寒性—冻死之原因—植物冰冻实验法

第二编　植物与日光

第一章　太阳之势力

第二章　论植物之生长运动与太阳光热作用之关系

暗处与明处之植物生长—向日性—背地性—背日性—向地性—细菌光—向光性—廉答赓线—銚线—横日性—直立叶—花之向日现象—趋光性—逃光性

第三章　花叶之开闭

花时计—花轴之夜间曲折—夜之就眠

第四章　同化组织防御强光之企机

日中叶片之闭合及位置之变换—叶绿体位置之变换—花青素及其在植物体之分布—新叶之特性

第五章　炭素同化作用

植物体中炭素之分量—煤及泥炭之形成—大气中炭酸之分量—炭素之发生源—炭酸过量气中之同化作用—气孔—炭酸分解作用—淀粉粒之形成—蛋白质之形成—淀粉形成之速度—沃度试法—非绿色植物

第六章　沉水植物之同化作用

各气体溶解于水之难易—沉水植物气泡之发生

第七章　炭酸分解上色光线之作用

太阳之七色光线—色光线之作用—炭酸分解上最有力之色光线—同化组织外面部与内部之最有力色光线之异同—叶绿体及叶绿素—炭酸分解之最强

点与叶绿素七色光线中最大吸收线之一致—细菌法—细菌趋化性—般日耳曼氏显微析光器—气泡计算法—叶内之吸收日光线—海中之吸收光线及海藻之适应—月光、电气灯光、瓦斯灯光之作用

第三编　植物营养论

第一章　贮藏养料

第二章　自外围摄收养料之大要

根之分泌酸性液—交流

第三章　营养上重要诸要素

植物体之干燥物质—植物体灰烬中之元素—水中培养法—重要元素—非重要元素—水生植物之营养—植物体中物质之积蓄—重要元素之官能—蛋白质之形成

第四章　植物摄取养料之状态

窒素化合物—根粒细菌—硝化细菌—硫黄细菌—铁细菌—非绿色植物对于无机碳素化合物之同化—绿色植物对于有机碳素化合物之同化—菌根—非寄生、腐生、共生

第五章　肉食植物

毛毡苔—毛茸之触接、刺激、感应—毛茸细胞之变状—酵素之分泌—毛茸之化学的刺激感应—毛茸之细胞内变化—刺激之传达状态—肉食之利益—长叶毛毡苔—捕虫麯及捕虫树—捕蝇草—貉藻—狸藻—捕虫地丁—庚申草—猪笼草—壶儿草—龙头草

第六章　同化物质之形成与移转及消耗

淀粉之糖化及移转—蛋白质之移转—通导组织—养分之贮藏及消耗（花、种子）—储藏物质之种类

第七章　呼吸作用

同化作用与呼吸作用之并行不悖—尹根罕史氏之研究—呼吸作用与外围之关系—呼吸之强度—呼吸作用实验法—吸入酸素与呼出炭酸之比例—呼吸热

第八章　分子间呼吸

第四编　酵素及发酵

第一章　酒精发酵之历史

酿母菌之发见—白史笃儿氏之生理说—黎皮希氏之化学震动说—杜老培氏之酵素说—蒲甫耐儿氏之酵母分离实验

第二章　酵素之特性

溶解—沉淀—理学的及化学的影响—过酸化水素之分解—分泌之状态—作用之强度—酵素之所在—酵素源—加水作用—酸化作用及分解作用—于生物体之酵素种类

第三章　酵素之种类

无机酵素—有机酵素—糖化素（移转糖化素、分泌糖化素）—纤维溶解酵素（木质溶解酵素）—球晶体糖化酵素—转糖素—麦芽酵素—配糖体分解酵素（爱姆儿新、弥六新）—脂肪分解酵素—凝乳素—酸化酵素（直接酸化酵素、间接酸化酵素）—辣芥素—梯洛希那素—加答拉素—亚摩尼亚发生酵素（乌雷亚素、阿弥陀素）—蛋白质分解酵素（胃液素、膵液发酵素）—于植物体中膵液发酵素之分布

第四章　发酵

酒精发酵—麦酒之酿—酵母—别种之酒精发酵—别种之发酵—腐败

第五章　毒素及反毒素

免疫—种痘术—白史笃儿氏之研究—毒素之分泌—反毒素之形成—植物性毒素—毒素（黎新）及反毒素（安的黎新）—卫利喜氏之考说—凝菌素及溶菌素

第六章　反酵素

第七章　分子间呼吸与酒精发酵之关系

于果实、种子等之实例—分子间呼吸与通常呼吸之关系

第五编 植物生长论

第一章 生长之定义

第二章 生长之部位

生长点—延伸部—生长部之保护

第三章 生长之种类

延伸生长—顶端生长—基脚生长—节间生长—收缩根—第一期肥大生长—第二期肥大生长

第四章 生长之动机

填充生长法—附着生长法—延伸的表面生长

第五章 生长实验法

根端之生长—生长之最大时期—茎之生长—水平显微镜—植物生长指针—植物生长计—幻灯之应用

第六章 生长之速度

第七章 生长上外围之影响

日光—阴暗—温热—最低温度—最良温度—最高温度—水湿—养分—游离酸素—重力—机械的压力—化学的刺激

第八章 生长之定期

后作用—每日生长之定期—每年生长之定期—落叶—离层

第九章 植物器官之特形及外围之影响

适应特征及系统特征—表里形—两侧形—射出形—不等叶—大小叶—阳叶及阴叶—水之影响—高山植物—上偏性及下偏性

第十章 形成器官时之外围影响

日光—暗黑—重力温度—水湿—马铃薯之块茎—养分—压力—牵引力—创伤—愈合组织—虫瘿—因菌类寄生所成之畸形—排水毛

第十一章 再生分生及接生

芽原—再生之实例—分生之实例—皮层轮切试验—分生之状态—两极性—茎极及根极之颠倒—接生之实例—接木树—共生

第十二章 植物器官之交互作用

器官形成作用—棚式作法—代用器官—叶之发生与茎之第二期肥大生长之关系—桑树萎缩病—盆栽植物—培养植物之变态

第六编 植物运动及植物体势力之代谢

第一章 植物之运动

屈曲运动—全体运动—回归运动—生长运动—自起运动—诱起运动

第二章 刺激之定义

动机及机会—刺声感应之结果

第三章 自起运动（即内因运动）

摇旋运动—回旋运动—缠绕茎回斐转之方向—缠绕之角度—支柱之大小—缠绕之动机—拗楧—舞草—舞酢浆草

第四章 诱起运动（即刺激运动）

偏倾运动及向背运动—潜伏期—刺声感应部—运动部—向动—背动

第五章 花之开闭及叶之就眠

花开闭之动机—叶就眠之动机

第六章 接触刺激及冲突刺激 附屈触性

含羞草—麻醉—雄蕊、花丝及柱头之刺声运动—卷须—钩刺及卷枝—根之向触性—毛毡苔之黏毛—感触突起—触毛—原形质突起

第七章 屈地性

屈地性及背地性—横地性—根之生长点—刺声之传达—关节茎—屈曲之动机—重力刺声感应部之化学的变化—重力感应体—屈地运动之动作

第八章 屈日性

向日性及背日性—屈日运动之状态—间歇照

射—日光感应部及运动部—横日性—偏光的生长—自然状态时植物茎之屈曲—日光七色与向日运动之关系—植物回转器

第九章 屈化性

向化性及背化性—菌丝之屈化性实验法—惹起向化运动之物质—稠度—花粉管之向化性—花粉管在雌蕊内部生长之原理

第十章 屈气性

向气性及背气性—花粉管

第十一章 屈水性

根之向水性

第十二章 屈流性

根之屈流性

第十三章 屈伤性

根之创伤、刺声、感应

第十四章 自由运动

纤毛运动—爬行运动—变形虫运动—理学的运动—自由运动之速力

第十五章 走化性及走稠性

趋化性及逃化性—羊齿之精子—卷柏类之精子—水韭之精子—藓类之精子—变形菌之原形体—下等绿藻—滴虫—羊齿精子趋化的刺声感应之强度—反发作用—逃稠性—逃化性—向动—背动

第十六章 卫白尔氏法则

植物刺声之应用实例

第十七章 特种之刺激自由运动

走气性—走光性—走热性—走水性及走流行—逃电性—横电性—逃地性

第十八章 原形质运动

回转运动—转流运动—外围之状态及刺声之影响

第十九章 植物体之势力代谢

日光—温热—化学的势力—交流力—势力之发动与构造之关系

第二十章 植物体发生之光热及电气

光—热—电气

第七编 植物抵抗性与其病害及畸态

第一章 植物之抵抗性

高温度—低温度—强光及暗黑—干燥—化学的及交流的影响—远心力—植物体生死之判断

第二章 植物之病害

病征—抵抗力—素因—特发病—传染病—生理的病害—气候及气象—化学的原因—营养不良—枝叶摘伐—桑树萎缩病—寄生的病害—动物之寄生—虫瘿—菌类之寄生—细菌及变形菌之寄生—寄生生物与寄主植物之关系

第三章 植物之畸态

带征—垂枝—直生—强捩—曲生—线化—囊化—杂形—斑叶—复花—复萼—复瓣—化正—变性—变色—瘤生

第八编 植物之生殖

第一章 生殖之原理

生殖之起因病征—实验的研究

第二章 生殖之原因

外围状态及特殊刺声对于生殖上之影响—通性诱因—特性诱因

第三章 生殖与发育之关系

交互作用病征—实例（高等植物—菌类—藻类）

第四章 生殖与外界之关系

日光—温热—水湿—营养物质—状态之剧变—下等植物之例证—中各类之异同

第五章 雌雄两性之分别

杂性—雌雄同株—雌雄异株—人类及动物雌雄

性别数之统计—植物雌雄之性别数—性别之最初时期—高等植物性别之变化试验—菌类之寄生与植物性别之变化—无节水绵之性别变换试验

第六章　植物界生殖之状态

变形菌类—菌类—藻类—雌雄两性之比较—藓苔类—羊齿类—显花植物—显花植物之精虫—生毛体

第七章　无性生殖

实例（纤匐枝—地下茎—地芽—叶芽—地衣—镶狗脊—赛松萝）—行无性生殖之植物—有性、无性两生殖间交互作用—低温度之作用—无性生殖之起因—栽培植物—生殖器官自体之交互作用—无性生殖与开花之关系

第八章　有性生殖

受精—下等植物雌雄两性细胞接合之媒介物—显花植物行有性生殖之状态—他花受精—风媒花—水媒花—蜗牛媒花—鸟媒花—兽媒花—避免自花受精之方法（花形之特异—雌雄蕊之异长—雌雄蕊成熟时期之不同）—昆虫之种类—昆虫对花之感觉—自花受精之例

第九章　杂种之形成

杂种生成之状态—杂种形成试验

第十章　显花植物受精之现象

雌器植物及管生植物—裸子类之受粉及受精—雌器之发生及构造—雄核及精虫—胚—被子类之受粉与受精—花粉管之发生—生殖核及发育核—卵器—反足细胞—后成胚囊核—合点生殖—重复受精—淀粉玉蜀黍与砂糖玉蜀黍所生之间种—被子类胚之发生—胚乳—用他法发生卵子之实例

第十一章　单为生殖及单为结实

第十二章　生殖细胞之减数分裂

生殖核染色体之半减—花粉母细胞核分裂之状态

第十三章　果实及种子之散布

散布之必要—媒介物（风—水—动物）—食用果实—黏着果实—种子之迸散—热带植物之果实及种子之飞散—地衣子器之脱离—露珠微胞子之迸出—蛇苔精虫之迸出

（十九）《中华中学植物教科书》

《中华中学植物教科书》由彭世芳编写。1913年在中华书局出版第1版，1919年出版第16版。书中示例多为我国本土常见植物，每举一例都有多种植物，讲授时教师可以选择实物进行对照。在“植物生理学”一编中有较多的实验知识介绍，以此引起学生的兴趣。名词多为我国旧有名词、他国译名和新创的译名。全书陈述分编列章，节目分明，其章节知识内容可依教学选择进行前后调换，在每章、每节后附有简单表格对本章节知识进行总结。本书插图丰富，共计215幅。

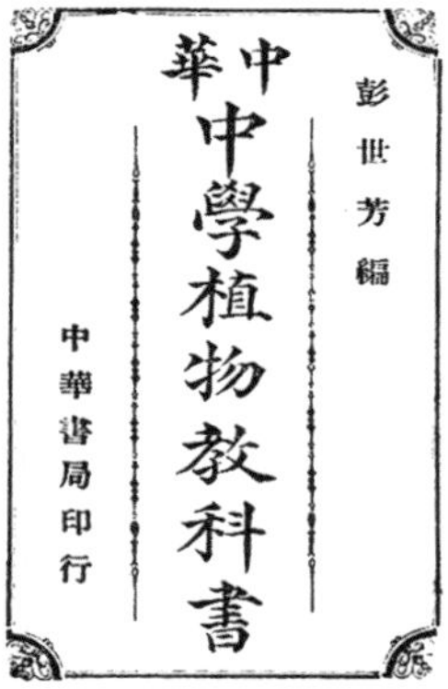
中華中學植物教科書
彭世芳編
中華書局印行

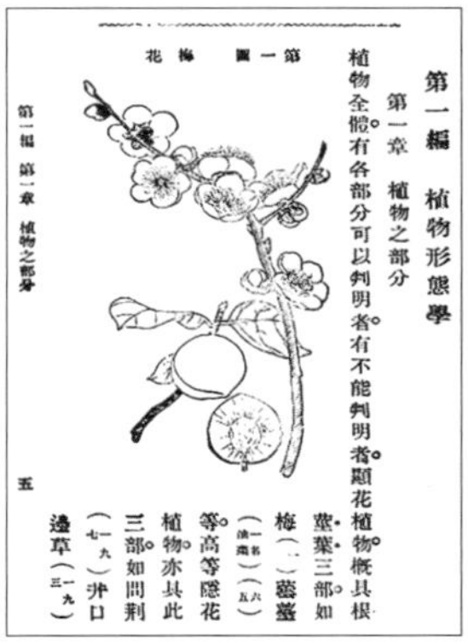
第一編　植物形態學
第一章　植物之部分
植物全體有各部分可以判明者。有不能判明者。顯花植物。概具根・莖・葉三部。如梅（一）等。高等隱花植物亦具此三部。如問荊（一七－一九）井口邊草（三一－一九）
第一圖　梅花
第一編　第一章　植物之部分　五

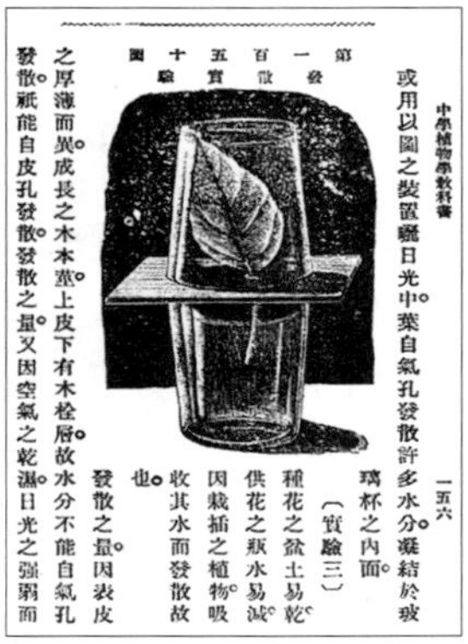
中學植物學教科書　一五六
或用以圖之裝置曬日光中。葉自氣孔發散許多水分。凝結於玻璃杯之內面。
（實驗三）
種花之盆土易乾。供花之瓶水易減。因栽插之植物。吸收其水而發散故也。
發散之量。因表皮之厚薄而異。成長之木本莖。上皮下有木栓層。故水分不能自氣孔發散。祇能自皮孔發散。發散之量。又因空氣之乾濕。日光之強弱而
第一百五十圖　發散實驗

3—19

图3—19　《中华中学植物教科书》封面及内容节选，1919年第16版

《中华中学植物教科书》目录

总论

第一编 植物形态学

第一章 植物之部分

第二章 种子之萌发

第三章 根

第四章 茎

第一节 茎之种类

第二节 气茎之种类

第三节 地茎之种类

第四节 茎之变态

第五章 芽

第六章 叶

第一节 叶之部分及生存期

第二节 叶之位置

第三节 叶脉

第四节 单叶、复叶

第五节 叶之形状

第六节 叶之变态

第七章 花

第一节 花之部分

第二节 花之种类

第三节 花托及萼

第四节 花冠

第五节 雄蕊

第六节 雌蕊

第七节 子房之位置

第八节 子房之种类

第九节 子房之缝线及胎座之种类

第十节 胚珠

第十一节 花序

第八章 果实及种子

第一节 果实之种类

第二节 果皮及肉果之种类

第三节 种皮

第二编 植物解剖学

第一章 细胞

第一节 细胞概论

第二节 细胞含有物

第三节 细胞之形状及细胞膜之斑纹

第二章 组织

第一节 组织之种类

第二节 管状组织

第三节 组织系之概论

第四节 上皮组织系

第五节 维管束系

第六节 基本组织系

第三章 植物器官之构造

第一节 根之构造

第二节 茎之构造

第三节 叶之构造

第三编 植物生理学

第一章 营养

第一节 营养概论及需要之物质

第二节 吸收

第三节 发散

第四节 同化

第五节 呼吸

第二章 生长

第三章 运动

第四章 生殖

第五章 受粉作用及种子之散布

第四编 植物分类学

第一章　分类法之二大别及自然分类之大要
第二章　合瓣植物
第三章　离瓣植物
第四章　单子叶植物
第五章　裸子植物
第六章　蕨藾植物
第七章　石松植物及木贼植物
第八章　藓植物及苔植物
第九章　菌植物
第十章　藻植物
第十一章　植物之分布

（二十）《中华中学动物学教科书》

《中华中学动物学教科书》由华文祺编。1913年在中华书局出版第1版，1919年出版第13版。本书以［日］丘浅次郎的《订正近世动物学教科书》为根据，辅以其他各类动物学书籍修订而成。全书共15章，阐述各类动物，尤注重动物名词的介绍，中国原有动物采取旧名，他国动物名称则采取音译，如giraffe（长颈鹿）音译为“奇拉夫”。同时于每章末详述动物与人类生活实际的关系，突出动物学的应用。知识内容阐述清晰，文字浅显易懂。书末附有实验，易于学习者进行实践研究，以对全书理论知识进行整体复习。

中華中學動物學教科書
華文祺編
中華書局印行

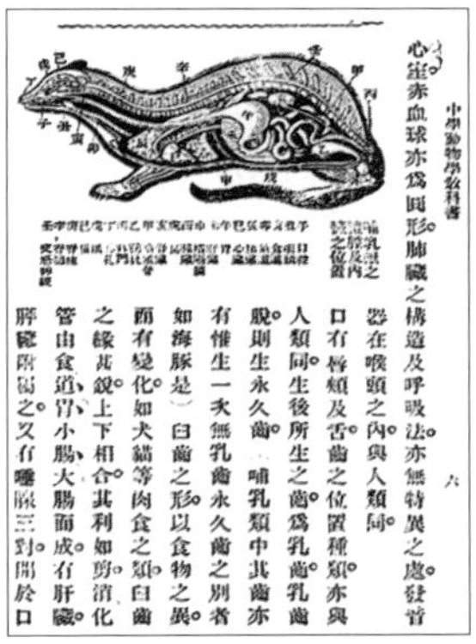
中學動物學教科書　六

心臟赤血球亦爲圓形。肺臟之構造及呼吸法。亦無特異之處。發音器在喉頭之內。與人類同。
口有唇頰及舌。齒之位置種類。亦與人類同。生後所生之齒。爲乳齒。乳齒脫。則生永久齒。　哺乳類中其齒亦有惟生一次無乳齒永久齒之別者（如海豚是）臼齒之形。以食物之異。而有變化。如犬貓等肉食之類。臼齒之緣甚銳。上下相合。其利如剪。消化管由食道、胃、小腸、大腸而成。有肝臟、膵臟附屬之。又有唾腺三對。開於口

奇拉夫

駱駝、無角。蹄小而趾裏柔軟。胃之一部。附小囊甚多。一次可飲水多量。長儲其中。故雖數日不飲。亦不患渴。最利於沙漠旅行。古有沙漠船之稱。駱駝有二種。一產亞洲中部及東部。皆有肉峰二。一產非洲。其峰一。峰中有脂。乃餘剩養分所蓄積者也。
偶蹄類中不反芻者。胃單一。而頭無角。如豕、野豬、河馬即是。河馬、

第二章　哺乳類　十九

3—20

图3—20　《中华中学动物学教科书》封面及内容节选，1919年第13版

《中华中学动物学教科书》目录

第一章　绪论
第二章　哺乳类
第三章　鸟类
第四章　爬虫类　两栖类
第五章　鱼类
第六章　昆虫类　蜘蛛类　多足类
第七章　甲壳类
第八章　软体动物
第九章　蠕形动物
第十章　棘皮动物
第十一章　腔肠动物
第十二章　原始动物
第十三章　动物之生活
第十四章　动物之分布
第十五章　进化论之大意
附录　实验及观察

（二十一）《生理卫生新教科书》（修订本）

《生理卫生新教科书》（修订本）由孙佐编译，杜亚泉、杜就田译订。在商务印书馆出版，1920年修订第19版。本书译自日本三岛通良著作。全书分十二篇，先总论，其次讲生理，最后为个人卫生和公共卫生，内容编写注重卫生知识，在论及生理知识时往往与卫生知识相呼应，并辅以插图，利于学生的理解。

教育部審定

生理衛生新教科書

紹興杜亞泉 杜就田 譯訂（修訂本）

上海商務印書館印行

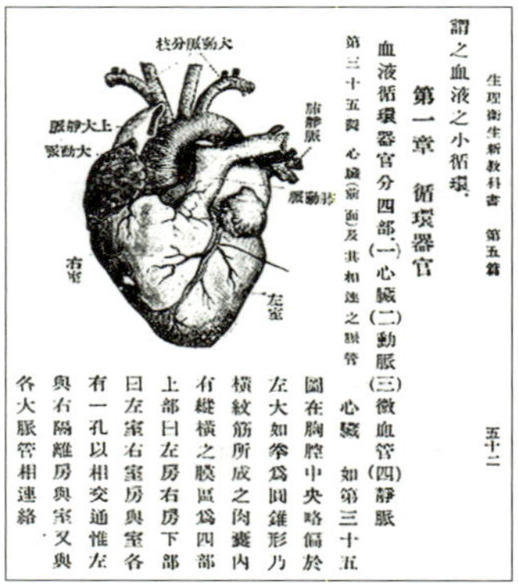

生理衛生新教科書 第五篇

五十二

謂之血液之小循環。

第一章 循環器官

血液循環器官分四部。(一)心臟(二)動脈(三)微血管(四)靜脈

第三十五圖 心臟(前面)及其相連之脈管

心臟 如第三十五圖在胸腔中央略偏於左大如拳爲圓錐形乃橫紋筋所成之肉囊內有縱橫之膜區爲四部上部曰左房右房下部曰左室右室房與室各有一孔以相交通惟左與右隔離房與室又與各大脈管相連絡

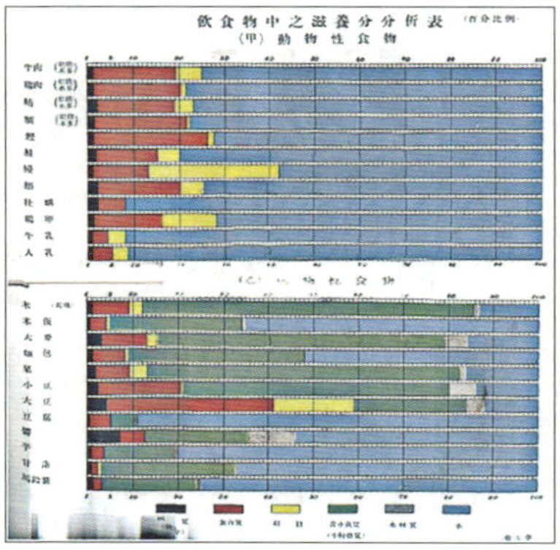

3—21

图3—21 《生理卫生新教科书》（修订本）封面及内容节选，1920年第19版

《生理卫生新教科书》（修订本）目录

第一篇 总论
- 第一章 人体
- 第二章 人体之组织
- 第三章 人体之化学成分

第二篇 运动器
- 第一章 骨骼
- 第二章 筋肉
- 第三章 运动器之卫生

第三篇 消化器
- 第一章 消化器官
- 第二章 消化之理
- 第三章 消化器之卫生

第四篇 新陈代谢
- 第一章 饮食物
- 第二章 饮食物之卫生

第五篇 循环器
- 第一章 循环器官
- 第二章 血液循环之生理
- 第三章 血液
- 第四章 淋巴管
- 第五章 循环器之卫生

第六篇 呼吸器
- 第一章 呼吸器官
- 第二章 呼吸之生理
- 第三章 呼吸器之卫生

第七篇 皮肤及体温
- 第一章 皮肤
- 第二章 体温
- 第三章 皮肤之卫生
- 第四章 衣服

第五章 住处

第八篇 泌尿器

第九篇 神经器

第一章 神经器官

第二章 神经之生理

第三章 神经器之卫生

第十篇 五官器

第一章 视觉器

第二章 听觉器

第三章 嗅觉器

第四章 味觉器

第五章 触觉器

第十一篇 一己卫生

第十二篇 公众卫生

（二十二）《共和国教科书动物学》

《共和国教科书动物学》由徐善祥等人编纂。1915年在商务印书馆出版第1版，1920年出版第12版。全书内容除绪论外共六篇，分别为动物分类学、动物形态学、动物组织学、动物生理学、动物生态学、应用动物学，主要对相关知识进行通论叙述，与其他教科书存在较大差异。动物分类学部分占全书较大篇幅，在每节内容末附有思维导图对本节动物类别进行纲、目、种的分类与举例。在其余五篇内容中，在每节末列有思维导图对本节知识进行总结概述。本书编写过程中搜集了丰富且新颖的材料，并将相关参考资料、书籍在教科书开篇的编辑大意中整理展示。

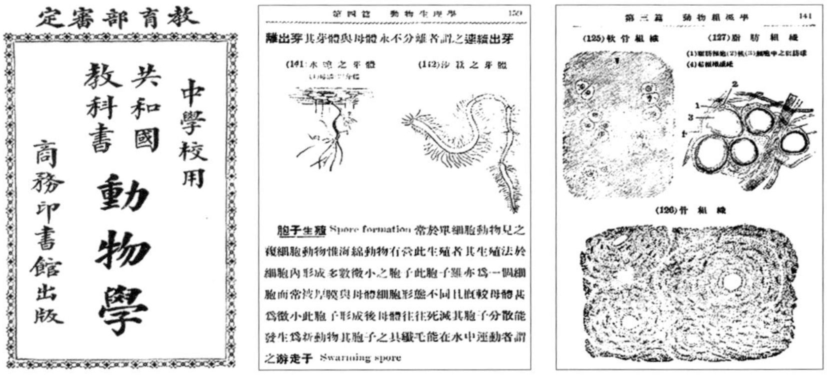

3—22

图3—22 《共和国教科书动物学》封面及内容节选，1920年第12版

《共和国教科书动物学》目录

绪论

第一篇 动物分类学

第一章 分类之概要

第二章 脊椎动物

第一节 哺乳类

第二节 鸟类

第三节 爬虫类

第四节 两栖类

第五节 鱼类

第三章 节肢动物

第一节 昆虫类

第二节 多足类

第三节 蜘蛛类

第四节 甲壳类

第四章　软体动物
第一节　头足类
第二节　腹足类
第三节　瓣鳃类
第五章　蠕形动物
第一节　环虫类
第二节　圆虫类
第三节　扁虫类
第六章　棘皮动物
第一节　海胆类
第二节　星鱼类
第三节　海百合类
第四节　海参类
第七章　腔肠动物
第一节　水螅、水母类
第二节　栉水母类
第三节　珊瑚类
第八章　海绵动物
第一节　石灰海绵类
第二节　非石灰海绵类
第九章　原生动物
第一节　毡毛虫类
第二节　胞子虫类
第三节　软质虫类
第二篇　动物形态学
第一章　机官之类别
第二章　生长机官
第一节　消化机官
第二节　循环机官
第三节　呼吸机官
第四节　排泄机官
第三章　生殖机官
第四章　关系机官
第一节　神经系统
第二节　皮肤、骨骼及筋肉
第三节　知觉机官
第四节　运动机官
第三篇　动物组织学
第一章　细胞
第二章　细胞分裂
第三章　组织
第四章　构造
第四篇　动物生理学
第一章　生长作用
第一节　营养
第二节　成长
第二章　生殖作用
第一节　无性生殖
第二节　有性生殖
第三节　世代交迭
第三章　关系作用
第一节　知觉
第二节　运动
第三节　智力
第五篇　动物生态学
第一章　生长上之适应
第一节　对于栖处之适应
第二节　对于食物之适应
第三节　对于动物相互之适应
第四节　对于动物防御之适应
第二章　生殖上之适应
第一节　对于求偶之适应
第二节　对于保卵育儿之适应
第三节　关于分布种类之适应

第三章　进化论
第六篇　应用动物学
第一章　食用动物
第一节　食用动物之种类
第二节　食用动物之品质
第三节　饲料及肥料
第二章　役使动物
第一节　役使之目的
第二节　役使之方法
第三章　益农动物
第一节　害虫
第二节　益虫
第三节　益鸟
第四节　其他益农动物
第四章　工艺动物
第一节　制革及制皮
第二节　织材
第三节　雕材及装饰品
第四节　制油、制蜡、制胶、制色及杂用
第五章　药用动物

（二十三）《共和国教科书植物学》

《共和国教科书植物学》由杜亚泉编撰，王兼善、杜就田校订。1913年在商务印书馆出版第1版，1921年增订第26版。本书依普通植物的形态、解剖、生理、生态、分类、应用分为六篇。因植物学研究在当时不断深入，在生理、生态学方面进展较为显著，且其与人文科学的联系较为紧密，编写生理、生态两篇内容较注意其知识陈述的准确性。每篇内容下设章节，并于每节末设思维导图对本节内容进行概括总结，每篇内容系统、规范，一目了然。内容选择完备，编排充分联系教学时间，学生学习相关内容时能进行实物观察或实践。对于术语同样注重英文与拉丁文的标注。

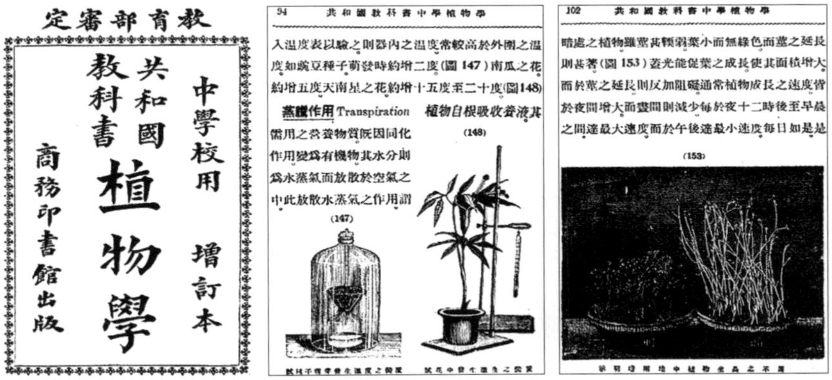
教育部審定
共和國教科書
中學校用
植物學
增訂本
商務印書館出版

94　共和國教科書中學植物學
入溫度表以驗之則器內之溫度常較高於外圍之溫度如豌豆種子萌發時約增二度(圖 147)南瓜之花約增五度天南星之花約增十五度至二十度(圖148)
蒸騰作用 Transpiration 植物自根吸收養液其需用之營養物質既因同化作用變為有機物其水分則為水蒸氣而放散於空氣之中此放散水蒸氣之作用謂
(147)
(148)

102　共和國教科書中學植物學
暗處之植物雖莖甚纖弱葉小而無綠色而莖之延長則甚著(圖 153)蓋光能促葉之成長使其面積增大而於莖之延長則反加阻礙通常植物成長之速度皆於夜間增大而晝間則減少每於夜十二時後至早晨之間達最大速度而於午後達最小速度每日如是是
(153)

3—23

图3—23　《共和国教科书植物学》封面及内容节选，1921年第26版

《共和国教科书植物学》目录

绪论
第一篇　植物形态学
第一章　生长机官
第一节　根
第二节　茎——芽、枝
第三节　叶
第二章　生殖机官
第一节　花——萼、花冠、雄蕊、雌蕊
第二节　果实
第三节　种子

第二篇　植物解剖学
　第一章　细胞
　第二章　组织
　第三章　构造
　　第一节　根之构造
　　第二节　茎之构造
　　第三节　叶之构造
第三篇　植物生理学
　第一章　生长作用
　　第一节　营养
　　第二节　成长
　第二章　关系作用
　第三章　生殖作用
　　第一节　无性生殖
　　第二节　有性生殖
第四篇　植物生态学
　第一章　关于生长之适应
　　第一节　对于水分、气候等之适应
　　第二节　对于动植物之适应
　第二章　关于生殖之适应
　　第一节　对于受粉之适应
　　第二节　对于散布种子之适应
第五篇　植物分类学
　第一章　分类法概要
　　第一节　人为分类法与自然分类法
　　第二节　自然分类法之大纲
　　第三节　植物命名法
　第二章　显花植物之科目
　　第一节　合瓣植物
　　第二节　离瓣植物（上）
　　第三节　离瓣植物（下）
　　第四节　单子叶植物
　　第五节　裸子植物
　第三章　隐花植物之概略
　　第一节　羊齿门
　　第二节　苔藓门
　　第三节　菌藻门
第六篇　应用植物学
　第一章　食用植物
　　第一节　食用之部分
　　第二节　食用物之制造
　　第三节　嗜好料植物
　　第四节　饲料植物及肥料植物
　第二章　工艺植物
　　第一节　纤维植物
　　第二节　染料植物
　　第三节　树脂及油蜡植物
　第三章　材用植物
　　第一节　建筑用材
　　第二节　器具用材
　　第三节　编织用材
　　第四节　薪炭材
　第四章　观赏植物
　第五章　药用植物及有毒植物
　　第一节　药用植物
　　第二节　有毒植物

（二十四）《新制植物学教本》

《新制植物学教本》由吴家煦、彭世芳编。1916年在中华书局出版第1版，1921年出版第16版。全书除总论外，分四编，依次为植物形态、解剖、生理、分类等内容。其中各部分编写材料多选自我国特色物产，每举一例，往往列举多种植物辅之，以便教授时能采取实物进行直观教学。内容编排系统分明，在章节末列思维导图进行总结概括。重视实验与观察，在“植物生理学”一编中，列举多种实验法，以激发学生的兴趣，验证巩固所学理论知识。名词选择旧名或通用的译名，并附俗称，同时在书末附有中西名词对照表。

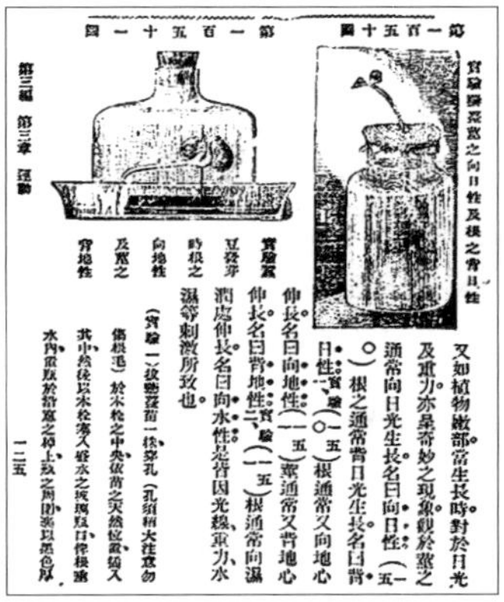

又如植物嫩部。當生長時。對於日光及重力。亦呈奇妙之現象。觀於莖之通常向日光生長。名曰向日性（一五〇）根之通常背日光生長。名曰背日性。（實驗（一五〇））根通常又向地心伸長。名曰向地性（一五一）莖通常又背地心伸長。名曰背地性。（實驗（一五一））根通常向濕潤處伸長。名曰向水性。是皆因光線、重力、水濕等刺激所致也。

一二五

3-24

图3-24　《新制植物学教本》封面及内容节选，1921年第16版

《新制植物学教本》目录

总论

第一编　植物形态学

第一章　植物之部分

第二章　种子之萌发

第三章　根

第四章　茎

第一节　茎之种类

第二节　地上茎之种类

第三节　地下茎之种类

第四节　茎之变态

第五章　芽

第六章　叶

第一节　叶之部分及生存期

第二节　叶序

第三节　叶脉

第四节　叶之种类

第五节　叶之形状

第六节　叶之变态

第七章　花

第一节　花之部分

第二节　花之种类

第三节　花托及萼

第四节　花冠

第五节　雄蕊

第六节　雌蕊

第七节　子房之种类及位置

第八节　子房之缝线及胎座之种类

第九节　胚珠

第十节　花序

第八章　果实及种子

第一节　果实之部分及种类

第二节　种皮

第二编　植物解剖学

第一章　细胞

第一节　细胞概论

第二节　细胞含有物

第三节　细胞之形状及细胞膜之斑纹
第二章　组织
第一节　组织之种类
第二节　组织系之概论
第三节　表皮系
第四节　维管束系
第五节　基本组织系
第三章　植物器官之构造
第一节　根之构造
第二节　茎之构造
第三节　叶之构造
第三编　植物生理学
第一章　营养
第一节　营养概论及需要之物质
第二节　吸收
第三节　发散
第四节　同化
第五节　呼吸
第二章　生长
第三章　运动
第四章　繁殖
第五章　受粉作用及果实、种子之散布
第四编　植物分类学
第一章　分类法之二大别及自然分类之大要
第二章　合瓣植物
第三章　离瓣植物
第四章　单子叶植物
第五章　裸子植物
第六章　蕨薇植物
第七章　石松植物及木贼植物
第八章　藓植物及苔植物
第九章　菌植物
第十章　藻植物
第十一章　植物之分布
附录　中西名词对照表

（二十五）《新制动物学教本》

《新制动物学教本》由吴家煦、吴德亮编。1917年在中华书局出版第1版，1921年出版第13版。全书除总论外共十一章，前十章以门分类陈述，最后一章主要论述动物的分布。书中材料多为我国动物，当涉及重要动物时还会详细论述其与人类生活的实际关系。重视实验教授，如书中插图多集中于解剖内容部分，以便于实验的参考，同时在书末附有标本的采集与制作、保存，昆虫饲养等方法。名词或为旧用，或为通用，并在书末附有中西名词对照表。

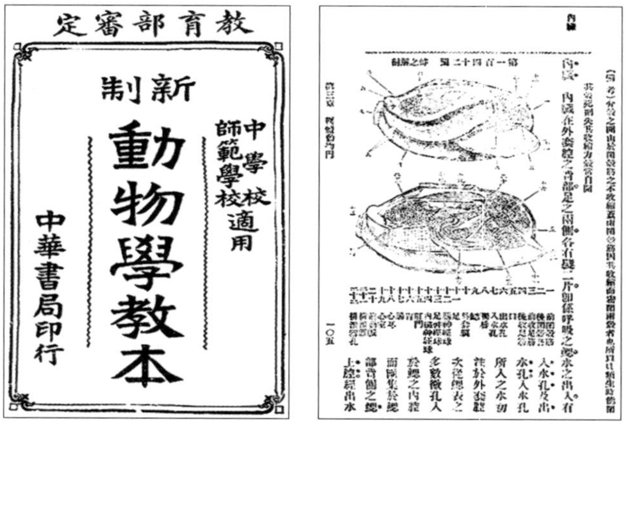

3—25

图3—25　《新制动物学教本》封面及内容节选，1921年第13版

《新制动物学教本》目录

总论

第一章　脊椎动物门

第一节　哺乳纲

第二节　鸟纲

第三节　爬虫纲

第四节　两栖纲

第五节　鱼纲

第六节　脊椎动物通论

第二章　节足动物门

第一节　昆虫纲

第二节　多足纲

第三节　蜘蛛纲

第四节　甲壳纲

第五节　节足动物通论

第三章　软体动物门

第一节　头足纲

第二节　腹足纲

第三节　瓣鳃纲

第四节　软体动物通论

第四章　环形动物门

第一节　蛭纲

第二节　毛足纲

第三节　环形动物通论

第五章　圆形动物门

第六章　扁形动物门

第一节　吸虫纲

第二节　绦虫纲

第三节　扁形动物通论

第七章　棘皮动物门

第一节　海胆纲

第二节　海盘车纲

第三节　海百合纲

第四节　沙噀纲

第五节　棘皮动物通论

第八章　腔肠动物门

第一节　珊瑚纲

第二节　水母纲

第三节　水螅纲

第四节　腔肠动物通论

第九章　海绵动物门

第十章　原始动物门

第一节　根足纲

第二节　鞭毛虫纲

第三节　纤毛虫纲

第四节　胞子虫纲

第五节　原始动物通论

第十一章　动物之传播及地理上之分布

第一节　传播之经路

第二节　地理上之分布

附录一　动物实验之注意

附录二　动物之采集法

附录三　标本制作及保存法

附录四　昆虫饲养法

附录五　鸟兽剥制法

附录六　中西名词对照表

（二十六）《新制生理学教本》

《新制生理学教本》由顾树森编，吴家煦校阅。1917年在中华书局出版第1版，1921年出版第13版。本书分为四编，除开篇的总论外，依次论述运动系统、营养系统、神经系统和全体生理。每编内容下设章节，每章内容概述解剖、生理、卫生、疾病等相关知识，以此内容安排凸显生理与卫生并重。在章节末列思维导图总结概括内容。书中材料简单、重要，贴近生活实际；知识内容难度适中。书末附有中西名词对照表。

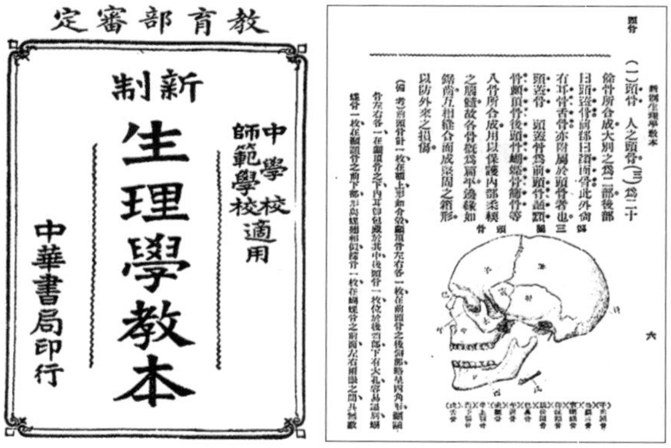

3—26

图3—26　《新制生理学教本》封面及内容节选，1921年第13版

《新制生理学教本》目录

总论
第一编　运动系统
　第一章　骨骼
　　第一节　骨骼之解剖及生理
　　第二节　骨骼之卫生及疾病
　第二章　筋肉
　　第一节　筋肉之解剖及生理
　　第二节　筋肉之卫生及疾病
第二编　营养系统
　第一章　消化器
　　第一节　消化器之解剖及生理
　　第二节　食物
　　第三节　消化器之卫生及疾病
　第二章　循环器
　　第一节　循环器之解剖及生理
　　第二节　血液
　　第三节　循环器之卫生及疾病
　第三章　呼吸器
　　第一节　呼吸器之解剖及生理
　　第二节　呼吸器之卫生及疾病
　第四章　泌尿器
　　第一节　泌尿器之解剖及生理
　　第二节　泌尿器之卫生及疾病
　第五章　皮肤
　　第一节　皮肤之解剖及生理
　　第二节　皮肤之卫生及疾病
第三编　神经系统
　第一章　神经器
　　第一节　神经器之解剖及生理
　　第二节　神经器之卫生及疾病

第二章　五官器
第一节　视觉器
第二节　听觉器
第三节　嗅觉器
第四节　味觉器
第五节　触觉器
第四编　关于全体之生理
第一章　人类之生活
第一节　物质之新陈代谢
第二节　人体生长中之变化
第二章　疾病及治疗
第三章　卫生
第一节　个人卫生
第二节　公众卫生
附录　中西名词对照表

（二十七）《中学动物学教科书》

《中学动物学教科书》由杜就田、孙佐编译，杜亚泉校订。1921年在商务印书馆出版第15版。本书目录前简要介绍英国著名博物学家赫胥黎。全书分为绪论、各论、结论三部分，其目录不用篇、章、节，而是采用生物学中对生物的分类方式，以门、纲进行划分。内容主要介绍八门动物，分类明晰，每纲末尾用思维导图总结概括，适于初学者学习；记述简当，所授内容皆精简叙述的要义，不涉细枝末节，给教师教授留下充分的延伸空间，对教师的自身学术能力要求较高。插图丰富，高等动物标本多附大图以辅助教学。定名准确，所有动物名词依据古今中外之书选择最适者。

3—27

图3—27　《中学动物学教科书》封面及内容节选，1921年第15版

《中学动物学教科书》目录

绪论
动物之分类
各论
第一门　脊椎动物
第一纲　哺乳类
第二纲　鸟类
第三纲　爬虫类
第四纲　两栖类
第五纲　鱼类
第二门　节肢动物
第一纲　昆虫类
第二纲　多足类
第三纲　蜘蛛类
第四纲　甲壳类

第三门　软体动物
第一纲　头足类
第二纲　腹足类
第三纲　瓣鳃类
第四门　蠕形动物
第一纲　环虫类
第二纲　圆虫类
第三纲　扁虫类
第五门　棘皮动物
第一纲　海胆类
第二纲　星鱼类
第三纲　沙噀类
第六门　腔肠动物
第七门　海绵动物
第八门　原生动物
结论
一　细胞之形质及机能
二　动物与植物
三　生物之进化

本章小结

1912年1月，孙中山在南京宣誓就任中华民国临时大总统，改学部为教育部，任命蔡元培为首任教育总长。1912年7月，南京临时政府召开全国临时教育会议，蔡元培将“五育并举”方案提交大会讨论；同年9月，南京临时政府教育部正式颁布了“注重道德教育，以实利教育、军国民教育辅之，更以美感教育完成其道德”的教育宗旨，向全国颁布《学校系统令》，即“壬子学制”；次年，又陆续颁布各级各类学校令，补充《学校系统令》，合称“壬子·癸丑学制”。“壬子·癸丑学制”的诞生标志着中国现代教育的正式确立。“壬子·癸丑学制”将中学教育划为普通教育，取消了清朝的分科制度，在中学课程上增加了物理、化学。

1912年9月，教育部颁布了《审定教科用图书规程》，规定中、小、师范学校教科用图书，可以自行编辑，但必须经教育部的审定方可使用；教科用图书必须符合部定学科程度及教育宗旨；部审定有效期为5年，发行人必须在有效期届满前5个月呈请重新审定。

由于博物课程仍然是一类较年轻的课程，教科书编撰经验并不丰富，因此，博物课程的教科书主要沿袭了清末教科书的体系，将博物中有关生物学的内容分为植物学、动物学和生理学三部分，以翻译外来教科书为主，或在清末教科书的基础上进行了改编，也有部分新编撰的教科书。民国初期的教科书审定制度出台后，相应的新式教科书发行，有关中学生物学的教科书也出版了不少。

这一时期出版的中学生物学教科书，仍是以分科式教科书为主流，而直接翻译的外来教科书数量变少，不像清末时期几乎全为外来教科书。其中外来教科书的使用主要是在“壬子·癸丑学制”颁布后不久，跟清末时期一样，以日本教科书为主，且部分教科书在清末时期就已经出版过，如1913年文明书局出版的［日］藤井健次郎著、华文祺翻译的《中学植物学教科书》，1913年商务印书馆出版的［日］箕作佳吉著、王季烈编译的《动物学新教科书》，等等。

该时期植物学教科书的知识体系一般由形态、结构、生理、生态、分类及应用组成，分类则按门、纲、目、科、属介绍；动物学教科书的知识体系一般分为通论和各论，通论部分介绍动物的一般特点，如形态、解剖和生理特点等，而各论则从脊椎动物和无脊椎动物的角度，介绍若干代表性动物的形态结构与习性；生理学教科书的知识体系一般从组成人体各系统的器官的结构、生理着手，关注个人卫生及公共卫生，含个人保健知识。在编写体例上，参照了日本教科书的编排体例，在教科书正文之前有例言，正文中除文字和图片外，还附有图表，书后附有索引、中西名词对照表等。这一时期教科书市场主要以商务印书馆和中华书局出版的教科书为主。

民国初期的生物学教科书，其特点为“尚实”，即学以致用，有关动植物应用的内容开始独立成章，且篇幅大量增加。1912年中华民国成立后，民国政府要求停止使用清朝的教科书，但是由于军阀混战导致时局不稳，当时政府对于教科书的编写、发行和使用缺乏有力的监管，加上生物学教科书受政治因素的影响较小，因此，民国初期的生物学教科书或沿用清末教科书，或稍作改编，新编的教科书的知识体系与清末教科书差别不大。但随着教育的推进，自编教科书开始逐渐增多，说明我国的生物学教育工作者在借鉴国外教科书编写的基础上，积累起了一定的教科书编写经验，从而逐步摆脱对外来教科书的依赖，我国中学生物学教科书编写已经开始从翻译、编译逐步走向自编，同时也说明我国的生物学教育有了一定的发展。

第四章

民国中期的中学生物学教科书（1922—1937）

1922

第一节
民国中期的新学制与课程标准

一、新学制的产生背景

1919年“五四运动”爆发，中国工人阶级作为独立的政治力量登上了历史舞台，揭开了反帝反封建民主革命的新篇章。在“五四运动”和新文化运动及多种教育思潮的影响下，出现了学校教学改革的新高潮。倡导“科学”与“民主”的思想，科学教育、平民教育思潮兴起，中小学教育取消文言文，采用语体文（白话文），中国教育界以开放的心态关注世界各发达国家的教育。与此同时，受杜威、孟禄等美国教育家来华讲学以及胡适、陶行知等留美人士的影响，美国教育成为我国教育改革的参照，中国教育界开始了学制改革的新探讨。1915年4月，湖南省教育会于全国教育会联合会第一届年会提出了“学校系统改革案”，也称“湘案”。该案针对当时我国学制模仿日本时存在的不足，提出了一份颇具特色的完整的“学校系统表”，开启了学制改革的讨论与实践。1919年4月，教育调查会第一次会议主要就教育宗旨展开讨论，同年10月，全国教育会联合会第五届年会开始讨论修改学校系统问题。1920年10月，全国教育会联合会第六届年会在上海召开，安徽、奉天（今辽宁）、云南、福建四省教育会提出议案，要求改革学制。并且，此次会议决定了第七届年会以讨论学制改革为主要议题。1921年10月，全国教育会联合会第七届年会在广州召开，各省教育会共提出学制改革的议案11件，会议讨论后，最终决定以广东省提案为基础，拟定《学制系统草案》并公布征求意见。1922年9月，教育部召开全国学制会议并对《学制系统草案》进行了修改，10月全国教育会联合会第八届年会对其又作修订，11月，《学校系统改革案》正式颁行，一般称“新学制”，也称“壬戌学制”（又称“六三三学制”）。新学制的制订过程与清末和民初的旧制都不同，它不是自上而下颁布推行的，而是自下而上地酝酿成熟而产生的。[1]尽管此学制基本模仿美国，其中存在一些不合国情、不切实际的规定，但它是为了适应时代要求，力图与国际教育接轨的一次比较成功的尝试，也是20世纪20年代教育改革的标志性成果。新学制的产生是一种历史的进步，它反映了我国民族资本主义工业发展的客观需要，是新文化运动和“五四运动”在教育领域的综合成果之一，标志着中国教育从近代教育向现代教育的转型。

[1] 吕达. 课程史论[M]. 北京：人民教育出版社，1999：306.

二、课程标准的演变与教材的审查

“新学制中最有精彩的，是中等教育一段。”[1]与以往学制相比较，中等教育，尤其是普通中学的改革最大。学制改革与课程改革两者相互作用、相互影响，学制改革必然要落实到课程改革中。1922年10月，全国教育会联合会第八届年会议定《新学制课程案》后，随即组织了新学制课程标准起草委员会，负责拟定各级各类学校课程标准，并举行了第一次会议，同年12月于南京召开第二次会议，1923年4月和6月于上海先后召开第三、第四次会议。之后，全国教育会联合会公布了《新学制课程标准纲要》供教育界参考，这个课程标准纲要成为各学科新式教科书的编写依据。在这个课程标准纲要中，涉及中学生物学课程的包括初级中学设置的必修自然科及体育科中的生理卫生，高级中学设置的普通科第二组必修生物。具体对应的课程纲要分别为胡刚复起草的《初级中学自然课程纲要》和秉志起草的《高级中学第二组必修的生物学课程纲要》。[2]初级中学分设必修和选修两科，涉及生物学内容的为自然科，课程内容包括动植物、矿物、理化学、天文、气象、地质等，规定为16学分。为兼顾升学与就业的双重需要，高级中学可根据地方情况，分设普通科与职业科。普通科以升学为主要目的，职业科以职业教育为主。职业科又分师范、商业、工业、农业及家事等科。普通科又分文、理两组：第一组（文科组）注重文学及社会科学，第二组（理科组）注重数学及自然科学，由学校按地方情形和学生需要设置。且普通科的课程主要由公共必修科目、分科专修科目、纯粹选修科目三大部分组成，其中生物为分科专修科目中一科，规定为6学分。《初级中学自然课程纲要》涉及生物学的教学内容包括植物学和动物学，规定为4学分。这个课程纲要中有三项内容：目的、内容和方法、毕业最低限度的标准。在这份简单的标准中，值得一提的是第三项，这项内容共有两条，分别是“能为简易之实验，以解释日常生活之科学原则”“对于天然界事物，须有较正确之观察能力”。而在《高级中学第二组必修的生物学课程纲要》中，就分别对普通动物学、植物学作了简单要求，涉及了授课时间及学分、教材和说明三项，见表4-1。

表 4-1 《新学制课程标准纲要》内容一览表

课程纲要	涉及生物学的内容	教法	时间分配（课程设置）
初级中学自然课程纲要	植物学、动物学	第一册以生物为主，其他各科为辅	各学校自行安排
高级中学第二组必修的生物学课程纲要	普通植物学、普通动物学	普通植物学：本学程注重讨论与实验，一学期内至少作郊外练习八次，以代实验室内所作之课，遇天气温和植物繁茂时行之，以便学生练习，观测，绘图，及采集标本等事 普通动物学：本学程注重讨论与实验，一学期至少作郊外练习八次，以代实验室之课，于春秋天气温和时行之	每周3小时，一学期教完

[1] 廖世承. 关于新学制一个紧急的问题[J]. 新教育，1922，5（4）：733.

[2] 《初级中学体育课程纲要》并未刊登公布。

1922年颁行“壬戌学制”之后，中学被分为初中和高中两级，从原来的府治中学拓展为县治初中和府治高中，各地陆续建立了大量初级中学。1927年，国民党背叛了孙中山的联俄、联共、扶助农工三大政策和新三民主义，在南京成立了国民政府。以三民主义教育宗旨为基准，国民政府开始实行教科书审核制度，并出台了《组织教科书审查会章程》。1928年8月，在国民党二届五中全会上，蒋介石宣布“以党治国”，强化思想控制。为了管理和控制学校，国民政府通过教育部制定和颁布了一系列有关文件，1932年教育部颁布《中学法》，次年又颁发了《中学规程》，严格规范和统一全国学校的课程，颁布统一的课程标准，并要求教科书编写遵照课程标准的要求。自此至抗战全面爆发的十年内，社会政局相对稳定，国民政府重视借助教育的力量维护统治，教育投入有所增加，教育体制日趋完善，民国教育逐渐进入稳步发展和逐步定型的阶段。

南京国民政府成立后，出于推行三民主义教育的需要，主张修订学制系统。1928年5月，大学院在南京召开第一次全国教育会议，以1922年公布的学制为基础，通过了《整理中华民国学校系统案》，即“戊辰学制”。

1929年，教育部聘请专家拟定《初级中学暂行课程标准说明》和《高级中学普通科暂行课程标准说明》，初中自然科有15个学分，订立了混合制（包括动植物及理化）与分科制两种标准，供学校自行采用[1]，高中普通科取消文理分科，不再单设公共必修课[2]。1932年，《初级、高级中学课程标准总纲》发布，规定的高中课程有公民、体育、卫生、军训、国文、英语、算学、生物、化学、物理、本国史、外国史、本国地理、外国地理、论理、图画、音乐等，初中除将有些科目合科外，科目基本一致。[3]1936年修正后的课程标准基本延续了此前的课程标准，在部分内容上作了增减。

自1928年至1937年，国民政府教育部共颁布了《初级中学自然科暂行课程标准》（混合的）、《初级中学植物学暂行课程标准》（分科的，其一）、《高级中学生物学课程标准》（分科的，其二）等共计14个与生物学相关课程标准[4]，见表4-2。

[1] 课程教材研究所. 20世纪中国中小学课程标准 · 教学大纲汇编：课程（教学）计划卷[G]. 北京：人民教育出版社，2001：119-120.

[2] 同[1]121-122.

[3] 孙培青. 中国教育史[M]. 3版. 上海：华东师范大学出版社，2009：402.

[4] 课程教材研究所. 20世纪中国中小学课程标准 · 教学大纲汇编：生物卷[G]. 北京：人民教育出版社，2001：9-60.

表 4-2　1928—1937 年国民政府教育部颁布的生物学相关课程标准统计

年份	课程标准
1929年	初级中学自然科暂行课程标准（混合的）
	初级中学植物学暂行课程标准（分科的，其一）
	初级中学动物学暂行课程标准（分科的，其二）
	初级中学生理卫生暂行课程标准
	高级中学普通科生物学暂行课程标准
1932年	初级中学植物学课程标准
	初级中学动物学课程标准
	初级中学卫生课程标准
	高级中学卫生课程标准
	高级中学生物学课程标准
1936年	初级中学植物学课程标准
	初级中学动物学课程标准
	初级中学生理卫生课程标准
	高级中学生物学课程标准

从统计信息上看，1929年颁布的《初级中学自然科暂行课程标准》（混合的）为民国中期最后一个自然科课程标准，之后初级中学都采用分科的植物学、动物学课程标准。另外，1932年尤其注重卫生方面的知识，初、高级中学都颁布相应的课程标准，且《高级中学卫生课程标准》为民国中期唯一的一个高中阶段的卫生课程标准。从这些课程标准的内容结构上看，都分为目标、时间支配、教材大纲、实施方法概要四部分。“目标”部分一般是点出本课程的课程目标，如1932年《初级中学植物学课程标准》中要求“使了解植物与人生之关系”“使明了植物学之根本原理及事实”等。“时间支配”部分规定本课程开设的学段与课时分配，如1932年《初级中学植物学课程标准》要求“于初中第一学年教完，每周讲授二小时，实习由担任教员指导学生于课外每周择定二小时举行”，并且这一系列的课程标准中，都明确规定了生物学课程应理论课时与实践课时相结合，鼓励学校与教员组织野外考察、生物学实验等实践性教学活动。“教材大纲”部分规定本课程的教学内容，以及编写教材的注意事项，其首次作为内容项出现是在1929年颁布的暂行课程标准中，之后两次课程标准修订中也都有明确规定。其中，1929年《初级中学自然科暂行课程标准》（混合的）教材大纲明确规定，“教材取混合教授法”，内容编排中动植物知识相互交错，如第一学期规定为“学校园中之植物、蚊及其幼虫、本地之最好树木、蚋及幼虫……”，第二学期规定为“……虾、大豆、人体中之寄生虫、植物茎、鳖……”，由此可见，该大纲只是粗浅地表达了“混合”二字，为了体现混合教授而将动植物内容杂糅拼接，并无任何深层依据或意图。而在此期间初级中学植物

学、动物学、（生理）卫生及高级中学生物学课程标准中教材大纲内容变化见表4-3。

表 4-3　1928—1937 年颁布的生物学相关课程标准中教材大纲内容的变化

科目	课程标准颁布年份及名称	教材大纲概要
植物学	1929《初级中学植物学暂行课程标准》（分科的，其一）	内容侧重生活实际，明确规定"就本地习见习用之植物，依时取材，以说明植物学之原理及与人生之关系"，对具体内容的分类用语也明显体现"植物与人生之关系"这一出发点，如"农产植物、日用植物、有害植物、药用植物、观赏植物"等
	1932《初级中学植物学课程标准》	在强调"植物与人生之关系"的基础上，更为系统地论述了植物的根、茎、叶、花、果实和种子，内容向着普通植物学方向发展，同时注重植物分类的占比，按进化的顺序先后安排了低等植物和高等植物，但其中也还存在上一课程标准的影子，如在高等植物下还有农产植物、日用植物、观赏植物等
	1936《初级中学植物学课程标准》	1936年的教材大纲中分类知识的占比增加且更为科学化，同样也按低等到高等的进化顺序排列，不过分类更为细化准确，先后安排了"藻菌植物、藓苔植物、蕨类植物、种子植物"等，且种子植物下又分了裸子植物与被子植物，被子植物分单子叶植物与双子叶植物以及具体不同科，如十字花科、禾本科、茄科等
动物学	1929《初级中学动物学暂行课程标准》（分科的，其二）	分类标准模糊，既有依据"动物与人生之关系"的"家畜、害虫、寄生动物、有益农作物的动物、家养的昆虫"等，也有按进化分类的"爬虫类、鱼类、甲壳动物、鸟类"等，并从每一动物的形态、习性、生殖、作用等方面展开论述
	1932《初级中学动物学课程标准》	分类标准清晰，按高等到低等的顺序分别论述脊椎动物中的"哺乳纲、鸟纲、爬虫纲、两栖纲、鱼纲"和无脊椎动物中的"节肢动物、软体动物、棘皮动物、环形动物、圆形动物、扁形动物、腔肠动物、海绵动物、原生动物"，并就每一动物的形态与生理特征展开。在教材编制时明确标注"宜以分类次序为经，而以日常所见及与人生最有关系之各种动物为纬"
	1936《初级中学动物学课程标准》	与上一大纲规定大致相同，但未强调选取"日常所见及与人生最有关系之各种动物"，故具体模式动物选择或有改变或减少
（生理）卫生	1929《初级中学生理卫生暂行课程标准》	生理知识与卫生知识体量占比基本一致，强调两者的相互联系、相互作用，以及对健康的重要意义，且在生理部分涉及了少量的心理知识，如精神和感情、嗜好等
	1932《初级中学卫生课程标准》	内容侧重卫生知识，加强了对传染病及其预防的介绍。其余各部分具体内容较上一大纲都有所增加或细化，内容体量增加到三学年教学之用
	1932年《高级中学卫生课程标准》	内容主要围绕现代医学展开，将健康与社会、经济、制度、民族相关联，凸显公共卫生和民族健康之间的关系
	1936《初级中学生理卫生课程标准》	内容体量大大减少，为一学年教学之用。生理与卫生并重，占比基本均分。传染病的相关内容大大减少，而明确将"心理卫生"纳入规定内容中，并单列为一章
生物学	1929《高级中学普通科生物学暂行课程标准》	生物学教材为混合编制，其中的内容涵括了生命现象的基本原理及动植物的营养、生长、知觉、生殖的原理，动植物的分类及各纲特性，并穿插了遗传学、优生学、天演（即进化）等学说内容，强调动植物与人类的关系及其应用
	1932《高级中学生物学课程标准》	内容与上一教材大纲规定内容比较，增添了两点：一为研究生物学的方法，二为生物学之分科及其发达史
	1936《高级中学生物学课程标准》	较上一大纲而言，章节内容进行了整合，章数减少，如将"细胞与原形质""组织与器官"整合为"生物之基本组织"，"生殖""发生"整合为"生殖与生长"等。另外，删减了"生物学之分科及其发达史"这一内容

对以上内容比较分析后可以发现，后一教材大纲内容往往是对前一教材大纲内容的继承与发展，或有增减，总体变化幅度不大。但（生理）卫生一科变化较大，从内容体量到教学时长，三个教材大纲都有明显的区别。将三次颁布的课程标准教材大纲内容与现今中学生物学教材大纲内容比较，可知1932年课程标准中的教材大纲所规定的内容是这三个课程标准中最为完备、完善的。

1932年6月，国民政府设立国立编译馆，会同教育部普通教育司代表政府行使中小学教科书的编纂审定职权。1933年4月，国民政府公布《国立编译馆组织条例》和《办事细则》，详细规定了工作内容和教科书审定程序，重申学校教科书的国定制和审定制，明确教科书初审、复审、终审的三审制，以及初审、复审发生争议时的特审制。民国时期，教育部先后成立了中小学教科书编审委员会、教科用书编辑委员会和大学用书编辑委员会，负责各级各类学校教科书的审查和甄选。此阶段因为教育的改革与发展，教科书的编写与发行也开始繁荣起来。

第二节 三大书局出版的中学生物学教科书

1922年“壬戌学制”颁布施行后，迎来了教科书发展的又一黄金时期，这一时期甚至可视为近代以来教科书发展的高峰时期。各类教科书日趋成熟，种类繁多，数量巨大。梳理1922—1937年期间中学生物学教科书的出版情况可知，中华书局、商务印书馆和世界书局的教科书版本数量占前三名，正中书局、大东书局、北新书局、百城书局、开明书店、新亚书店和文化学社等都有生物学教科书推出。

一、中华书局出版的中学生物学教科书

4—1

图4—1　中华书局原貌

中华书局是历史较悠久的出版机构，1912年成立于上海。其创办人陆费逵，字伯鸿，浙江桐乡人，是《四库全书》总校官陆费墀的后裔，当过武昌小书店经理，又任过昌明公司上海支店经理、文明书局职员、商务印书馆国文部编辑。辛亥革命爆发后，他颇有远见，与他人一起创办中华书局，以教科书编撰为己任。中华书局成立之初迅速出版了民国第一套教科书“中华教科书”系列。“草创之时，以少数资本经营，初未计其将来如何。开业之初，各省函电纷弛，门前顾客坐索，供不应求。”[1]据《中华书局图书总目（1912—1949）》（中华书局1987年版）统计，其1922年至1937年间出版物共3382种，册数达7604册。其中，教育类在种类占比和册数占比上都位居前列，

[1] 陆费逵. 中华书局二十年之回顾[J]. 中华书局图书月刊，1931（1）：1-2.

也体现了中华书局注重教育，倾心教科书出版的一贯方针。[1]中华书局出版的教科书主要供中小学使用，此外也出版过少儿读物、师范教材和大学用书。1936年出版的《辞海》更是著称于世。中华书局主要印刷和出版符合时代发展的新教科书，同时又出版古籍、文学和艺术方面的书籍，业务获得快速发展。20世纪30年代初，其资本增至200万元，建立的总店、总厂及各地分局30多处，分销处1000多个。截至1949年，中华书局一共出版教科书400余种，社会科学和文艺书籍3000多种。1954年5月中华书局总公司迁往北京。1957年古籍出版社并入，中华书局以整理出版古籍（文史哲）为专业任务。[2]另外，中华书局创办了较多有影响力的杂志，自民国初期就发行的较有名的杂志有《中华教育界》《中华小说界》《中华实业界》《大中华》《中华妇女界》《中华学生界》六种。[3]于1912年1月创刊的《中华教育界》为其中发行最早的杂志，以“为民国服务”为宗旨，文章内容广泛讨论新兴教育思想、教育内容、教育政策、教育设施和教学方法，对我国现代教育事业的发展有着重大而深远的影响，同时对中华书局出版的教科书的宣传与促销起到了积极作用。

中华书局1922—1937年出版的中学教科书包括了“新中学教科书”“新中华教科书”“新课程标准适用课本”等系列。“新中学教科书”系列于1923年开始出版，适用于1922年颁布的“壬戌学制”中学阶段。该系列教科书每科有两种以上，编制方式包括混合和分科，以便学校斟酌选用于混合科或分科教学。1927年出版的“新中华教科书”系列是中华书局以“新国民图书社”的名义编印，由文明、中华、启新三家书店经售[4]。其中主要的中学生物学教科书见表4-4。

表 4-4　中华书局 1922—1937 年出版的部分中学生物学教科书

序号	教科书名称	责任者及责任方式	出版年份及版次
1	新中学教科书动物学	宋崇义编	1923
2	新中学教科书植物学	宋崇义编	1923
3	新中学教科书生理卫生学	宋崇义编	1923
4	新中学生物学	陆费执、张念恃编，胡先骕校	1925
5	新中学教科书高级生物学	陆费执、郦福畴编	1926
6	新中学教科书初级生理卫生学	张起焕编，陈映璜校	1926
7	新中华生物学	陈兼善编	1932
8	新中学动物学	宋崇义编，钟衡臧、俞宗振参订	1933第39版
9	新中学植物学	宋崇义编，钟衡臧、俞宗振参订	1933第37版
10	初中植物	华汝成编，华文祺校	1933

[1] 吴永贵. 中华书局与中国近代教育：1912—1949[D]. 武汉：武汉大学，2002：59.

[2] 陈绍闻. 经济大辞典·中国经济史卷[M]. 上海：上海辞书出版社，1993：171.

[3] 俞筱尧. 刘彦捷. 陆费逵与中华书局[M]. 北京：中华书局，2002：209.

[4] 钱炳寰. 中华书局大事纪要：1912—1954[M]. 北京：中华书局，2002：90.

（续表）

序号	教科书名称	责任者及责任方式	出版年份及版次
11	初中动物	陈纶编，华文祺校	1933（上册）、1934（下册）
12	初中卫生	郑勉、顾钟骅、华阜熙编，华汝成校	1933（第一册）、1934（第二、三册）
13	高中生物学	陈兼善编著	1934
14	初中动物参考书	华汝成编，糜赞治校	1935（上册）
15	初中卫生参考书	江栋成、徐志敏编，华汝成校	1936
16	初中生理卫生	华汝成编，糜赞治校	1936
17	初中动物	陈纶、华汝成编，朱彦頫校	1937
18	初中植物学	华汝成编，糜赞治校	1937
19	高中生物学	陈兼善、华汝成编	1937

注：上表未提及版次的为第1版。

（一）《新中学教科书动物学》

《新中学教科书动物学》由宋崇义编写，1923年在中华书局出版。本书除绪论外，共三编。第一编为普通动物各论，内容编排从高等动物到低等动物，先介绍生活中常见动物，再介绍不常见动物。在各类动物中选择某一模式动物，详述模式动物形态、习性、作用及主要类属，然后以其构造、生理及生态知识进行概括总结。第二编为动物通论，主要就动物生理、生态及分布进行论述。第三编为应用动物概论，以人类对动物的利用情况为依据分四章内容论述。本书的动物解剖部分旨在培养学生的实验与观察能力，主要以书中的解剖插图为载体向学生阐述，但并未附有实验指导，本质上还是侧重于观察能力的培养。

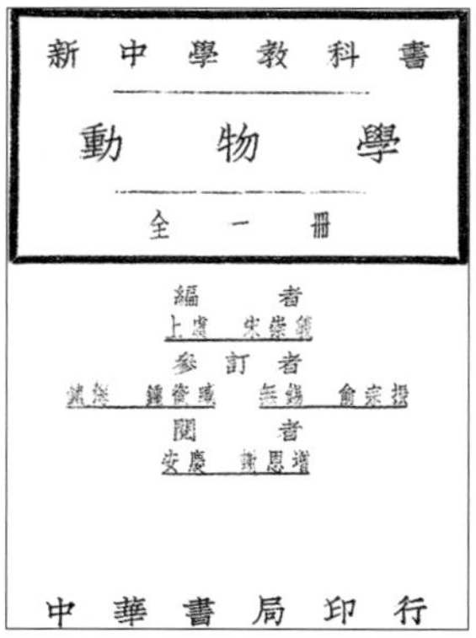

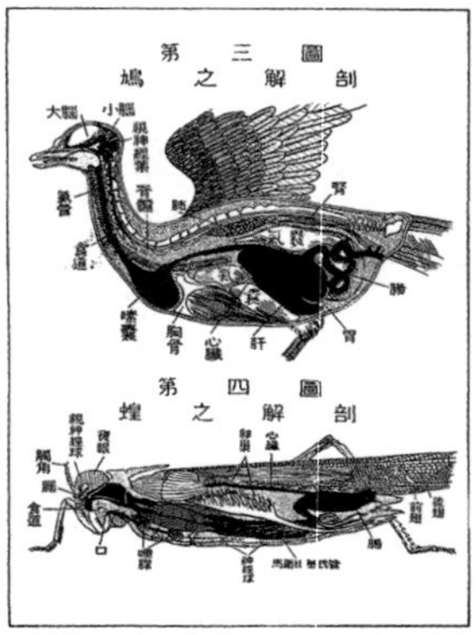

4—2

图4—2 《新中学教科书动物学》封面及内容节选，1923年初版

《新中学教科书动物学》目录

绪论

第一编　普通动物各论

第一章　猕猴

第二章　猫

第三章　牛

第四章　象

第五章　鲸

第六章　鼠

第七章　鼹鼠

第八章　蝙蝠

第九章　穿山甲

第十章　更格卢

第十一章　鸭嘴兽

第十二章　哺乳类概说

第十三章　鸡

第十四章　鸽

第十五章　鹫

第十六章　啄木鸟

第十七章　燕

第十八章　鹤

第十九章　凫

第二十章　驼鸟

第二十一章　鸟类概说

第二十二章　蜥蜴

第二十三章　鳄鱼

第二十四章　水龟

第二十五章　黄领蛇

第二十六章　爬虫类概说

第二十七章　金线蛙

第二十八章　蝾螈

第二十九章　两栖类概说

第三十章　鲤

第三十一章　青鲛

第三十二章　鲟鱼

第三十三章　肺鱼

第三十四章　八目鳗

第三十五章　鱼类概说

第三十六章　脊椎动物总论

第三十七章　凤蝶

第三十八章　蜜蜂

第三十九章　天牛

第四十章　蝇

第四十一章　蝉

第四十二章　蝗

第四十三章　蜻蛉

第四十四章　衣鱼

第四十五章　昆虫类概说

第四十六章　络新妇

第四十七章　蜈蚣

第四十八章　龙虾

第四十九章　节足动物总论

第五十章　乌贼

第五十一章　蜗牛

第五十二章　蚌

第五十三章　软体动物总论

第五十四章　蚯蚓

第五十五章　蛔虫

第五十六章　绦虫

第五十七章　蠕形动物总论

第五十八章　海胆

第五十九章　海星

第六十章　海百合

第六十一章　沙噀

第六十二章　棘皮动物总论

第六十三章　珊瑚

第六十四章　水母

第六十五章　腔肠动物总论

第六十六章　海绵

第六十七章　草履虫

第六十八章　动物之分类

第二编　动物通论

第一章　动物之作用

第二章　动物之生活

第三章　动物之防卫

第四章　动物之分布

第三编　应用动物概论

第一章　食用动物

第二章　工艺动物

第三章　使役动物及爱玩动物

第四章　药用动物及肥料动物

（二）《新中学教科书植物学》

《新中学教科书植物学》由宋崇义编写，1923年在中华书局出版。本书内容除绪论外，共三编。第一编为普通植物各论，以某一模式植物为代表介绍这类植物的形态及作用，并在末尾以小号字补充介绍同类的其他植物，以便教师能根据当地的植物分布情况采集实物，进行直观教学。同时，在本书卷首和卷中附有精美插图，以便无实物时可用图辅助教学。第二编为植物通论，介绍植物的形态、构造、生理、生态方面知识，其中尤其注重生理、生态知识的介绍，并在生理知识部分辅以观察与实验。第三编为应用植物概论，主要分述与人类生活实际有关的植物。

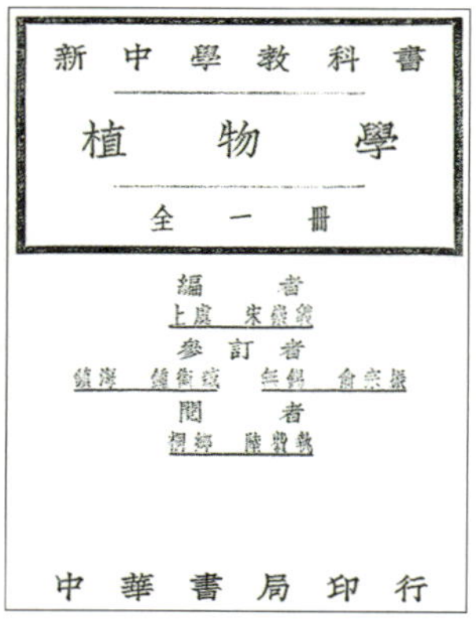

新中學教科書

植物學

全一冊

編者

上虞　宋崇義

參訂者

閲者

中華書局印行

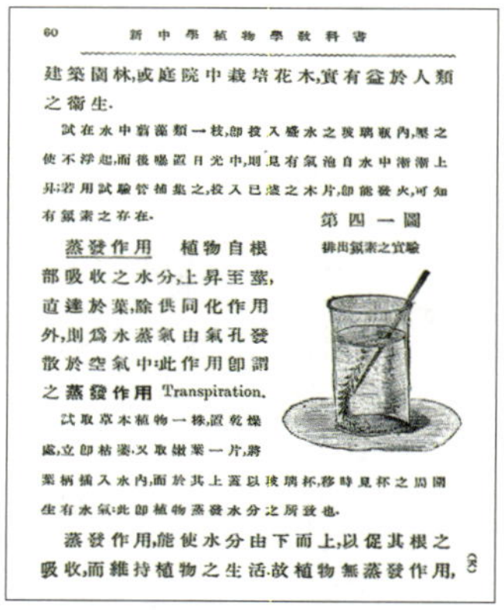

60　新中學植物學教科書

建築園林,或庭院中栽培花木,實有益於人類之衛生.

試在水中置藻類一枝,卽投入盛水之玻璃瓶內,壓之使不浮起,而後曝置日光中,則見有氣泡自水中漸漸上昇;若用試驗管補集之,投入已滅之木片,卽能發火,可知有氧素之存在.

第四一圖　排出氧素之實驗

蒸發作用　植物自根部吸收之水分,上昇至莖,直達於葉,除供同化作用外,則爲水蒸氣由氣孔發散於空氣中;此作用卽謂之蒸發作用 Transpiration.

試取草本植物一株,置乾燥處,立卽枯萎.又取嫩葉一片,將葉柄插入水內,而於其上蓋以玻璃杯,移時見杯之周圍生有水氣;此卽植物蒸發水分之所致也.

蒸發作用,能使水分由下而上,以促其根之吸收,而維持植物之生活.故植物無蒸發作用,

4—3

图4—3　《新中学教科书植物学》封面及内容节选，1923年初版

《新中学教科书植物学》目录

（三）《新中学教科书生理卫生学》

《新中学教科书生理卫生学》由宋崇义编写，1923年在中华书局出版。本书内容除绪论外，共三编，分别论及与器官、系统、生理现象和卫生相关的重要知识。“器官、系统”一编共十章，每章以先讲结构，再讲生理，最后讲卫生、疾病的顺序分节编排。与以往生理卫生教科书相比，本书在性教育倡行的社会背景下，增添“生殖系”一章，介绍了生殖器官、生殖细胞的产生等知识。书中插图多并在卷首，置有彩色插图，以弥补实物标本的不足，促进学习者对理论知识的理解。

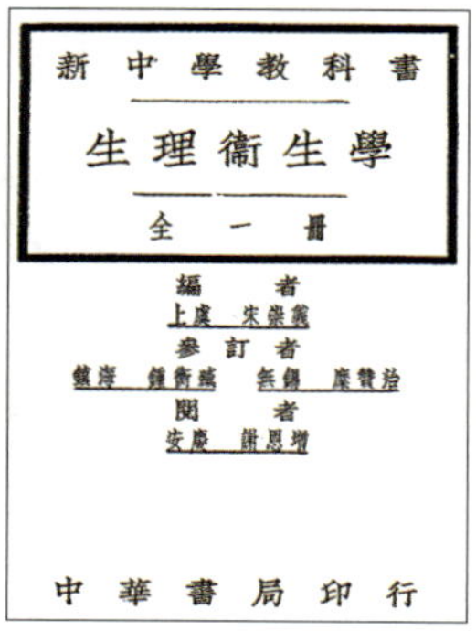

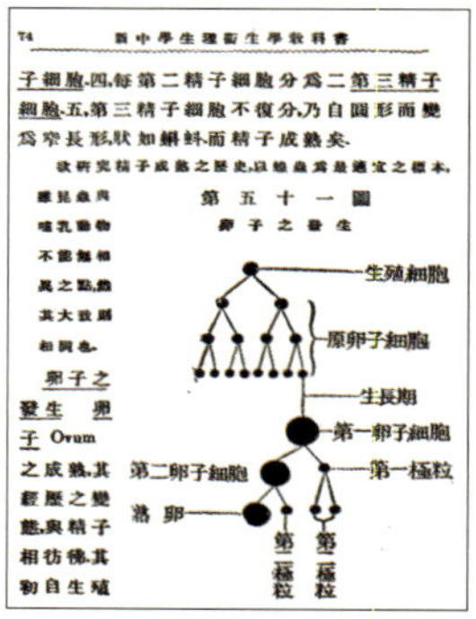

4—4

图4—4　《新中学教科书生理卫生学》封面及内容节选，1923年初版

《新中学教科书生理卫生学》目录

绪论

第一编　器官、系统

第一章　骨骼系

第一节　骨骼之解剖及生理

第二节　骨骼之卫生及疾病

第二章　筋肉系

第一节　筋肉之解剖及生理

第二节　筋肉之卫生及疾病

第三章　消化系

第一节　饮食物

第二节　消化器之解剖

第三节　消化器之生理

第四节　消化器之卫生及疾病

第四章　循环系

第一节　血液

第二节　循环器之解剖

第三节　循环器之生理

第四节　淋巴

第五节　循环器之卫生及疾病

第五章　呼吸系

第一节　呼吸器之解剖

第二节　呼吸器之生理

第三节　发声器

第四节　呼吸器之卫生及疾病

第六章　排泄系

第一节　排泄器之解剖及生理

第二节　排泄器之卫生及疾病

第七章　皮肤

第一节　皮肤之解剖及生理

第二节　皮肤之卫生及疾病

第八章　生殖系

第一节　生殖器之解剖

第二节　生殖器之生理

第三节　生殖器之卫生及疾病

第九章　神经系

第一节　神经系之解剖及生理

第二节　神经系之卫生及疾病

第十章　五官器

第一节　视觉器

第二节　听觉器

第三节　嗅觉器

第四节　味觉器

第五节　触觉器

第二编　生活现象

第一章　体温

第二章　新陈代谢

第三编　卫生大要

第一章　个人卫生

第二章　公众卫生

（四）《新中学生物学》

《新中学生物学》由陆费执、张念恃编，胡先骕校。1925年在中华书局出版。本书以当时初级中学生物学教科书极少采用的混合编纂法编制而成，主要传授生物学基本知识。知识内容涉及动植物与人类，编排顺序为先植物，再动物，最后人类。章内容根据生物进化的总体趋势，由低等到高等，由简单到复杂呈现。内容的选择注重联系实际，强调动植物共有联系，也附有各自特征。

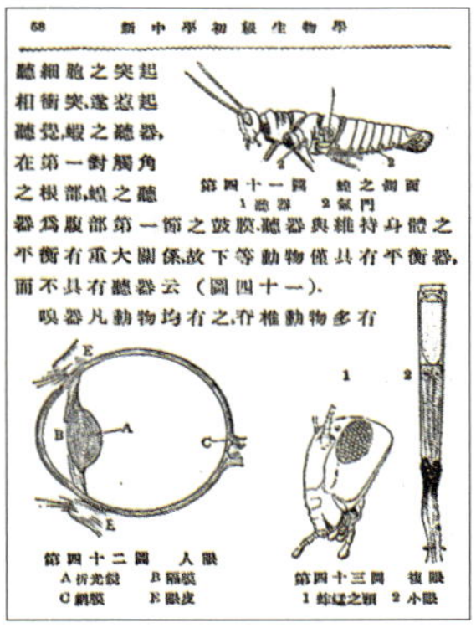

4—5

图4—5　《新中学生物学》封面及内容节选，1925年初版

《新中学生物学》目录

绪论

无生物与生物—植物与动物—自然界之循环现象—自然界相互之关系—生物学之定义及其关系科学—生物学之目的—生物学之应用—研究生物学之方法

第一章　构成生物体之基础

细胞之发见—细胞之模式—细胞之生长与生殖—细胞之变态—组织—植物之组织—动物之组织

第二章　维持生物个体之器官与其功用

器官之意义—维持生物个体之器官为何

Ⅰ．植物方面维持个体之器官

根—根之种类—根之构造—根之功用—茎—茎之种类—茎之构造—茎之功用—叶—叶之种类—叶之构造—叶之功用—同化作用—呼吸作用—蒸发作用

Ⅱ．动物方面维持个体之器官

神经系—运动系—消化系—循环系—呼吸系—排泄系—皮肤系—感觉系

第三章　维持种族之器官与其功用

维持生物种族之器官为何—植物之花—花之受粉—果实与种子—种子之散布—植物之其他生殖方法—羊齿类之生殖—无性生殖植物之例—动物之雌雄与其生殖器官—无性生殖动物之例—处女生殖之例—有性生殖之例

第四章　生物之种类

人为分类法—自然分类法—植物之分类—动物之分类

第五章　进化

进化之原理

第六章　遗传

遗传之意义—孟德尔律—戈尔登律—魏智曼说—突然变异说

第七章　人之祖

生物界之系统发生—人在动物界之位置—人猿之血缘—化石人—结论

（五）《新中学教科书高级生物学》

《新中学教科书高级生物学》由陆费执、郦福畴编。1926年在中华书局出版。本书采用混合编纂的方式，未将植物学与动物学分科。章节内容次序为先介绍植物再介绍动物，先低等后高等。全书内容共分七章，内容的选择多为生活中常见的生物学知识，如生物的生殖与生长、营养、遗传与变异等，其中涉及生物学重要概念的问题皆简略叙述，以作为大学学习的基础。书中插图多与文中选材相对应。

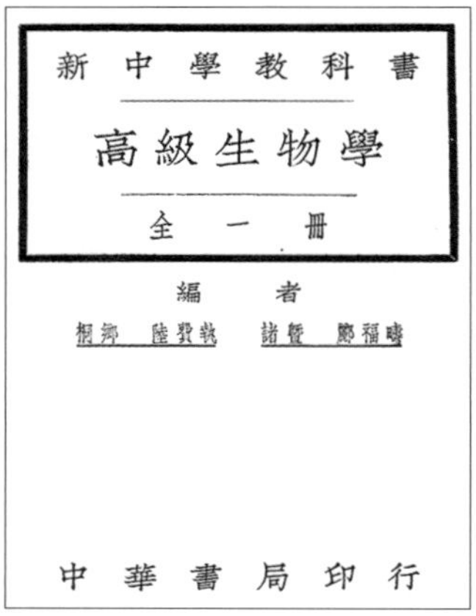

新中學教科書

高級生物學

全一冊

編者

桐鄉 陸費執　諸暨 酈福疇

中華書局印行

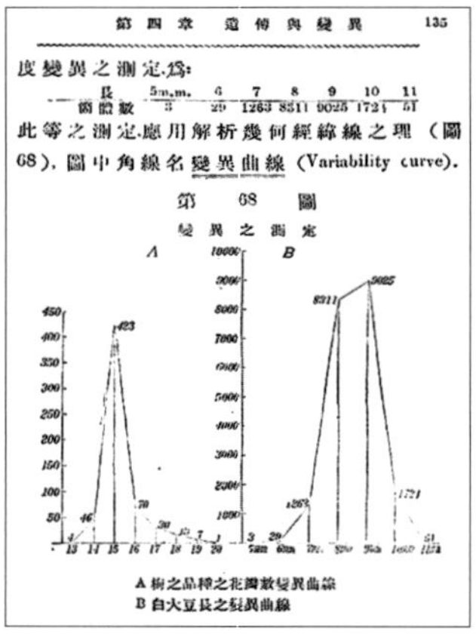

第四章　遺傳與變異　135

度變異之測定爲：

長	5m.m.	6	7	8	9	10	11
個體數	3	29	1263	8311	9025	1721	51

此等之測定應用解析幾何經緯線之理（圖68），圖中角線名變異曲線（Variability curve）.

第68圖

變異之測定

A 樹之品種之花瓣數變異曲線

B 白大豆長之變異曲線

4—6

图4—6　《新中学教科书高级生物学》封面及内容节选，1926年初版

《新中学教科书高级生物学》目录

第一章　总论

第一节　生物学之历史

第二节　生物学之意义

第三节　生物学在科学中之位置及其分科

第四节　生物与无生物

第五节　植物与动物

第六节　植物及动物之分类

第七节　学名

第二章　生殖与成长

第一节　细胞

第二节　生殖

第三节　种子及苗

第四节　花

第五节　下等生物之繁殖

第三章　营养

第一节　食物及其用途

第二节　植物之营养——根、茎、叶

第三节　动物之营养

第四节　人类消化系

第五节　人类标准营养

第四章　遗传与变异

第一节　遗传之概说

第二节　遗传之种类

第三节　遗传之定律

第四节　种之变异

第五节　后天性与遗传

第六节　关于人类之遗传

第七节　遗传与雌雄性

第五章　生物之进化

第一节　缘起

第二节　生物进化之证据

第三节　生物进化之学说

第六章　人生与生物

第一节　植物

第二节　动物

第三节　人

第七章　实用生物学

第一节　食物保存

第二节　植物病害

第三节　有害植物——杂草

第四节　有害动物

第五节　人之病害

附录

1　植物、动物生存种数表

2　中西名对照表

（六）《新中学教科书初级生理卫生学》

《新中学教科书初级生理卫生学》由张起焕编，陈映璜校。1926年在中华书局出版。全书除绪论外，共四编，依次为运动系统、营养系统、神经系统、卫生概论。生理与卫生知识内容并重，并在每一节附有实验及思考题，充分将理论知识与生活实际相联系。内容系统、完整。介绍各器官时，会举其他动物进行比较，使学生理解人与其他动物的关系。涉及重要知识概念时添加附注以供参考，保证知识的完整性；重要名词附以英文，确保其准确性；辅以插图，弥补文字叙述的不足；在书中不同段落末列有简图进行概括总结，厘清知识系统。

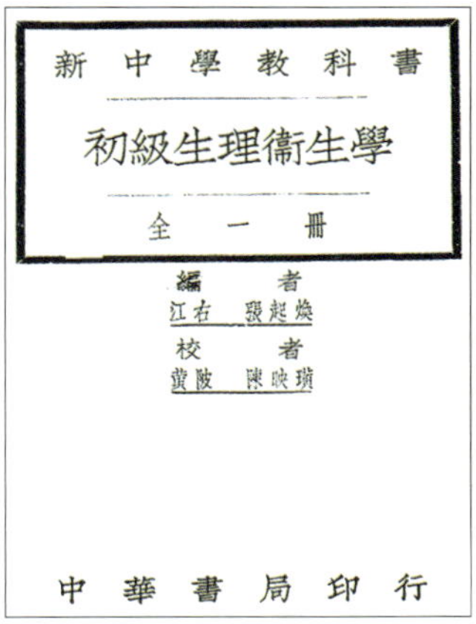

新中學教科書

初級生理衛生學

全一冊

編者

江右　張起煥

校者

黄陂　陳映璜

中華書局印行

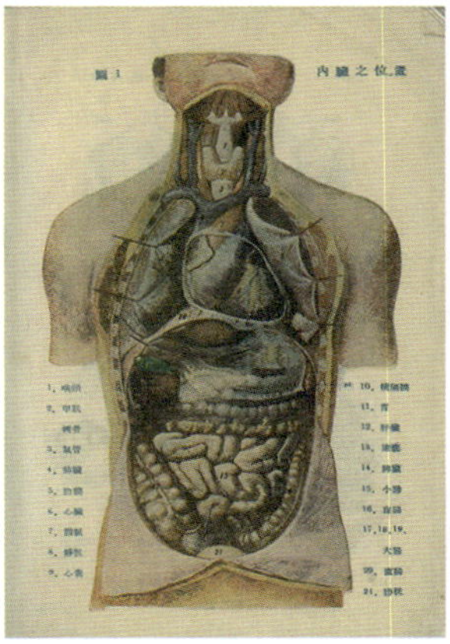

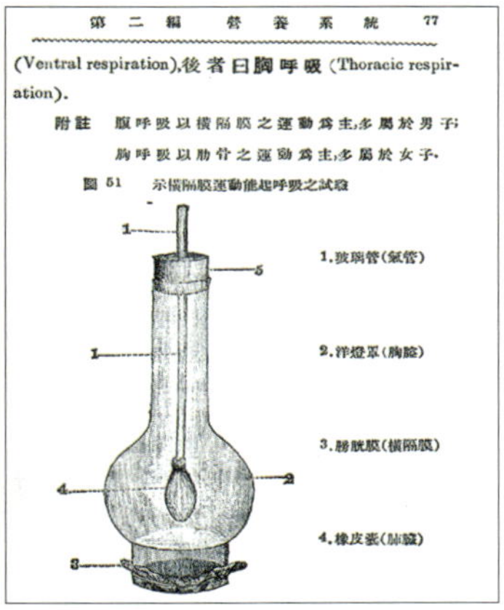

第二編　營養系統　77

(Ventral respiration),後者曰胸呼吸(Thoracic respiration).

附註　腹呼吸以橫隔膜之運動為主,多屬於男子;胸呼吸以肋骨之運動為主,多屬於女子.

圖51　示橫隔膜運動能起呼吸之試驗

4—7

图4—7　《新中学教科书初级生理卫生学》封面及内容节选，1926年初版

《新中学教科书初级生理卫生学》目录

绪论

人体之构造

第一编　运动系统

第一章　骨骼

第一节　头骨

第二节　躯干骨

第三节　四肢骨

第四节　骨之关节

第五节　骨之构造

第六节　骨之成分

第七节　骨之功用

第八节　骨骼之卫生及疾病

第二章　筋肉

第一节　筋肉之种类及形状

第二节　筋肉之构造
第三节　筋肉之位置及名称
第四节　筋肉之成分
第五节　筋肉之功用
第六节　筋肉之卫生及疾病
第二编　营养系统
第一章　食物及消化
第一节　食物
第二节　消化器
第三节　消化
第四节　消化器之卫生及疾病
第二章　血液及循环
第一节　血液
第二节　循环器之构造
第三节　血液之循环
第四节　淋巴及脾脏
第五节　循环器之卫生及疾病
第三章　呼吸
第一节　呼吸器之构造
第二节　呼吸作用
第三节　呼吸器之卫生及疾病
第四章　排泄
第一节　泌尿器
第二节　发汗器
第三节　排泄器之卫生及疾病
第五章　皮肤
第一节　皮肤之构造
第二节　皮肤之附属器
第三节　皮肤之作用
第四节　皮肤之卫生及疾病
第三编　神经系统
第一章　神经器
第一节　神经之组织
第二节　神经器之解剖
第三节　神经器之作用
第四节　神经器之卫生及疾病
第二章　五官
第一节　视觉器
第二节　听觉器
第三节　嗅觉器
第四节　味觉器
第五节　触觉器
第四编　卫生概论
第一章　个人卫生
第二章　公众卫生

（七）《新中华生物学》

《新中华生物学》由陈兼善编，1932年在中华书局出版。本书除绪论外，共十一章。理论知识较多，多为生物学原理相关内容，并以每一知识点作为节下小标题，加方框和数字编号以凸显。详述若干理论知识，如植物组织的分类法、染色体与遗传的关系、趋同与趋异的现象等。书中内容紧跟生物学研究进展，材料较多选择生理方面的。全书每章末均附有“问题”一栏供学生复习用。

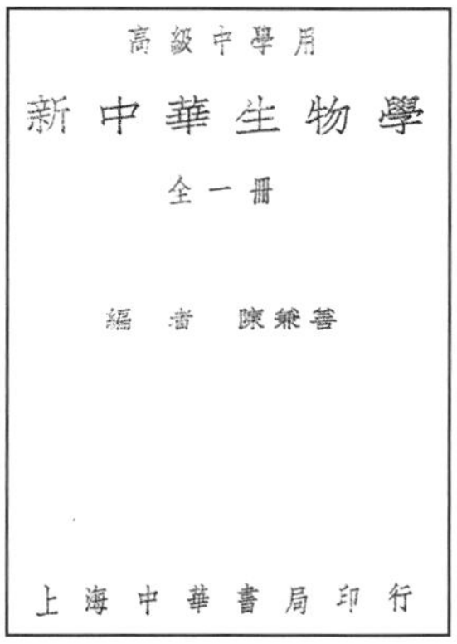

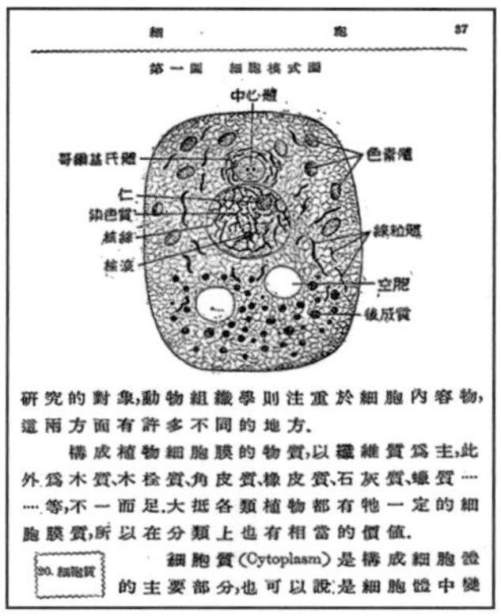
細　　胞　　37

第一圖　細胞模式圖

研究的對象,動物組織學則注重於細胞內容物,這兩方面有許多不同的地方.

構成植物細胞膜的物質,以纖維質爲主,此外爲木質、木栓質、角皮質、橡皮質、石灰質、蠟質……等,不一而足.大抵各類植物都有牠一定的細胞膜質,所以在分類上也有相當的價值.

20. 細胞質

細胞質(Cytoplasm)是構成細胞體的主要部分,也可以說是細胞體中變

4—8

图4—8　《新中华生物学》封面及内容节选，1932年初版

《新中华生物学》目录

绪论

第一节　何以要研究生物学

1. 科学中的地位

2. 经济上的贡献

3. 疾病的防除

4. 教育上的价值

第二节　研究生物学的方法

5. 分类整理的方法

6. 比较研究的方法

7. 实验的方法

8. 综合推理的方法

第三节　生物学的分科

9. 动物学与植物学

10. 形态学与生理学

第一章　生物界

第一节　生物的特征

11. 有生命的物体

12. 和无生物的区别

第二节　什么是原形质

13. 原形质的化学性质

14. 原形质的物理性质

第三节　动物与植物

15. 动植物没有根本的差别

16. 高等动植物的区别

第二章　细胞

第一节　构成生物体的基本单位

17. 细胞的发见

18. 细胞与生物学

第二节　细胞的构造

19. 细胞膜

20. 细胞质

21. 细胞核

第三节　细胞的分裂

22. 细胞分裂的必要

23. 无丝分裂

24. 有丝分裂

第四节　所谓减数分裂

25. 卵细胞的发生

26. 精细胞的发生

27. 植物生殖细胞的发生

第三章　组织、器官

第一节　细胞的分化和集合

28. 细胞都由细胞发生

29. 细胞的分化

30. 细胞的集合

第二节　构成动物体的组织

31. 表皮组织

32. 结缔组织

33. 筋肉组织
34. 神经组织
35. 管系组织
第三节 构成植物体的组织
36. 组织的类别
37. 形成组织系
38. 保护组织系
39. 营养组织系
40. 感应组织系
第四节 构成动植物体的器官
41. 器官的分化
42. 高等动物的器官
43. 高等植物的器官
44. 器官的相同与相似
第四章 生物的营养作用
第一节 植物的新陈代谢作用
45. 叶绿素和同化作用
46. 原形质的造成
47. 新陈代谢
48. 根茎叶与新陈代谢
第二节 动物的新陈代谢作用
49. 动物的食性
50. 食物的消化
51. 食物的吸收
52. 呼吸作用
53. 排泄作用
54. 循环作用
第三节 自然界中各种物质的循流
55. 宇宙的大经济
56. 碳素的循环
57. 氧素的循环
58. 氮素的循环
第五章 生物体的感应作用
第一节 植物的感应性
59. 感应的解说
60. 植物的向性
61. 植物的趋性
第二节 动物的神经系统
62. 反射弧
63. 散漫神经系
64. 集中神经系
65. 脊椎动物的神经中枢
第三节 动物的感觉器官
66. 内部感觉器官
67. 皮肤的感觉
68. 化学的感觉
69. 味觉
70. 嗅觉
71. 听觉
72. 视觉
第四节 内分泌作用
73. 外分泌与内分泌
74. 重要的内分泌物
75. 内分泌腺间的关系
76. 脏器疗治
第六章 生殖
第一节 生殖的意义
77. 偶然发生说
78. 生殖的必要
第二节 各种生殖的方法
79. 分裂生殖法
80. 出芽生殖法
81. 胞子形成法
82. 接合生殖法
83. 高等动植物的有性生殖
84. 单性的生殖

85. 幼生的生殖
第三节　世代轮回
86. 原生动物的世代轮回
87. 后生动物的世代轮回
88. 苔藓植物的世代轮回
89. 羊齿植物的世代轮回
90. 种子植物的世代轮回
91. 变态
第四节　雌雄的区别
92. 二次的性征
93. 二次性征的起因
第七章　发生
第一节　生殖细胞的形态和受精作用
94. 精虫的形态
95. 卵的形态
96. 受精现象
第二节　动物的发生
97. 卵割
98. 囊胚的形成
99. 中胚叶的形成
100. 形态发生的根本方法
101. 胚叶和器官的发生
第三节　植物的发生
102. 羊齿植物的胚体
103. 裸体植物的胚体
104. 单子叶植物的胚体
105. 双子叶植物的胚体
106. 胚期后的发生
第四节　生物发生的根本法则
107. 赫凯尔的复现说
108. 复现说的限制
第八章　遗传
第一节　变异与遗传
109. 变异的起因
110. 渐变与突变
第二节　亲子间的关系
111. 遗传的因子
112. 生殖质说
113. 染色体的研究
第三节　遗传的法则
114. 曼兑尔遗传律
115. 单性杂种
116. 二性杂种及多性杂种
117. 曼兑尔学说的权威
第四节　交错现象
118. 交错现象的意义
119. 交错现象的研究
120. 果实蝇的交错现象
第五节　遗传与雌雄
121. 雌雄性决定旧说
122. 曼兑尔律与性的决定
第九章　生物与环境之关系
第一节　环境的复杂
123. 生命之纲
124. 不适应的构造
125. 适应的真价
第二节　机能上的适应
126. 对于食物的适应
127. 对于温度的适应
128. 对于气压的适应
第三节　构造上的适应
129. 趋同与趋异
130. 趋同的适应
131. 趋异的适应
第四节　共生与寄生
132. 共生

133. 寄生
第十章 进化
第一节 进化的证据
134. 解剖学上的证据
135. 发生学上的证据
136. 古生物上的证据
137. 分布学上的证据
138. 生理学上的证据
139. 分类学上的证据
第二节 进化的理论
140. 拉马克以前的进化论
141. 拉马克及其学说
142. 达尔文及其学说
143. 达尔文以后的进化学说
（附）生物界的分类系统
植物界的分类
动物界的分类
第十一章 人类
第一节 人类的研究
144. 研究人类的动机
145. 研究人类的科学
146. 人类学的范围
第二节 人类的特征和地位
147. 人类的特征
148. 人类的位置
第三节 人类的化石
149. 化石的价值
150. 研究人类化石的学科
151. 人类化石的发掘
152. 人类化石的分类
153. 旧石器时代人类的祖先
154. 旧石器时代的人类
155. 北平的人类化石
第四节 人类的分化
156. 人类进化的原因
157. 人类进化的系统
158. 人类文化的进展
第五节 人种及其分布
159. 人类系统和人种
160. 发生人种别的原因
161. 人种的分类
162. 人种的分类和分布
第六节 优生学
163. 优生学的意义
164. 优生学的创设
165. 优生学的发展
166. 怎样实行优生法

（八）《新中学动物学》

《新中学动物学》由宋崇义编，钟衡臧、俞宗振参订。1923年在中华书局出版第1版，1933年出版第39版，这一版参照编者编写的《新中学教科书动物学》修订而成，内容改动不大，明确说明为初级中学使用。

初級中學用
新中學動物學
全一冊
編者　宋崇義
參訂者　錢衡城　俞宗擬
閱者　謝恩增
上海中華書局印行

第一編　普通動物各論　5

棲山林中,以果實,蔬菜等爲食,性伶俐,善模倣,易爲人所馴養.

效用　飼養之可爲猴戲等,以取娛樂.其毛皮可製茵褥,或供工藝上之材料.

類屬　凡動物與獼猴相似者,總稱爲猿類 Pithecia.茲舉其普通者如下:

【猩猩】產於婆羅洲,蘇門答臘之森林中.身長四尺許.毛色赤褐,顏面似人.

【黑猩猩】毛黑色.身長殆與人埒.群棲樹上.集樹枝以築巢.產於非洲西部之森

4—9

图4—9　《新中学动物学》封面及内容节选，1933年第39版

《新中学动物学》目录

第五十一章　蜗牛
第五十二章　蚌
第五十三章　软体动物总论
第五十四章　蚯蚓
第五十五章　蛔虫
第五十六章　绦虫
第五十七章　蠕形动物总论
第五十八章　海胆
第五十九章　海星
第六十章　海百合
第六十一章　沙噀
第六十二章　棘皮动物总论
第六十三章　珊瑚
第六十四章　水母
第六十五章　腔肠动物总论
第六十六章　海绵
第六十七章　草履虫
第六十八章　动物之分类
第二编　动物通论
第一章　动物之作用
第二章　动物之生活
第三章　动物之防卫
第四章　动物之分布
第三编　应用动物概论
第一章　食用动物
第二章　工艺动物
第三章　使役动物及爱玩动物
第四章　药用动物及肥料动物

（九）《新中学植物学》

《新中学植物学》由宋崇义编，钟衡臧、俞宗振参订。1923年在中华书局出版第1版。此处引用本书1933年第37版，这一版参照《新中学教科书植物学》修订而成，内容的选择、编排等改动不大，由大学院审定为初级中学学习用书。

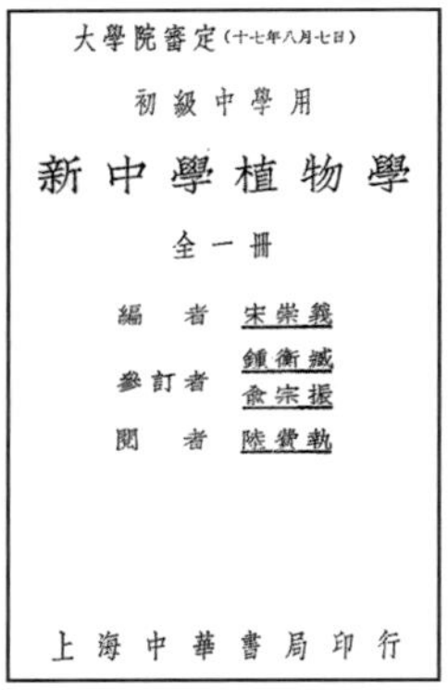

大學院審定（十七年八月七日）

初級中學用

新中學植物學

全一冊

編　者　宋崇義

參訂者　鍾衡臧　俞宗振

閱　者　陸費執

上海中華書局印行

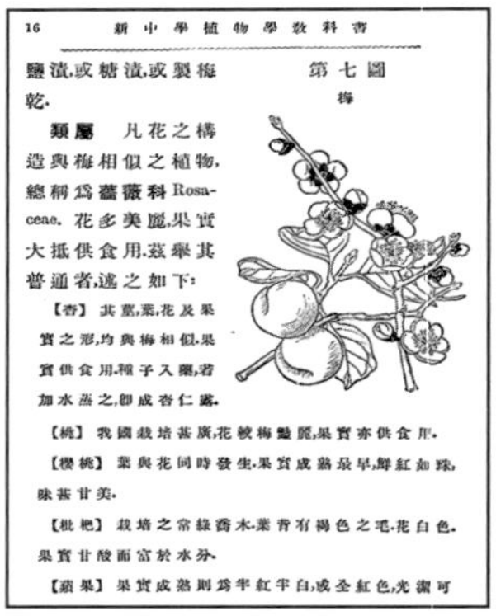

16　新中學植物學教科書

鹽漬,或糖漬,或製梅乾.

第七圖　梅

類屬　凡花之構造與梅相似之植物,總稱爲薔薇科 Rosaceae. 花多美麗,果實大抵供食用.茲舉其普通者,述之如下:

【杏】其莖,葉,花及果實之形,均與梅相似.果實供食用.種子入藥,若加水蒸之,卽成杏仁露.

【桃】我國栽培甚廣,花較梅豔麗,果實亦供食用.

【櫻桃】葉與花同時發生.果實成熟最早,鮮紅如珠,味甚甘美.

【枇杷】栽培之常綠喬木.葉背有褐色之毛.花白色.果實甘酸而富於水分.

【蘋果】果實成熟則爲半紅半白,或全紅色,光潔可

4—10

图4—10　《新中学植物学》封面及内容节选，1933年第37版

《新中学植物学》目录

绪论
第一编　普通植物各论
第一章　向日葵
第二章　胡瓜
第三章　茄
第四章　薄荷
第五章　草棉
第六章　大豆
第七章　梅
第八章　莱菔
第九章　回回蒜
第十章　大麻
第十一章　栗
第十二章　石斛

第十三章　卷丹
第十四章　稻
第十五章　赤松
第十六章　显花植物之分类
第十七章　蕨
第十八章　木贼
第十九章　石松
第二十章　土马鬃
第二十一章　地钱
第二十二章　车轮藻
第二十三章　松蕈
第二十四章　梅衣
第二十五章　细菌
第二十六章　隐花植物之分类
第二编　植物通论
第一章　芽
第二章　叶
第三章　细胞及组织
第四章　叶之构造
第五章　叶之作用
第六章　茎
第七章　茎之构造
第八章　茎之作用
第九章　根
第十章　根之构造
第十一章　根之作用
第十二章　植物之营养
第十三章　食肉植物
第十四章　寄生植物及共生植物
第十五章　植物之成长
第十六章　植物之病害
第十七章　花
第十八章　花之作用
第十九章　果实及种子
第二十章　果实及种子之散布
第二十一章　红叶及落叶
第二十二章　植物之繁殖
第二十三章　植物之生态分布
第二十四章　植物之地理分布
第三编　应用植物概论
第一章　食用植物
第二章　工艺植物
第三章　材用植物
第四章　观赏植物
第五章　药用植物及有毒植物
第六章　饲料植物及肥料植物

（十）《初中植物》

《初中植物》由华汝成编，华文祺校。1933年在中华书局出版。全书分为上、下两册，除绪论外，共十章。上册主要为植物学基本知识，分别叙述了细胞和组织，植物体的分化，植物的芽、叶、茎、根；下册主要包括植物的孢子、花、果实和种子、分类大纲等。对于植物的各器官、组织，书中用了详细的插图辅助说明。该书主张学生动手操作，在操作中观察，如“试取一个才长成的松蕈，将柄部切除后覆在一方黑纸上；一昼夜后揭开蕈来一看，便见黑纸上有许多白色的粉末，且集成蕈褶形，可见这粉末就从蕈褶部落下来的。如用显微镜细细地观察那些粉末，便知都是由单细胞构成的球状物，这球状物就叫做胞子。那发生胞子的蕈，叫做子实体”，不仅讲了真菌孢子的获得方式，也提倡让学生自己动手获得知识。每章内容讲解完之后，附有“提要”和“问题”栏目，“提要”概括总结本章内容，“问题”供学生进行练习。

教育部審定
新課程標準適用
初中植物
上冊
編者　華汝成
校者　華文祺
上海中華書局印行

40　新課程標準適用初中植物上冊

第五章　植物的莖
第十三節　莖的外部
一　莖的一般外形

莖的位置　普通的植物在根的上部都有呈條狀的莖，又在莖的旁側發出條狀的部分叫做枝。這莖是支持葉、花等部分，並且輸導水分、養料的器官。普通的莖除了若干水生植物浮沈在水中外，(一)都露出空氣中傾向着日光。(二)莖的傾向日光就叫做莖的向日性。莖在發生之初便向上伸長，和地土相背，這種性質叫做莖的背地性。

莖的部分　普通的莖都分節和節間兩部分。生葉的部分就叫做節，節和節的中間叫做節間。植物節間的長短依了種類而異，如梅、李、石竹、菊等的莖都有長的節間，蒲公英、車前等的莖節間很短，所以葉部似叢生根上。(三)

草質莖和木質莖　莖質柔

教育部審定
新課程標準適用
初中植物
下冊
編者　華汝成
校者　華文祺
上海中華書局印行

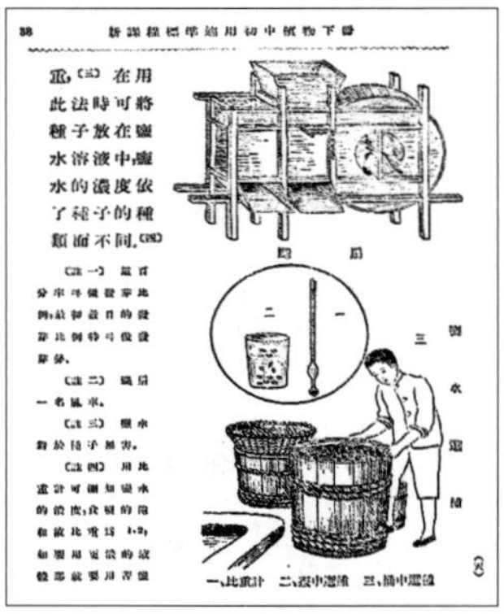
38　新課程標準適用初中植物下冊

盃，(三)在用此法時可將種子放在鹽水溶液中，鹽水的濃度依了種子的種類而不同。(四)

4—11

图4—11　《初中植物》封面及内容节选，1933年初版

《初中植物》（上册）目录

绪论
第一章　细胞和组织
　第一节　细胞的形态构造
　第二节　细胞的成长增殖
　第三节　组织和组织系
　（附）第一章提要和问题
第二章　植物体的分化
　第四节　低等植物
　第五节　高等植物
　（附）第二章提要和问题
第三章　植物的芽
　第六节　芽的形态构造
　第七节　芽的用途
　（附）第三章提要和问题
第四章　植物的叶
　第八节　叶的外部
　　一　叶的部分
　　二　叶的单复和排列
　第九节　叶的解剖
　　一　叶的表皮
　　二　叶肉和叶脉
　第十节　落叶和红叶
　第十一节　叶的变态
　第十二节　叶的用途
　（附）第四章提要和问题
第五章　植物的茎
　第十三节　茎的外部
　　一　茎的一般外形
　　二　各种普通茎的外形
　第十四节　茎的解剖
　　一　茎的皮部
　　二　茎的维管束和髓
　　三　茎的年轮和木材
　第十五节　茎的变态
　第十六节　茎的用途
　第十七节　森林和造林

（附）第五章提要和问题
第六章　植物的根
第十八节　根的外部
第十九节　不定根和人工繁殖法
第二十节　根的解剖
一　根的皮部
二　根的维管束和髓
第二十一节　根和土壤
第二十二节　根的变态
第二十三节　根的用途
（附）第六章提要和问题
中西名词对照表

《初中植物》（下册）目录

第七章　植物的胞子
第二十四节　胞子的观察
第二十五节　胞子萌发后的状况
（附）第七章提要和问题
第八章　植物的花
第二十六节　花的部分
第二十七节　花的保护器官
第二十八节　花的紧要器官
一　雄蕊
二　雌蕊
第二十九节　花序
第三十节　花的用途和草花的栽培
（附）第八章提要和问题
第九章　果实和种子
第三十一节　果实
第三十二节　种子
一　种子的形态构造
二　种子的萌发
三　选种
第三十三节　果实及种子的散布
第三十四节　果实及种子的用途
（附）第九章提要和问题
第十章　植物的分类大纲
第三十五节　分类和命名法
第三十六节　低等植物
一　菌藻植物　1. 水绵　2. 团藻　3. 细菌　4. 毛霉　5. 曲霉　6. 酿母菌　7. 香蕈　8. 地衣
二　苔藓植物　1. 地钱　2. 土马鬃
三　蕨类植物　1. 蕨　2. 蘋
（附）第十章提要和问题（一）
第三十七节　高等植物
一　裸子植物　1.松　2.柏
二　被子植物
（一）单子叶类　1. 稻　2. 麦　3. 粟　4. 高粱　5. 玉蜀黍　6. 竹　7. 蟋蟀草　8. 芋头　9. 半夏　10. 慈姑　11. 藤　12. 蔺（灯心草）　13. 水仙　14. 鸢尾　15. 姜　16. 建兰
（附）第十章提要和问题（二）
（二）双子叶类
（甲）离瓣花类　1. 胡椒　2. 杨柳　3. 栗　4. 桑　5. 苎麻　6. 槲寄生　7. 蓼蓝　8. 大黄　9. 菠薐　10. 石竹　11. 莲　12. 毛茛　牡丹　13. 玉兰　14. 樟　15. 芸薹　菘　16. 芥　莱菔　17. 桃　杏　18. 梨　19. 大豆　蚕豆　20. 甘草　21. 橘　22. 蓖麻　油桐　23. 泽漆　24. 漆树　25. 锦葵　草绵　26. 茶　27. 人参　茴香　窃衣
（附）第十章提要和问题（三）

（乙）合瓣花类 1. 柿 2. 菟丝子 甘薯 3. 薄荷 4. 茄 马铃薯 烟草 5. 车前 胡瓜 6. 菊 红花

（附）第十章提要和问题（四）

（附表）种子植物重要各科特征表

中西名词对照表

（十一）《初中动物》

《初中动物》由陈纶编，华文祺校。1933—1934年在中华书局出版发行。本书分上、下两册，上册主要为脊椎动物知识，下册主要为无脊椎动物知识。在内容编排上“以分类次序为经，日常所见与人生最有关系的各种动物为纬”。与当今的动物学教科书不同，本书虽然以分类顺序排列，但从高等到低等介绍，先讲述哺乳动物，最后讲述原生动物。以动物分类单位“纲”进行分章，以不同模式动物分节。每章具体内容编排为先在章首简述该章要点知识，后在节内讲解模式动物的形态、内部结构、生活习性及与人类的关系。在每节末附有观察实验和附注，每章末多附有习题或列简表总结概括章内容。与中华书局所编其他教科书一样，在书的开头还附有彩色插图。

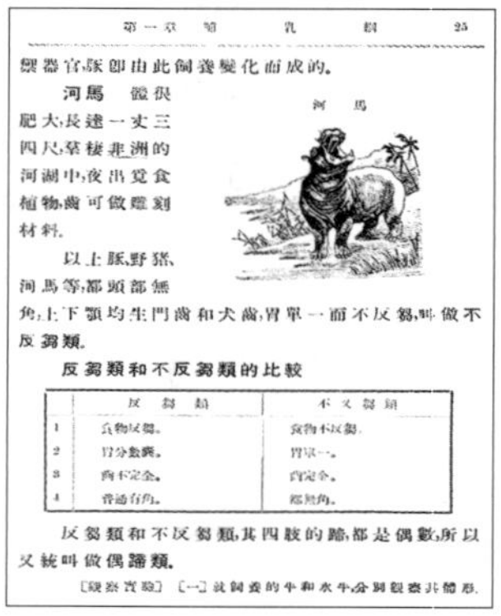

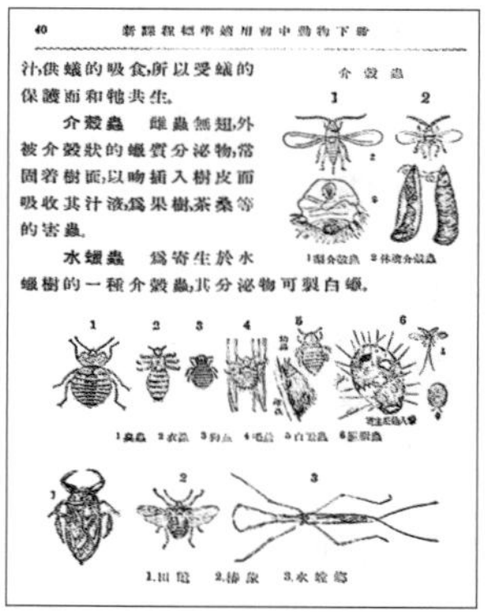

4—12

图4—12 《初中动物》封面及内容节选，1933年上册初版，1934年下册初版

《初中动物》（上册）目录

绪论
第一章 哺乳纲
第一节 猫
第二节 猕猴
第三节 犬
第四节 牛
第五节 马
第六节 象
第七节 鲸
第八节 鼠
第九节 蝙蝠
第十节 鼹鼠 鲮鲤
第十一节 大袋鼠 鸭嘴兽
第十二节 哺乳纲提要
第二章 鸟纲
第一节 鸡
第二节 鹰 啄木鸟
第三节 燕

第四节　鸽
第五节　鸭
第六节　鹤　驼鸟
第七节　鸟纲提要
第三章　爬虫纲
第一节　龟
第二节　蛇
第三节　蜥蜴　鳄鱼
第四节　爬虫纲提要
第四章　两栖纲
第一节　蛙
第二节　蝾螈
第三节　两栖纲提要
第五章　鱼纲
第一节　鲫
第二节　沙鱼
第三节　鲟鱼
第四节　肺鱼
（附）圆口鱼类
第五节　鱼纲提要
（附）脊椎动物和无脊椎动物的中间动物
第六章　脊椎动物提要
中西名词对照表

《初中动物》（下册）目录

第七章　节肢动物
第一节　蚕
第二节　螟
第三节　蝶
第四节　蝗
第五节　蜂　蚁
第六节　蝇
第七节　蚊　蚤
第八节　天牛
第九节　蝉　蜻蜓
第十节　衣鱼
第十一节　昆虫纲提要
第十二节　虾
（附）蟹
第十三节　蜘蛛
第十四节　蜈蚣
第十五节　节肢动物提要
第八章　软体动物
第一节　蚌
第二节　乌贼
第三节　蜗牛
第四节　软体动物提要
第九章　环形动物
第一节　蚯蚓　蛭
第二节　环形动物提要
第十章　圆形动物
第一节　蛔虫
第二节　圆形动物提要
第十一章　扁形动物
第一节　绦虫
第二节　扁形动物提要
第十二章　棘皮动物
第一节　海胆
第二节　星鱼　海参
第三节　棘皮动物提要
第十三章　腔肠动物
第一节　水螅　水母　珊瑚
第二节　腔肠动物提要
第十四章　海绵动物
第一节　海绵
第二节　海绵动物提要
第十五章　原生动物

　　第一节　草履虫　变形虫

　　第二节　原生动物提要

第十六章　脊椎动物和无脊椎动物的比较

第十七章　生命的现象和其特性

第十八章　动物的进化

第十九章　人类在自然界的位置

中西名词对照表

（十二）《初中卫生》

《初中卫生》由郑勉、顾钟骅、华阜熙编，华汝成校。1933—1934年在中华书局出版，共三册，每学年学习一册。第一册聚焦人体解剖生理及保护，其中简述了青春期生理变化，是当时为数不多涉及此内容的卫生教科书；第二册聚焦疾病常识，主要列举了常见疾病及致病原因；第三册聚焦公共卫生知识和简易急救法，其中的卫生知识多与生活实际相关联，并对相关卫生知识的实践指导进行了详细叙述。全书每章末附有问题若干，每节列有“简表”进行总结提要，易于学生复习巩固。

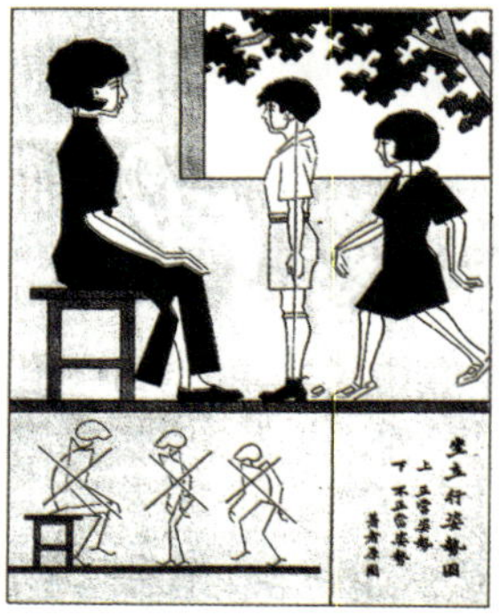

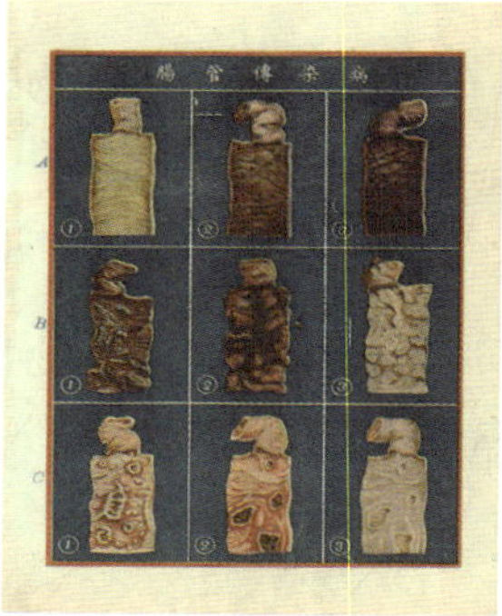

4—13

图4—13　《初中卫生》封面及内容节选，1933年第一册初版，1934年第二册和第三册初版

《初中卫生》（第一册）目录

绪论

第一编　人体解剖生理及保护

第一章　人体概论

第一节　人体的部分

第二节　人体的构造和机能

第二章　骨骼和姿势

第一节　骨骼

第二节　姿势

第三章　肌肉和神经

第一节　肌肉的构造和机能

第二节　神经的构造和机能

第四章　神经系统及精神健康

第一节　神经系统

第二节　精神健康

第五章　呼吸

第一节　呼吸器

第二节　呼吸运动

第三节　发声器

第六章　血液和血液循环

第一节　血液

第二节　心脏和血管

第三节　血液循环

第四节　淋巴系

第七章　营养

第一节　消化器官和消化作用

第二节　饮食物

第三节　新陈代谢

第四节　排泄

第八章　内分泌

第九章　口、齿、眼、耳、鼻、舌

第一节　口和齿

第二节　眼

第三节　耳

第四节　鼻和舌

第十章　青春时期生理的变化

第十一章　运动生理

第十二章　健康意义

第十三章　烟酒的害处

中西名词对照表

《初中卫生》（第二册）目录

第二编　疾病常识

第一章　健康和疾病

一　健康和疾病的意义

二　疾病的症候和解剖变化

三　病原的发明

第二章　疾病的分类

一　年龄及性别

二　器官、系统

三　病理

第三章　动物疾病与人体疾病的关系

一　病的传染

二　寄生虫的中间宿主和病的媒介

第四章　人体寄生动物

第一节　吸虫类

第二节　绦虫类

第三节　圆虫类

第四节　内脏寄生虫的豫防

第五节　节足动物

第五章　微生物

第一节　微生物的形态及特征

第二节　免疫

第三节　消毒

第六章　传染病
第一节　传染病释义
第二节　传染的要素
第七章　流行性传染病
第一节　伤寒
第二节　霍乱
第三节　赤痢
第四节　天花
第五节　水痘
第六节　白喉
第七节　猩红热
第八节　痲疹
第九节　流行性脑脊髓膜炎
第十节　鼠疫
第十一节　百日咳
第八章　结核病
第一节　病原及病理和传染
第二节　症候及调养
第九章　花柳病
第一节　病原和传染
第二节　症候及防治法
第十章　疟疾
第十一章　痲疯病
第十二章　狂犬病
第十三章　砂眼
第十四章　皮肤病
中西名词对照表

《初中卫生》（第三册）目录

第三编（上）　公共卫生
第一章　卫生的目标和公共卫生
第二章　医学及公共卫生发达略史
第一节　古代的医学及公共卫生
第二节　医学及公共卫生的发达
第三章　环境的卫生
第一节　水
一　饮用水和水的检查
二　水的来源和净水法
第二节　废弃物
第三节　下水道
第四节　住宅
一　住宅的建筑
二　住宅的照明和保暖及换气
第五节　饮食物的管理
第六节　蚊、蝇、蚤、虱及鼠的灭除
第四章　传染病的预防
第一节　传染病的管理
第二节　预防接种
第三节　检疫
第五章　妇孺卫生
第一节　孕妇及产妇
第二节　婴儿
第三节　哺乳儿及学龄前儿童
第六章　学校卫生
第一节　学校环境卫生
第二节　健康检查
第三节　畸缺及疾病的防治
第四节　学校传染病的预防
第五节　健康教育
第七章　劳工卫生
第一节　疾病的防治
第二节　灾害及工作制度
第八章　都市安全的设计
第一节　防灾
第二节　交通
第三节　娱乐场
第九章　药物和成药

第十章　我国国民健康现状及健康教育与社会经济的关系

第十一章　公共卫生行政组织和我国的现况

第三编（下）　简易救急法

第一章　绷带

一　支柱绷带

二　被覆绷带

三　固定绷带

四　压迫绷带

五　牵引绷带

第二章　流血及止血法

第三章　外伤

第一节　创伤

第二节　咬伤

第三节　火伤

第四节　冻伤

第五节　骨折、脱臼及挫伤

第四章　窒息、溺死、缢死及人工呼吸法

第一节　窒息、溺死、缢死

第二节　人工呼吸法

第五章　失神与中暑

第一节　失神

第二节　中暑

第六章　急性中毒

一　煤气

二　鸦片

三　酒

四　酸类

五　亚砷酸

六　磷

七　水银

八　石灰

九　安眠药

十　食物中毒

第七章　寻常病症的救护法

附　救急应用药品及材料（学习、家庭、工厂）

中西名词对照表

（十三）《高中生物学》

《高中生物学》由陈兼善编写，1934年在中华书局出版。本书在《新中华生物学》基础上修订而成，全一册，共十一章，分别为生物与生物学、细胞与原形质、组织与器官、生物的营养作用、生物体的感应作用、生殖、发生、遗传、天演、分类、动植物与人生之关系。编者在编辑大意中提出“本书取材于生理方面较多，盖今日生物学已多在生理方面着手研究，故教科书材料亦应有此进一步的选择”，所以本书不像其他教科书详讲动植物分类、解剖学，而是着重讲解生物的营养、生理、细胞学内容，讲解内容也与当时的生物学发展前沿成果、生物科学史相结合，如介绍了腐肉生蝇、巴斯德鹅颈瓶实验等来论证生物的生殖。每章后附有习题。

新課程標準適用

高中生物學

全一冊

編者　陳兼善

上海中華書局印行

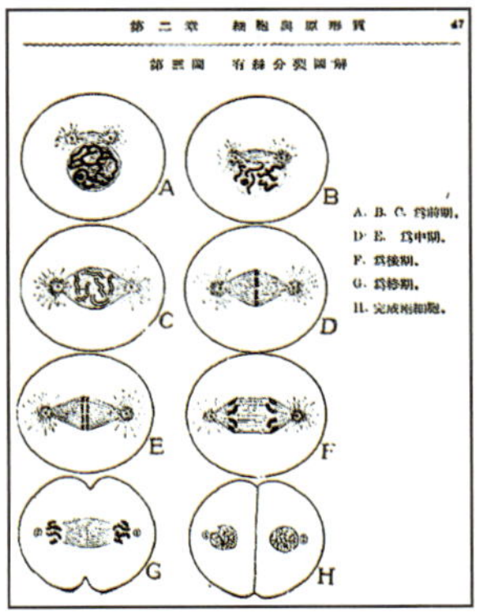

4—14

图4—14　《高中生物学》封面及内容节选，1934年初版

《高中生物学》目录

第一章　生物与生物学

第一节　生物的特征

第二节　动物与植物的异同

第三节　研究生物学的目的与方法

第四节　生物学的分科

第五节　生物学发达史

第六节　生物学与他种科学的关系

第二章　细胞与原形质

第一节　原形质与性状

第二节　细胞的构造

第三节　细胞的分裂

第三章　组织与器官

第一节　组织的分化和集合

第二节　构成动物体的组织

第三节　构成植物体的组织

第四节　构成高等动植物体的器官

第五节　器官的相同与相似

第四章　生物的营养作用

第一节　植物的新陈代谢作用

第二节　动物的新陈代谢作用

第三节　自然界中各种物质的循流

第五章　生物体的感应作用

第一节　植物的感应性

第二节　动物的神经系统

第三节　动物的感觉器官

第四节　动物体的内分泌作用

第六章　生殖

第一节　生殖的意义

第二节　各种生殖的方法

第三节　世代轮回

第四节　雌雄的区别

第七章　发生

第一节　两性细胞的起源、成熟与减数分裂

第二节　两性细胞的形态

第三节　受精现象

第四节　动物的发生

第五节　植物的发生

第六节　赫凯尔的重现律及其限制

第八章　遗传

第一节　遗传概念的解释

第二节　曼兑尔的遗传律

第三节　遗传之物质的基础

第四节　两性与遗传

第九章　天演

第一节　天演的理论

第二节　天演的证据

第三节　适应

（甲）机能上的适应

（乙）构造上的适应

（丙）生物间互相的适应

第四节　人类的天演

第十章　分类

第一节　分类的方法

第二节　植物分类大纲及其地理分布

第三节　动物分类大纲及其地理分布

第十一章　动植物与人生之关系

第一节　为人类所利用的动植物

第二节　与人类危害的动植物

第三节　所谓生命之网

（十四）《初中动物参考书》

《初中动物参考书》与《初中动物》中的教学内容相对应，分上、下两册（但笔者仅找到上册信息，下册未找到）。由华汝成编，糜赞治校。1935年在中华书局出版。本书提出了课堂教学、实验教学的建议，如“教学绪论的要旨，在使学生明了下列几项：1. 动物与自然界的关系；2. 动物与植物的差别……”在“教材参考”中列举教科书扩展内容，如动植物的区别、动植物分类学的起源等，“实验观察指导”详述实验观察的方法，每章末的“问题解答”等能够有效辅助教师进行教学。

新課程標準適用
初中動物參考書
上册
編者 華汝成
校者 糜贊治
上海中華書局印行

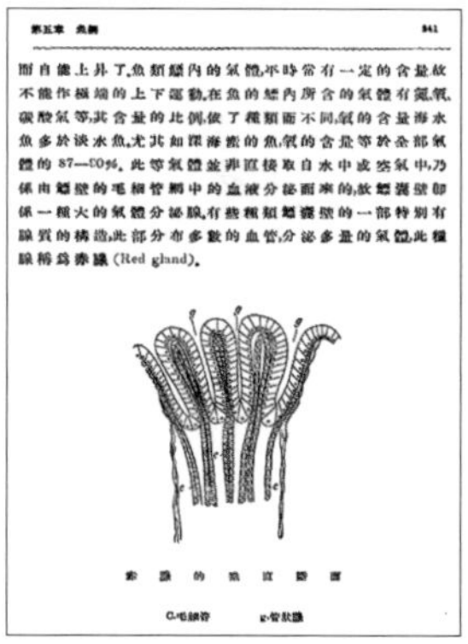
第五章 魚綱 341
而自能上升了。魚類鰾內的氣體，不時常有一定的含量，故不能作極端的上下運動。在魚的鰾內所含的氣體有氮、氧、碳酸氣等，其含量的比例，依了種類而不同。氧的含量海水魚多於淡水魚，尤其如深海產的魚，氧的含量等於全部氣體的87—90%。此等氣體並非直接取自水中或空氣中，乃係由鰾壁的毛細管網中的血液分泌而來的，故鰾囊壁即係一種大的氣體分泌腺。有些種類鰾囊壁的一部特別有腺質的構造，此部分布多數的血管，分泌多量的氣體，此種腺稱為赤腺 (Red gland)。
赤腺的縱直斷面
C.毛細管 e.管狀腺

民國二十四年七月發行
民國二十四年七月初版
新課程標準適用
初中動物參考書（全二册）
◎上册定價銀九角
有不
著准
作翻
權印
編者 華汝成
校者 糜贊治
發行者 中華書局有限公司 代表人陸費逵
印刷者 上海靜安寺路 中華書局印刷所
總發行所 上海福州路 中華書局總店
分發行所 各埠中華書局
（九二一五）

4—15

图4—15 《初中动物参考书》（上册）封面、内容节选及版权页，1935年初版

《初中动物参考书》（上册）目录

绪论
第一章 哺乳纲
第一节 猫
第二节 猕猴
第三节 犬
第四节 牛
第五节 马
第六节 象
第七节 鲸
第八节 鼠
第九节 蝙蝠
第十节 鼹鼠 鲮鲤
第十一节 大袋鼠 鸭嘴兽
第十二节 第一章内容提要（即哺乳纲提要）
第二章 鸟纲
第一节 鸡
第二节 鹰 啄木鸟
第三节 燕
第四节 鸽
第五节 鸭
第六节 鹤 鸵鸟
第七节 第二章内容提要（即鸟纲提要）
第三章 爬虫纲
第一节 龟
第二节 蛇
第三节 蜥蜴 鳄鱼
第四节 第三章内容提要（即爬虫纲提要）
第四章 两栖纲
第一节 蛙
第二节 蝾螈
第三节 第四章内容提要（即两栖纲提要）
第五章 鱼纲
第一节 鲫
第二节 沙鱼
第三节 鲟鱼
第四节 肺鱼
（附） 圆口鱼类
第五节 第五章内容提要（即鱼纲提要）
（附）脊椎动物和无脊椎动物的中间动物
第六章 脊椎动物提要

（十五）《初中卫生参考书》

《初中卫生参考书》由江栋成、徐志敏编，华汝成校。1936年在中华书局出版，共两册。本书栏目清晰，每章内容分为“教学要旨”“教材参考”“实验观察指导”“问题解答”“本章内容提要”等项。本书在绪论中向教师说明中学教育除知识教学之外，还应该重视学生身心与体魄的锻炼，并且提出了本学科的教学目标。

1. 使学生了解卫生的正确意义。
2. 使［学生］养成卫生的习惯，以增进其身心的健康。
3. 使学生对于卫生增进兴趣及信心，以期由个人的努力促成家庭、学校、社会环境的健康。
4. 使学生明了人体的构造与生理及保健防病的方法。
5. 使学生略知护病与急救的简易方法。

本书中不仅提出了对学生知识层面的要求，也提出了情感、态度、价值观层面的要求。课后作业不仅有课内的知识再现，也有课外实践，如“调查社会的公共卫生状况”“绘写卫生宣传品”“参观各种卫生医事机关”等，体现了编者注重学生全面发展的教育理念。

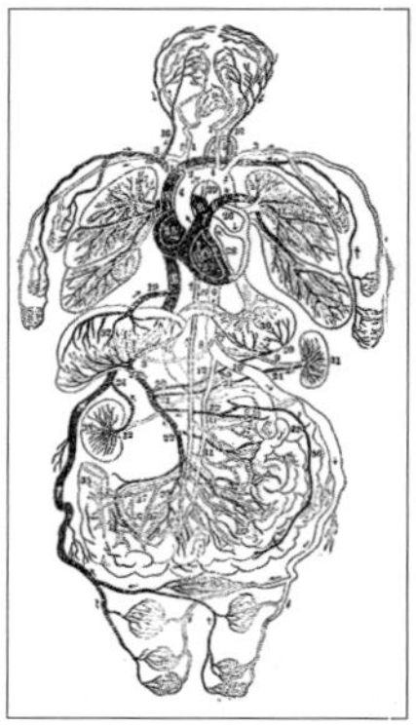

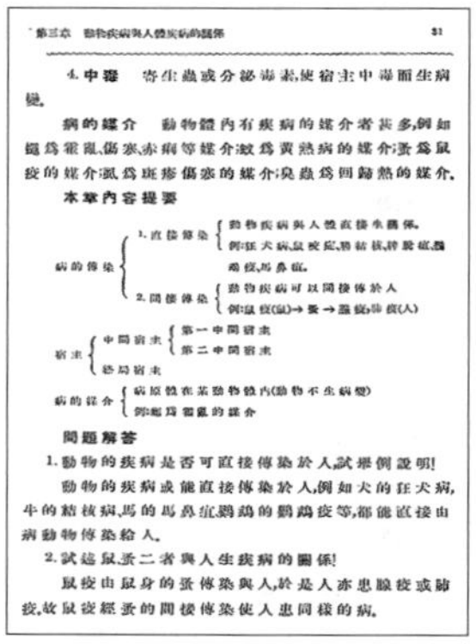
第三章 動物疾病與人體疾病的關係 31

4. 中毒 寄生蟲或分泌毒素，使宿主中毒而生病變。

病的媒介 動物體內有疾病的媒介者甚多，例如蠅爲霍亂、傷寒、赤痢等媒介；蚊爲黃熱病的媒介；蚤爲鼠疫的媒介；虱爲斑疹傷寒的媒介；臭蟲爲回歸熱的媒介。

本章內容提要

病的傳染：1. 直接傳染；2. 間接傳染

宿主：中間宿主（第一中間宿主、第二中間宿主）；終局宿主

病的媒介

問題解答

1. 動物的疾病是否可直接傳染於人，試舉例說明！

動物的疾病或能直接傳染於人，例如犬的狂犬病，牛的結核病，馬的馬鼻疽，鷄鴿的鷄鴿疫等，都能直接由病動物傳染給人。

2. 試述鼠蚤二者與人生疾病的關係！

鼠疫由鼠身的蚤傳染與人，於是人亦患腺疫或肺疫，故鼠疫經蚤的間接傳染使人患同樣的病。

4—16

图4—16 《初中卫生参考书》封面及内容节选，1936年初版

《初中卫生参考书》（第一册）目录

绪论
第一编 人体解剖生理及保健
第一章 人体概论
第一节 生物与无生物
第二节 人体的部分
第三节 人体的构造
第四节 人体的化学成分
第五节 动能和静能
第二章 骨骼和姿势
第一节 骨的数目和效用
第二节 骨的形状和构造
第三节 骨的成分

第四节　骨的连接
第五节　骨的类别
第六节　骨的卫生和疾病
第七节　身高和体重
第三章　肌肉和神经
第一节　肌肉的形状、作用和种类
第二节　肌肉的构成和成分
第三节　肌肉的性质
第四节　肌肉的作用、疲劳和恢复
第五节　肌肉和骨骼的关系
第六节　肌肉的分布
第七节　神经的构造及种类
第八节　肌肉的卫生和疾病
第四章　神经系统及精神健康
第一节　神经系
第二节　中枢部
第三节　中枢的作用
第四节　中枢的局部作用
第五节　末梢神经和交感神经
第六节　神经的卫生
第七节　神经的疾病
第五章　呼吸
第一节　呼吸器
第二节　呼吸运动
第三节　呼吸的回数和呼吸音
第四节　呼吸器的差异和肺活量
第五节　喉头
第六节　声音、言语和变态呼吸
第七节　呼吸器的卫生和疾病
第六章　血液和血液循环
第一节　血液
第二节　血液的成分和所含的气体
第三节　血液的效用
第四节　循环器的构造
第五节　心搏和脉搏
第六节　血管和心脏的连络
第七节　血液的循环
第八节　淋巴系
第七章　营养
第一节　消化器官
第二节　口腔　齿　舌　唾腺
第三节　咽头　食道　胃
第四节　小肠和大肠
第五节　肝脏和胰脏
第六节　吸收和同化
第七节　排泄
第八章　内分泌
第九章　口、齿、眼、耳、鼻、舌
第一节　口和齿
第二节　眼的构造
第三节　耳的构造
第四节　鼻
第五节　舌
第十章　青春时期生理的变化
第十一章　运动生理
第十二章　健康意义
第十三章　烟酒的害处

《初中卫生参考书》（第二册）目录

第二编　疾病常识

第一章　健康和疾病

一　健康和疾病的意义

二　疾病的症候和解剖变化

三　病原的发明

第二章　疾病的分类

一　年龄及性别

二　器官、系统

三　病理

第三章　动物疾病与人体疾病的关系

一　病的传染

二　寄生虫的中间宿主和病的媒介

第四章　人体寄生动物

第一节　吸虫类

第二节　绦虫类

第三节　圆虫类

第四节　内脏寄生虫的预防

第五节　节足动物

第五章　微生物

第一节　微生物的形态及特征

第二节　免疫

第三节　消毒

第六章　传染病

第一节　传染病释义

第二节　传染的要素

第七章　流行性传染病

第一节　伤寒

第二节　霍乱

第三节　赤痢

第四节　天花

第五节　水痘

第六节　白喉

第七节　猩红热

第八节　痲疹

第九节　流行性脑脊髓膜炎

第十节　鼠疫

第十一节　百日咳

第八章　结核病

第一节　病原及病理和传染

第二节　症候及调养

第九章　花柳病

第一节　病原和传染

第二节　症候及防治法

第十章　疟疾

第十一章　痲疯病

第十二章　狂犬病

第十三章　砂眼

第十四章　皮肤病

（十六）《初中生理卫生》

《初中生理卫生》由华汝成编，糜赞治校。1936年在中华书局出版。本书是在《初中卫生》一书的基础上修订而成的，分为上、下两册，共十七章。上册介绍人体各器官、系统，以及讲解各系统疾病与保健知识。下册介绍免疫、急救、学校的卫生设施、卫生习惯、公共卫生以及政府对于人民的健康设施等。绪论部分先讲生理、卫生的意义，提出了卫生对于社会、个人的重要意义，之后各章分别论述人体生理及卫生常识，并在每节末附有“简表”一栏概括总结内容，章末附“问题”

一栏供学生练习之用。较《初中卫生》而言，本书删减了青春期教育、健康与疾病等知识，而增加了心理卫生、卫生的意义、政府对于人民的健康设施等内容。

修正課程標準適用
初中生理衛生
上冊
編者 華汝成
校者 糜贊治
上海中華書局印行

84 修正課程標準適用初中生理衛生上冊

又有腹痛下痢等症狀，普通感冒亦有病原菌，所以能傳染，但細菌種類並不限於一種。①

6.白喉 此症由於白喉菌的侵入咽頭、喉頭等黏膜，小兒最易傳染。潛伏期二至五日，發熱三十八至三十九度，咽頭紅腫，嚥下困難，數小時後即見兩側扁桃腺被有白色斑點，繼成污白厚苔，此苔不易剝離，稱為義膜，為此症的特徵。此症如不急治，即致呼吸困難或心臟及神經麻痺而死。以前此症的

白喉患者的喉 a.義膜

白林

白喉菌(染色)

修正課程標準適用
初中生理衛生
下冊
編者 華汝成
校者 糜贊治
上海中華書局印行

第十章 病原概論 41

巴斯德

[illegible]的試驗

塵土自生，所謂自然發生說的謬論。

郭霍氏的最大發明 郭霍氏對於病原的發明有二：(一)創造固形培養基分離細菌法，確定細菌的形態性狀永久不變。(二)創立決定病原的法則，證明病灶中必有病原體存在，該病原體可用動物試驗，使動物發生和人體相同的病變，並可自動物的病灶得到同一病原體。

第二節 病原的類別

病原經郭霍、巴斯德等氏的研究，知道都是一種微生物，上節已述及，現在要把病原微生物的類別記述一下：

(一)原蟲 原蟲是最下級的單細胞動物，體

4—17

图4—17 《初中生理卫生》封面及内容节选，1936年初版

《初中生理卫生》（上册）目录

绪论

第一章 人体概论

第一节 遗传 胚胎 发育

第二节 人体的部分构造及生活机能

第二章 骨骼和姿势

第一节 骨骼

第二节 姿势

第三章 运动与神经系统

第一节 运动

第二节 神经系统

第四章 消化系统

第一节 消化器官的生理

第二节 消化器官的病理

第三节 消化器官的保健

第五章 营养与发育

第一节 营养

第二节 人体发育的概况及要素

第六章 呼吸系统

第一节 呼吸器官的生理

第二节 呼吸器官的病理与保健

（附）中西名词对照表

《初中生理卫生》（下册）目录

第七章 循环系统

第一节 循环器官的生理

第二节 循环器官的病理和保健

第八章 排泄系统

第一节 排泄器官的生理

第二节 排泄器官的病理和保健

第九章 心理卫生

第一节 心理卫生的意义及重要性

第二节 心理卫生的实践

第十章 病原概论

第一节 病原的发明

第二节 病原的类别

第十一章　传染病
　　第一节　传染病释义
　　第二节　传染的要素
第十二章　免疫
　　第一节　免疫的意义及要素
　　第二节　免疫的种类
第十三章　急救及护病
　　第一节　急救
　　第二节　护病常识
第十四章　学校的卫生设施
　　第一节　健康教育
　　第二节　环境卫生
　　第三节　预防传染病
第十五章　卫生习惯
　　第一节　卫生习惯的养成
　　第二节　卫生习惯与个人健康
第十六章　公共卫生
　　第一节　公共卫生的意义及重要性
　　第二节　公共卫生的设施及效果
第十七章　政府对于人民的健康设施
　　第一节　改善人民的环境卫生
　　第二节　预防传染病
　　第三节　都市安全的设计
　　第四节　医药的管理
　　第五节　公共卫生的行政组织
（附）中西名词对照表

（十七）《初中动物》

《初中动物》由陈纶、华汝成编，朱彦頫校。分上、下两册，共二十章。1937年在中华书局出版。本书根据教育部颁布的修正初级中学课程标准编写。内容编排上“以分类次序为经，以日常所见与人生最有关系的各种动物为纬”，先讲述哺乳动物，最后讲述原生动物。介绍各种类动物时，先介绍其形态，再介绍内部结构，最后介绍其生活习性及与人类的关系。该书每章末都附有习题，此外与中华书局所编其他教科书一致，书首附有彩色插图。

14　修正課程標準適用初中動物上册

狐　體形似犬而尾大，耳上尖下廣，性狡而怯，穴居山野，嗜食鳥獸果實等物，皮可製裘，很珍貴。

狸　體比狐小，且較肥胖，耳小直立，吻端尖細，毛可製筆。

犬和貓的比較

	犬	貓
1	顎骨長，口吻突出。	顎骨短，口吻不突出。
2	鉤爪露出，步行有聲。	鉤爪隱藏皮內，步行無聲。
3	舌面平滑無刺。	舌面有刺。

第八章　節肢動物(一)　3

叫做完全變態。

蠶的發生圖

蠶的形態　蠶體形圓長，色灰白而或帶暗色斑紋，外被含角質的外皮，如逐漸長厚，就成所謂外骨骼，須於眠的時候脫去。全體由十三環節合成的，分頭、胴兩部：頭部一節，胴部十二節，在前的三節，統稱胸節，各生一對胸脚；其次的九節，統稱腹部，除第四、五和十、十一節外，各生一對腹脚，最後一對的腹脚，又叫做尾脚，第十一節的背面有一尾角。

4—18

图4—18　《初中动物》封面及内容节选，1937年初版

《初中动物》（上册）目录

第一章　概论
第二章　哺乳纲
第一节　猫
第二节　犬
第三节　牛
第四节　马
第五节　猿猴
第六节　象
第七节　鼠
第八节　蝙蝠
第九节　鲸
第十节　鼹鼠　鲮鲤
第十一节　大袋鼠　鸭嘴兽
第十二节　哺乳纲通论
第三章　鸟纲
第一节　鸡
第二节　鸭
第三节　鸽
第四节　燕
第五节　鹰
第六节　啄木鸟
第七节　鹤
第八节　鸵鸟
第九节　鸟纲通论
第四章　爬虫纲
第一节　龟
第二节　蛇
第三节　蜥蜴　鳄鱼
第四节　爬虫纲通论
第五章　两栖纲
第一节　蛙
第二节　蝾螈
第三节　两栖纲通论
第六章　鱼纲
第一节　鲫
第二节　鲟鱼
第三节　沙鱼
第四节　肺鱼
（附）圆口鱼类
第五节　鱼纲通论
（附）脊椎动物和无脊椎动物的中间动物
第七章　脊椎动物通论
中西名词对照表

《初中动物》（下册）目录

第八章　节肢动物（一）
第一节　蚕蛾和螟蛾
第二节　蝶
第三节　蝗
第四节　蜜蜂　蚁
第五节　蚊　蝇
第六节　蜻蜓　白蚁
第七节　天牛
第八节　蝉
第九节　蚤　床虱　衣鱼
第十节　昆虫纲通论
第九章　节肢动物（二）
第一节　蜘蛛——蜘蛛纲
第二节　蜈蚣——多足纲
第三节　虾　（附）蟹——甲壳纲
第四节　节肢动物通论

第十章　软体动物

　　第一节　蚌

　　第二节　蜗牛

　　第三节　乌贼

　　第四节　软体动物通论

第十一章　棘皮动物

　　第一节　星鱼

　　第二节　海胆　海参

　　第三节　棘皮动物通论

第十二章　环形动物

　　第一节　蚯蚓

　　第二节　蛭

　　第三节　环形动物通论

第十三章　圆形动物

　　第一节　蛔虫

　　第二节　圆形动物通论

第十四章　扁形动物

　　第一节　绦虫

　　第二节　扁形动物通论

第十五章　腔肠动物

　　第一节　水螅

　　第二节　水母　珊瑚

　　第三节　腔肠动物通论

第十六章　海绵动物

　　第一节　毛壶

　　第二节　海绵动物通论

第十七章　原生动物

　　第一节　草履虫

　　第二节　变形虫　疟虫

　　第三节　原生动物通论

第十八章　无脊椎动物通论

第十九章　人类在自然界的位置

第二十章　生命的现象和特性

中西名词对照表

（十八）《初中植物学》

《初中植物学》由华汝成编，糜赞治校。1937年在中华书局出版。本书与华汝成在1933年编的《初中植物》相似，书中加入了植物学研究方法、什么是植物等内容。本书分上、下两册，上册侧重植物的形态、生理和生态，下册侧重植物分类。图书编排章节分明，每章末附“提要和问题”一栏，提要以“提要表”形式总结一章内容，问题供学生练习。内容侧重凸显植物生活的基本原理及与人类的关系。

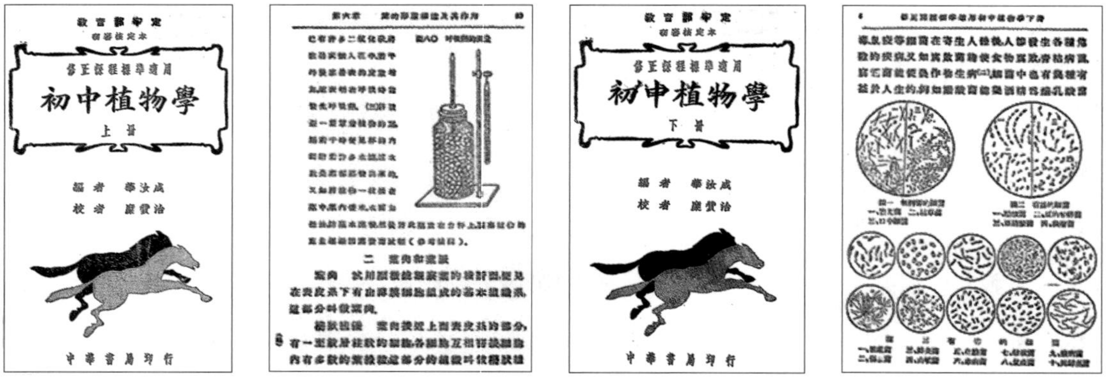

4—19

图4—19　《初中植物学》封面及内容节选，1937年初版

《初中植物学》（上册）目录

植物的形态生理和生态

第一章　概论

第二章　植物的基本构造

第一节　细胞

一　细胞的形态构造

二　细胞的成长增殖

第二节　组织和组织系

一　组织

二　组织系

第三节　器官

第三章　植物的芽

第一节　芽的形态构造

第二节　芽的用途

第四章　根的形态构造及其作用

第一节　根的外部

第二节　不定根和人工繁殖法

第三节　根的解剖

一　根的皮部

二　根的中心柱

第四节　根的吸收作用

第五节　根和土壤

第六节　根的变态

第七节　根的用途

第五章　茎的形态构造及其作用

第一节　茎的外部

一　茎的一般外形

二　各种普通茎的外形

第二节　茎的解剖

一　茎的皮部

二　茎的中心柱

三　茎的年轮和木材

第三节　茎的变态

第四节　茎的用途

第五节　森林和造林

第六章　叶的形态构造及其作用

第一节　叶的外部

一　叶的部分

二　叶的单复和排列

第二节　叶的解剖

一　叶的表皮

二　叶肉和叶脉

第三节　落叶和红叶

第四节　叶的变态

第五节　叶的用途

第七章　花的形态及其作用

第一节　花的部分

第二节　花的保护器官

第三节　花的紧要器官

一　小蕊

二　大蕊

第四节　花序

第五节　花的用途

第八章　果实和种子

第一节　果实

第二节　种子

一　种子的形态构造

二　种子的萌发

三　选种

第三节　果实及种子的散布

第四节　果实及种子的用途

中西名词对照表

《初中植物学》（下册）目录

植物的分类大纲

第九章　植物的分类和命名法

第十章　菌藻植物

第一节　细菌

第二节　水绵与海藻

一　水绵

二　海藻类

（附）矽藻和蓝藻

第三节　曲菌与酵母菌

第四节　香蕈

（附）地衣类

第十一章　苔藓植物

第一节　地钱

第二节　土马鬃

第十二章　蕨类植物

第一节　蕨

第二节　木贼

第十三章　种子植物

第一节　裸子植物

1. 松　2. 杉

第二节　被子植物

一　双子叶植物

（一）离瓣花类

1. 杨柳科——杨　柳　2. 胡桃科——胡桃　3. 壳斗科——栗　栎　4. 榆科——榆　5. 桑科——桑　6. 蓼科——蓼蓝　荞麦　7. 藜科——菠薐　8. 石竹科——石竹　9. 毛茛科——毛茛　牡丹　10. 十字花科——芸薹　菘　11. 蔷薇科——桃　梨　12. 豆科——大豆　豌豆　13. 芸香科——橘　14. 大戟科——罂子桐　蓖麻　15. 锦葵科——草棉　锦葵　16. 茶科——茶　17. 伞形花科——胡萝卜　茴香

（二）合瓣花类

1. 石南科——杜鹃花　2. 木犀科——木犀　女贞　3. 旋花科——甘薯　牵牛花　4. 唇形科——薄荷　5. 茄科——马铃薯　茄　6. 胡芦科——南瓜　瓠　7. 菊科——茼蒿　菊

二　单子叶植物

1. 禾本科——稻　麦　2. 棕榈科——棕榈　3. 天南星科——芋　4. 百合科——百合　葱　5. 鸢尾科——鸢尾　6. 兰科——兰

（附）中西名词对照表

（十九）《高中生物学》

《高中生物学》由陈兼善、华汝成编。1937年在中华书局出版，适用于1936年国民政府教育部颁布的《高级中学生物学课程标准》。分上、下两册，供高中第一学年两学期使用，每学期讲授一册。本书与陈兼善1934年编的《高中生物学》内容、章节设置相类似，书中附有较多的插图。

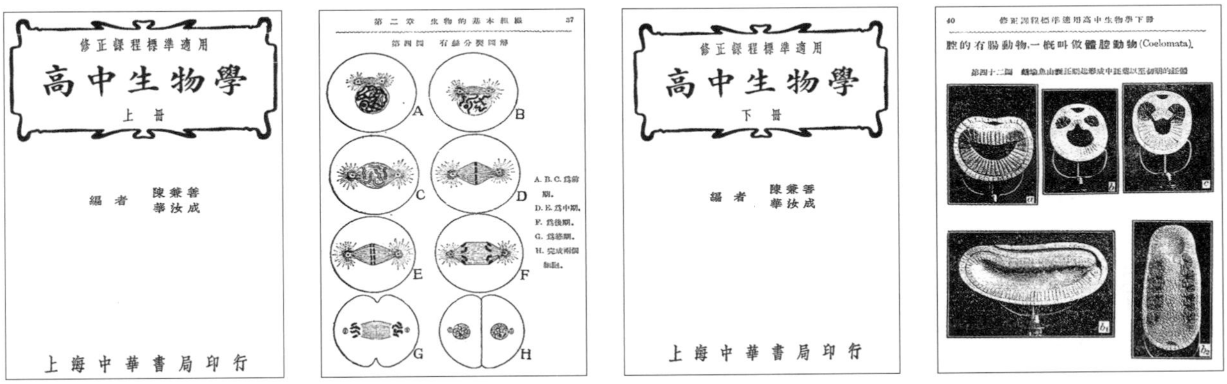

4—20

图4—20　《高中生物学》封面及内容节选，1937年初版

《高中生物学》（上册）目录

第一章　概论

第一节　生物的特征

第二节　生物学及其分科

第三节　研究生物学的意义及方法

第二章　生物的基本组织

第一节　原生质

第二节　细胞

第三节　细胞的分裂

第四节　细胞的集合与分化

第五节　组织与器官

一　构成动物体的组织

二　构成植物体的组织

三　构成高等动植物体的器官

第三章　营养

第一节　植物的营养

一　水分的吸收　运输　消失

二　光合作用

三　养分的利用与贮藏

四　呼吸作用

第二节　动物的营养

一　消化作用

二　循环作用

三　呼吸作用

四　排泄作用

第三节　自然界中各种物质的循流

一　碳的循环

二　氧的循环

三　氮的循环

第四节　感应与调节

一　生物的感应作用

二　植物的感应

三　动物的感应

四　动植物的调节作用

（附）中西名词对照表

（一）中西对照

（二）西中对照

《高中生物学》（下册）目录

第四章　生殖与生长
第一节　生殖方法
第二节　两性细胞的成熟
第三节　受精现象
第四节　胚胎的发育
第五节　变态
第六节　生长
第五章　遗传
第一节　孟德尔前的遗传观念
第二节　孟德尔定律
第三节　遗传之物质的基础
第四节　两性与遗传
第五节　育种与优生
第六章　天演
第一节　天演的证据
第二节　适应
第三节　天演学说
第七章　分类
第一节　分类的方法
第二节　植物分类大纲及其地理分布
第三节　动物分类大纲及其地理分布
中西名词对照表

对中华书局在1922—1937年间出版的中学生物学教科书进行书目统计后发现，其数量在当时各大书局中排名第一。对具体每一教科书文本细致分析后发现，为适应“壬戌学制”的实行而编制的“新中学教科书”系列是中华书局最完备、最具代表性的教科书，此后尽管也随三次课程标准的修订而编制了新的教科书，但大多都是参照“新中学教科书”系列并结合课程标准改动内容修订而成，甚至还有未曾改动书中任何内容，只是更换了书名、校订者等基本信息，就将原本适用于旧课程标准的教科书改换为适用于新一轮课程标准的教科书的情况。

在此期间，中华书局的中学生物学教科书的编辑主要有宋崇义、陆费执、郦福畴、张起焕、张念恃、陈纶、华汝成、郑勉、江栋成、陈兼善、糜赞治、华文祺等各界精英，他们大多有着留学欧美日或高校任职经历（陆费执、张起焕、华汝成、郑勉、陈兼善、华文祺），部分还有中小学教育教学的实践经验（宋崇义、陈纶、江栋成）。不同的教科书编写者有着不同的中学生物学教育理念，这也明显地体现在他们所编写的教科书中。以下主要就编写教科书数量较多、影响较大的几位编写者进行介绍。

宋崇义（1883—1942），字知方，浙江上虞人，是鲁迅在浙江两级师范学堂任教时的学生，20世纪30年代初，曾任杭州女子师范学校校长，为鲁迅同事，一生与鲁迅有较多书信往来。宋崇义曾长期在临海、台州、上虞、杭州等地任教，1937年杭州沦陷，他为避战祸离杭回上虞，受春晖中学校董事会之邀，任第八任春晖中学校长。曾出版过《植物学》《动物学》《生理卫生学》《矿物学》等中学教科书，在浙江教育界有一定声望。宋崇义认为教学最重要的莫过于引起学生的学习兴趣，并以动物学为例给出具体的引起学生学习动物学兴趣的十点方法：“1. 用活的动物，使学生见其形态及行动；故采取教材时，小动物之易搜集者，必设法罗致，或饲养于校内；大动物如狮、象、虎、豹、骆驼、黑熊，遇有马戏等机会，当使往观。2. 教员上课时之态度，主和蔼可亲。3. 多发问题，令学生当场解决，是者面加赞许。4. 讲述动物之习性形态，如有故事，必加入之，使之动听；例如黑猩猩之演技，犬之义，马之忠，牛之耐苦，虎之不食人以及鸟之故事等。5. 各种动物互相类似者，归纳纲目，必令提出特征，共同讨论，得一纲一目之结缩，使自知学动物之进步。6. 参观博物馆，动物园，使于许多动物中，表达分类之能力，说出特点习性，以证所学。7. 学生采集动物，制作标本，标签上必写制作者之姓名，为之传观，并陈列于标本柜中。8. 出简单问题，便之笔答，或解剖动物，令其绘图，即定等第，榜示于校，以多得甲等为贵。9. 学生学习动物，增加知识，必令其对于此科，自以为有进步，并无困难，自是兴趣盎然。10. 教材太多，记忆困难，课外多复习，多指导，日就月将，自得整个动物学之概念。”[1]从中不难发现，宋崇义认为生物学教学中应重视真实材料的选择，动植物学科中更是如此。重实践、多设疑也应在教学过程中有所体现，在此过程中培养学生的归纳与总结、表达与交流等能力，同时也从教育心理学的角度出发，重视对学生的鼓励式教学。当然，因时代背景的特性，其教学理念重视并局限于一般性科学知识的记忆背诵。这些教育教学理念也融入贯穿了他所编写的教科书，如在《新中学教科书动物学》《新中学教科书植物学》中，全书内容安排上体系清晰，按照“各论—通论—应用概论”的次序展开，遵照一定的分类方法罗列清晰，如植物按显花植物和隐花植物分类，动物则以高等、低等为主要分类依据；对模式生物的选择则侧重于生活实际中易于获取和观察到的，对不易获取或具有代表性的生物在书的开篇安排彩色解剖图，以弥补学生实验与观察的缺失；而具体内容则从形态（形性）、效用和类属三个方面作介绍，并在篇末列思维导图进行归纳总结。

4—21

图4—21　华汝成肖像

华汝成（1898—1980），江苏无锡人。中学就读于无锡省立第三师范学校，1919年毕业于国立北京大学文学院。后留学日本，1925年毕业于京都帝国大学农学院植物科研班。回国后先后在江苏灌云县省立第八师范学校、江苏淮安省立淮安中学师范部、无锡省立无锡中学等校任教。此后，曾任上海中华书局编审主任、上海大中国书局总编辑、中国水产学会《水产学报》编辑委员会委员、福建水产学会副理事长、厦门政协委员等职。对单细胞植物的经济价值及生长状况有较深研究，著有《现在科学发展观》《小球藻大面积培养》等，参与《辞海》（生物学部分）的编纂工作。

此外，华汝成对于中学生物学教育也尤为关注，他的多篇文章涉及对生物学教学和教科书的讨论。他认为学生对于自然科（包含生物学）的兴趣的提升与教科书之间有紧密联系，与教科书的文字是否简洁明了、内容的叙述顺序是否恰当、体例是否清晰等息息相关。他指出，如果动植物

[1] 宋崇义. 如何引起学习动物学之兴趣[J]. 浙江中等教育研究季刊，1936（4）：49-50.

学教科书中采用演绎法，先提出动植物的分类再说明某类的种种特征，则不便于教师的教学，同时致使学生束缚于定律原则中；而采用归纳法，从浅显通俗的事例出发，学生则会结合已有经验而对此产生兴趣，强化研究动机后将其归纳总结到相关定律、假说中。[1]另外，他还提出了较多有关教科书编写的极具远见的观点，如学科融合、真实情境应用等。

4—22

图4—22 陈兼善肖像

陈兼善（1898—1988），字达夫，浙江诸暨人，动物学家、鱼类学家、教育家，中国鱼类学的奠基人之一。1912年考入杭州省立第一师范学校，后求学于北京高等师范学校博物部。毕业后，历任上海中国公学校务主任、商务印书馆编辑、上虞春晖中学校长及国立中山大学教授。1928年，前往西沙群岛调查生物资源，开始了鱼类研究。1931年，于巴黎自然博物馆的鱼类研究所进行深造。1934年，又到英国大英博物馆开展鱼类专门研究，并于同年回国，先后执教于暨南大学、广东省立勷勤大学。抗战胜利后，任台湾博物馆馆长，兼台湾大学教授，后于台中东海大学执教时，创设鱼类标本馆。1982年，定居上海，并任中国鱼类学会名誉会长、中国水产学会顾问。其一生著有《鱼类学》《台湾脊椎动物志》《鱼类的演化与分类》等专著十余部，对我国生物学、水产学和海洋生物学发展做出了重要贡献。

陈兼善发表了多篇文章讨论中小学生物学教育，涉及新学制的实施、中学生物学课程研究、教科书研究以及教学研究等方面。他认为在生物学教科书编写时应注重内容的衔接[2]，包括小学的自然教科书、初中的博物教科书以及初高中阶段的生物学教科书。在内容衔接的过程中应充分将学生升学以及为学生未来进一步研究打下基础两方面纳入考虑范围，做到在编写较低一级的教科书时应先了解高一级的课程内容，同时在编写较高一级的教科书时也应先了解低一级的课程内容。另外，在1922年新学制实施初始，陈兼善创新性地提出，为区别于旧学制，初级中学阶段的博物学设置应充分与理化等学科相融合，设为“科学常识”一科，并就具体的内容分布、课时安排等给出详细建议。而对于最为重要的教科书而言，他不建议使用全国统一编写的教科书，认为应该结合各地实际情况编写适合当地情形、特色且难度较低的教科书。而在高中阶段，教科书不再分科编写，应采用混合的编制方式。[3]

[1] 华汝成. 对于初中自然教科书的管见[J]. 中华教育界，1931，19（4）：235-243.

[2] 陈兼善. 为编自然科学教科书者进一言[N]. 时事新报，1923-02-24（1）.

[3] 陈兼善. 中学校之博物学教授[J]. 教育杂志，1922，14（6）：1-16.

二、商务印书馆出版的生物学教科书

4—23

图4—23 商务印书馆原貌

1897年，正值中华民族内忧外患之际，夏瑞芳等人集资创办了商务印书馆。1902年，以张元济入馆为标志，商务印书馆开始走向现代出版道路，出版物遍及社会科学、自然科学、应用技术、文学艺术、儿童读物、大中小学教科书、各类专科工具书等各个门类，并且发行各种杂志，印行珍本、善本。商务印书馆在全盛时期，不但在上海设有制度完备的总务处、总编译所、总发行所以及机械、技术相当完善的印刷总厂，还在北京、香港设有印刷分厂，在全国各省市和重要商埠先后设有八十五处分馆，在新加坡、吉隆坡也有分馆。在戊戌变法、辛亥革命的大时代背景下，占有地理优势条件的商务印书馆从小小的手工业企业发展为资本主义大企业。[1]

商务印书馆在夏瑞芳、张元济、蔡元培、高梦旦等人的推动与主持下，“以扶助教育为己任”，1904年率先出版了近代中国第一套形式、内容均完备的教科书“最新教科书”系列，支持了晚清兴学以来学校教育的发展。自此以后，“学制经一度之革新，我馆辄有新教科书之编辑，以应其需要”[2]。民国成立后，商务印书馆依靠人才济济的教科书编辑队伍、高质量的教科书、领先的印刷技术、雄厚的资金和众多的分馆，与时俱进，先后出版了“共和国教科书”“新法教科书”“新学制教科书”“新时代教科书”“基本教科书”“复兴教科书”“大学丛书”等多套教科书，为近代各级各类学校提供了配套齐全的教科书，并在与中华书局、世界书局等近代著名民营书局的竞争中长期处于优势，执教科书出版市场之牛耳。抗日战争爆发后，商务印书馆毅然内迁，将其出版中心转移至内地，在艰难的环境中坚持出版教科书，为缓解战时大后方教科书供给紧张情况做出了贡献。商务印书馆是近代中国出版教科书最多的民营书局，教科书出版在很长时期内也是商务印书馆的主要业务和重要盈利来源。商务印书馆董事陈叔通在《回忆商务印书馆》中说：“商务发财主要是靠教科书。”[3]依靠出版发行教科书的巨额利润，商务印书馆迅速成长为近代中国规模最大、实力也最雄厚的民营出版机构。[4]商务印书馆在教科书出版方面的成功离不开对广告宣传的

[1] 章锡琛. 漫谈商务印书馆[M]//1897—1987商务印书馆九十年. 北京：商务印书馆，1987：103.

[2] 王云五. 本馆与近三十年中国文化之关系[M]//1897—1992商务印书馆九十五年. 北京：商务印书馆，1992：285.

[3] 陈叔通. 回忆商务印书馆[M]//1897—1987商务印书馆九十年. 北京：商务印书馆，1987：135.

[4] 宋军令. 近代商务印书馆教科书出版研究[D]. 成都：四川大学，2004：7.

重视，其在建馆之初就设立了专门宣传推广的部门，并较早就认识到杂志和期刊对广告宣传所起的重要作用。商务印书馆针对不同的读者对象创办的杂志包括《东方杂志》《教育杂志》《儿童杂志》等，其中《教育杂志》与教科书出版的关系最为紧密。曾任商务印书馆编辑的章锡琛认为《教育杂志》“以讨论教育学术为名，实际上可把它作为推广教科书的工具，通过杂志与各学校取得联系”[1]。现代学者喻咏庆更是将《教育杂志》评为“一部近代教科书的发展史”[2]。商务印书馆的教科书出版，是近代中国教科书出版的缩影，对近代中国文化教育事业的发展做出了突出贡献。

商务印书馆1922—1937年期间所出版的中学教科书包括了“新学制教科书”“新撰教科书”“现代初中教科书”“新时代教科书”“复兴教科书”等系列。“新学制教科书”系列于1923年开始出版，适用于1922年颁布的新学制的中学阶段。该系列教科书大部分初版于1923—1925年间，但直到1928年仍有部分高中教科书还在编撰出版。在编写出版“新学制教科书”系列时商务印书馆还出版了一套“现代初中教科书”，也适用于新学制学科教学之用。而另一套也适用于新学制的教科书——“新撰教科书”系列用文言文编写而成，适用于边远地区和上海部分地区。[3]1932年“一·二八事变”，日军轰炸上海，商务印书馆惨遭焚毁劫掠。商务印书馆喊出“为国难而牺牲，为文化而奋斗”的口号，重印国难版教科书，推出“复兴教科书”系列，涉及小学、初中、高中各学段各科。这是商务印书馆出版规模最大、最完备的系列教科书。1922—1937年商务印书馆出版的部分中学生物学教科书情况见表4-5。

表 4-5　商务印书馆 1922—1937 年出版的部分中学生物学教科书情况

序号	教科书名称	责任者及责任方式	出版年份及版次
1	现代初中教科书生理卫生学	顾寿白编辑	1923
2	现代初中教科书植物学	凌昌焕编辑，胡先骕校订	1923
3	新撰初级中学教科书动物学	陈兼善编辑	1925
4	现代初中教科书动物学	杜就田编辑，秉志校订	1926第45版
5	新学制高级中学教科书公民生物学	王守成编辑	1926第3版（卷上）、1926第2版（卷下）
6	新撰初级中学教科书植物学	杜就田编辑	1927第20版
7	新时代民众学校卫生课本	凌昌焕编，程瀚章校订	1929
8	新撰初级中学教科书生理卫生学	顾寿白编	1931第88版
9	复兴初级中学教科书动物学	周建人编著	1933（上册）、1937（下册）
10	复兴高级中学教科书生物学	陈桢编著	1933

[1] 章锡琛. 漫谈商务印书馆[M]//1897—1987商务印书馆九十年. 北京：商务印书馆，1987：114.

[2] 喻永庆. 近代教育期刊与教科书的发展：以《教育杂志》为例[J]. 湖南师范大学教育科学学报，2010，9（2）：37.

[3] 石鸥，吴小鸥. 百年中国教科书图说：1897—1949[M]. 长沙：湖南教育出版社，2009：172.

（续表）

序号	教科书名称	责任者及责任方式	出版年份及版次
11	复兴初级中学教科书卫生学	程瀚章编著	1935第88版（第一册）、1935第60版（第二册）、1934第37版（第三册）
12	复兴高级中学教科书生物学实验	江栋成编著	1934
13	复兴高级中学教科书卫生学	程瀚章编著	1934
14	高级中学教科书生物学实验法	龚礼贤、陈震飞编	1934
15	复兴初级中学教科书生理卫生学	程瀚章编著	1937审定本第1版
16	复兴初级中学教科书植物学	童致棱原编，周建人改编，胡先骕校订	1937审定本第1版

注：上表未提及版次的为第1版。

（一）《现代初中教科书生理卫生学》

《现代初中教科书生理卫生学》由顾寿白编辑，1923年在商务印书馆出版。本书根据《新学制课程标准纲要》编写。本书除绪论外，共五编，分别为营养生理、运动生理、感觉生理、全身生理和一般卫生。全书以生理为主，卫生为辅。生理部分的内容以解剖、生理、卫生与疾病的顺序编排。绪论部分介绍了关于人体的基本知识，为各篇的学习奠定基础。全书用白话文表述，文字从左至右横排，书中术语和重要内容都用黑体突出，每一术语后面都标有英文原名。本书插图丰富，并附彩色图数张，注重直观性，便于学生理解相关知识。

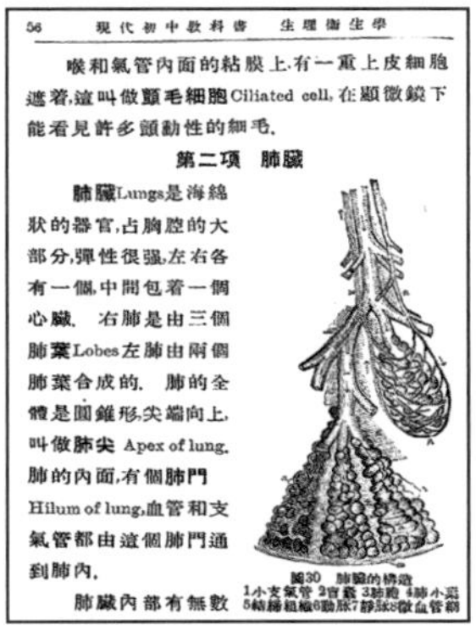
56 現代初中教科書 生理衛生學

喉和氣管內面的粘膜上,有一重上皮細胞遮着,這叫做顫毛細胞Ciliated cell,在顯微鏡下能看見許多顫動性的細毛.

第二項 肺臟

肺臟Lungs是海綿狀的器官,占胸腔的大部分,彈性很强,左右各有一個,中間包着一個心臟. 右肺是由三個肺葉Lobes左肺由兩個肺葉合成的. 肺的全體是圓錐形,尖端向上,叫做肺尖 Apex of lung. 肺的內面,有個肺門Hilum of lung,血管和支氣管都由這個肺門通到肺內.

肺臟內部有無數

圖30 肺臟的構造
1小支氣管 2言囊 3肺胞 4肺小葉 5結締組織6動脈7靜脈8微血管網

4—24

图4—24 《现代初中教科书生理卫生学》封面及内容节选，1923年初版

《现代初中教科书生理卫生学》目录

绪论
（甲）人体概说
（一）人体的构造
（二）人体的部位
（三）人体的化学成分
（乙）人体的生活现象
第一编 荣养生理
第一章 消化
第一节 饮食品
第一项 荣养素、食品和食物

第二项　各荣养素的价值

第三项　活力素的价值

第四项　食品的种类

第五项　食品的调理

第六项　嗜好品

第七项　饮食物的注意

第二节　消化器的解剖

第一项　消化管

第二项　消化腺

第三节　消化器的生理

第一项　消化液

第二项　消化液和精神作用的关系

第三项　口腔内的消化

第四项　胃内的消化

第五项　肠内的消化

第六项　消化管的吸收

第七项　粪便的排泄

第四节　消化器的卫生和疾病

第一项　齿的卫生

第二项　胃肠的卫生

第三项　胃肠的疾病

第二章　循环

第一节　血液

第一项　血液的性状和成分

第二项　血液的作用

第三项　血液的凝固现象

第二节　心脏和血管的解剖

第一项　心脏

第二项　血管

第三节　心脏和血管的生理

第一项　心脏的动作

第二项　心搏和脉搏

第三项　血液的循环

第四节　淋巴系统

第一项　淋巴液

第二项　淋巴微管、淋巴管和淋巴干

第三项　淋巴腺

第五节　循环器的卫生

第六节　循环器的疾病

第三章　呼吸

第一节　呼吸器的解剖

第一项　气道

第二项　肺脏

第二节　呼吸器的生理

第三节　呼吸和循环的关系

第四节　呼吸器的卫生

第五节　呼吸器的疾病

第六节　发声器的解剖

第七节　发声器的生理

第四章　排泄

第一节　泌尿器的解剖

第一项　肾脏

第二项　输尿管

第三项　膀胱和尿道

第四项　尿

第五项　肾脏内的血管

第二节　泌尿器的生理

第三节　泌尿器的卫生和疾病

第四节　皮肤的解剖

第五节　皮肤的附属物

第一项　毛发

第二项　爪甲

第三项　皮脂腺

第四项　汗腺

第六节　皮肤的生理
第一项　保护作用
第二项　发汗作用
第三项　体温调节作用
第四项　呼吸作用
第五项　感觉作用
第七节　皮肤的卫生
第八节　皮肤的疾病
第二编　运动生理
第一章　总说
第二章　骨骼
第一节　骨的解剖
第一项　骨的形状和连接
第二项　骨的构造和组织
第三项　人体各部的骨
第二节　骨的生理
第一项　骨的成分
第二项　骨的荣养
第三项　骨的作用
第三节　骨的卫生和疾病
第三章　肌肉
第一节　肌肉的解剖
第一项　肌肉的形状
第二节　肌肉的生理
第一项　肌肉的成分
第二项　肌肉的作用
第三项　身体的运动
第四项　肌肉的疲劳
第五项　肌肉的卫生
第三编　感觉生理
第一章　神经系
第一节　神经系的解剖
第一项　总说
第二项　神经系的构造
第三项　脑脊髓系
第四项　交感神经系
第二节　神经系的生理
第一项　神经系的作用
第二项　脑的作用
第三项　脊髓的作用
第四项　脑神经和脊髓神经的作用
第五项　交感神经系的作用
第三节　神经系的卫生和疾病
第二章　视觉器
第一节　视觉器的解剖
第一项　眼球的构造
第二项　眼球的附属器官
第二节　视觉器的生理
第一项　视器的成立
第二项　眼球和照相机的比较
第三项　眼球的调节作用
第四项　正视眼、近视眼、远视眼和老视眼
第五项　立体的感觉
第六项　大小远近的感觉
第七项　两眼视的利益
第八项　眼的错觉
第九项　色彩的感觉
第三节　眼的卫生
第四节　眼的疾病
第三章　嗅觉器
第一节　嗅觉器的解剖
第二节　嗅觉器的生理
第三节　嗅觉器的卫生和疾病

第四章　听觉器
第一节　听觉器的解剖
第一项　外耳的构造
第二项　中耳的构造
第三项　内耳的构造
第二节　听觉器的生理
第三节　听觉器的卫生和疾病
第五章　皮肤感觉
第一节　触觉器的解剖
第二节　触觉器的生理
第六章　味觉器
第一节　味觉器的解剖
第二节　味觉器的生理
第一项　味觉
第二项　味觉和嗅觉的关系
第三节　味觉器的卫生
第四编　全身生理
第一章　新陈代谢
第二章　体温的调节
第一节　体温
第二节　体温的发生
第三节　体温的放散
第四节　体温的调节
第五节　关于体温的卫生
第三章　人体的保全
第一节　形态学的保全
第二节　生理学的保全
第一项　循环上的保全
第二项　神经上的保全
第四章　人体的防卫
第五编　一般卫生
第一章　个人卫生
第一节　个人卫生的方法
第一项　体态
第二项　锻炼
第三项　节制
第四项　清洁
第五项　空气
第六项　光线
第七项　祛毒
第八项　休息
第二章　疾病——传染病
第一节　总说
第二节　传染病
第三节　传染病的来源
第四节　法定的传染病
第五节　慢性传染病
第六节　传染病的豫防
第三章　救急法
第一节　卒倒
第二节　出血
第三节　骨折和脱臼
第四节　日射病和热射病
第五节　冻伤
第六节　火伤和汤伤
第七节　缢死和溺死
第八节　咬伤
第九节　中毒
第四章　公众卫生

（二）《现代初中教科书植物学》

《现代初中教科书植物学》由凌昌焕编辑，胡先骕校订。1923年在商务印书馆出版。本书除绪论外，共三章。第一章为普通植物，所选材料多为应用植物，且按时令编排，方便学习者找到实物，对其形态和分类展开实地研究；第二章为植物通论，简要明晰叙述解剖、生理、生态三项内容；第三章为应用植物概论，多为我国常见重要植物，且与第一章“普通植物”中所分述的内容相呼应。在部分节下分别有形态、分类、解剖、生理、生态、应用等内容的提要，帮助学习者明白归纳的方法，并引起学习者对于系统研究的兴趣。但本书术语数量庞大，主要集中于植物形态部分的知识，分布排列无序，加大了学生记忆的难度与植物学学习的枯燥无味感。

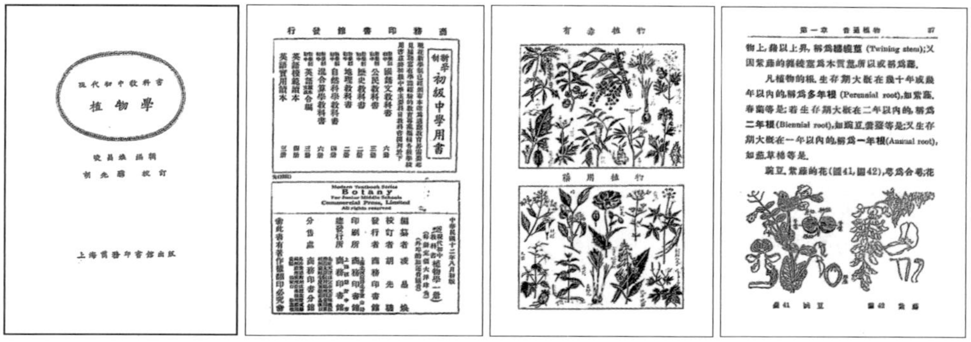

4—25

图4—25 《现代初中教科书植物学》封面、版权页及内容节选，1923年初版

《现代初中教科书植物学》目录

绪论

第一章 普通植物

第一节 茄

第二节 草棉

第三节 南瓜

第四节 大麻 茜草

第五节 薄荷

第六节 木犀

第七节 蓝

第八节 野菊 菊

第九节 茶

第十节 松蕈

第十一节 紫菜 裙带菜 石莼

第十二节 水仙

第十三节 梅 梨

第十四节 春兰

第十五节 松 柏

第十六节 芸薹 莱菔

第十七节 豌豆 紫藤

第十八节 大麦 甘蔗

第十九节 毛茛

第二十节 葡萄

第二十一节 葱 大蒜

第二十二节 石竹

第二十三节 梭桐 芭蕉

第二十四节 胡萝卜

第二十五节 槭树 梧桐

第二十六节 亚麻 漆树

第二十七节 柑 柿

第二十八节 栗

第二十九节 蕨 石松

第三十节 木贼 蘋

第三十一节 土马鬃 地钱

第三十二节 细菌

第二章 植物通论

第一节 细胞 组织

第二节 茎的构造

第三节 根的构造 叶的构造

第四节 吸收作用 蒸发作用

第五节 同化作用 呼吸作用

第六节 生长 运动

第七节 生殖 繁殖

第八节 群落 分布

第三章 应用植物概论

第一节 食用植物

第二节 材用植物

第三节 工艺植物

第四节 观赏植物

第五节 药用植物 有毒植物

第六节 饲料植物 肥料植物

（三）《新撰初级中学教科书动物学》

《新撰初级中学教科书动物学》由陈兼善编辑，1925年在商务印书馆出版。全书共三编。第一编为绪言，就动物及动物学给出定义并介绍了动物的分类方法。第二编为动物各论，以动物分类法进行篇、章、节的划分。上篇为脊椎动物，下设五章；下篇为无脊椎动物，下设七章。每章下以若干模式动物定节，主要叙述模式动物的形态、习性及与人类生活的关系，并附通论对该章内容进行总结，另书中插图全部集中在第二编，主要为外部形态图和内部结构解剖图。第三编为通论，主要就动物与人的关系、动物的进化等内容进行讲述。全书每页顶部留有约五分之一的空白位置对本页内容进行提要，或是列出重要名词，或是对某类动物特征进行总结等，易于重要内容的梳理，同时也便于学生笔记。

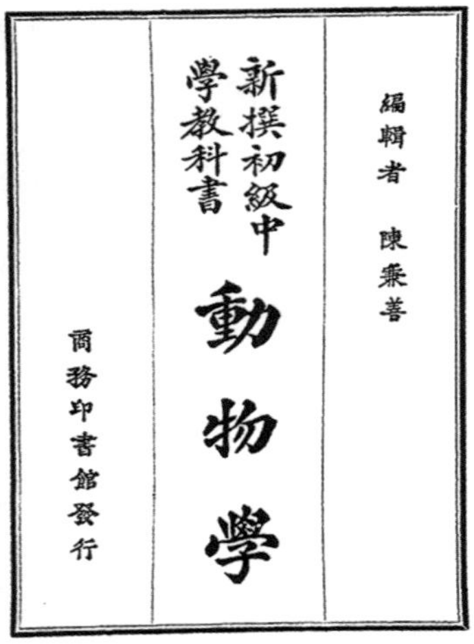

4—26

图4—26 《新撰初级中学教科书动物学》封面，1925年初版

《新撰初级中学教科书动物学》目录

第一编　绪言

动物及动物学

动物之分类

第二编　各论

上　脊椎动物篇

第一章　哺乳类

鼠　鼹鼠

牛　马

犬　猫

蝙蝠　鲸

弥猴

袋鼠　鸭嘴兽

哺乳类通论（附）

第二章　鸟类

鸽　雀

鸡　鸭

鹰　啄木鸟

鸵鸟

鸟类通论（附）

第三章　爬虫类

水龟

蛇

蜥蜴　鳄鱼

爬虫类通论（附）

第四章　两栖类

蟾蜍

蝾螈

两栖类通论（附）

第五章　鱼类

鲤鱼

星鲛

泥鳗

鱼类通论（附）

下　无脊椎动物篇

第六章　节足动物

蝗

凤蝶

蚊　蝇

蜂　蚁

昆虫类概说（附）

虾　蟹

蜘蛛

蜈蚣

节足动物通论（附）

第七章　软体动物

蜗牛

文蛤

乌贼

软体动物通论（附）

第八章　蠕形动物

蚯蚓

蛔虫

绦虫

蠕形动物通论（附）

第九章　棘皮动物

海胆

刺参

棘皮动物通论（附）

第十章　腔肠动物

水螅　海蛇

珊瑚

腔肠动物通论（附）

第十一章　海绵动物

海绵

海绵动物通论（附）

第十二章　原生动物

草履虫

变形虫

原生动物通论（附）

第三编　通论

第一章　动物与人生

第二章　动物维持个体生命之方法

第三章　动物维持种族生命之方法

第四章　动物之进化

（四）《现代初中教科书动物学》

《现代初中教科书动物学》由杜就田编辑、秉志校订。1923年在商务印书馆出版第1版，1926年出版第45版。本书根据《新学制课程标准纲要》编纂。全书除绪论外，共三章。第一章为动物各论，介绍常见动物，对每一模式动物附有插图，但本章对于动物的分类不够科学规范，往往以“凡和鲸相像的，称为鲸类”“凡和鸡相像的，称为鸡类”“凡和鸽相像的，称为鸽类”等语句作为分类依据，存在明显的错误之处；第二章为动物通论，系统介绍理论知识，对涉及动物内部构造部分附有较多解剖图；第三章为应用动物概论，揭示动物与人类生活的关系。每类动物介绍后附有“提纲”一栏，对此类动物的种属和特征进行系统归纳，帮助学习者掌握相关知识。

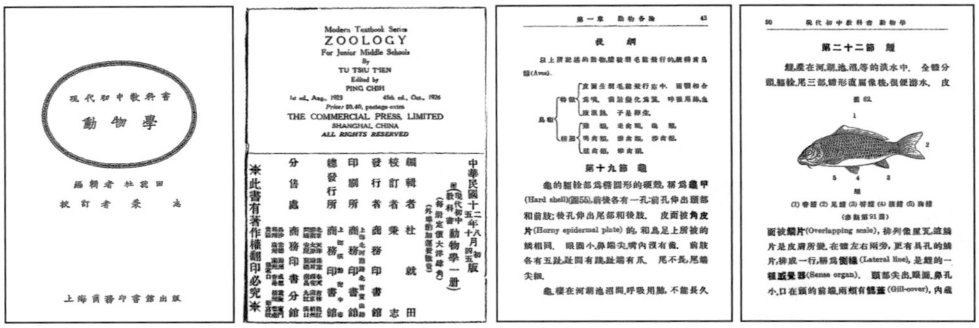

4-27

图4-27　《现代初中教科书动物学》封面及内容节选，1926年第45版

《现代初中教科书动物学》目录

绪论

第一章　动物各论

第一节　蜂　蚁

第二节　蛾　蝶

第三节　蝇　蚤

第四节　萤　蜻蜓

第五节　蝉　蟋蟀　蠹鱼

第六节　蜈蚣　马陆

第七节　蜘蛛　蝎

第八节　虾　蟹

第九节　猫

第十节　鼠

第十一节　蝙蝠　猬

第十二节　马　牛

第十三节　象　猴

第十四节　鲸　鸭獭

第十五节　鸡
第十六节　鸽　雀
第十七节　雁　鹤
第十八节　鹰　啄木鸟
第十九节　龟
第二十节　蛇
第二十一节　蛙
第二十二节　鲤
第二十三节　鳗鲡
第二十四节　鲛
第二十五节　乌贼
第二十六节　螺　蚌
第二十七节　蚯蚓
第二十八节　蛔虫　绦虫
第二十九节　海胆　海参
第三十节　水母　珊瑚虫
第三十一节　海绵　草履虫

第二章　动物通论
　第一节　动物的类属
　第二节　动物体的构造
　第三节　细胞和组织
　第四节　动物的生殖和发生
　第五节　动物的习性和形态
　第六节　自然淘汰和人为淘汰
　第七节　动物的分布
　第八节　动物的过去
　第九节　动物和植物的关系
第三章　应用动物概论
　第一节　食用动物
　第二节　使役动物
　第三节　爱玩动物
　第四节　益农动物
　第五节　工艺植物
　第六节　药用动物

（五）《新学制高级中学教科书公民生物学》

《新学制高级中学教科书公民生物学》由王守成编辑，商务印书馆出版。分上、下两卷，卷上1924年出版第1版，1926年出版第3版；卷下1925年出版第1版，1926年出版第2版。本书依据《新学制课程标准纲要》编写，采用混合编写法，将植物、动物与人体生理卫生知识融于一书内。全书除绪论外，卷上五编，卷下三编，共八编，包括总论、食物与生命、生物之继续、生物之生活方法、生物之反应生活、生物之改良、人类之生活、人类与他种生物之关系。本书的主旨是使学习者明了生物与人类生活有卫生、经济、社会、思想等多方面的关系，以人类生活为中心，偏重于实用主义。本书每章开头设有“问题”一项，若干问题为讨论要点，使教授者有据可依。文本竖行排列，内容分“本文”及“附文”两种，要点用大号字排印，归为“本文”，次要知识归为“附文”，以便教学时拓展使用。本书比陈桢编写的《普通生物学》早出版一个月，且是专门为用于高级中学而编写的，可被认为是我国最早的高中普通生物学教科书[1]。

[1] 付雷. 中国近代中学生物学教科书研究[M]. 南宁：广西科学技术出版社，2021：205.

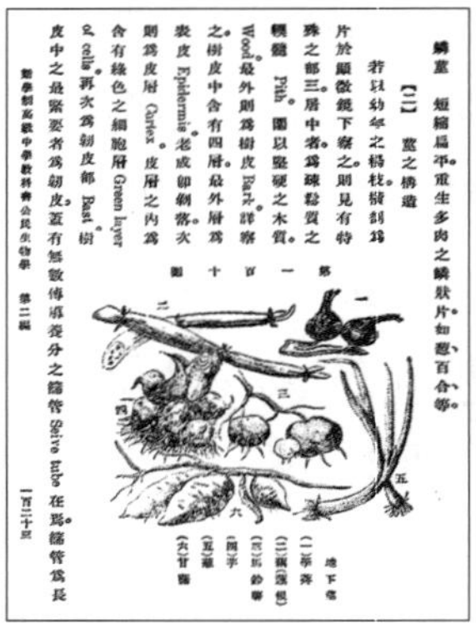

4—28

图4—28　《新学制高级中学教科书公民生物学》封面及内容节选，1926年第3版（卷上），1926年第2版（卷下）

《新学制高级中学教科书公民生物学》（卷上）目录

绪论

第一编　总论

第一章　生物与无生物

（一）生命之解释与来源

（二）生物之特色

（三）生命之物质的基础

第二章　生物体构造之基本

（一）细胞为生物体构造之单体

（二）细胞之大小、形态及数目

（三）细胞之构造

（四）细胞之种类与组织

（五）细胞与生长之关系——细胞分裂

第三章　生物之种类

（一）动植两界之区别

（二）生物分类之原理与方法

（三）人类在动物界中之位置

（四）生物之数

第四章　环境与生物之关系

（一）生物之环境

（二）植物之生活

（三）蜜蜂之生活

第二编　食物与生命

第一章　物质与能力

（一）物质之种类与成分

（二）能力

第二章　植物摄取食料之器官——根

（一）根之性状

（二）根之构造

（三）根之功用

第三章　食物原料之来源

（一）土壤之种类与性质

（二）土中之养料

第四章　食物之制造厂——叶

（一）叶之形态与构造

（二）叶之工作

第五章　养分在植物体中之运化

（一）茎之性状

（二）茎之构造

（三）食物之运送

（四）具特殊消化器官之植物

第六章　动物之食物

（一）动物摄取食物之方法

（二）绿色植物与动物相互之关系
第七章　食物及其用途
（一）食物之种类与功用
（二）食物之燃烧价值
（三）食物量与需要之关系
（四）嗜好品与吾人生活
第八章　消化与吸收
（一）食物之消化
（二）食物之传达
第九章　呼吸与循环
第三编　生物之继续
第一章　生长与再生
（一）生长与生长限制
（二）再生及其方法
第二章　新生物
（一）生殖
（二）生殖之方法
第三章　动植物之两性
第四章　世代交替
（一）苔藓与羊齿之生活史
（二）动植物之世代交替
第五章　发生
（一）细胞之繁殖
（二）发生中经过之情形
第六章　花与花粉传授
（一）花与植物之关系
（二）花粉传授之必要及其媒介物
（三）花与昆虫相互之适应
第七章　果实与种子之分布
（一）种子与植物之关系
（二）种子之设备与分布
第四编　生物之生活方法
第一章　地方与时季中之适应
（一）绿色植物之分布与适应
（二）动物之分布与适应
（三）动植物对于外围改变之适应
第二章　生活态度中之适应
（一）共生
（二）寄生
（三）生存竞争
第三章　身体上之特性与生活适应
第四章　幼稚时代与亲体之保护
（一）植物之幼稚时代及其亲体之保护
（二）动物之幼稚时代及其亲体之保护
第五章　生物之社会生活
（一）独立之生物
（二）群处之生物
第五编　生物之反应生活
第一章　反应性与感觉之原始
（一）反应性与动物之关系
（二）动物中之感觉器官
第二章　眼与光
（一）动物与光之关系
（二）眼之种类
第三章　声之感觉
（一）声之意义及与动物之关系
（二）动物之听器官
第四章　动物之神经系
（一）身体各部动作之支配
第五章　本能习惯与智慧
（一）本能之来源与改变
（二）习惯之养成与重要
（三）智慧之来源
第六章　毒物于生命组织之影响

《新学制高级中学教科书公民生物学》（卷下）目录

第六编　生物之改良

第一章　农产物之来源与价值

（一）农产物何自而来

1. 禾壳　2. 果实　3. 菜蔬

（二）农产物与吾人之关系若何

第二章　家养动物之来源与价值

（一）家养动物从何而来

1. 兽　2. 禽　3. 昆虫

（二）家养动物与吾人之关系若何

第三章　变异

（一）生物有二个体相同者否

（二）变异之原因为何

（三）一切生物之变异是否相同

（四）变异与新种之产生有何关系

第四章　遗传

（一）两亲性质如何得遗传于子女

（二）遗传与生物选种有何关系

第五章　动植物之选种

（一）生物如何得以改良其品质

1. 选择　2. 交配　3. 突变

第六章　略

第七编　人类之生活

第一章　人类之意义与其进化

（一）人类究为何物

（二）人类何以能超出其他动物之上

（三）人类生活为固定的仰系创造的

第二章　人类之今昔与将来

（一）古今人类之三育有何异同

（二）今人生活是否前进不已

（三）人类之将来若何

第三章　人类与环境之关系

（一）人类之环境为何

（二）环境于吾人生活上有何重要

第四章　人类环境之改良

（一）吾人现在之环境状况如何

（二）现在环境有改良之必要否

（三）改良环境当如何入手

第八编　人类与他种生物之关系

第一章　绿色植物与人生——应用植物

（一）绿色植物于人生上有何利益

1. 食料　2. 衣服　3. 居处　4. 用具　5. 他种用途

第二章　绿色植物与人生——田园之恶莠

（一）绿色植物中何者不利于吾人

（二）恶莠如何为害

（三）如何可以去除之

第三章　森林之利益与保护

（一）森林于人生上有何价值

（二）吾人当如何预防森林之灾害

（三）吾人当如何保存森林

第四章　我国之森林问题

（一）我国自古来有无森林

（二）我国之林地何在

（三）我国有何种林木

（四）我国各省有何树种

（五）我国森林事业之状况若何

第五章　无色植物与吾人之关系——菌类植物之研究

（一）菌类植物如何有益于人生

（二）菌类植物如何有害于人生

（三）保存食物、防除害菌当用何法

第六章　无色植物与吾人之关系——细菌与人生

（一）细菌与吾人健康有何关系

（二）当如何防除病菌

（三）预防菌病之方法如何

（四）细菌是否均有害处

第七章　动物与人生——应用动物

（一）动物与吾人之衣食有何关系

（二）动物于工业上之价值如何

（三）动物与农业之关系若何

（四）动物于人类生活上有何其他之重要

第八章　动物与人生——人体中之寄生虫

（一）寄生虫如何进入人体

（二）寄生虫如何为害

（三）驱除寄生虫有何方法

第九章　昆虫问题——昆虫传播病疫

（一）昆虫何以有害益之别

（二）蝇与吾人健康有何关系

（三）蝇如何能传病疫

（四）如何可以除蝇

第十章　昆虫问题——昆虫为病源微生物之中间宿主

（一）蚊何以为害于人

（二）蚊之生活如何

（三）如何可以去除之

第十一章　昆虫问题——昆虫与人类经济

（一）昆虫有利益于人类否

（二）昆虫有损害于人类否

（三）昆虫之利害比较如何

第十二章　鼠之问题

（一）鼠何以分布甚广

（二）鼠如何能为害于人

（三）如何可以灭鼠

第十三章　鸟类与人生

（一）鸟类与人之关系何若

（二）吾人当如何保护益鸟

（六）《新撰初级中学教科书植物学》

《新撰初级中学教科书植物学》由杜就田编辑。1926年在商务印书馆出版第1版，1927年出版第20版。全书共六编，二十三章。第一编中的第一章和第二章分别为显花植物和隐花植物，介绍了高等植物与低等植物。第二编主要叙述了植物形态解剖学中的根、茎、叶等器官，介绍其结构与功能。第三编与第四编讲述了植物的细胞、组织等，第五编、第六编主要讲述植物的生理特性、植物与人类的关系。

本书在栏目设置、内容编排上也颇具特色。例如，在正文页面的正上方设置了一块类似“旁栏”的空白，将本页所提及的名词列举在上面，便于教师总结与学生复习。在“植物之生理”一编中，编者用了验证种子的呼吸作用、水草在光下产生氧气、叶在光下产生淀粉等实验来说明植物的生理作用，这些实验至今仍在中学生物学教科书中有涉及。在“植物之构造”一编中涉及了细胞学说这一在当时处于前沿的生物学知识。并且，对于部分相近内容，如根和茎，书中也设置了表格对比它们的形态、结构、功能。

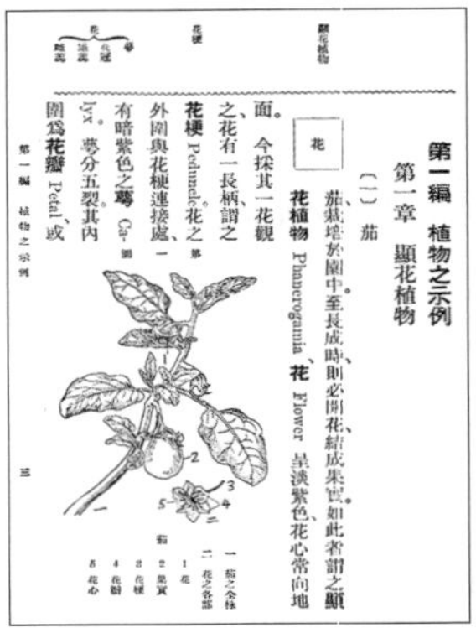

4—29

图4—29　《新撰初级中学教科书植物学》封面及内容节选，1927年第20版

《新撰初级中学教科书植物学》目录

绪论

第一编　植物之示例

　　第一章　显花植物

　　　　一　茄

　　　　二　草棉

　　　　三　竹

　　　　四　稻

　　　　五　胡麻

　　　　六　薄荷

　　　　七　大豆

　　　　八　大麻

　　　　九　烟

　　　　十　梨　苹果

　　　　十一　葡萄

　　　　十二　蓼蓝

　　　　十三　茶

　　　　十四　菊

　　　　十五　松

　　第二章　隐花植物

　　　　一　贯众　蕨

　　　　二　木贼　问荆

　　　　三　卷柏　石松

　　　　四　地钱　土马鬃

　　　　五　蕈　霉

　　　　六　水绵　地衣

　　　　七　细菌

　　第三章　植物界之大略

　　第四章　植物学之目的及其分类

第二编　植物之形态

　　第一章　根

　　第二章　茎（附芽）

　　第三章　叶

　　第四章　花

　　第五章　果实

　　第六章　种子

第三编　植物之构造

　　第一章　细胞

　　第二章　组织

　　第三章　构造

第四编　植物之生理

　　第一章　生长作用

　　　　甲　营养

　　　　乙　成长

　　第二章　运动作用

　　第三章　生殖作用

　　　　甲　有性生殖

乙　无性生殖

丙　世代交递

第五编　植物之生态

第一章　生长之适应

甲　对于气候、土壤、日光、水分之适应

乙　对于动物及他种植物之适应

第二章　生殖之适应

甲　对受精之适应

乙　对于播散种子之适应

第六编　植物之应用

第一章　食用植物

第二章　工艺植物

第三章　材用植物

第四章　观赏植物

第五章　药用植物　有毒植物

（七）《新时代民众学校卫生课本》

《新时代民众学校卫生课本》由凌昌焕编，程瀚章校订。1929年在商务印书馆出版。本书共十六课，选择的内容为民众应该具有的卫生知识，浅显易懂，与生活实际紧密相连，贴近健康生活需求。书中涉及防疫知识，并具体介绍了防疫的两种方法：若疫病从外国传来，要对外来人口“验疫”，若疫病在本地流行，要将患者送入防疫医院隔离。两种方法在今时也是适用的。

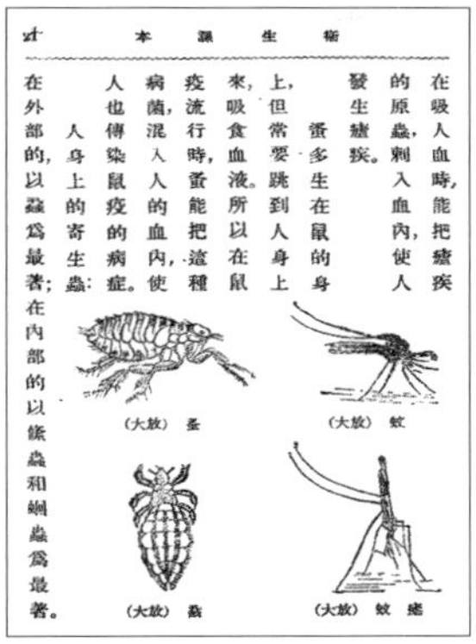
廿　衛生課本

在吸人血時，能把瘧疾的原蟲，刺入血內，使人發生瘧疾。

蚤多生在鼠的身上，但常要跳到人身上來，吸食血液。所以在鼠疫流行時，蚤能把這種病菌，混入人的血內，使人也傳染鼠疫的病症。

人身上的寄生蟲：在外部的，以蝨為最著；在內部的以絛蟲和蛔蟲為最著。

(大放) 蚤　(大放) 蚊　(大放) 蝨　(大放) 蚊 [illegible]

4—30

图4—30《新时代民众学校卫生课本》封面及内容节选，1929年初版

《新时代民众学校卫生课本》目录

一　人体的构造

二　骨骼和肌肉的卫生

三　消化器的作用和卫生

四　血行器及其卫生方法

五　呼吸器及其卫生方法

六　泌尿器及其卫生方法

七　皮肤及其卫生方法

八　眼、耳、鼻、舌的作用和卫生

九　神经系的作用和卫生

十　鸦片和烟酒的害处

十一　蝇、蚊、蚤和寄生虫的害处

十二　消毒和防疫

十三　止血法和人工呼吸法

十四　家庭卫生

十五　工厂卫生

十六　公众卫生

（八）《新撰初级中学教科书生理卫生学》

《新撰初级中学教科书生理卫生学》由顾寿白编。1926年在商务印书馆出版第1版，1931年出版第88版。该书除绪论外，共十编，前四编分述运动系统、营养系统、神经系统、感觉系统，并详述各相关器官的解剖、生理、卫生与疾病；第五、六编简述内分泌器与全身生理；第七编为疾病，多为传染病的叙述；第八编为急救法，将每一方法详细陈述，可直接用于生活处理；最后两编分述社会卫生和个人卫生，其中个人卫生更偏向于培养利于个人身心健康的习惯。除最后两编外，其余各编的每章末附有“问题”一栏，便于学习者复习巩固。

新撰初級中學教科書
生理衛生學
顧壽白編
民國十七年八月七日經
大學院審定
領到第七十四號執照
商務印書館發行

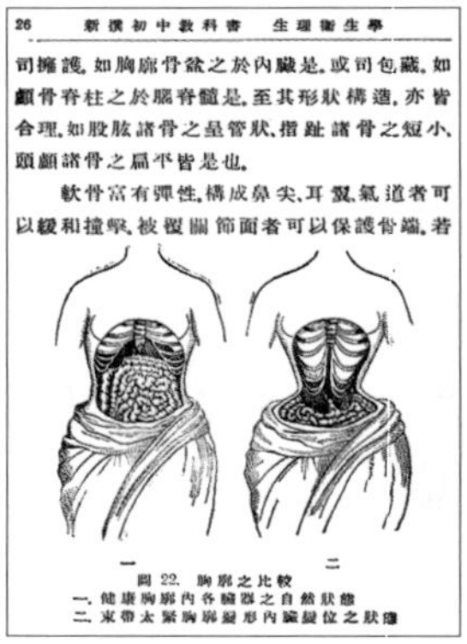
26 新撰初中教科書 生理衛生學

司擁護。如胸廓骨盆之於內臟是。或司包藏。如顱骨脊柱之於腦脊髓是。至其形狀構造。亦皆合理。如股肱諸骨之呈管狀、指趾諸骨之短小、頭顱諸骨之扁平皆是也。

軟骨富有彈性。構成鼻尖、耳殼、氣道者可以緩和撞擊。被覆關節面者可以保護骨端。若

圖 22. 胸廓之比較
一. 健康胸廓內各臟器之自然狀態
二. 束帶太緊胸廓變形內臟變位之狀態

196 新撰初中教科書 生理衛生學

圖 149. 昔年東三省火葬鼠疫屍體之光景

圖 150. 鼠疫解剖室（檢查鼠疫之狀態，檢查員均着消毒之防護眼鏡，防護呼吸器及防毒帽等而嚴密檢查）

4—31

图4—31 《新撰初级中学教科书生理卫生学》封面及内容节选，1931年第88版

《新撰初级中学教科书生理卫生学》目录

绪论
（一）人体之构造
（二）人体之部位
（三）人体之化学的成分
（四）人体之生活现象
第一编 运动系统
第一章 骨骼
第一节 骨骼之解剖
第一项 骨之数及形状
第二项 骨之构造与组织
第三项 骨之联接
第四项 各部之骨
第二节 骨之生理
第一项 骨之成分
第二项 骨及软骨之作用
第三节 骨之卫生
第四节 骨之疾病
第二章 肌肉
第一节 肌肉之解剖
第一项 肌肉之数及形状
第二项 肌肉之构造
第三项 各部之肌肉
第二节 肌肉之生理
第一项 肌肉之成分
第二项 肌肉之作用
第三项 身体之运动
第四项 肌肉之疲劳
第三节 肌肉之卫生及疾病
第二编 荣养系统
第一章 消化系
第一节 消化系之解剖
第一项 消化管

第二项　消化腺
第三项　消化液
第二节　消化器之生理
第一项　器械的消化作用
第二项　化学的消化作用
第三项　吸收作用
第四项　通便作用
第三节　消化器之卫生
第一项　齿之卫生
第二项　咀嚼之必要
第三项　进食之注意
第四项　胃肠之保护
第四节　消化器之疾病
第一项　普通之胃病
第二项　普通之肠病
第二章　饮食物
第一节　荣养素
第二节　各荣养素之作用
第一项　水
第二项　盐类
第三项　碳水化物
第四项　蛋白质
第五项　脂肪
第三节　新荣养素——活力素
第一项　甲种活力素
第二项　乙种活力素
第三项　丙种活力素
第四节　食品
第一项　植物性食品
第二项　动物性食品
第五节　嗜好品
第六节　饮食之卫生
第三章　呼吸系
第一节　呼吸系之解剖
第一项　气道
第二项　肺脏
第三项　呼吸肌
第四项　肋膜及纵隔窦
第二节　呼吸器之生理
第一项　呼吸之化学作用
第二项　呼吸之器械的作用
第三项　呼吸之型式及数量
第四项　变态呼吸
第三节　呼吸系之卫生
第一项　关于空气之注意
第二项　换气之必要
第三项　尘埃之害
第四项　呼吸系之保护
第四节　呼吸系之疾病
第四章　发声器
第一节　发声器之解剖
第二节　发声器之生理
第一项　声音
第二项　言语
第三项　声音及言语之变态
第三节　发声器之卫生
第五章　循环系
第一节　血液
第一项　血液之性状及成分
第二项　血液之作用
第三项　血液之凝固
第二节　心脏及血管之解剖与生理
第一项　心脏之构造
第二项　血管之构造

第三项 血液循环

第四项 心脏之机械的运动

第五项 心搏及脉搏

第六项 循环与呼吸之关系

第三节 循环系之卫生

第四节 循环系之疾病

第六章 淋巴系统

第一节 淋巴液

第二节 各淋巴管

第三节 淋巴腺

第七章 泌尿系

第一节 泌尿系之解剖

第一项 肾脏

第二项 输尿管

第三项 膀胱及尿道

第四项 尿

第二节 泌尿系之生理

第三节 泌尿系之卫生

第四节 泌尿系之疾病

第八章 皮肤

第一节 皮肤之解剖

第一项 皮肤

第二项 皮肤之附属物

第二节 皮肤之生理

第一项 保护作用

第二项 呼吸作用

第三项 调温作用

第四项 排泄作用

第五项 感觉作用

第三节 皮肤之卫生

第一项 皮肤之清洁

第二项 皮肤之锻炼

第四节 皮肤之疾病

第三编 神经系统

第一章 神经系统总说

第一节 神经系统之解剖

第一项 神经系统之一般构造

第二项 动物性神经系统之构造

（一）脑

（二）脑神经

（三）脊髓

（四）脊髓神经

第三项 植物性神经系统之构造

第二节 神经系统之生理

第一项 全神经系统之作用

第二项 脑之作用

第三项 脊髓之作用

第四项 脑神经及脊髓神经之作用

第五项 交感神经系统之作用

第三节 神经系统之卫生

第四节 神经系统之疾病

第四编 感觉系统

第一章 视器

第一节 视器之解剖

第一项 眼球

第二项 眼球之附属器官

第二节 视器之生理

第一项 视觉之发生

第二项 眼球与照相机

第三项 眼球之调节作用

第四项 正视、近视、远视及老视

第五项 色彩之感觉

第六项 两眼视之利益

第七项 错视

第三节　视器之卫生
第四节　视器之疾病
第二章　听器
第一节　听器之解剖
第一项　外耳
第二项　中耳
第三项　内耳
第二节　听器之生理
第一项　听觉发生之顺序
第二项　三半规管之作用
第三节　听器之卫生
第四节　听器之疾病
第三章　嗅器
第一节　嗅器之解剖
第二节　嗅器之生理
第三节　嗅器之卫生及疾病
第四章　味器
第一节　味器之解剖
第二节　味器之生理
第一项　味觉
第二项　嗅觉与嗅觉及视觉之关系
第三节　味器之卫生
第五章　触器
第一节　触器之解剖
第二节　触器之生理
第五编　内分泌器
第六编　全身生理
第一章　物质代谢
第一节　体内之收支
第二节　疲劳与复原
第三节　人生之时期
第二章　体温
第一节　体温之发生
第二节　体温之变动
第三节　体温之调节
第三章　防御机能
第七编　疾病
第一章　疾病之种类
第二章　疾病之治疗
第三章　传染病及其来源
第四章　急性传染病
第五章　慢性传染病
第六章　防疫
第八编　急救法
第一章　中暑
第二章　冻伤
第三章　火伤及汤伤
第四章　缢死及溺死
第五章　卒倒
第六章　出血
第七章　脱臼与骨折
第八章　中毒
第九章　咬伤
第九编　社会卫生
第十编　个人卫生
第一章　节制
第二章　清洁
第三章　运动
第四章　休息
第五章　睡眠
第六章　祛毒
第七章　空气
第八章　光线

（九）《复兴初级中学教科书动物学》

《复兴初级中学教科书动物学》由周建人编著，分上、下两册，上册1933年在商务印书馆出版，下册1937年出版。共十七章，选取的素材主要为我国常见的与人的生活、生产有关的动物，并且先介绍高等动物，再介绍低等动物。除第一章绪论和最后一章结论外，每章都是先选择某一模式动物详述其形态、生理等，后补充介绍其他同类动物，并对其中性质相同或相似的知识点进行比较，最后对该章动物类别进行提要总结。最后一章简要概括人类的演进，体现了进化论的思想。本书提倡教师使用实物、标本进行教学。采用白话文编写，语言生活化。书中附有较多的插图，并且在章或节后附有习题，书的最后还有中英名词对照表。

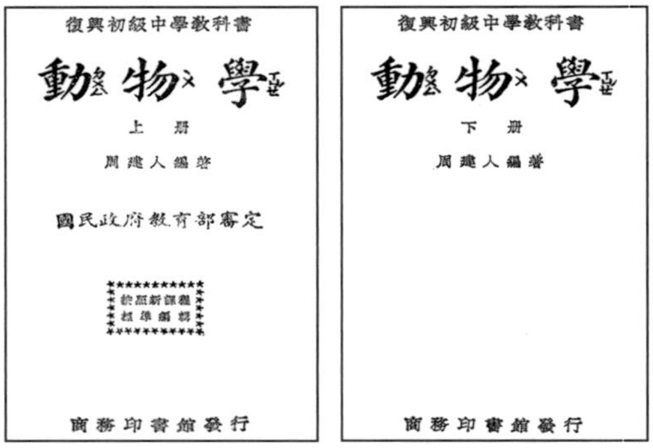

4—32

图4—32　《复兴初级中学教科书动物学》封面，1933年上册初版，1937年下册初版

《复兴初级中学教科书动物学》（上册）目录

第一章　绪论
- 动物的繁布
- 分类
- 相互的关系
- 和人的关系
- 动物学的范围

第二章　哺乳动物
- 猫的研究
- 猕猴
- 犬
- 牛
- 马
- 骆驼
- 象
- 海豚
- 鼠
- 鼹鼠
- 蝙蝠
- 鲮鲤
- 袋鼠
- 鸭嘴兽
- 哺乳动物提要

第三章　鸟类
- 鸡的研究
- 鹰
- 啄木鸟
- 燕
- 鹤
- 鸭
- 驼鸟
- 鸟类提要

第四章　爬虫类
- 龟的研究
- 蛇
- 蜥蜴
- 鳄鱼

《复兴初级中学教科书动物学》（下册）目录

（十）《复兴高级中学教科书生物学》

《复兴高级中学教科书生物学》由陈桢编著，1933年在商务印书馆出版，是“复兴教科书”系列的一种。这本书从民国时期一直使用到中华人民共和国成立后的20世纪50年代，前后出版发行181版。[1]《复兴高级中学教科书生物学》共八篇，包括导言，细胞、原生质与生命现象的特点，单细胞生物的生活，多细胞植物的生活，多细胞动物的生活，个体的起源、演发与衰老，遗传和演化。书中涉及的举例说明，多是列举本国的资源，部分内容是陈桢自己的科研成果，这与生物学教科书出现初期的译编版有所不同。同时，本书注重生物科学史的介绍，也重视当时生物科学前沿知识的介绍，在本书最后还列举了从古希腊时代开始，至20世纪编者所生活的年代的生物学发展史。

本书最能够代表民国时期高中生物学教科书的水平，它不仅在国内的高级中学被普遍使用到1954年，在东南亚一带的华侨学校也很受欢迎[2]。

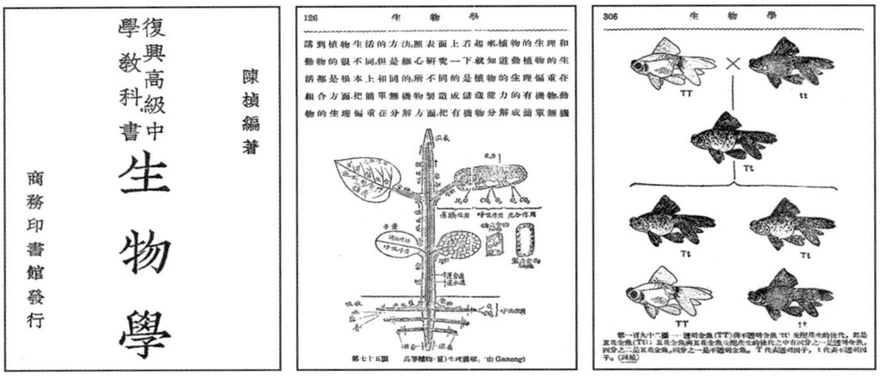

4—33

图4—33　《复兴高级中学教科书生物学》封面及内容节选，1933年初版

《复兴高级中学教科书生物学》目录

第一篇　导言

生物　生物学　生物学的分门　生物学通论　生物学研究方法

第二篇　细胞、原生质与生命现象的特点

第一章　细胞的形体

细胞是造成生物身体的单位　细胞体积与形状　细胞的微细结构　细胞间质

第二章　原生质

原生质是生命的物质基本　原生质的显微镜观　原生质的化学分析　造成原生质的原素　造成原生质的化合物　水与无机盐　碳水化物　脂肪与凝脂　生质精　酵精　原生质是复杂的胶体物

第三章　细胞的生理

单细胞能独立生活　多细胞身体里的各个细胞也能独立生活　代谢作用　食物　维他命　食物的来源　消化分泌与吸收　组成作用与分解作用　呼吸作用与排泄作用　物质与能力的收入与支出　细胞的运动　激感与反应

第四章　细胞的分裂

细胞分裂的普遍　有线分裂　无线分裂

第五章　生命现象的特点

（1）复杂的结构　（2）代谢作用

[1] 付雷. 简评陈桢著《复兴高级中学教科书生物学》[J]. 生物学通报，2013，48（10）：9.

[2] 赵占良，谭永平. 中国百年教科书史：生物学卷[M]. 北京：人民教育出版社，2020：181.

（3）适应　（4）内填滋长　（5）生殖

机械论、生机论与机体论

第三篇　单细胞生物的生活

第一章　鼓藻与硅藻

鼓藻　硅藻

第二章　酵菌

形体　生理　生殖　酵菌的利用

第三章　细菌

形体　生殖　能制造食物的细菌　腐生细菌　寄生细菌　需气菌与离气菌　细菌与人生的关系

第四章　眼虫

形体　生理　生殖

第五章　草履虫

形体　生理　生殖

第六章　疟虫

疟虫在人体里　疟虫在蚊体里

第七章　动植物之间的生物

动植物的分别　眼虫　粘菌

第八章　单细胞与多细胞之间的生物

单胞藻　盘藻　实球藻与空球藻　杂球藻　团藻

第四篇　多细胞植物的生活

第一章　菌藻植物

水绵　面包霉

第二章　苔藓植物

有性世代　无性世代

第三章　羊齿植物

无性世代　有性世代

第四章　种子植物

种子植物的器官与体素　茎　根　叶　花　世代交迭　果实　种子

第五章　植物的生理

根部吸取的无机物　水的吸收、运导和蒸散　制造碳水化物的材料　制造碳水化物的器具　制造碳水化物的能力　制造碳水化物的程序　脂肪和生质精的制造　有机食物的运输与储藏　代谢作用与呼吸作用　废物的利用与储藏　激感与反应　食虫植物

第五篇　多细胞动物的生活

第一章　腔肠动物

水螅　水螅的生理　水螅的生殖　再发　世代交迭　枝形虫

第二章　环节动物

蚯蚓　消化　循环与呼吸　排泄　行动　调节　生殖　再发与接体

第三章　脊椎动物

外形　体壁、消化管与体腔　系统、器官与体素

第一节　骨骼

中轴骨骼　附体骨骼

第二节　消化器官与消化

消化管的各部　消化管壁　消化腺　口腔内的消化　胃内的消化　肠内的消化

第三节　血液与血液的机能

血液的成分　红血球和他的机能　白血球和他的机能　凝血球和他的机能　血浆是运输的器具　血浆是细胞生活的适宜环境　总结

第四节　血液的循环

鱼类的血液循环　蛙类的血液循环　人类的血液循环　心跳与血管的张缩　血压与脉搏　血液流行的速度　微血管的机能　淋巴液的循环　脾脏

第五节　呼吸器官与排泄器官
呼吸器官　排泄器官
第六节　肌肉与运动
第七节　无管线与激素
第八节　神经系统和他的机能
联络身体各部的两种方法　神经系统　神经原　反射弧　脊髓　延髓、中脑与间脑　小脑　蛙的大脑　人的大脑　自治神经系统
第九节　感受器
第十节　生殖器官
第六篇　个体的起源、演发与衰老
第一章　无生源论与生源论
芮迪的研究　施巴兰让尼的研究　巴斯德的研究　听德尔的研究
第二章　生殖与性
分体生殖　出芽生殖　孢子生殖　配子生殖　单雌生殖　人工单雌生殖　性的功用
第三章　生殖细胞的轮转
从受精卵到原始生殖细胞　繁增时期　滋长时期　成熟时期　精子与卵子　受精　染色体数目的轮转
第四章　个体的演发
植物的演发　动物演发的胚胎时期　动物演发的胚后时期　先成论与后生论　分离细胞的研究　更改环境的研究　形体的维持
第五章　衰老、死亡与寿命
细胞的长生不死　多细胞身体的衰老　衰老的原因　转老还幼　寿命的长短
第七篇　遗传
第一章　前后代生物相似的原因
前后代生物的相似　环境与前后代的相似　遗传与前后代的相似
第二章　偏生论与种质论
偏生论　种质论　种质的连续　获得性不能遗传　身体质不能影响种质
第三章　孟德尔定律
一对因子的遗传　二对因子的遗传　孟德尔定律　孟德尔定律的修改　孟德尔定律的普遍
第四章　遗传的物质基本
染色体与因子的关系　因基的定位　环连与互换　直线排列
第五章　雌雄性的决定
性染色体　性连遗传　中间性　性反转
第六章　个性的决定与改良
个性的决定　个性的改良
第八篇　演化
第一章　演化的证据
特创论与演化论　形态学里的证据　胚胎学里的证据　古生物学里的证据　分类学里的证据　遗传学里的证据
第二章　演化的成绩：植物、动物与人类
植物界　动物界　脊椎动物亚门　哺乳动物纲　灵长目　人类
第三章　演化的成绩：适应
水中生活的适应　陆地生活的适应　树枝生活与空中生活的适应　冬眠与夏伏　隐身色、警戒色与拟态　寄生与免疫　共栖与共生　团体生活
第四章　演化的原因与方法
用进废退论　天择论　突变论　直生论
附录一：生物学发达史一览表
附录二：译名对照表

（十一）《复兴初级中学教科书卫生学》

《复兴初级中学教科书卫生学》由程瀚章编著。1933年在商务印书馆出版第1版，共三册。下文所选的版本为1935年第88版（第一册），1935年第60版（第二册），1934年第37版（第三册）。第一册为人体概论及生理学大意，第二册为健康与疾病常识，第三册为公共卫生。全书使用白话文介绍知识内容，有数量极其丰富的插图，并且提出“本书材料，不过提示纲领，教授者可尽量加以发挥，不必为课本所束缚”。本书第一册先讲各系统、器官形态、功能，并且每篇后附有习题，之后讲呼吸、循环等生理活动的原理，较为详细。第二册共三篇，分述健康与疾病、病原略说和疾病论，内容由浅入深，由简入繁。其中，第三篇内容较多，主要列举各种人类常见疾病，并就其原因、症状及预防法或疗养法展开讨论。第三册共五篇，除一般教科书中都有的公众卫生和衣食住的卫生外，还增添了第三篇妇孺卫生知识，就女性不同时期应注意的卫生分条叙述；第四篇为急救法，就常见的救护方法详细介绍操作步骤；最后一篇为医学和公共卫生发展史，就古代医学、中古医学和近代医学和卫生的发展进行阐述。各篇后附有问题若干，帮助学习者梳理、理解相关知识。

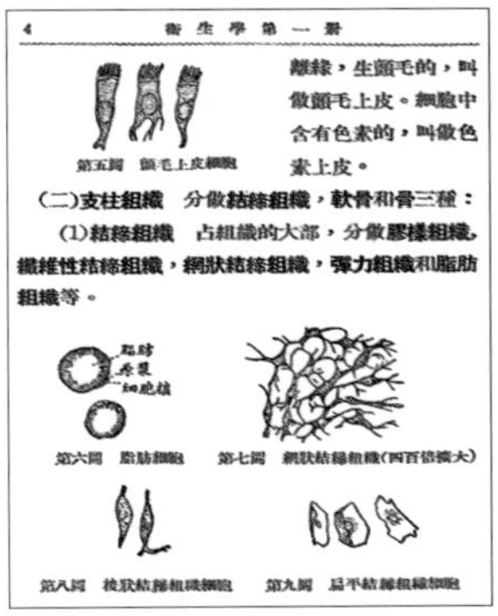
4 衛生學第一册

離緣，生顫毛的，叫做顫毛上皮。細胞中含有色素的，叫做色素上皮。

第五圖 顫毛上皮細胞

(二)支柱組織　分做結締組織，軟骨和骨三種：

(1)結締組織　占組織的大部，分做膠樣組織，纖維性結締組織，網狀結締組織，彈力組織和脂肪組織等。

第六圖 脂肪細胞　第七圖 網狀結締組織(兩百倍擴大)

第八圖 梭狀結締組織細胞　第九圖 扁平結締組織細胞

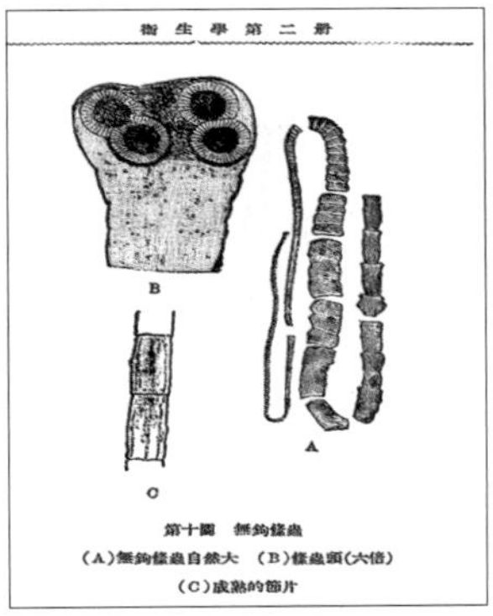
衛生學第二册

第十圖 無鈎條蟲

(A)無鈎條蟲自然大　(B)條蟲頭(六倍)

(C)成熟的節片

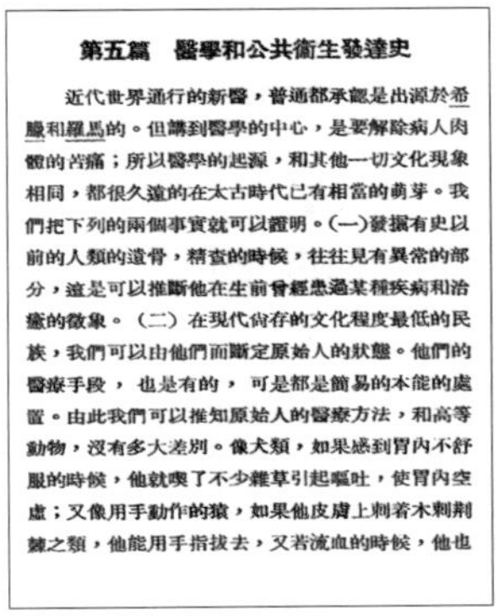
第五篇　醫學和公共衛生發達史

近代世界通行的新醫，普通都承認是出源於希臘和羅馬的。但講到醫學的中心，是要解除病人肉體的苦痛；所以醫學的起源，和其他一切文化現象相同，都很久遠的在太古時代已有相當的萌芽。我們把下列的兩個事實就可以證明。(一)發掘有史以前的人類的遺骨，精查的時候，往往見有異常的部分，這是可以推斷他在生前曾經患過某種疾病和治癒的徵象。（二）在現代尚存的文化程度最低的民族，我們可以由他們而斷定原始人的狀態。他們的醫療手段，也是有的，可是都是簡易的本能的處置。由此我們可以推知原始人的醫療方法，和高等動物，沒有多大差別。像犬類，如果感到胃內不舒服的時候，他就喫了不少雜草引起嘔吐，使胃內空虛；又像用手動作的猿，如果他皮膚上刺着木刺荊棘之類，他能用手指拔去，又若流血的時候，他也

4—34

图4—34　《复兴初级中学教科书卫生学》封面及内容节选，1935年第88版（第一册），1935年第60版（第二册），1934年第37版（第三册）

《复兴初级中学教科书卫生学》（第一册）目录

第一篇　人体概论
第一　细胞和组织
第二　骨系
第三　肌肉系
第四　呼吸器
第五　消化器
第六　泌尿器
第七　感觉器
第八　循环系
第九　神经系统
第十　血管腺
第二篇　生理学大意
第一　人体的化学成分
第二　运动器的生理
第三　消化
第四　吸收和同化作用
第五　呼吸器生理
第六　血液和循环的生理
第七　视器的生理
第八　听器的生理
第九　嗅器的生理
第十　味器的生理
第十一　触觉的生理
第十二　神经系
第十三　泌尿器生理
第十四　内分泌

《复兴初级中学教科书卫生学》（第二册）目录

第一篇　健康与疾病
第一　健康的意义
第二　疾病的概说
第三　动物和人体疾病的关系
第二篇　病原略说
第一　生活条件的变常
第二　细菌
第三　动物性寄生体
第三篇　疾病论
第一　心脏疾病
第二　血液疾病
第三　呼吸器病
第四　消化器疾病
第五　泌尿生殖器的疾病
第六　神经系统疾病
第七　新陈代谢疾病
第八　传染病

《复兴初级中学教科书卫生学》（第三册）目录

第一篇　公众卫生
第一　土地
第二　水
第三　气候
第四　驯化
第五　季节和卫生的关系
第六　街道
第七　住居
第八　废弃物处置法
第九　尸体处置法
附　都市安全的设计
第十　学校卫生
第十一　劳工卫生
第二篇　衣食住的卫生

第一　衣服
第二　食物
第三　住
第三篇　妇孺卫生
第一　妇女幼年时的卫生
第二　月经时的卫生
第三　妊娠时的卫生
第四　分娩中的卫生
第五　产褥中的卫生
第六　经绝期的卫生
第七　婴儿死亡的原因和预防
第四篇　救急法
第一　绷带使用法
第二　人工呼吸法
第三　出血急救法
第四　外伤急救法
第五　火伤急救法
第六　冻伤救护法
第七　窒息急救法
第八　触电急救法
第九　寻常病急救法
第十　中毒急救法
第五篇　医学和公共卫生发达史
第一　古代医学
第二　中古医学
第三　近代医学和卫生的发达

（十二）《复兴高级中学教科书生物学实验》

《复兴高级中学教科书生物学实验》由江栋成编著，1934年在商务印书馆出版。本书共十八章，列举了101个实验，共266页，可以算得上是篇幅较大、知识较全面的实验指导书籍。其中不仅介绍了动植物学实验，也简单概括了野外采集标本的方法。在章节设置方面，不同于同时期其他实验教科书，本书在前几章讲解实验的基本技能、基本原则，如显微镜的使用、主要药品介绍、标本的保存方法等。之后，对实验均进行了分类，将解剖类实验、生理学实验等分开编纂，分类明确，易于知识体系的构建与生物学实验技能的养成。本书对于每一实验的介绍更为系统全面，从实验目的、材料用具到核心内容实验步骤，以及最后的结果比较、分析整理都罗列清楚，有助于学生实验报告的规范化撰写。

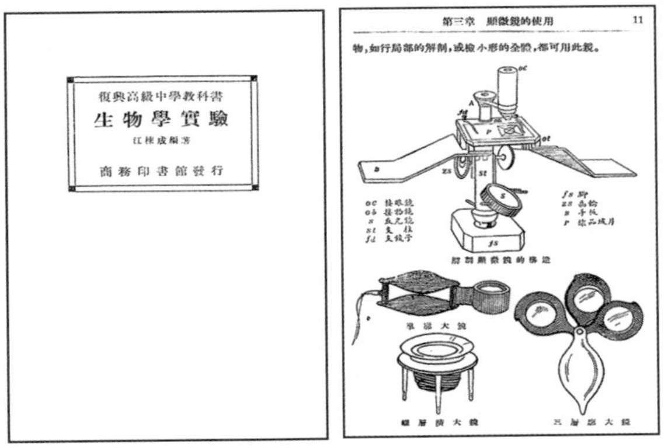

4-35

图4-35　《复兴高级中学教科书生物学实验》封面及内容节选，1934年初版

《复兴高级中学教科书生物学实验》目录

第一章　导言

第二章　实验的注意

第三章　显微镜的使用

第四章　其他器械

第五章　主要药品

第六章　材料之保存

第七章　薄片的切断法

第八章　标本的染色和封锁法

第九章　基本的实验

实验一　植物细胞

实验二　动物细胞

实验三　细胞的直接分裂

实验四　细胞的间接分裂

实验五　叶绿体

实验六　淀粉粒

实验七　糊粉粒

实验八　结晶体

实验九　菊糖

实验十　花色素

实验十一　蛙的毡毛上皮

实验十二　蛙的平滑肌纤维

实验十三　蛙的横纹肌纤维

实验十四　兔的心脏肌纤维

实验十五　骨的组织

实验十六　软骨的组织

第十章　动物的营养实验

第一节　属于消化方面者

实验十七　兔的消化器官

实验十八　胃壁的构造

实验十九　十二指肠的构造

实验二十　唾液的消化作用

实验二十一　胃液的消化作用

实验二十二　胰液的消化作用

实验二十三　胆汁的消化作用

第二节　属于循环方面者

实验二十四　血球的实验

实验二十五　血液的组成

实验二十六　血清的成分

实验二十七　血色素的结晶

实验二十八　血液的循环

第三节　属于呼吸方面者

实验二十九　蚌的鳃

实验三十　蝗虫的气管

实验三十一　兔的肺

实验三十二　兔的肾

第十一章　植物的营养实验

第一节　根

实验三十三　根的纵断

实验三十四　根的横断

实验三十五　吸收作用

实验三十六　根压力的实验

实验三十七　水中培养

实验三十八　无碳的实验

第二节　茎

实验三十九　双子叶植物茎的解剖

实验四十　单子叶植物茎的解剖

第三节　叶

实验四十一　叶的断面

实验四十二　叶的气孔

实验四十三　光合作用（一）

实验四十四　光合作用（二）

实验四十五　蒸发作用（一）

实验四十六　蒸发作用（二）

实验四十七　呼吸作用（一）

实验四十八　呼吸作用（二）

第十二章　生物的感应实验

第一节　植物的反应性及其作用

实验四十九　根的向地性

实验五十　茎的向地性

实验五十一　根的背日性

实验五十二　茎的向日性

实验五十三　根的向日性

第二节　动物的神经系

实验五十四　兔的脊髓

实验五十五　鲋的侧线系

实验五十六　节足动物的视觉器

实验五十七　虾的听觉器

实验五十八　虾的嗅毛

第十三章　生殖与发生的实验

第一节　植物的生殖与发生

实验五十九　蕨的胞子囊

实验六十　蕨的扁平体

实验六十一　地钱的杯状物

实验六十二　地钱的性器官

实验六十三　石松的苞穗

实验六十四　花粉

实验六十五　花粉管

实验六十六　花粉管的向化性

实验六十七　胚囊

第二节　动物的生殖与发生

实验六十八　蛙的精虫

实验六十九　蛔虫的性器官

实验七十　蜗牛的两性器官

实验七十一　昆虫的发生

实验七十二　蛙的发生

第十四章　生长与再生的实验

第一节　植物的生长

实验七十三　根的延长生长

实验七十四　根的肥大生长

实验七十五　茎的生长

第二节　动物再生

实验七十六　再生的实验

第十五章　生物的分类实验

第一节　植物之部

实验七十七　根瘤细菌（裂殖菌类）

实验七十八　枯草细菌（裂殖菌类）

实验七十九　无节水绵（藻类）

实验八十　青霉（菌类）

实验八十一　酵母菌（菌类）

实验八十二　地衣（菌藻类）

实验八十三　地钱（苔类）

实验八十四　土马鬃（藓类）

实验八十五　槐叶蘋（羊齿植物门蘋类）

实验八十六　赤松（被子植物）

实验八十七　稻（被子植物单子叶类）

实验八十八　豌豆（被子植物双子叶类）

第二节　动物之部

实验八十九　草履虫（原生动物）

实验九十　钓钟虫（原生动物）

实验九十一　海绵（海绵动物）

实验九十二　水螅（腔肠动物）

实验九十三　星鱼（棘皮动物）

实验九十四　蚯蚓（蠕形动物）

实验九十五　蚌（软体动物）

实验九十六　蝗（节足动物昆虫类）

实验九十七　虾（节足动物甲壳类）

实验九十八　鲋（脊椎动物鱼类）

实验九十九　蛙（脊椎动物两栖类）

实验一百　鸽（脊椎动物鸟类）

实验一百零一　兔（脊椎动物哺乳类）

第十六章　植物采集标本制作法

第十七章　动物剥制标本制作法

第十八章　昆虫采集及标本制作法

（十三）《复兴高级中学教科书卫生学》

《复兴高级中学教科书卫生学》由程瀚章编著，1934年在商务印书馆出版。本书取材自近代国内外最新医药卫生学说及成果。内容首叙现代医学的沿革及相关科学史，本部分内容插图全为人物肖像图，次述新医学的各种防病治病方法与新旧医学的比较，再论我国卫生行政的发展，消灭传染病的成果及社会保健合作制度的利益，最后论妇婴卫生的重要性、性卫生的方法以及家庭的卫生设备等。全书采用白话文叙述，竖行排列，文字量大，每章末附“问题”一栏。

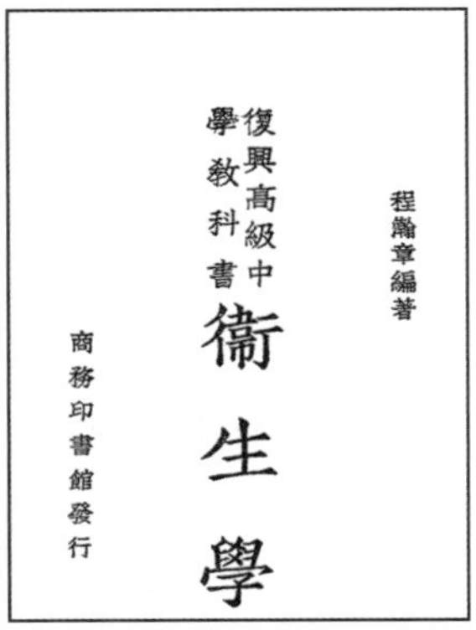

程瀚章編著

復興高級中學教科書

衛生學

商務印書館發行

衛生學　一三

度且證明有二三種的菌種是嫌氣性細菌，其生活必需的養氣，不求諸於空氣之中，而由於富有養氣的炭水化合物中分解取得。於是利用細菌的分解炭水化合物的個性，而施諸於實地應用；如葡萄酒、啤酒等製造，卽基此理。一八六八年，氏任理化學研究所主任，發見蠶體微粒子病的病原和預防法；其後氏又在「炭疽病的原因」研究中，用人工減弱毒力的病原菌以之施行預防接種的試驗成功。繼續就雞的霍亂、豬的丹毒，最後對於狂犬病等，達到完全預防的目的。

法蘭西的國民，敬仰巴氏的偉大，募資建立巴斯德研究所，開始於一八八八年，推巴氏爲所長。當十九世紀時，多數疾病由於一定的微生物爲患之說，已有人唱導，引起學者研究病原的興趣。一八四九年，德醫坡楞德（Pollender）氏，一八五五年，布勞長爾（Frie-

巴斯德氏（Louis Pasteur）

4—36

图4—36　《复兴高级中学教科书卫生学》封面及内容节选，1934年初版

《复兴高级中学教科书卫生学》目录

第一章　现代医学的由来

第一节　导言

第二节　古人关于疾病所得的经验

第三节　维萨留斯氏和解剖学

第四节　血液循环阐明的意义

第五节　微生物学的起源

第六节　琴纳氏和牛痘

第七节　近五十年医学学术上的进步

第二章　现代科学医学的特点

第一节　医学学术应用的范围

第二节　新旧医的比较

（一）旧医不进步的原因

（二）新医在不断地向前进展中

第三节　新医学的治疗方法和用药问题

（一）新医的各种治疗方法

（二）精神的疗法

（三）营养的疗法

（四）微生物学的疗法

（五）理学的疗法

（六）手术的疗法

（七）药物的疗法

（八）脏器的疗法

（九）用药问题

第三章　社会文化和民族健康

第一节　民族健康的重要

第二节　近代公共卫生发达的导线

第三节　我国近来实施扑灭地方病和疫病的概况

第四节　婴儿死亡率和人口问题

第五节　社会医疗组织

第六节　教育和卫生的关系

第七节　民族优生的重要

（一）优生学的来源

（二）优生学的定义
（三）优生的方法
第八节　遗传学概要
（一）遗传的意义
（二）遗传的分类
（三）血族结婚和遗传的关系
第四章　健康和经济
第一节　健康和经济的关系
第二节　人寿问题
第三节　公共卫生和人类幸福
第四节　保健合作制度
第五章　个人对于社会和民族健康应有的理解和行为
第一节　个人卫生和卫生法规
（一）个人卫生泛论
（二）卫生法规
第二节　男女性的器官的解剖生理和保健
（一）男性器官的解剖
（二）女性器官的解剖
（三）月经和卵子
（四）乳房和乳汁
（五）性的成熟
（六）妊娠
（七）性器官的保健和性的卫生以及配偶的选择
（八）性的道德
（九）性病和性病的结果
第三节　自戕的弊害
第四节　妇婴卫生的重要
（一）妇婴卫生为什么重要
（二）妇人孕产期间的卫生
（三）人体早期发育史述要
（四）育儿常识
第五节　家庭卫生
（一）家屋的建筑和配置
（二）家屋的采光
（三）室温的调节
（四）房屋的换气
（五）废弃物的处置
（六）运动场和浴室
（七）娩产的准备和育儿方法的科学化
（八）家庭中各分子应遵守个人卫生的条件
第六节　医师的选择
第七节　结论
（一）卫生学的研究和实行须有科学态度
（二）实行卫生的方法时须具合作精神
（三）卫生须顾及公德

（十四）《高级中学教科书生物学实验法》

《高级中学教科书生物学实验法》由龚礼贤、陈震飞编。1934年在商务印书馆出版。全书设二十六章，涉及细胞学、动植物解剖学、生物化学基础等内容。实验材料多选取我国常见材料，如家鸽、鲤鱼等。在每章的最后，即每个实验的最后列出实验所需仪器及实验药品等，并且强调实验安全，如设有提示语“勿将乙醚或石油轮接近烈火，恐有炸裂之虞”等。本书的正文内容多为实验步骤的描述。

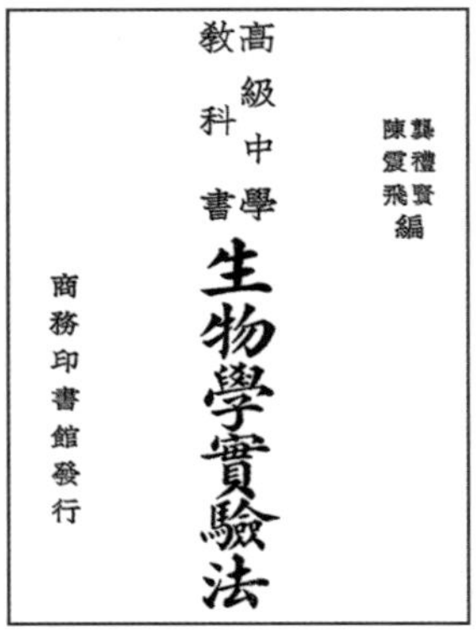

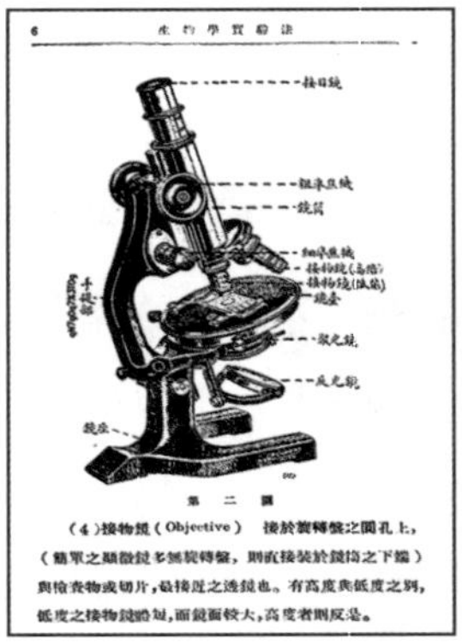

（4）接物鏡（Objective）　接於旋轉盤之圓孔上，（簡單之顯微鏡多無旋轉盤，則直接裝於鏡筒之下端）與檢查物或切片，最接近之透鏡也。有高度與低度之別，低度之接物鏡體短，而鏡面較大，高度者則反是。

第十二章　蒸發作用（Transpiration）

（1）葉面水蒸氣之排出　植物之根從地中吸收之水分經莖維管束之導管輸送之於葉中，復由葉中之葉脈分散於葉片各部葉肉細胞中。葉肉細胞之膜壁溼而且薄，與細胞間隙中之空氣相接觸。細胞間隙中之空氣因氣孔之交通，復與葉外之空氣相聯絡。故葉肉細胞內之水分不斷的滲出細胞膜外，變成水蒸氣入於細胞間隙之空氣中，終經氣孔擴散於葉外。植物在乾燥空氣中每日排出之水分極巨，但不用器具收集加以計算，故不易見耳。

如圖十之所示，於大口玻璃瓶中貯水達容量四分之三，於木栓塞之中央開一小孔，採取生長旺盛之植物一枝，插於瓶塞之小孔中。莖端之截口須浸於水內，木栓塞之孔中有空隙處須以凡士林封密之，使瓶內之水分不致外洩。再取一同大之玻璃瓶倒覆於裝置植

4—37

图4—37　《高级中学教科书生物学实验法》封面及内容节选，1934年初版

《高级中学教科书生物学实验法》目录

第一章　绪论

　　作图及笔记

　　实验之分组

第二章　显微镜之构造及其用法

　　显微镜之构造

　　显微镜之用法

　　显微镜之保护

第三章　切片制造法

　　（1）弑药

　　（2）固定

　　（3）截片

　　（4）埋置

　　（5）染色

　　（6）退色及脱水

　　（7）封缄

第四章　细胞

　　（1）植物细胞

　　（2）动物细胞

第五章　细胞之含有物

　　（1）细胞含淀粉之检查

　　（2）细胞含脂肪之检查

　　（3）细胞含蛋白质之检查

第六章　细胞分裂

　　（1）蝌蚪尾端细胞之间接分裂

　　（2）植物根端细胞之间接分裂

第七章　根之构造

　　（1）豆根

　　（2）生长一年之松根

　　（3）生长二年之松根

　　（4）老成之松根

第八章　茎之构造

　　（1）玉蜀黍茎之横切片

　　（2）玉蜀黍茎之纵切片

　　（3）秋海棠茎之横切片

　　（4）赤松茎之横切片

第九章　叶之构造

　　（1）护谟树叶之横切片

　　（2）鼠尾粟叶之横切片

第十章　光合作用

　　（1）日光与光合作用

　　（2）叶绿素与光合作用

　　（3）二氧化炭与光合作用

　　（4）光合作用时氧气之产生

第十一章　呼吸作用

　　（1）呼吸时二氧化炭之产生

　　（2）呼吸时关于氧气之吸收

　　（3）呼吸作用与放热

第十二章　蒸发作用

　　（1）叶面水蒸气之排出

　　（2）气孔与蒸发作用

(3)蒸发作用排出之水量

(4)环境与蒸发速度之关系

第十三章　酵素及酵母菌

(1)酵素

(2)酵母菌

第十四章　细菌

(1)细菌培养料之制法

(2)细菌之接种、检查、固定及染色

第十五章　原生动物

(1)原生动物之培养

(2)原生动物之观察

(3)制片法

第十六章　羊齿

羊齿之生活史

第十七章　水螅

(1)水螅之外形及习性

(2)水螅之切片观察

(3)制片法

第十八章　蚯蚓之解剖

(1)蚯蚓之外形

(2)蚯蚓之解剖

(3)蚯蚓之切片观察

第十九章　田蚌之解剖

(1)田蚌之外壳

(2)田蚌之内部构造

第二十章　虾之解剖

(1)虾之外形

(2)虾之解剖

第二十一章　鲤之解剖

(1)鲤之习性及外形

(2)鲤之解剖

第二十二章　蛙之解剖

(1)蛙之习性及外形

(2)蛙之解剖

第二十三章　鳖之解剖

(1)鳖之习性及外形

(2)鳖之解剖

第二十四章　鸽之解剖

(1)鸽之习性及外形

(2)羽毛之观察

(3)鸽之解剖

第二十五章　兔之解剖

(1)兔之习性及外形

(2)兔之解剖

第二十六章　野外采集

(1)植物蜡叶标本采制方法

(2)动物标本采制方法

附录(一)

高中生物学研究室之设备

附录(二)

译名对照表

(十五)《复兴初级中学教科书生理卫生学》

《复兴初级中学教科书生理卫生学》由程瀚章编著。1936年在商务印书馆出版第1版，1937年出版审定本第1版。本书虽也属于“复兴教科书”系列，却不是依1932年《初级中学卫生课程标准》编订，而是根据教育部修正课程标准编写。本书共十七章，章内不分节。全书采用白话文表述，使用新式标点，但文字竖排。本书第一章先介绍了卫生、健康的定义，卫生与解剖生理的关系以及保健的意义。第二至第九章为人体生理部分的内容。第十至第十七章为卫生方面的内容，并单独用一章（第十章）介绍了心理卫生。每章末附“练习题”一栏，并在第七章末和第十七章末附上“本学期总习题”。

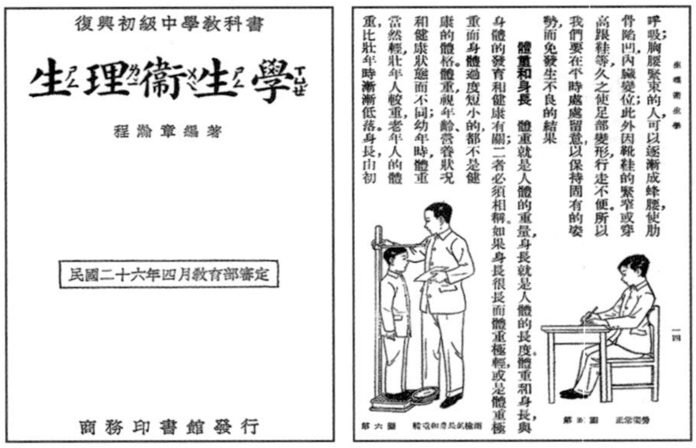

4—38

图4—38　《复兴初级中学教科书生理卫生学》封面及内容节选，1937年审定本第1版

《复兴初级中学教科书生理卫生学》目录

第一章　卫生的意义

卫生的定义　健康和疾病　保健的重要　卫生学和解剖生理学的关系　卫生的大别

第二章　人体的概观

人体的一般观察　人体的结构　胚卵和遗传

第三章　骨骼姿势和体重身长各关系

骨骼和姿势　体重和身长

第四章　运动和神经系统

全身肌肉的配布　肌肉的构造　运动生理　运动作用　疲劳和休息　神经系统　神经系统的作用　感觉　感觉中枢的任务　运动中枢的任务　反射运动　神经系的重要疾病　神经系统的卫生

第五章　消化系统

消化器官　从咀嚼讲到吸收　消化系统的疾病　消化系统的保健

第六章　营养和发育

营养的重要　营养素　生活素　各种食物　食物的支配　人体发育概况　发育的要素

第七章　呼吸系统

呼吸的重要　呼吸器官　呼吸生理　内呼吸和外呼吸　呼吸器官的疾病　呼吸器官的保健　皮肤呼吸

第八章　循环系统

血液　循环器官　循环生理　血液循环　循环器官的疾病　循环器官的保健

第九章　排泄系统

排泄的重要　排泄器官　排泄生理　排泄器官的疾病　排泄器官的保健　皮肤和发汗作用　皮肤病　皮肤的保健

第十章　心理卫生

心理学和卫生学的关系　精神生活和精神生活的主宰者　心理卫生的重要点

第十一章　免疫的意义

免疫的定义　免疫的种类　免疫学说在诊断方面的应用

第十二章　病原概论

疾病的原因　内因论　外因论

第十三章　急救和护病常识

急救的必要　创伤急救法　挫伤急救法　骨折急救法　脱臼急救法　火伤急救法　卒倒救急法　窒息急救法　人工呼吸法　中毒急救法　看护病人的方法

第十四章　学校中的卫生设施

环境卫生　校舍　清洁　健康检查和畸缺矫正

传染病的预防　体育训练　健康教育
第十五章　卫生习惯和个人健康
卫生习惯的养成　各种卫生习惯和个人健康的关系
第十六章　公共卫生的重要
公共卫生和国家隆替的关系　现代公共卫生的开展
第十七章　政府对于人民的卫生设施
总说　防疫　医药监督　都市卫生建设　保健设施　健康保险　医疗救济

（十六）《复兴初级中学教科书植物学》

《复兴初级中学教科书植物学》由童致棱原编，周建人改编，胡先骕校订。1937年在商务印书馆出版审定本第1版，分上、下两册，共十二章。本书根据1936年《初级中学植物学课程标准》编写。编者在“编辑大意”中写到“前八章叙述高等植物的形态，生理，生态等，使学者对于植物的生活原理和繁殖方法有充分的了解。后四章叙述植物界的大概情形，使学者对整个的植物界有相当的认识。”书中专业名词用黑体字突出，并附有英文。每章末设置了简单的实验，同时就实验内容的材料、方法、观察分条阐述，使得实验更为清楚明晰，并且设置有问题供学习者探究。本书采用了横式排版与白话文写作。全书插图丰富，较以往教科书实物图占比大。

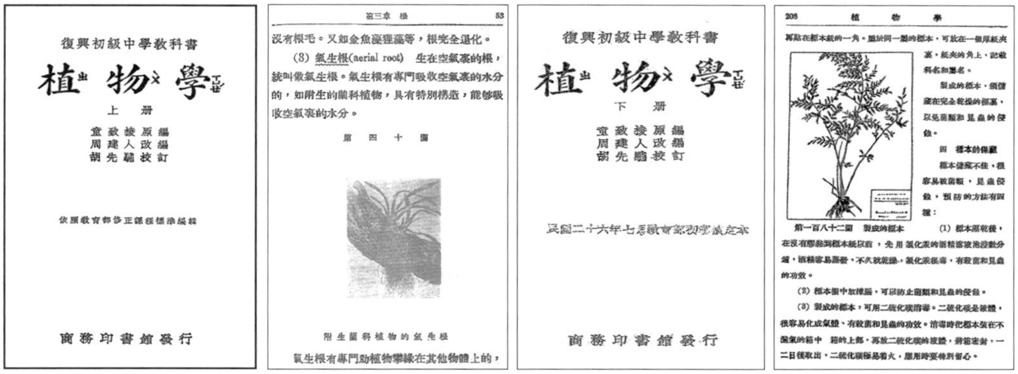

4—39

图4—39　《复兴初级中学教科书植物学》封面及内容节选，1937年审定本第1版

《复兴初级中学教科书植物学》（上册）目录

第一章　绪论
生物和非生物
动物和植物
植物学的分科
植物和人生
第二章　植物的基本构造
器官
组织
细胞
第三章　根
根的功用
根的种类
根的构造
吸收作用
土壤
根的变态
根的繁殖作用
根对刺激的反应
根和人生
第四章　茎

《复兴初级中学教科书植物学》（下册）目录

1922—1937年期间，商务印书馆出版的中学生物学教科书虽然数量不是众多书局中最多的，但是种类是最丰富的，既有用于白话文教学的多个系列，也有适用于部分边远地区文言文教学的"新撰教科书"系列，同时也有意义最重大、最具代表性的"复兴教科书"系列。在特殊的历史背景下，商务印书馆提出了"为国难而牺牲，为文化而奋斗"的复业标语，推出"复兴教科书"系列[1]，这套教科书的内容选材和编写体例上较以往教科书都有明显的不同，在动植物学教科书中体现最为明显，不再侧重分类的内容而是强调动植物学的一般性知识。选材更是添加了国人自己的科学研究内容，如陈桢将自己对金鱼的研究内容添进了其编写的《复兴高级中学教科书生物学》一书中。这一系列教科书在弘扬民族自信力和民族精神的同时，也提出了要培养出具有科学素养和自动探究能力的公民，并希望以此为民族复兴积蓄现实性的支撑力量[2]。以此，"复兴教科书"系列成为中国近现代教科书史上出版种类最多、使用时间最长、经历课程标准最多的一套中小学教科书。

在此期间，商务印书馆的中学生物学教科书的编辑主要有顾寿白、凌昌焕、王守成、杜就田、陈兼善、周建人、程瀚章、童致棱、陈桢、江栋成、龚礼贤、陈震飞等人。以下主要对编写教科书数量较多、影响力较大的几位编写者进行介绍。

顾寿白（1893—1982），别名耆，浙江绍兴人。1919年毕业于日本长崎医科大学。回国后曾任教于厦门大学，后任上海商务印书馆编辑所生理部主任编辑。1937年上海沦陷后，赴重庆、成都行医。中华人民共和国成立后，曾先后任成都市第三区卫生事务所所长、卫生部教材编审委员会编审、人民卫生出版社编审兼通俗读物编辑组主任。著有《荣养论》《气候与健康》《人类学大意》《内分泌》等。

顾寿白热衷于对现代医学知识的宣传与普及，曾在《中学生》《新医与社会汇刊》《申报》《时事新报》（上海）等期刊或报纸发表多篇文章来介绍现代医学。以《中学生》杂志为例，这一杂志为青少年综合性读物，以向学生提供多种趣味知识、解答疑问、指导前途为核心，并作为学生发表作品的平台，顾寿白在此杂志上发表的文章内容主要涉及常见传染病的概况介绍、疫苗与血清（据其描述实为现今的抗体）的辨析及注射血清的注意事项、内分泌的介绍等前沿知识。分享当下前沿医学知识是顾寿白一贯的文章内容特色，这一特色在其编写的教科书中也得以体现。由商务印书馆出版的《现代初中教科书生理卫生学》和《新撰初级中学教科书生理卫生学》两书中都有相当篇幅涉及对近代医学重要新知识的介绍，包括对免疫、新陈代谢、内分泌等内容单设编或章进行介绍，这也在一定程度上造成了其所编写的教科书知识结构以生理为主、卫生为辅，内容体量较大、难度增加等结果。

[1] 王云五. 商务印书馆与新教育年谱：全二册[M]. 南昌：江西教育出版社，2008：377.

[2] 吴小鸥，姚艳. 民族脊梁：1933年"复兴教科书"的启蒙坚守[J]. 华东师范大学学报（教育科学版），2015（4）：116.

4—40

图4—40 周建人肖像

周建人（1888—1984），字乔峰，笔名高山、克士、松山等，浙江绍兴人，鲁迅（周树人）的三弟。1905年，于会稽县学堂毕业后未能参加绍兴府学堂升学考试，后在鲁迅的指引与帮助下开始了自学植物学的道路。1906年，经人推荐担任绍兴僧立小学的教师、校长。1912年，先后任水神庙小学校长、浙江省教育部门小学教师养成所博物学教员。1915年，加入绍兴教育会，任教于绍兴明道女中并兼职于成章女校。1919年，随母亲赴京，后一年开始到北京大学旁听自然科学总论和哲学等课程。1921年，经鲁迅等人推荐进入上海商务印书馆编译所，后于1944年离开商务印书馆。在此20多年间，先后任编译所编辑，兼职任教于上海大学，任《自然界》编辑等，并于20世纪30年代开启了其卫生、自然、动物、植物等中小学及师范教科书的编写历程。1948年，加入中国共产党。1949年被任命为华北人民政府教育部教科书编审委员会副主任，兼任自然组组长，中华人民共和国成立后历任国家出版总署副署长、高等教育部副部长、浙江省人民政府副主席、浙江省省长、全国人大常委会副委员长、全国政协副主席、中国民主促进会主席。

周建人的一生受达尔文影响深远，他说“达尔文对科学的伟大贡献，他的学说和他谦虚朴实的自传，都深深地感动了我，这就是我早年为什么学起生物学来的一个原因”[1]。他还编译了大量介绍进化论的著作，如《物种起源》《生物进化论》，撰写了大量介绍进化论的文章，如《达尔文主义》《达尔文与生物进化论》《赫胥黎与达尔文进化说》等。据不完全统计，周建人用“建人”“松山”“高山”“乔峰”“克士”等笔名在期刊发表文章600余篇[2]。其中，他在1927年以“建人”之名发表于《北新》上的《关于生物学教科书》一文中指出“科学教育的目的不仅在知识，培养观察能力和养成‘科学的分析的头脑’也很重要的”。他认为教科书选材应注重贴近生活实际，采用常见的事物为材料，便于学生的实地观察，并从生活实际情境出发，激发学生的科学探索精神。但在具体应用于教科书中时，因为时代背景的限制，这种想法在实际操作中还存在一定的局限性。以名词为例，他认为中等教育阶段的教科书中动植物名词的选用应以人们当前所习用的俗名为主，“觉得在中等教育程度，对于物种的辨别本来用不着怎样的精密”，这也使得在注重选材自生活实际的同时往往会忽略其正确性、科学性。

陈桢（1894—1957），字席山，别号协三，原籍江西铅山，生于江苏邗江瓜洲镇。青少年时期接受了几年私塾教育，15岁时进入汇文书院小学部就读一学期，1911年，复入汇文书院预科学习了一学期。1912年12月参加江西省会试，1913年以公费进入上海的中国公学预科学习，1914年

[1] 谢德铣. 周建人评传[M]. 重庆：重庆出版社，1991：371.

[2] 周慧梅. 科学小品、科学教育与知识图景：以周建人为考察中心[J]. 教育研究，2018（11）：62.

4—41

图4—41　陈桢肖像

考入金陵大学农林科深造，获金陵大学农学士学位后留校任教。1918年考取清华留美官费生，并于1919年秋赴美开始了三年留学之旅。在美国的前两年先后完成了康奈尔大学预科和哥伦比亚大学研究生动物学系全部课程，于1921年获哥伦比亚大学理学硕士学位，并在著名细胞学家威尔逊的细胞实验室进修细胞学，最后一年则跟随著名遗传学家摩尔根教授专攻遗传学。1922年回国后任东南大学农学院动物系教授，兼任中国科学社生物研究所动物学研究员，开始了金鱼遗传学研究，之后还兼任了中央大学和北京师范大学生物系教授。1926年兼任清华大学生物系教授，两年后被聘为生物系教授兼系主任，主管生物系教学工作。1943年当选中国动物学会会长，1947年被聘为北平研究院动物学研究所通讯研究员，同年被聘为联合国教育、科学及文化组织中国委员会第一届委员，1948年被选为中央研究院院士、北平研究院学术会议委员。1952年，清华大学与北京大学两校生物系合并，改任北京大学生物系教授。

陈桢作为我国鱼类遗传研究的先驱者、动物遗传学的创始人、动物行为学研究和中国生物学史研究的主要创始人之一，为我国科学研究做出了重大贡献。他的学术成果众多，《金鱼外形的变异》《金鱼的变异与天演》《动物伦理学》《金鲫鱼的孟德尔遗传》等更是被视为我国生物学科发展的经典示例。此外，他还编有大学教科书《普通生物学》一书，据此改编而成的中学生物学教科书《复兴高级中学教科书生物学》深受追捧，自1933年出版后，一直沿用至中华人民共和国成立初期。《复兴高级中学教科书生物学》最为显著的特征是陈桢引入了很多自己的研究成果，尤其是金鱼遗传学的研究成果，而注重生物学史的介绍也是此书的另一显著特征[1]，或许这也是此书能被长时间采用的原因之一。

三、世界书局出版的中学生物学教科书

世界书局为民国时期民营出版发行企业，1917年由沈知方在上海创办。1921年，沈知方与陈芝生、罗坤祥、赵文焕等人合资二万五千元，将世界书局从独资企业改组为股份公司，设编辑所、发行所和印刷厂等。沈知方任总经理。初期，世界书局以出版小说为主，自1924年起，编辑出版中小学教科书。至1930年，世界书局打破了教科书市场多年来被商务印书馆和中华书局占据的局面，与之形成三足鼎立的格局。1934年，因经济周转不灵，沈知方被迫辞职，由陆高谊任总经理。抗日战争期间，林汉达主编的英文文学读本颇负盛名。1946年，李石曾出任总经理。1950年世界书局宣告停业，29年时间里共出版图书约5500余种。

[1] 付雷. 简评陈桢著《复兴高级中学教科书生物学》[J]. 生物学通报，2013，48（10）：59.

4—42

图4—42　世界书局原貌

1922年，世界书局开始布局教科书出版。1924年，世界书局开始正式进入教科书出版市场，决定先以出版小学教科书为突破口。为此，沈知方一方面陆续从商务印书馆和中华书局两处重金聘请当时教科书出版领域的编辑人才，如范云六、姜子贤、刘廷枚、骆师曾和沈思期等，让他们根据全国教育会联合会为推行“壬戌学制”而编订的《新学制课程标准纲要》编写教科书，并在书中加入孙中山的三民主义，由此编辑了第一套小学教科书“新学制小学教科书”。这套教科书分为初级小学教科书和高级小学教科书，初级小学教科书包括《国语》《国文》《常识》《算数》四种，各八册；高级小学教科书包括《国语》《国文》《算数》《历史》《地理》《自然》《公民》《卫生》八种，各四册。[1]在中学教科书方面，世界书局于1924年就聘请了相关专家进行计划与编辑，但相关教科书最终并未发行问世，直至为贯彻三民主义而编写的教科书出版，这套教科书主要参与的编辑人才包括自然科学编辑郭任远、算学编辑金通尹和龚昂云、国文编辑徐蔚南和朱剑芒、历史编辑朱翊新和李宗武、地理编辑董文和张国维、英文编辑陆步青、黄粱就明等。就编制方法而言，自然科学类教科书往往采用混合和分科两种方法编成两套教科书，在内容编写过程中遵循课程标准的同时，又创新了编写体例。例如，郭任远编写的《初中自然科学》选择以章回小说的形式叙述，分为“我们的自己、我们的生物环境和我们物质的环境”三部分。[2]其他学科的中学教科书或在选材、内容形式等方面有所创新。世界书局出版的中学教科书有一个显著特色，即每科教科书因由不同的编者编著而以姓氏分别命名，对于教科书编者而言可算为一种宣传，同时这也意味着各编者也是相应专业学科领域中具有一定权威和地位的名家。世界书局1922—1937年出版的部分中学生物学教科书见表4-6。

[1] 凌励. 世界书局研究[D]. 上海：上海师范大学，2016：29.

[2] 佚名. 十年来的世界书局[J]. 世界杂志，1931（增刊）：1-16.

表 4-6　世界书局 1922—1937 年出版的部分中学生物学教科书情况

序号	教科书名称	责任者及责任方式	出版年份及版次
1	初中动物学	王采南编辑，江问渔校订	1930第3版
2	初中植物学	徐克敏编辑，龚昂云校订	1930
3	初中生理卫生学	庄畏仲、龚昂云编著，薛德焴校订	1931第6版
4	生物学	吴元涤编著	1933第3版
5	龚氏初中卫生	龚昂云编著	1933初版（第一册）、1934第3版（第二册）、1934第3版（第三册）
6	洪氏初中生理卫生学	洪式闾编著	1933第4版
7	徐氏初中动物学	徐琨、马光斗、华汝成编著，龚昂云校订	1933
8	王氏初中动物学	王采南编著，胡哲齐校订	1934修正版
9	教育生物学	潘锡九编著	1934
10	马氏初中植物学	马光斗、徐琨、华汝成编著，龚昂云校订	1934
11	徐氏初中植物学	徐克敏编著，胡哲齐校订	1935第9版
12	吴氏高中生物学	吴元涤编著	1935
13	初中新生理卫生	袁舜达编著	1936
14	初中新植物学	李咏章编著	1937
15	高中新生物学	赵楷、楼培启编著	1937

注：上表未提及版次的为第1版。

（一）《初中动物学》

《初中动物学》由王采南编辑，江问渔校订。1930年在世界书局出版第1版，同年发行第3版。本书除绪论外，共十二章。取材自生活中常见动物，详述与人类关系紧密的动物的效用及采集培养的简单方法，如以“家畜”为开篇第一章；着重叙述有益动物的保护和有害动物的驱除，并单独分章。本书正文部分常简要列出各动物的特征，多用于比较各代表动物的形态和生理上的种种关系；每章末附有“提要”和“问题”栏目，“提要”简述本章正文内容未提及的种属动物及对本章内容系统总结。全书插图共133幅，多为形态结构及解剖图。

4—43

图4—43　《初中动物学》封面及内容节选，1930年第3版

《初中动物学》目录

绪论

第一章　家畜

　　第一节　鸡

　　第二节　鸭

　　第三节　牛

　　第四节　马

　　第五节　猫

　　第六节　犬

　　　　（附）哺乳类提要

第二章　害虫

　　第七节　蚊

　　第八节　蝇

　　第九节　蝗

　　第十节　螟虫

　　　　（附）昆虫类提要

第三章　爬虫类

　　第十一节　蛇

　　第十二节　蜥蜴　守宫

　　第十三节　鳖和龟

　　　　（附）爬虫类提要

第四章　鱼类

　　第十四节　鲋

　　第十五节　鳝

　　第十六节　鲨鱼

　　　　（附）鱼类提要

第五章　甲壳动物

　　第十七节　虾

　　第十八节　蟹

　　　　（附）节足动物提要

第六章　寄生动物

　　第十九节　内部寄生

　　第二十节　外部寄生

第七章　益农动物

　　第二十一节　蚯蚓

　　　　（附）蠕形动物提要

　　第二十二节　蛙

　　　　（附）两栖类提要

第八章　鸟类

　　第二十三节　雀

　　第二十四节　燕

　　第二十五节　鹰

　　　　（附）鸟类提要

　　　　　　脊椎动物提要

第九章　家养的昆虫

　　第二十六节　蚕

　　第二十七节　蜜蜂

第十章　池沼中的小动物

　　第二十八节　螺

　　　　（附）软体动物提要

　　第二十九节　水螅

　　第三十节　草履虫

　　第三十一节　变形虫

　　　　（附）原生动物提要

第十一章　海中动物

　　第三十二节　海葵

　　第三十三节　星鱼

　　　　（附）棘皮动物提要

　　第三十四节　海绵

　　　　（附）海绵动物提要

第十二章　结论

第三十五节　生命的现象论

第三十六节　人类和非脊椎动物

第三十七节　人类和脊椎动物

第三十八节　人类在自然界的位置

（附）动物分类表

（二）《初中植物学》

《初中植物学》由徐克敏编辑，龚昂云校订。1930年在世界书局出版。本书共九章，第一章总论植物学研究的范围，第二至八章叙述常见植物和应用植物，使学生了解植物与人类的关系，且每一种植物都附有学名，配丰富的插图，多为形态实物图或模式图。最后一章讨论植物的生活方式及适应现象，以此说明植物与环境的关系。每节后附有“提要”和“问题”栏目，“提要”栏对本节内容进行了梳理和归纳，“问题”栏旨在帮助学生巩固所学知识。

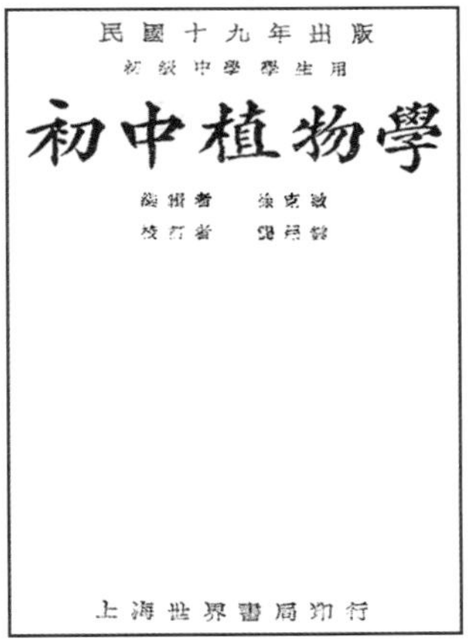

4—44

图4—44　《初中植物学》封面及内容节选，1930年初版

《初中植物学》目录

第一章　总论

第一节　绪言

第二节　植物的形态大概

第三节　植物的分类大概

提要　问题

第二章　农产物

第一节　禾谷类

第二节　果实类

第三节　菜蔬类

（1）叶菜

（2）茎菜

（3）根菜

（4）果菜

（5）豆类

提要　问题

第三章　日用植物

第一节　纤维原料

第二节　油蜡原料

第三节　染料

第四节　工业用料

提要　问题

第四章　有害植物

第一节　田莠

第二节　有毒植物

第三节　寄生植物

提要　问题

第五章　药用植物与嗜好品

第一节　药材

第二节　香料

第三节　饮料

第四节　烟草

提要　问题

第六章　森林

第一节　普通树木

第二节　森林的利益和保护

提要　问题

第七章　观赏植物及植物标本

第一节　观赏植物

第二节　植物标本的采集和制造

提要　问题

第八章　没有叶绿色的植物

第一节　真菌类

第二节　细菌类

提要　问题

第九章　植物的生活方法和遗传

第一节　植物的生活方法

第二节　遗传学和植物的关系

提要　问题

（三）《初中生理卫生学》

《初中生理卫生学》由庄畏仲、龚昂云编著，薛德焴校订。1930年在世界书局出版第1版，1931年出版第6版。本书根据国民政府教育部颁布的《初级中学生理卫生暂行课程标准》编辑，所选内容生理与卫生并重，尤其关注保健和预防疾病的方法。本书共二十章，先论述人体各器官、系统，再论述传染病预防、公共卫生、医药常识与急救方法。本书“绪论”一章让学习者对于自己的身体有大致了解，以帮助学习者增强学习兴趣；解剖部分因考虑学习者的能力水平，只提供主要知识；关于神经系的生理相关知识，虽然学习者难以理解，但本书仍有一章内容，对神经系的生理和卫生作了系统叙述，供学习者参考。生理、卫生部分对比较新的内容，如活力素、内分泌、新陈代谢、免疫学等理论较深，但又是学习者必须掌握的内容，仍作了适当的介绍。每章末设“提要”和“问题”栏目，便于对整章知识进行系统总结。

民國十九年出版
初級中學學生用
初中生理衛生學
—編著者—
莊畏仲　龔昂雲
—校訂者—
薛德焴
上海世界書局印行

194　——初中生理衛生學——

Plasmodima) 等.

傳染病流行,在從前視為天災,無法防止. 自法人(Louis Pasteur)發現微菌,才得認識其病原,發明特效的療法,這種人羣的功德,真無可限量呢!

第一五一圖　微菌的發見者Louis Pasteur(法人)

第一五二圖　示各種不同的微菌的菌落

傳染的機會　傳染病菌的蕃殖極速,其傳染的機會,不外下列四種:

(1)空氣傳染　病菌散佈於空氣,侵入皮膚而傳染的如麻疹,天然痘,猩紅熱等的蔓延. 都因皮膚創傷病菌侵入,以致受病. 又有隨呼吸而侵入呼吸器官的,如肺癆,流行性感冒,流行性腦脊髓膜炎,鼠疫及肺炎等.

4—45

图4—45　《初中生理卫生学》封面及内容节选，1931年第6版

《初中生理卫生学》目录

第一章　绪论

第一节　总说

第二节　人体的形态

第三节　人体的构造

第四节　人体的化学成分

提要　问题

第二章　骨骼和姿势

第一节　骨的种类

第二节　骨的生理

第三节　骨的卫生

提要　问题

第三章　肌肉和运动

第一节　肌肉的种类

第二节　肌肉的生理

第三节　肌肉的卫生

提要　问题

第四章　血液和循环器

第一节　血液

第二节　循环器的解剖

第三节　循环器的生理

第四节　循环器的卫生

提要　问题

第五章　呼吸和新鲜空气

第一节　呼吸器的解剖

第二节　呼吸器的生理

第三节　呼吸和新鲜空气

第四节　呼吸器的卫生

提要　问题

第六章　消化和营养

第一节　消化器的解剖

第二节　消化器的生理

第三节　营养品

第四节　消化器的卫生

提要　问题

第七章　口和牙齿

第一节　口和牙齿的解剖

第二节　口和牙齿的卫生

提要　问题

第八章　泌尿器和排泄

第一节　泌尿器和皮肤的解剖

第二节　尿和汗

第三节　泌尿器与皮肤的卫生

提要　问题

第九章　体温和衣服

第一节　体温的意义

第二节　衣服和保温

提要　问题

第十章　性的发育行为和责任

第一节　男女性的差别

第二节　性的卫生

提要　问题

第十一章　神经系

第一节　神经系的解剖

第二节　神经系的生理和卫生

提要　问题

第十二章　五官器

第一节　视官

第二节　听官

第三节　嗅官

第四节　味官

第五节 皮肤感觉器
提要 问题
第十三章 内分泌和精神作用
第一节 内分泌
第二节 精神和感情
提要 问题
第十四章 疲劳和睡眠
第一节 疲劳
第二节 睡眠
提要 问题
第十五章 嗜好
第一节 吃的嗜好
第二节 行为的嗜好
提要 问题
第十六章 家庭卫生
第一节 住的卫生
第二节 吃的卫生
第三节 家庭生活
提要 问题
第十七章 疾病的管理和看护
第一节 疾病的意义
第二节 看护大意
提要 问题
第十八章 传染病预防
第一节 传染病的意义
第二节 传染病的种类
第三节 传染病的预防
提要 问题
第十九章 公众卫生
第一节 公众卫生
第二节 卫生行政
提要 问题
第二十章 医药常识和急救法
第一节 医药常识
第二节 急救法大意
提要 问题

（四）《生物学》

《生物学》由吴元涤编著。1932年在世界书局出版第1版，1933年出版第3版。除绪论外，共十八章。封面说明供“高中及专科学校用”，但序言部分又提到该书“可供大学、专门和高级中学的教本或参考”。与同时期的高中生物学教科书类似，书中讲述了细胞、组织、生物的生理活动、代谢、营养、生殖、发育与遗传等。本书在绪论中详尽地介绍了生物学发展史，最后一章论及人类的由来。各章末附有“提要”一栏，概括总结每章要点，附有“问题”一栏，以供学生复习讨论用。就本书内容安排而言，用于高中教学偏难，如在第四章“组织”中对于植物组织的介绍涉及原生分裂组织、后生分裂组织，第五章“器官”中对高等动物器官介绍时涉及原体腔、完全闭锁循环系等概念。这些内容对于当时受教的学生和教学的老师来说都是偏难的知识点。

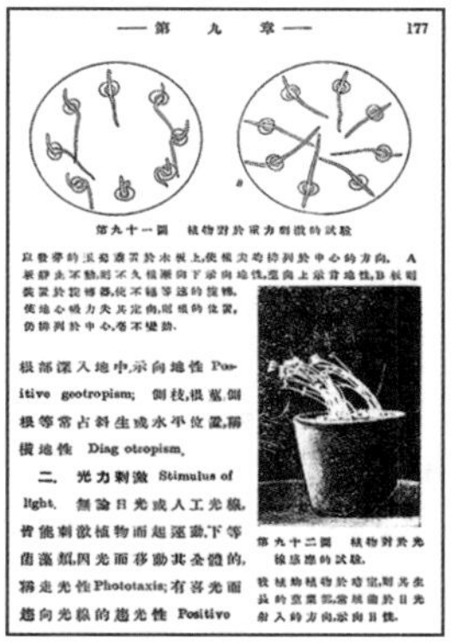
——第 九 章——　177

第九十一圖　植物對於重力刺激的試驗

根部深入地中,示向地性 Positive geotropism; 側枝,根莖,側根等常占斜生或水平位置,稱橫地性 Diag otropism.

二. 光力刺激 Stimulus of light. 無論日光或人工光線,皆能刺激植物而起運動.下等菌藻類,因光而移動其全體的,稱走光性 Phototaxis; 有甚光而趨向光線的趨光性 Positive

第九十二圖　植物對於光線反應的試驗

4—46

图4—46　《生物学》封面及内容节选，1933年第3版

《生物学》目录

绪论

第一章　生物和无生物

　　第一节　生命原始

　　第二节　生命的特征

　　第三节　生命的物质基础

第二章　动植两界的区别

　　第一节　生物出于同源

　　第二节　高等动植物的区分标准

　　第三节　动物和植物的相关

第三章　生物体构造的单位

　　第一节　细胞的构造

　　第二节　细胞的生理

　　第三节　细胞的分裂

　　第四节　细胞研究的历史

第四章　组织

　　第一节　组织的原始和分化

　　第二节　动物组织

　　第三节　植物组织

第五章　器官

　　第一节　器官的原始和大别

　　第二节　高等植物的器官

　　第三节　高等动物的器官

　　第四节　器官的变异和演化

第六章　代谢作用

　　第一节　维持生命的要素

　　第二节　构成和分解

　　第三节　物质代谢

　　第四节　能力代谢

　　第五节　生活素

　　第六节　发酵素

第七章　动物的营养

　　第一节　动物摄食方法

　　第二节　分泌和消化

　　第三节　吸收作用

　　第四节　循环作用

　　第五节　呼吸作用

　　第六节　排泄作用

第八章　植物的营养

　　第一节　植物食物的原料

　　第二节　光合作用

　　第三节　蒸发作用

　　第四节　同化作用

　　第五节　呼吸作用

　　第六节　寄生植物和食虫植物的营养

第九章 感应
第一节 植物的刺激感应和运动
甲 自发运动
乙 刺激运动
第二节 动物的神经官能
第三节 动物的内分泌和刺激素
第十章 生殖
第一节 生殖的意义
第二节 生殖细胞的原始和构造
第三节 生殖细胞的发生和成熟
第四节 受精现象
第五节 无性生殖
第六节 有性生殖
第七节 世代交替
第十一章 发生和生长
第一节 植物胚胎的发生
第二节 植物的胚期后发生
第三节 动物胚胎的发生
第四节 个体发生、系统发生和生物发生律
第十二章 遗传
第一节 孟德尔氏以前的遗传观念
第二节 孟德尔氏定律
第三节 因基说
第四节 性染色体和伴性遗传
第五节 动植物的育种
第十三章 优生学概要
第一节 优生的意义和起原
第二节 人类的遗传
第三节 优生的实际问题
第十四章 适应
第一节 动物的体构适应和功能适应
第二节 植物的体构适应和功能适应
第三节 生物间相互的适应
第十五章 天演
第一节 拉马克氏以前的物种由来概念
第二节 拉马克氏学说
第三节 达尔文氏学说
第四节 惠诗曼氏学说
第五节 窦佛雷氏学说
第六节 天演的证据
第十六章 分类
第一节 分类的必要和其方法
第二节 植物分类的大纲
第三节 动物分类的大纲
第十七章 动植物和人生的关系
第一节 生物的利用
第二节 生物的毒害
第十八章 人类的由来
第一节 人类研究的发轫
第二节 人类形态的特征和自然的位置
第三节 人类的先祖
第四节 原人的特征和原人的化石
第五节 人类出现时代和其他发祥地
附录 生物学中西名词索引
本书教学进度细目
生物学实习教学进度细目

（五）《龚氏初中卫生》

《龚氏初中卫生》由龚昂云编著，1933年在世界书局出版。下文选用版本为1933年初版（第一册），1934年第3版（第二册），1934年第3版（第三册）。本书分别论述人体解剖及保健方法、疾病常识、公共卫生。初中三年每学年学习一册。因初中学生学业能力有限，本书对于术语与较难的理论知识进行了简化，并且编者在书中常常强调中学生对于国家、民族的责任，教导学生将所学卫生知识用于社会，强调卫生知识与社会的联系。第一册内容多涉及人体解剖及生理，难度较大，书中特附插图及实验辅助学习，插图多为器官结构解剖图，实验就材料和方法两部分展开叙述。全书各章节末设有“提要”和“问题”栏目。

新課程標準世界中學教本
初級中學學生用
龔氏
初中衛生
第一册
龔昂雲編著　洪式閭校訂
世界書局印行

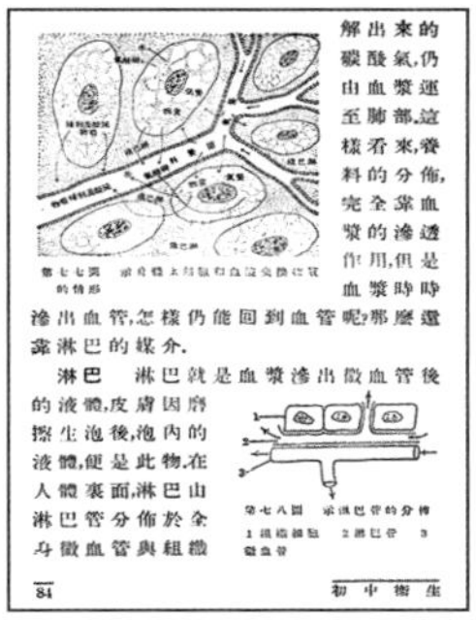
解出來的碳酸氣,仍由血漿運至肺部.這樣看來,養料的分佈,完全靠血漿的滲透作用,但是血漿時時滲出血管,怎樣仍能回到血管呢?那麼還靠淋巴的媒介.

淋巴　淋巴就是血漿滲出微血管後的液體,皮膚因磨擦生泡後,泡內的液體,便是此物.在人體裏面,淋巴由淋巴管分佈於全身微血管與組織

84　初中衛生

新課程標準世界中學教本
初級中學學生用
龔氏
初中衛生
第二册
龔昂雲編著　洪式閭校訂
世界書局印行

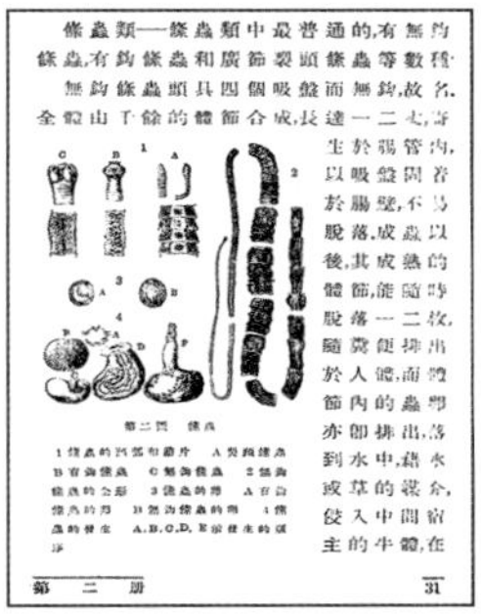
條蟲類——條蟲類中最普通的,有無鈎條蟲,有鈎條蟲和廣節裂頭條蟲等數種.

無鈎條蟲頭具四個吸盤而無鈎,故名.全體由千餘的體節合成,長達一二丈,寄生於腸管內,以吸盤固着於腸壁,不易脫落.成蟲以後,其成熟的體節,能隨時脫落一二枚,隨糞便排出於人體,而體節內的蟲卵亦卽排出,落到水中,藉水或草的媒介,侵入中間宿主的牛體,在

第二册　31

新課程標準世界中學教本
初級中學學生用
龔氏
初中衛生
第三册
龔昂雲編著　洪式閭校訂
世界書局印行

經過全室,使室內之人,同享溫和與純淨的氣流,如是室溫亦才能保持常度(攝氏溫度表20度).歐美各國學校,有用電力以取換氣的,然我國學校目前尚無法辦到,故在可能範圍內仍以多開窗戶為是.

取暖——冬天取暖的方法,我國學校多數採用火爐,然在裝設火爐時,就不可不有適宜的換氣裝置,務使火爐的熱空氣能自遠離火爐的一端流出,而新鮮的冷空氣得自近於火爐的一端流入,然後室內的空氣得充分交換,而室溫也不致有

第三册　63

4—47

图4—47　《龚氏初中卫生》封面及内容节选，1933年初版（第一册），1934年第3版（第二册），1934年第3版（第三册）

《龚氏初中卫生》（第一册）目录

绪论

第一章　人体概论

（1）骨骼与姿势

（2）各部器官、系统之结构

（3）体重及身长

第二章　肌肉与神经

第三章　神经系统及精神健康

第四章　呼吸

第五章　血液与血液循环

第六章　营养

（1）消化器官
（2）营养之原素
（3）食物之选择
（4）食物之消化
（5）新陈代谢
（6）排泄
（7）体温
（8）发育之要素
第七章 内分泌
第八章 口、牙、眼、耳
（1）口
（2）牙
（3）眼
（4）耳
第九章 青春时期之生理的变化
第十章 运动生理
第十一章 烟酒之害
第十二章 健康之意义
附录

《龚氏初中卫生》（第二册）目录

第一章 健康与疾病
（1）疾病之意义
（2）病原之发明
（3）死亡及死后解剖
第二章 疾病之分类
（1）以年龄为分类之标准
（2）以病理为分类之标准
第三章 人体寄生动物
第四章 家畜等动物之疾病与人之关系
第五章 细菌、免疫及消毒
第六章 传染病
（1）定义
（2）人体感染传染病之原则
（3）流行性传染病
（4）结核病
（5）花柳病
（6）疟疾
（7）砂眼
（8）皮肤病
（9）狂犬病
（10）麻疯病

《龚氏初中卫生》（第三册）目录

第一章 医学及公共卫生发达史
（1）神权时代
（2）科学时代
第二章 环境卫生
（1）水
（2）粪便及垃圾
（3）下水道
（4）住宅
（5）饮食物之取缔
（6）蚊、蝇、虱、鼠等之灭除
第三章 传染病之预防
（1）管理传染病之手续
（2）预防接种
（3）舟车、船舶之检疫
第四章 妇孺卫生
（1）孕产妇死亡之原因及预防
（2）婴儿死亡之原因及预防
（3）学龄前儿童之保健
第五章 学校卫生
（1）学校环境卫生

（2）健康检查及畸缺矫正

（3）学校传染病之预防

（4）体育训练

（5）健康教育

第六章　劳工卫生

第七章　都市安全之设计

（1）防灾

（2）交通

（3）娱乐场所

第八章　成药之害

第九章　我国国民健康现状与健康教育之需要及社会经济之关系

第十章　公共卫生行政之组织

第十一章　简易急救法

（1）绷带

（2）流血及止血法

（3）外伤

（4）溺死、窒息、缢死及人工呼吸法

（5）失神及中暑

（6）中毒

（7）寻常病症之救护

（六）《洪氏初中生理卫生学》

《洪氏初中生理卫生学》由洪式闾编著。1933年在世界书局出版第1版，同年发行第4版。全书十二篇，其框架结构与世界书局出版的其他生理卫生教科书类似，先介绍人体各系统，再介绍公共卫生与疾病、急救。但公共卫生、疾病内容仅两章，全书篇幅也少于世界书局其他生理卫生教科书。各篇末附有“实验”和“问题”栏，实验简单易操作，加深学生对于身体构成的认识，“问题”一栏供学生复习之用。

4—48

图4—48　《洪氏初中生理卫生学》封面，1933年第4版

《洪氏初中生理卫生学》目录

第一　绪论

一　生活现象研究之目的

二　人体的构造

三　细胞和组织

四　人体的化学成分

第二　骨骼篇

一　骨和骨的构造

二　骨骼的区分

三　人类骨骼的特性

四　软骨

五　骨的结合——关节和韧带

六　骨的卫生

第三　肌肉篇

一　肌和肌的构造

二　肌的生理

三　骨骼肌的分布

四　肌对于骨和关节的关系
五　身体的平衡位置和整齐运动
六　运动之必要和肌的练习
七　运动方式
第四　血液循环篇
一　血液
二　血管
三　心脏
四　心脏的生理
五　血液循环
六　血压和脉搏
七　血管的作用
八　心的作用
九　止血法和输血法
一〇　淋巴液
一一　淋巴管和淋巴腺
一二　血管腺
第五　呼吸篇
一　呼吸器的构造
二　呼吸运动
三　发音器的作用
四　呼吸器的卫生
五　肺结核——肺痨
第六　排泄篇
一　皮肤的排泄
二　汗的性质和汗腺的作用
三　体温及其调节作用
四　衣服和保温
五　衣服和健康的关系
六　皮肤的清洁法
七　尿的排泄
八　泌尿器的作用
第七　消化篇
一　消化器的构造
二　消化作用
三　吸收作用
四　消化器的卫生
第八　营养篇
一　营养素
二　活力素
三　新陈代谢
四　食品
五　嗜好品
六　保健食料的标准
七　动植物性混食的利益
第九　感觉篇
一　视觉器
二　听觉器
三　嗅觉器
四　味觉器
五　感觉器
第十　神经系统篇
一　神经纤维
二　脑髓
三　脊髓
四　交感神经
五　中枢神经的机能
六　神经系统的卫生
第十一　公共卫生篇
一　公共卫生的意义
二　都市卫生
三　传染病和预防
四　卫生行政机关的职责
第十二　疾病和急救法
一　疾病的原因
二　治疗的方法
三　看护病人的常识
四　购用成药的弊害
五　急救法

（七）《徐氏初中动物学》

《徐氏初中动物学》由徐琨、马光斗、华汝成编著，龚昂云校订。1933年在世界书局出版。全书分上、下两册，除绪论外，共十八章。上册六章，介绍脊椎动物；下册十二章，前十章介绍无脊椎动物并与脊椎动物进行比较，最后两章分述生命的现象及特征、人类在自然界的位置。书中对每一种动物，从形态和生理、发生（发育）、习性、效用、分类等几个方面进行讲解，其中对模式动物及我国特有动物叙述详尽，其余简述。文中有大量比较用表，通过比较动物的异同使学生能够对所学知识融会贯通，同时了解动物进化的相关知识。每章开篇设有若干问题，方便指导学生预习；每章末所附的“作业示例”和“问题”栏便于学生总结归纳所学知识。

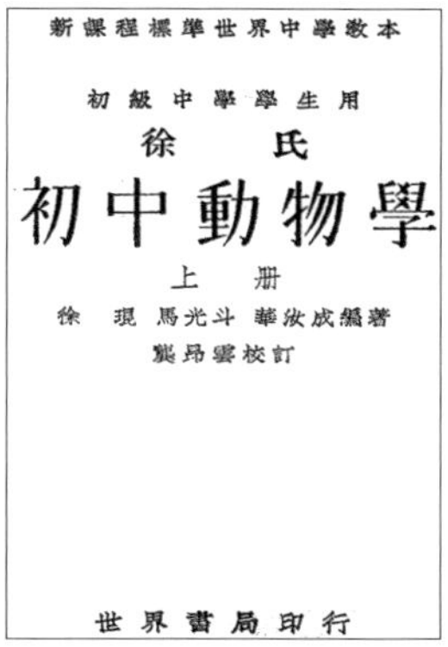
新課程標準世界中學教本
初級中學學生用
徐氏
初中動物學
上冊
徐琨 馬光斗 華汝成編著
龔昂雲校訂
世界書局印行

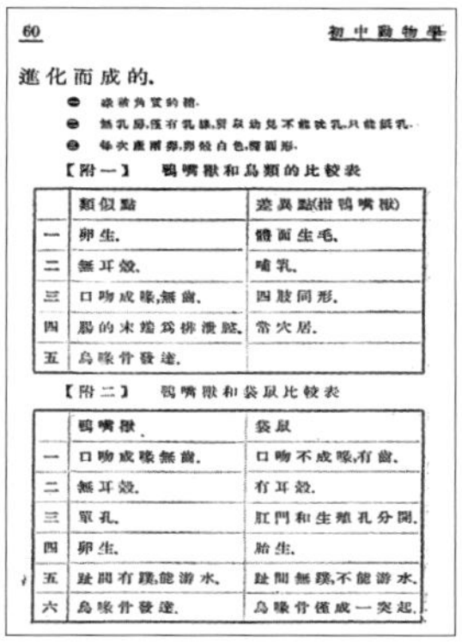
60　初中動物學

進化而成的.

【附一】 鴨嘴獸和鳥類的比較表

	類似點	差異點(指鴨嘴獸)
一	卵生.	體面生毛.
二	無耳殼.	哺乳.
三	口吻成喙,無齒.	四肢同形.
四	腸的末端爲排泄腔.	常穴居.
五	烏喙骨發達.	

【附二】 鴨嘴獸和袋鼠比較表

	鴨嘴獸	袋鼠
一	口吻成喙無齒.	口吻不成喙,有齒.
二	無耳殼.	有耳殼.
三	單孔.	肛門和生殖孔分開.
四	卵生.	胎生.
五	趾間有蹼,能游水.	趾間無蹼,不能游水.
六	烏喙骨發達.	烏喙骨僅成一突起.

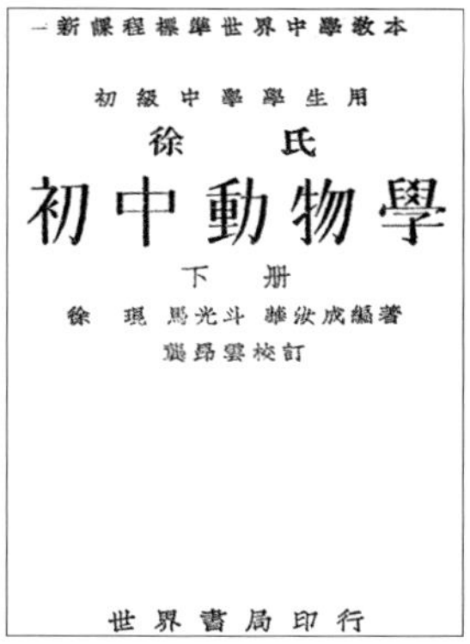
新課程標準世界中學教本
初級中學學生用
徐氏
初中動物學
下冊
徐琨 馬光斗 華汝成編著
龔昂雲校訂
世界書局印行

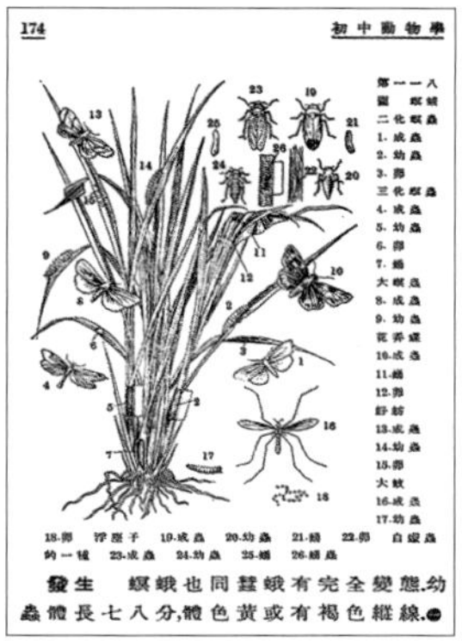
174　初中動物學

發生　螟蛾也同蠶蛾有完全變態.幼蟲體長七八分,體色黄或有褐色縱線.

4—49

图4—49　《徐氏初中动物学》封面及内容节选，1933年初版

《徐氏初中动物学》（上册）目录

第八节　驼鸟
第九节　鸟纲提要
第三章　爬虫纲
第一节　龟
第二节　蛇
第三节　蜥蜴
第四节　鳄鱼
第五节　爬虫纲提要
第四章　两栖纲
第一节　蛙
第二节　蝾螈
第三节　两栖纲提要
第五章　鱼纲
第一节　鲤
第二节　鲟鱼
第三节　肺鱼
第四节　沙鱼
第五节　鱼纲提要
第六章　脊椎动物提要
（附）头索类及被囊类

《徐氏初中动物学》（下册）目录

第七章　节肢动物
第一节　蚕蛾
第二节　螟蛾
第三节　蝶
第四节　蝗
第五节　蜜蜂
第六节　蚁
第七节　蚊
第八节　蝇
第九节　天牛
第十节　蝉
第十一节　蜻蜓
第十二节　蚤
第十三节　衣鱼
第十四节　昆虫纲提要
第十五节　蜘蛛
第十六节　蜈蚣
第十七节　虾
第十八节　节肢动物提要
第八章　软体动物
第一节　蚌
第二节　乌贼
第三节　蜗牛
第四节　软体动物提要
第九章　棘皮动物
第一节　星鱼
第二节　海胆
第三节　海参
第四节　棘皮动物提要
第十章　环形动物
第一节　蚯蚓
第二节　蛭
第三节　环形动物提要
第十一章　圆形动物
第一节　蛔虫
第二节　圆形动物提要
第十二章　扁形动物
第一节　绦虫
第二节　扁形动物提要
第十三章　腔肠动物
第一节　水螅
第二节　水母

第三节　珊瑚

第四节　腔肠动物提要

第十四章　海绵动物

第一节　海绵

第二节　海绵动物提要

第十五章　原生动物

第一节　草履虫

第二节　变形虫

第三节　原生动物提要

第十六章　脊椎动物与无脊椎动物的比较

第十七章　生命的现象及其特征

第十八章　人类在自然界的位置

（八）《王氏初中动物学》

《王氏初中动物学》由王采南编著，胡哲齐校订。1933年在世界书局出版第1版，1934年出版修正版。全书除绪论外，共十八章，编排结构以动物分类为依据，先介绍高等动物，后介绍低等动物，最后介绍脊椎动物与无脊椎动物的差别、生命现象论以及人类在自然界里的位置。材料多为日常可见并与人类生活密切相关的动物，除详述动物形态与生态外，还必述其效用或培养与采集方法，常列出每章的代表动物进行异同比较。每章末附“提要”一栏，就章内材料提出要点，系统总结此类动物特征，另附“问题”一栏供学生复习回顾之用。本书是编者在《初中动物学》的基础上修订而成的。《初中动物学》表达用语偏向口语化、生活化，本书则更为科学规范。如两书都讲蚯蚓，在《初中动物学》中将其归为“益农动物”一章并加以介绍，而本书则是在“环节动物”一章展开论述，讨论更为深入、细致，分类标准更科学；前书将软体动物、原生动物合为“池沼中的小动物”一章介绍，而本书则将软体动物和原生动物分两章论述。

4—50

图4—50　《王氏初中动物学》封面，1934年修正版

《王氏初中动物学》目录

绪论

第一章　哺乳纲

第一节　猫

第二节　猕猴

第三节　犬

第四节　牛

第五节　马

第六节　象

第七节　鲸

第八节　鼠

第九节　鼹鼠

第十节　蝙蝠

第十一节　鲮鲤

第十二节　袋鼠　鸭嘴兽

附　哺乳纲提要
第二章　鸟纲
第一节　鸡
第二节　鹰
第三节　鸽　啄木鸟
第四节　燕
第五节　鸭
第六节　鹤　鸵鸟
附　鸟纲提要
第三章　爬虫纲
第一节　鳖和龟
第二节　蛇
第三节　蜥蜴和守宫
第四节　鳄鱼
附　爬虫纲提要
第四章　两栖纲
第一节　蛙
第二节　蝾螈
附　两栖纲提要
第五章　鱼纲
第一节　鲋
第二节　沙鱼
第三节　鲟鱼　肺鱼　八目鳗
附　鱼纲提要
第六章　脊椎动物提要
附　蛞蝓鱼　海鞘
第七章　节肢动物
第一节　蝗
第二节　螟虫
第三节　蚕
第四节　凤蝶
第五节　蜜蜂
第六节　蚁
第七节　蚊
第八节　蝇和蚤
第九节　天牛
第十节　蜻蜓
第十一节　蝉
第十二节　蠹鱼
附　昆虫纲提要
第十三节　虾
第十四节　蜘蛛
第十五节　蜈蚣
附　节肢动物提要
第八章　软体动物
第一节　蚌
第二节　乌贼
第三节　田螺
附　软体动物提要
第九章　棘皮动物
第一节　星鱼　海百合
第二节　海胆　海参
附　棘皮动物提要
第十章　环形动物
蚯蚓
附　环形动物提要
第十一章　圆形动物
蛔虫和十二指肠虫
附　圆形动物提要
第十二章　扁形动物
绦虫和肝蛭
附　扁形动物提要
第十三章　腔肠动物
第一节　水螅和水母
第二节　海葵和珊瑚
附　腔肠动物提要

第十四章　海绵动物

海绵

附　海绵动物提要

第十五章　原生动物

第一节　草履虫

第二节　变形虫

附　原生动物提要

第十六章　脊椎动物与无脊椎动物的比较

第十七章　生命现象论

第十八章　人类在自然界里的位置

（九）《教育生物学》

《教育生物学》由潘锡九编著，1934年在世界书局出版。本书取材多侧重与人类生活密切联系的方面的知识，并展开详细论述。全书除绪论外，共二十一章，文字内容占据版面极大部分。本书的第十四、十五章分别讨论了生物个体与种族的生与死，其中虽未明确指向人类的生与死，但在讨论举例中出现以人为例："人寿大约以七十岁乃至七十五岁为限……人之寿命与其他动物之寿命……皆随一定之原理以进化者，然则人类之好生恶死者，欲以特殊之药品，以延长其寿命，岂非梦想乎。"较其他生物学教科书而言，本书较早涉及了对人类生死的讨论。

師範學校教本

教育生物學

潘錫九編著

世界書局印行

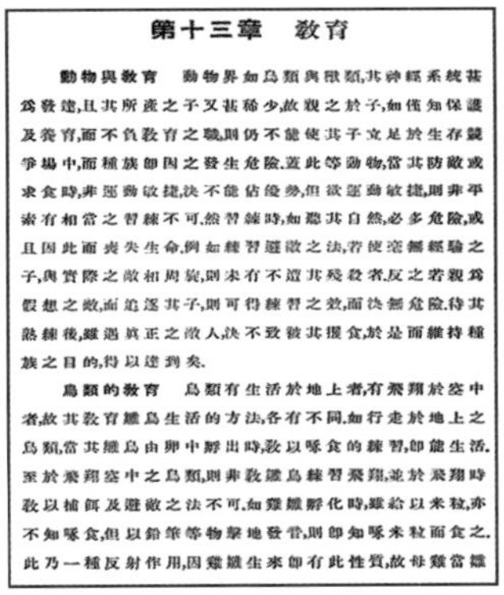

第十三章　教育

動物與教育　動物界如鳥類與獸類,其神經系統甚為發達,且其所產之子又甚稀少,故親之於子,如僅知保護及養育,而不負教育之職,則仍不能使其子立足於生存競爭場中,而種族卽因之發生危險.蓋此等動物,當其防敵或求食時,非運動敏捷,決不能佔優勢,但欲運動敏捷,則非平素有相當之習練不可.然習練時,如聽其自然,必多危險,或且因此而喪失生命.例如練習避敵之法,若使毫無經驗之子,與實際之敵相周旋,則未有不遭其殘殺者.反之若親為假想之敵,而追逐其子,則可得練習之效,而決無危險.待其熟練後,雖遇真正之敵人,決不致被其攫食,於是而維持種族之目的,得以達到矣.

鳥類的教育　鳥類有生活於地上者,有飛翔於空中者,故其教育雛鳥生活的方法,各有不同.如行走於地上之鳥類,當其雛鳥由卵中孵出時,教以啄食的練習,卽能生活.至於飛翔空中之鳥類,則非教雛鳥練習飛翔,並於飛翔時教以捕餌及避敵之法不可.如雞雛孵化時,雖給以米粒,亦不知啄食,但以鉛筆等物擊地發音,則卽知啄米粒而食之.此乃一種反射作用,因雞雛生來卽有此性質,故母雞當雛

4—51

图4—51　《教育生物学》封面及内容节选，1934年初版

《教育生物学》目录

绪论

第一章　细胞

第二章　生物生活的二大现象

第三章　生物与环境

第四章　动物的护身法

第五章　从原始生活到智的生活

第六章　团体生活

第七章　生物的生殖作用

第八章　人体的发生

第九章　生物的生长

第十章　内分泌与动物的生长

第十一章　生活素与动物的生活

第十二章　动物界亲子间的关系

第十三章　教育

第十四章　生物个体的生与死

第十五章　生物种族的生与死

第十六章　人类的将来

第十七章　遗传

第十八章　人类的遗传

第十九章　优生学

第二十章　生物的进化

第二十一章　人类

（十）《马氏初中植物学》

《马氏初中植物学》由马光斗、徐琨、华汝成编著，龚昂云校订。1934年在世界书局出版。全书分上、下两册，除绪论外，共四编，分别为植物的形态、植物的分类、应用植物和植物的生态，其中“植物的形态”一编中融入了植物生理知识。对于植物分类，本书不拘泥于传统的分类学顺序，而是选取常见的、与人类生活相关的植物并介绍其形态、种类。不同章、节之后附有“备考”栏目，有作业及问题供学生课后学习。

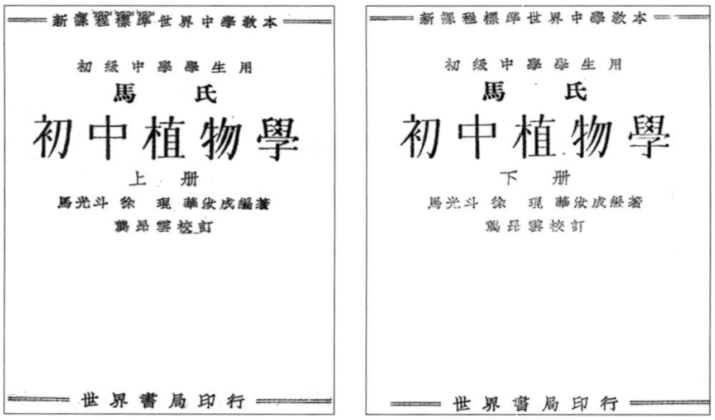

4—52

图4—52　《马氏初中植物学》封面，1934年初版

《马氏初中植物学》（上册）目录

绪论

第一编　植物的形态

　第一章　细胞及组织

　　第一节　细胞

　　第二节　细胞的分裂和增殖

　　第三节　组织及其种类

　　第四节　植物的器官

　　　备考

　第二章　叶

　　第一节　叶的外形

　　第二节　叶的构造

　　第三节　叶的种类

　　　备考

　第三章　茎

　　第一节　茎的外形

　　第二节　茎的构造

　　第三节　茎的种类

　　　备考

　第四章　根

　　第一节　根的外形

　　第二节　根的构造

　　第三节　根的变态

　　第四节　根和营养

　　　备考

　第五章　花

　　第一节　花的保护部

　　第二节　花的主要部

　　第三节　受粉和生殖

　　第四节　花的种类

　　第五节　花序

　　　备考

　第六章　果实及种子

　　第一节　果实的发生和部分

　　第二节　果实的种类

第三节　种子
第四节　种子的散布
备考
第二编　植物的分类
第一章　分类学大意
备考
第二章　胞子植物部
第一节　菌藻门
（1）细菌
备考
（2）藻类
①鞭毛藻　②团藻　③水绵
备考
（3）真菌类
①酵母菌　②曲菌　③霉菌类
④香蕈　⑤木耳
备考
第二节　苔藓门
（1）苔类
土马鬃
（2）藓类
地钱
（3）苔藓植物的生活史
备考
第三节　羊齿门
（1）木贼类
①问荆　②木贼
（2）石松类
①卷柏　②石松
（3）羊齿类
①蕨　②蘋
（4）羊齿植物的生活史
（5）羊齿植物和苔藓植物的比较
备考

《马氏初中植物学》（下册）目录

第三章　种子植物部
第一节　裸子植物门
备考
第二节　被子植物门
（一）单子叶类
备考
（二）双子叶类
1. 离瓣植物
备考
2. 合瓣植物
备考
第四章　种子植物生活史
第五章　种子植物和羊齿植物的比较
第三编　应用植物
第一章　食用植物
第一节　禾谷类
第二节　豆类
第三节　蔬菜类
第四节　果品类
第五节　工业品类
第二章　日用植物
第一节　纤维原料
第二节　油漆原料
备考
第三节　染料
备考
第四节　工艺用料
备考

第三章 材用植物
　　第一节 材用植物的种类
　　第二节 造林的重要
　　　　备考
第四章 药用植物和嗜好品
　　第一节 药材
　　第二节 香料
　　第三节 饮料
　　第四节 烟料
　　　　备考
第五章 观赏植物
　　第一节 庭园植物
　　　　备考
　　第二节 野花
　　　　备考
　　第三节 花草的栽培
第六章 有害植物
　　备考
第四编 植物的生态
　　第一章 植物与环境
　　第二章 寄生植物
　　　　备考
　　第三章 共生植物
　　第四章 食虫植物
　　　　备考
　　第五章 植物的群落
　　第六章 植物的分布
　　　　备考
　　第七章 植物的遗传和选种
　　　　备考
附录 植物采集和标本制作法

（十一）《徐氏初中植物学》

《徐氏初中植物学》由徐克敏编著，胡哲齐校订。1934年在世界书局出版，1935年出版第9版。全书除绪论外，共十章，分论细胞、组织、根、茎、叶、果实、种子及各大类植物。对于显花植物，编者按用途分为农产植物、日用植物、观赏植物等类，与现实生活有着较强的联系。并且，在“森林”一节，涉及了保护森林的观念以及保护森林的方法，有助于培养学生的环保意识。在“叶”一章设有简单可操作的实验，对叶的同化作用（即光合作用）、蒸腾作用、呼吸作用进行了探究。每章末附有“提要”和“问题”栏，前六章关于植物学基本知识的“提要”部分以简要罗列的方式分类归纳要点内容，此后关于植物分类部分的“提要”主要以文字总结各类植物的特征。本书是编者在《初中植物学》一书基础上结合1932年《初级中学植物学课程标准》中“教材大纲”的相关要求修订而成的。

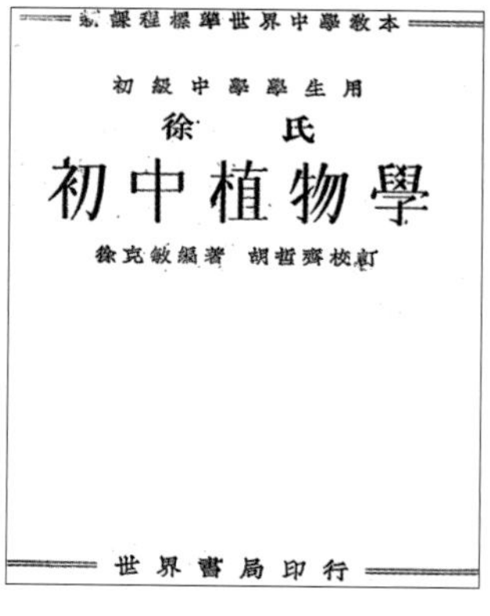
新課程標準世界中學教本
初級中學學生用
徐氏
初中植物學
徐克敏編著 胡哲齊校訂
世界書局印行

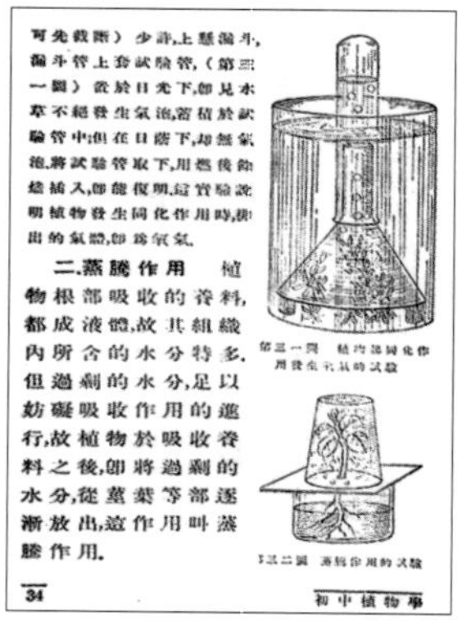
可先截斷）少許,上懸漏斗,漏斗管上套試驗管,(第三一圖）置於日光下,卽見水草不絕發生氣泡,蓄積於試驗管中;但在日蔭下,却無氣泡.將試驗管取下,用燃後餘燼插入,卽能復明.這實驗證明植物發生同化作用時,排出的氣體,卽爲氧氣.

二.蒸騰作用 植物根部吸收的養料,都成液體,故其組織內所含的水分特多.但過剩的水分,足以妨礙吸收作用的進行,故植物於吸收養料之後,卽將過剩的水分,從莖葉等部逐漸放出,這作用叫蒸騰作用.

34　　初中植物學

4—53

图4—53 《徐氏初中植物学》封面及内容节选，1935年第9版

《徐氏初中植物学》目录

绪论
第一章　细胞和组织
第二章　根
　第一节　根的形态
　第二节　根的构造
　第三节　根的生理
　第四节　养分
第三章　茎
　第一节　茎的形态
　第二节　茎的构造
　第三节　茎的生理
第四章　叶
　第一节　叶的形态
　第二节　叶的构造
　第三节　叶的生理
第五章　花、果实、种子
　第一节　花的形态
　第二节　果实和种子的形态
　第三节　果实和种子的散布
　第四节　栽培植物的改良
第六章　植物分类大要
第七章　菌藻植物
　第一节　菌类
　第二节　藻类
　第三节　地衣
第八章　苔藓植物
第九章　羊齿植物
第十章　显花植物
　第一节　农产植物
　　一　禾谷类
　　二　果实类
　　三　菜蔬类
　　　（1）叶菜
　　　（2）茎菜
　　　（3）根菜
　　　（4）果菜
　　　（5）豆类
　第二节　日用植物
　　一　纤维原料
　　二　油蜡原料
　　三　染料
　　四　工业用料
　第三节　药用植物与嗜好品
　　一　药材
　　二　香料
　　三　饮料
　　四　烟料
　第四节　森林
　　一　普通林木
　　二　森林的利益和保护
　第五节　观赏植物
　第六节　有害植物
　　一　田莠
　　二　有毒植物
　　三　寄生植物

（十二）《吴氏高中生物学》

《吴氏高中生物学》由吴元涤编著，1935年在世界书局出版。本书在编排体例上沿用了编者于三年前出版的《生物学》的框架，但内容有所增删，并加入了更多的插图，插图多达199幅。同时加入较多发育生物学和遗传学前沿内容，初步具有了现代教科书的体例。书中关于生物形态、构造的叙述多以综合比较的形式呈现，生理部分的选材注重该领域的最新进展，生物的生态、适应、分类、分布等内容则注重其在中国历史上的沿革和中国地理上的区分，以此弘扬本国文化和激发研究国产资源的兴趣。各章末设有“提要”一栏，将全章要点分条罗列，清晰明了；设“问题”一栏，便于学生复习。

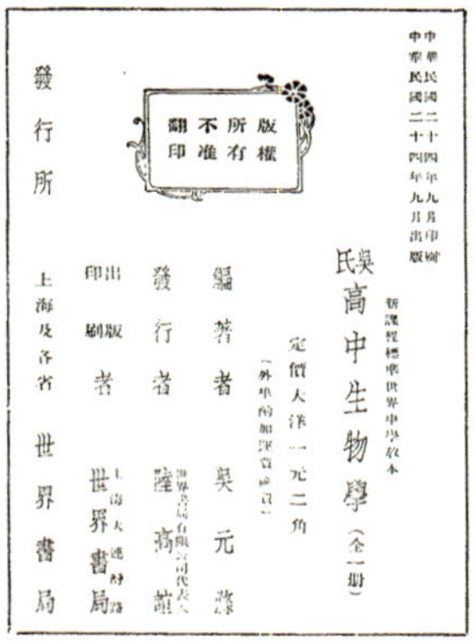
中華民國二十四年九月印刷
中華民國二十四年九月出版
新課程標準世界中學教本
吳氏高中生物學（全一冊）
定價大洋一元二角
（外埠酌加郵費匯費）
版權所有 不准翻印
編著者 吳元滌
發行者 陸高誼（世界書局有限公司代表人）
出版印刷者 世界書局（上海大連灣路）
發行所 上海及各省 世界書局

4—54

图4—54　《吴氏高中生物学》封面及版权页，1935年初版

《吴氏高中生物学》目录

第一章　概论
　第一节　生物的特征
　　代谢作用　生长　生殖和死亡　活动性　感应性　适应性
　第二节　动植物的同异
　　运动的有无　感觉的有无　营养法的差异　外形的各殊　纤维素和角皮质的有无
　第三节　研究生物学的意义
　第四节　研究生物学的方法
　第五节　生物学的分科和其发达史
　　形态学　生理学　发生学　分类学　遗传学
　第六节　生物学和他种科学的关系
　提要　问题
第二章　细胞和原形质
　第一节　原形质的显微镜观
　　组织状说　泡沫状说或蜂窝状说　颗粒状说
　第二节　原形质的化学组成
　第三节　组成原形质的化合物
　　水　无机盐类　蛋白质　含水碳素　脂肪
　第四节　原形质的物理性质
　　胶质特性　表面张力　吸著现象　扩散作用　渗透作用
　第五节　细胞的构造
　　细胞膜　细胞核　中心球　成形体　粒线体　细胞质　空泡　后成形质
　第六节　细胞分裂
　　前期　中期　后期　末期
　提要　问题
第三章　组织和器官
　第一节　细胞的分化和集合
　第二节　构成植物体的组织
　　分裂组织　永久组织
　第三节　构成动物体的组织
　　皮膜组织　结缔组织　肌组织　神经组织

第四节　构成植物体的器官
营养器官　生殖器官
第五节　构成动物体的器官
保护器官　营养器官　生殖器官　运动器官　知觉器官
第六节　器官的相同和相似
相同器官　相似器官
提要　问题
第四章　营养
第一节　植物的代谢作用
叶绿素的光合作用　原形质的构成　呼吸作用和能力转换　根、茎、叶和新陈代谢
第二节　动物的代谢作用
动物的食性　食物的消化　食物的吸收　呼吸作用　排泄作用　循环作用
第三节　自然界中各种物质的循环
碳素的循环　氧素的循环　氮素的循环　其他元素的循环
提要　问题
第五章　感应
第一节　植物的感应性
植物的走动性　植物的趋动性　植物的倾动性
第二节　动物的神经作用和感官
智力　知觉　运动
第三节　动物的内分泌
脑下垂体　松果腺　甲状腺　副甲状腺　胸腺　脾脏　胰脏　副肾　生殖腺
提要　问题
第六章　生殖
第一节　生殖的意义
生殖是复幼现象　生殖是保存种族　生殖是超个体生长　生殖是增多个体
第二节　生殖的方法
无性生殖　有性生殖
第三节　世代交替
苔藓植物的世代交替　羊齿植物的世代交替　种子植物的世代交替　动物界的世代交替
提要　问题
第七章　发生
第一节　两性细胞的起源
第二节　两性细胞的成熟和减数分裂
两性细胞的成熟　减数分裂
第三节　两性细胞的形态
精子的形态　卵子的形态
第四节　受精现象
体外受精与体内受精　受精的经过
第五节　植物的发生
羊齿植物的发生　裸子植物的发生　单子叶植物的发生　双子叶植物的发生　胚期后的发生
第六节　动物的发生
卵裂的型式　原肠期的形成　中胚层和体腔的形成　器官的发生　胚体发达和附属器官
第七节　直接发生和变态发生
第八节　赫克尔氏的重现律及其限制
重现律的例证　重现律的限制
提要　问题
第八章　遗传
第一节　孟德尔氏以前的遗传概念
斯宾塞氏的生理单位说
达尔文氏的泛生说　内瑚里氏的遗替质

说　惠诗曼氏的生殖质连续说
第二节　孟德尔氏定律
孟氏定律的由来　孟氏的试验　孟氏的解释　孟氏两对以上因子的交配　孟氏律的要纲　人类毛发遗传的例证
第三节　遗传的物质基本
染色体和因子的关系　遗传因子的定位　遗传因子的环连　遗传因子的互换
第四节　两性的遗传
从前的假想　现今的发现　两性决定的型式　伴性遗传
提要　问题
第九章　天演
第一节　天演的理论
特别创造说　生物偶生的概念　进化学说
第二节　天演的证据
形态上的证据　发生上的证据　生理上的证据　化石上的证据　分布上的证据　系统上的证据
第三节　适应
机能上的适应生　构造上的适应　生物间相互的适应
第四节　人类的天演
人类的位置　人类的化石　真正人类出现的时代和其发祥地
提要　问题
第十章　分类
第一节　分类的方法
人为分类法　自然分类法　学名的规定
第二节　植物分类大纲及其地理分布
植物的分类　植物地理分布
第三节　动物分类大纲及其地理分布
动物的分类　动物的地理分布
提要　问题
第十一章　动植物和人生关系
第一节　效用
农艺上的效用　工业上的效用　医药上的效用
第二节　毒害
直接毒害（病原微生物　寄生动物　有毒的动植物）　间接毒害（播疫动物　害农植物　害农动物）
提要　问题

（十三）《初中新生理卫生》

《初中新生理卫生》由袁舜达编著，1936年在世界书局出版。本书分上、下两册，除绪言外，共十五章。前八章论述人体概论、骨骼和姿势、运动和神经系统、消化系统、营养和发育、呼吸系统、循环系统、排泄系统，第三、四、六、七、八章讲解各系统之后，最后一节论述各系统的病理和保健。后七章讲解卫生习惯与健康、学校与社会的卫生设施。并且，由于当时国家处于战乱之中，书中还加入了“战时毒气防护知识”一节。本书卫生部分重视实践，实践指导叙述详细，除生理卫生外也注重心理卫生，并设独立一章对其讨论。上册节末大多附有“实验”和“问题”栏目，下册节末只附“问题”栏。“实验”一栏大多就其材料、方法步骤等进行了说明。

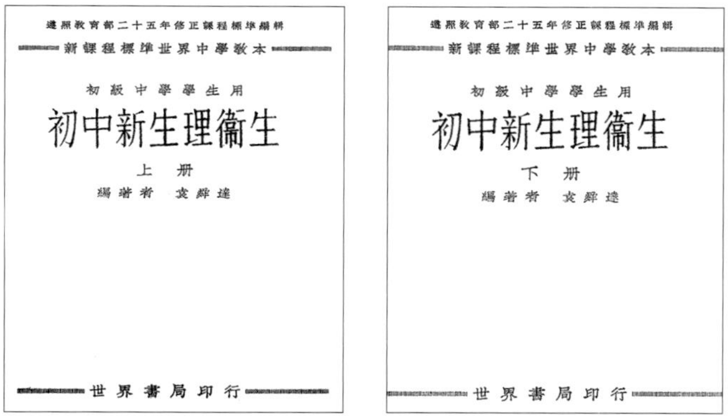

4—55

图4—55　《初中新生理卫生》封面，1936年初版

《初中新生理卫生》（上册）目录

绪言

第一章　人体概论

第一节　人体的遗传、胚胎及发育

人体的遗传　人体的胚胎及发育

第二节　人体的基本构造和生活机能

人体的部份　构成人体的基本单位和化学成份　构成多细胞动物体的基础　人体的器官和器官系统

第三节　人体的生活机能

生物的两大欲望　营养机能　生殖机能　运动感觉调整和其他机能　支持和保护机能

第二章　骨骼和姿势

第一节　骨骼的形态和生理

骨骼的类别　骨骼的形状　骨骼的连接　骨骼的构造　骨骼的成分　软骨

第二节　骨骼和姿势

姿势端正的必要　卧坐立行的姿势

第三章　运动和神经系统

第一节　神经系统的构成和生理

神经系统的构成　神经系统和神经的类别　神经系统的中枢部　神经系统的传导部　神经系统的末梢部

第二节　感官的形态、生理、病理和保健

视官的形态和生理　视官的病理和保健　听官的形态和生理　听官的病理和保健　嗅官的形态、生理、病理和保健　味官的形态、生理、病理和保健　触官的形态、生理和保健

第三节　肌肉的形态、生理

肌肉的形性　主要骨骼肌　骨的关节　骨骼肌对于骨和关节的关系　人体移动的方式

第四节　运动和神经系统的关系、病理及保健

运动和神经系统的关系　运动和神经系统的保健　运动和神经系统的病理

第四章　消化系统

第一节　消化器的形态和生理

消化器的部分及消化管一般的构造　构成口腔的部分和形状　齿的种类、形数和构造　舌的形态和部分　咽和食管的形态　胃的形态　肠的部分和形态　（附）腹膜　肠间膜和大网膜

第二节　消化器的生理

食物消化吸收的顺序

第三节　消化器的病理和保健

口腔及齿舌的病理和保健　胃肠的病理和保健

第五章　营养和发育
第一节　食物和标准食量
食物的必要和成立　营养素的种类和功用　食品的种类和成分　食品的营养价和标准食量　食品的选择和混食的必要　营养和身体成长的关系
第二节　人体发育概况和发育的要素
成长的意义和人生的三期　青春时期生理的变化　发育的要素
第六章　呼吸系统
第一节　呼吸器的形态和生理
呼吸系统的部分和形态　气道各部的形态　肺脏的形态　呼吸肌的形态　呼吸器的生理　肺呼吸的生理　呼气、吸气的成分和呼吸数量　呼吸式和变态呼吸　（附）发声器的形态和生理
第二节　呼吸器的病理和保健
呼吸器的病理　呼吸器的保健

《初中新生理卫生》（下册）目录

第七章　循环系统
第一节　循环器的形态和生理
循环系统的部分和形态　血液的形性　心脏和血管的形态　淋巴系的形态
第二节　循环器的生理
血液和淋巴的生理　心脏和血管的生理　血液循环的径路
第三节　循环器的病理和保健
循环器的病理　循环器的保健
第八章　排泄系统
第一节　泌尿器的形态和生理
泌尿器的形态　泌尿器的生理
第二节　皮肤的形态和生理
皮肤的形态　皮肤的生理
第三节　排泄系统的病理和保健
泌尿器的病理和保健　皮肤的病理和保健
第九章　心理卫生
第一节　心理卫生的重要及其由来和目的
心理卫生的重要　心理卫生的由来及目的
第二节　心理的不健康及其原因和预防
心理的不健康　心理不健康的原因及其预防
第十章　免疫的意义
第一节　感染体的病原性和人体的感受性
病源性和感受性　病原性的要件　感受性的种种要件
第二节　免疫的意义和种类
免疫的意义、要素和特异性　免疫的种类
第十一章　病原概论
第一节　病原的意义和发明
病原的意义　病原的发明
第二节　病原述略
疾病的内因　疾病的物理外因　疾病的化学外因
第十二章　急救和护病常识
第一节　简易急救法
绷带　止血法　外伤处置法　人工呼吸法　中毒急救法　失神和中暑的急救法
第二节　护病常识
诊断常识　药物常识　家常应备的药品　看护要点
第三节　战时毒气防护知识
毒气的种类及其对于生物的作用　怎样防御毒气
第十三章　学校卫生的设施

第一节　学校环境卫生

校地选定和设计上的卫生　校舍的卫生

第二节　保健和健康教育

畸缺及疾病的防治　学校传染病的预防　健康教育

第十四章　卫生习惯和个人健康

第一节　卫生习惯怎样养成

习惯的意义和它的生理的基础　习惯的功效和弊害　习惯的成立及打破和养成最好的时期

第二节　卫生习惯和个人健康

卫生习惯举例　卫生习惯和个人健康

第十五章　政府对于人民的保健设施及公共卫生的重要

第一节　我国公共卫生行政组织的现状

第二节　公共卫生的设施

饮料品、食品的卫生学的取缔　传染病的预防　都市安全的设计　废弃物处置法　卫生教育

第三节　公共卫生的重要

（十四）《初中新植物学》

《初中新植物学》由李咏章编著，1937年在世界书局出版。全书分上、下两册，第一至七章介绍植物的基本构造，高等植物各部的形态、构造、作用等，并在其中介绍植物的生活原理、生长、繁殖等，第八至十五章分论植物界各类植物的大概及与人类生活的关系。本书注重复习的开展，文中多采用表格形式总结比较，章末附“习题”一栏，习题量较大。上、下册各附录三十二个“实验”，含实验目的、材料、作业三方面内容，其中在作业一项中内容中涉及对实验的具体操作说明。

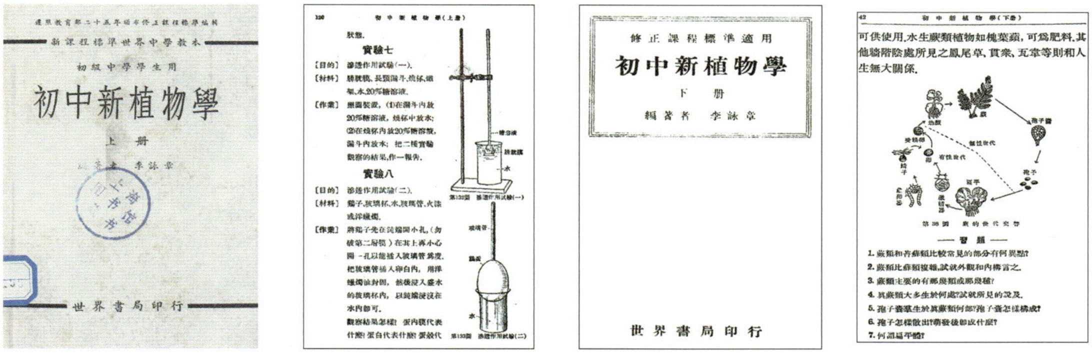

4—56

图4—56　《初中新植物学》封面及内容节选，1937年初版

《初中新植物学》（上册）目录

第一章　概论

（一）生物

（二）动物和植物

（三）植物学和分科

（四）植物和动物的关系

（五）植物和人生

第二章　植物体的构造

（一）细胞

（二）组织

（三）器官

第三章　根

（一）根的种类

（二）根的生长和构造

（三）根的生理

（四）根和环境的关系

第四章　茎

（一）茎的形态

（二）茎外部的特点

（三）茎的种类

（四）茎的构造

（五）茎的生理

（六）茎和环境的关系

（七）森林

第五章　叶

（一）叶的外部形态

（二）叶的构造

（三）叶的生理

（四）叶和环境的关系

第六章　营养器的变态

第七章　营养体的繁殖

（一）自然繁殖

（二）人为繁殖

（三）营养繁殖的利益

附录

《初中新植物学》（下册）目录

第八章　植物分类

第九章　藻菌植物

（一）裂殖类

（二）藻类

（三）菌类

（四）地衣

第十章　苔藓植物

（一）苔类

（二）藓类

第十一章　蕨类植物

（一）真蕨类

（二）木贼类

（三）石松类

第十二章　种子植物通论（花）

（一）花的部分和性质

（二）花序

（三）花的构造

（四）传粉的方法

（五）种子植物的生殖

第十三章　续（果实）

（一）果实的种类

（二）果实和人生

第十四章　续（种子）

（一）种子的构造

（二）种子的萌发

（三）种子和人生

（四）种子的散布

第十五章　种子植物分论

（一）裸子植物

（二）被子植物

（甲）双子叶植物

（子）离瓣类

（丑）合瓣类

（乙）单子叶植物

附录　实验一至三十二

（十五）《高中新生物学》

《高中新生物学》由赵楷、楼培启编著，1937年在世界书局出版。本书共八章，分为上、下两册，由微观到宏观讲述生物的细胞、组织、生理活动等内容，最后讲解进化论、遗传、优生学等。书中多处涉及科学史的梳理，并附上相关科学家的肖像图。各章末附“习题”一栏。

遵照教育部二十五年頒布修正課程標準編輯
新課程標準世界中學教本
高級中學學生用
高中新生物學
上冊
編著者 趙楷 樓培啓
世界書局印行

132 高中新生物學(上冊)

是因生於乾地的植物,蒸散的水量多,體內水量減少,不易增大其體積.故如雨量多的熱帶地方,植物發育茂盛,枝幹高大;雨量稀少的沙漠地方,植物不能完全發育,莖葉短小.

水深的多少,能影響於植物形態的變化,如水生植物中的慈菇,他的葉常有兩種形態:在水面上的皆呈箭形,而在水面下的均為帶形.此因水的關係變成帶形,於水流動時,可以減少抵抗力,不使葉有破折之虞.

第一一八圖 慈姑

(四)氧氣(Oxygen) 細菌有嫌氣性與好氣性的分別,但普通細菌,多屬好氣性.其他較高等的植物,生長時必須要有氧氣的充分供給,純粹的氧氣固然不宜,而缺乏氧氣時,亦有礙於成長作用.

種子發芽的時候,需要多量的氧氣,所以氧氣對於種子的發芽尤關緊要,若密氣的壓力減至四盤米時,種子就不能萌發.至如風力的方向,亦常能影響於植物的生長.

(五)重力(Gravity) 重力對於植物的生長,有很大的影響,如根的向地心生長,莖的背地心生長是.若將植物體在水平位置轉動不息,則此向地性背地性,皆不顯明,此可證明重力對於植物生長的刺激力量了.

重力對於植物生長的速度,亦有關係.如水平位置的樹枝,生長的速度,上下各異.如赤松漆樹等枝條內的

遵照教育部二十五年頒布修正課程標準編輯
新課程標準世界中學教本
高級中學學生用
高中新生物學
下冊
編著者 趙楷 樓培啓
世界書局印行

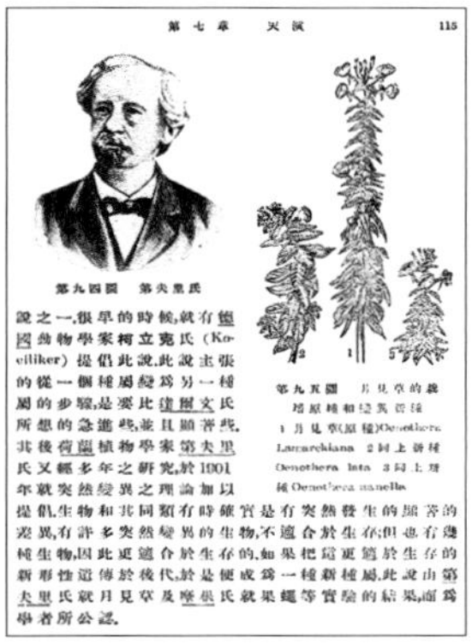

第七章 天演 115

第九四圖 第夫里氏

說之一.很早的時候,就有德國動物學家柯立克氏(Koelliker)提倡此說.此說主張的從一個種屬變為另一種屬的步驟,是要比達爾文氏所想的急進些,並且顯著些.其後荷蘭植物學家第夫里氏又經多年之研究,於1901年就突然變異之理論加以提倡.生物和其同類有時確實是有突然發生的顯著的変異,有許多突然變異的生物,不適合於生存;但也有幾種生物,因此更適合於生存的.如果把這更適於生存的新形性遺傳於後代,於是便成為一種新種屬.此說由第夫里氏就月見草及摩根氏就果蠅等實驗的結果,而為學者所公認.

第九五圖 月見草的幾種原種和變異者種 1月見草(原種)Oenothera Lamarckiana 2同上新種 Oenothera lata 3同上新種 Oenothera nanella

4—57

图4—57 《高中新生物学》封面及内容节选，1937年初版

《高中新生物学》（上册）目录

第一章 概论

第一节 生物的特征

（一）有生命的自然物 （二）生物的特有性 （三）动物与植物的比较 （四）中间性生物

第二节 生物学及其分科

（一）什么叫做生物学 （二）生物学在科学上的地位 （三）生物学的分科

第三节 研究生物学的意义及其方法

（一）研究生物学的意义 （二）研究生物学的方法

第二章 生物的基本组织

第一节 原生质

（一）显微镜下的原生质 （二）原生质的理化观 （三）原生质的功能

第二节 细胞

（一）细胞研究的历史 （二）细胞的构造 （三）细胞的生理

第三节 细胞的分裂

（一）分裂的一般 （二）直接分裂 （三）间接分裂

第四节 细胞的分化与集合

（一）细胞的分化 （二）细胞的集合

第五节 组织与器官

（一）组织的意义和发生 （二）构成植物体的组织 （三）构成动物体的组织 （四）器官的意义和类别 （五）植物的器官 （六）动物的器官 （七）器官的变异和演化

第三章 营养

第一节 植物的营养

（一）水分的吸收、运输与消失

（二）光合作用 （三）养分的利用和贮藏 （四）呼吸作用

第二节 动物的营养

（一）消化作用 （二）循环作用

（三）呼吸作用 （四）排泄作用

第三节 自然界中物质的循环

（一）碳的循环 （二）氧的循环

（三）氮的循环

第四章 感应与调节

第一节 植物的感应

（一）刺激 （二）运动

第二节 动物的感应

（一）神经系及其作用 （二）感觉器官及其作用 （三）内分泌 （四）运动

第三节 动植物的调节作用

（一）植物的调节作用 （二）动物的调节作用

《高中新生物学》（下册）目录

第五章 生殖与生长

第一节 生殖方法

（一）无性生殖 （二）两性生殖

（三）单性生殖 （四）世代交替

第二节 两性细胞的成熟

（一）动物的生殖细胞 （二）植物的生殖细胞

第三节 受精现象

（一）动物的受精作用 （二）植物的传粉作用 （三）植物的受精作用

第四节 胚胎的发育

（一）动物的胚胎发育 （二）植物的胚胎发育

第五节 变态

（一）系统的变态 （二）个体的变态

（三）长幼的分别

第六节 生长

（一）动物的生长 （二）植物的生长

（三）生物的寿命

第六章 遗传

第一节 孟德尔氏前的遗传观念

第二节 孟德尔氏定律

（一）孟德尔氏略史 （二）孟德尔氏定律 （三）纯种和杂种 （四）单性杂种 （五）两性杂种 （六）三性杂种和多性杂种 （七）中间杂种 （八）孟德尔氏定律对于人类遗传的适用

第三节 遗传的物质基本

（一）细胞与遗传 （二）染色体是遗传的物质基本 （三）环连和互换

第四节 两性的遗传

（一）雌雄性的决定 （二）中间性和性反转 （三）性连遗传

第五节 育种与优生

（一）育种 （二）优生

第七章 天演

第一节 天演的证据

（一）形态学上的事实 （二）解剖学上的事实 （三）胚胎学上的事实 （四）分类学上的事实 （五）分布学上的事实 （六）古生物学上的事实 （七）生物化学上的事实

第二节 适应

（一）个体生存的适应 （二）种族生存

的适应　（三）生物间相互的适应
第三节　天演学说
（一）林那氏以前的学说　（二）拉马克氏的学说　（三）达尔文氏的学说
（四）新达尔文学说　（五）新拉马克学说
（六）突然变异说　（七）隔离说
（八）杂种说
第八章　生物的分类
第一节　分类的方法
（一）人为分类法　（二）自然分类法
（三）命名和阶段
第二节　植物分类大纲及其地理的分布
（一）分类大纲　（二）地理的分布
第三节　动物分类大纲及其地理的分布
（一）分类大纲　（二）地理的分布

1922年至1937年期间，世界书局的中学生物学教科书的编辑主要有王采南、徐克敏、庄畏仲、龚昂云、洪式闾、徐琨、潘锡九、马光斗、吴元涤、袁舜达、李咏章、赵楷 、楼培启等人。以下主要对编写教科书数量较多、影响力较大的几位编写者进行介绍。

吴元涤（1886—1954），字子修，江苏江阴人。1906年考取江苏师范学堂优级选科博物科并于1908年毕业。1913年赴日本考察教育，回国后先后任教于江苏省立第一农业学校、江苏医科大学等多所大学。1927年9月，第四中山大学区苏州中学成立，吴元涤担任苏州中学生物教员以及自然学科首席教员。1933年，担任苏州中学校长并教生物学，深受学生喜欢。据中国科学院院士、苏州中学1931届毕业生钱伟长回忆："只有生物学，我喜欢显微镜中的图像，那时我们喜欢细胞，叫教生物的吴元涤老师为'细胞'……我们是喜欢才这样叫的。"[1]

吴元涤著有《高等生物学》《普通胚胎学》《动物学概论》等书。他尤为注重中学生物学教育，曾发表多篇文章讨论。1929年，《初中自然科暂行课程标准》颁布后，吴元涤随即发文讨论，对于课程标准中注明"自然科学以混合教学为原则"这点，持怀疑态度。他认为，对于课程标准的正常施行而言，教科书是其重要的载体与依据，而现行教科书的内容大都支离割裂，联系不够紧密，难以践行混合教学的真谛，若实行混合教学应将其摒弃并重编教科书，做到"重立单元，贯通一气"。这一时难以实现，故吴元涤更推崇初中阶段实行分科教学。他认为在动植物教学中应注意实验与讲授并重，对于室内实验要有相关的时间规定和进程顺序的安排，课外考察实验也应当与室内实验并重，都要对学生的两项实验能力及结果进行考核。[2]这也在一定程度上体现了其在中学生物学上的教育主张："生物学科各学程之教学，以实验应用为标的。"[3]

庄畏仲，上海同德医学院毕业，1921—1927年期间在家乡开设震泽医院。1928年，庄畏仲搬迁到苏州发展，创办江南医院（设有妇产科）。庄畏仲治学经验颇丰，著述甚多，早期与程翰章合

[1] 汪伟. 浅谈吴元涤所编《高中生物学》教科书的启示[J]. 中学生物学，2019，35（11）：61.
[2] 吴元涤. 论着：对于初中自然科学课程标准意见书[J]. 苏中校刊，1929（16）：3-6.
[3] 吴元涤. 生物学科教学上之旨趣[J]. 江苏教育（苏州1932），1934，3（12）：59-63.

编《西医实用医药辞典》，自编《卫生医药常识》《诊断学》《眼科学》《伤病急救法》等，其中知名的是他与连洁群合作编译的《庄连氏内科学》，销量很大，风靡一时。庄畏仲在行医过程中，不仅坚持精心为病患治疗，还坚持向病人宣传医学常识，救济贫病，辅助当地卫生行政，等等。在其编写的中学教科书中，家庭卫生、公共卫生等内容占据着重要篇幅。

第三节
其他出版机构与地方自编中学生物学教科书

除三大书局之外，其他出版机构出版的中学生物学教科书、地方自编生物学教科书的数量在此时期也达到了巅峰。

一、大东书局

大东书局成立于1916年，创办人吕子泉、王幼堂、王均卿和沈骏生，该书局是民国时期仅次于商务印书馆、中华书局和世界书局的第四大书局。大东书局主要出版中小学教科书，法律、国学、中医、文艺、社会科学等方面丛书和儿童读物等。大东书局此阶段出版的中学生物学教科书有以下书籍。

（一）《初中植物学教本》

《初中植物学教本》由凌昌焕编著，1933年在大东书局出版。全书共两编十六章五十节。第一编“各论”，以农产植物、日用植物、嗜好植物、森林植物、果树、花卉、蔬菜、杂草、饲料植物、有毒植物、药用植物、寄生植物的顺序介绍各种植物，密切联系生活实际；第二编“通论”，介绍植物的内部构造、生理、生态、遗传，末尾“植物的遗传”一章，介绍了孟德尔的豌豆杂交实验与遗传法则。本书正文内容前附重要名词或知识点的“提要目次”，方便检索。文中“提要”以简图呈现，各章末附“问题”一栏。

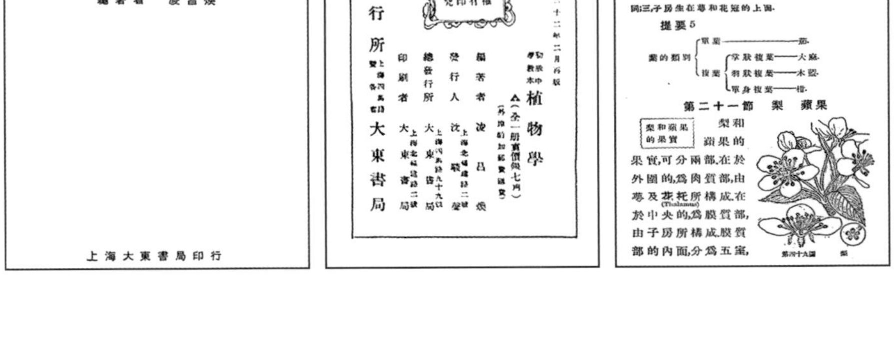

4—58

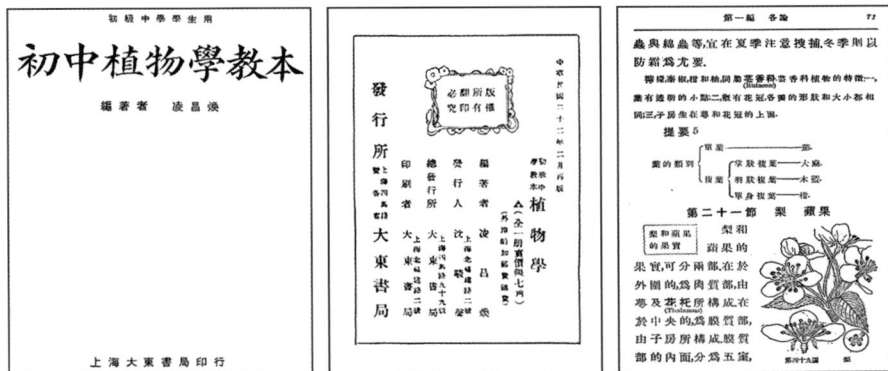

图4—58 《初中植物学教本》封面、版权页及内容节选，1933年第2版

《初中植物学教本》目录

第一编　各论

第一章　农产植物

第一节　茄　番椒

第二节　大豆　落花生

第三节　南瓜　丝瓜

第四节　柿　葡萄

第五节　稻　玉蜀黍

第六节　菠薐　甘薯　芋

第二章　日用植物

第七节　草棉　大麻

第八节　蓼蓝　木蓝

第九节　罂子桐　乌桕

第十节　漆树　樟树

第十一节　甘蔗　甜菜

第十二节　竹　杞柳　省藤

第三章　嗜好植物

第十三节　烟草

第十四节　茶　咖啡

第十五节　姜　胡椒　茴香

第四章　森林植物

第十六节　松　杉　柏　枞

第十七节　蕨　石松　土马鬃　地钱

第十八节　楮　构

第十九节　栎　槲　槠　柯树

第五章　果树

第二十节　柑　柚

第二十一节　梨　苹果

第二十二节　梅

第六章　花卉

第二十三节　侧金盏花　连翘　迎春

第二十四节　水仙　春兰

第二十五节　瑞香　山茶

第二十六节　海棠　玉兰　木笔

第二十七节　蝶堇　金莲花

第七章　蔬菜

第二十八节　芥　莱菔

第二十九节　豌豆　蚕豆

第八章　杂草

第三十节　蒲公英　野芝麻　猪殃殃

第三十一节　繁缕　附地菜

第九章　饲料植物

第三十二节　紫云英　苜蓿　雀稗　雀麦

第三十三节　桑

第十章　有毒植物

第三十四节　天南星　泽漆

第三十五节　毛茛　蛇莓　黄堇　白屈菜

第十一章　药用植物

第三十六节　除虫菊

第三十七节　人参　黄连　薄荷　番红花

第十二章　寄生植物

第三十八节　槲寄生　菟丝子

第三十九节　香蕈　毒蝇蕈　曲霉　青霉

第四十节　酿母菌　细菌

第二编　通论

第十三章　植物体的内部构造

第四十一节　细胞

第四十二节　组织　组织系

第四十三节　茎、根及叶的构造

第十四章　植物的生理

第四十四节　植物的成分及养分的吸收和移动

第四十五节　蒸散　同化　呼吸

第四十六节　成长　运动　生殖

第十五章　植物的生态

第四十七节　植物与日光、空气及土壤的关系

第四十八节　植物与温度及水的关系

第四十九节　植物与动物的关系

第十六章　植物的遗传

第五十节　豌豆遗传的实验　遗传法则

（二）《初中卫生教本》

《初中卫生教本》由程瀚章编著，1933年在大东书局出版第3版。本书共十六章，包括人体的构造、生理，疾病的原因、预防及简单的治疗、急救，个人卫生、家庭卫生及公众卫生等内容。书内每节涉及繁复内容处均列有简图，帮助学习者归纳整理。“实验”和“备考”栏目供实验引证或知识拓展之用，如“骨的成分”实验：“取一牛骨或猪骨，或骨制的箸簪等，浸在稀盐酸中数天，取出，已成为柔软半透明的物质，能自由弯曲，这是因为骨成分中的石灰质，已被酸液溶解之故。又若取骨入火中燃烧，那么，骨的形状虽不变，但极易疏散成粉末，这是因为胶质被火燃化之故。”每章末附有“习题”栏，书末附“性知识和性卫生提纲”。本书所用术语，均为教育部曾经审定的科学名词，正文中出现的术语下方均提供英文名称。

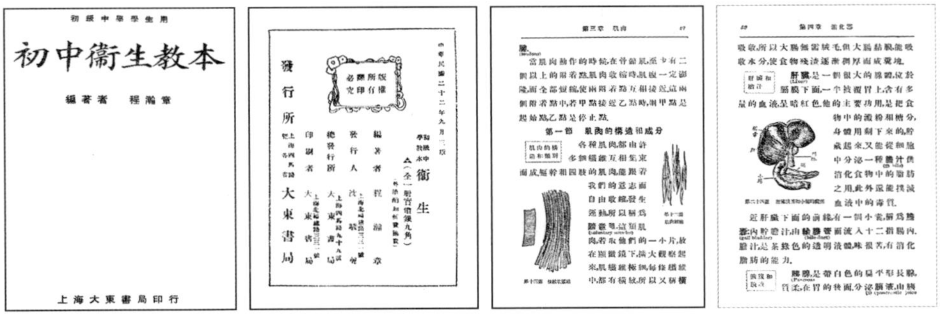

4—59

图4—59 《初中卫生教本》封面，1933年第3版

《初中卫生教本》目录

第一章 总论
第一节 人体构造大概
第二节 人体构造的起原和器官、系统
第三节 生理卫生的原理
第二章 骨骼
第一节 骨的构造和成分
第二节 身体各部分的骨
第三节 各骨的联接
第四节 骨骼的卫生和疾病大要
第三章 肌肉
第一节 肌肉的构造和成分
第二节 身体各部分的肌肉
第三节 肌肉的机能和运动
第四节 肌肉的卫生和疾病大要
第四章 消化器
第一节 口腔、咽头和食管
第二节 胃肠和肝胰
第三节 消化器的卫生和疾病大要
第四节 饮食物和嗜好品
第五章 循环器
第一节 血液
第二节 心脏和血管的生理
第三节 血液循环心搏和脉搏
第四节 淋巴和内分泌
第五节 循环器的卫生和疾病大要
第六章 呼吸器
第一节 肺和气管的生理
第二节 呼吸的原理和呼吸运动

第三节 呼吸器的卫生和疾病大要
第七章 发声器
第一节 发声器的构成和发音
第二节 发声器的卫生和疾病大要
第八章 皮肤
第一节 皮肤的构造和毛发、爪
第二节 皮肤的功用
第三节 皮肤的卫生和疾病大要
第九章 排泄器
第一节 肾脏的构造和功用
第二节 输尿管、膀胱、尿道和尿
第三节 排泄器的卫生和疾病大要
第十章 神经系
第一节 脑髓、脊髓和神经的生理
第二节 神经系的作用
第三节 神经系的卫生和疾病大要
第十一章 感觉器
第一节 视觉器
第二节 听觉器
第三节 嗅觉器、味觉器、触觉器
第四节 感觉器的卫生和疾病大要
第十二章 全身的生理
第一节 体温
第二节 新陈代谢
第三节 人体的变更
第十三章 个人卫生
第十四章 家庭卫生
第一节 房屋
第二节 光线
第三节 换气和采温
第十五章 社会卫生
第一节 街路的建筑和管理
第二节 水源的清洁
第三节 废物的处置
第四节 蚊蝇的驱除
第十六章 救急和传染病的大要
第一节 救急
第二节 传染病
附 性知识和性卫生提纲

（三）《卫生学》

《卫生学》由程瀚章编辑，1935年在大东书局出版第7版，为中等学校用书。本书共十六章，结构与程瀚章所编《初中卫生教本》一致，也包括总论、骨骼、肌肉、消化器、循环器、呼吸器、发声器、皮肤、排泄器、神经系、感觉器、全身的生理、个人卫生、家庭卫生、社会卫生、救急和传染病大要等，书末附“性知识和性卫生提纲”。另外，此书与编者编写的另一本《复兴初级中学教科书卫生学》（商务印书馆1933年出版）内容间有紧密的联系，内容及编排基本一致，可视为《复兴初级中学教科书卫生学》的删减修订版。

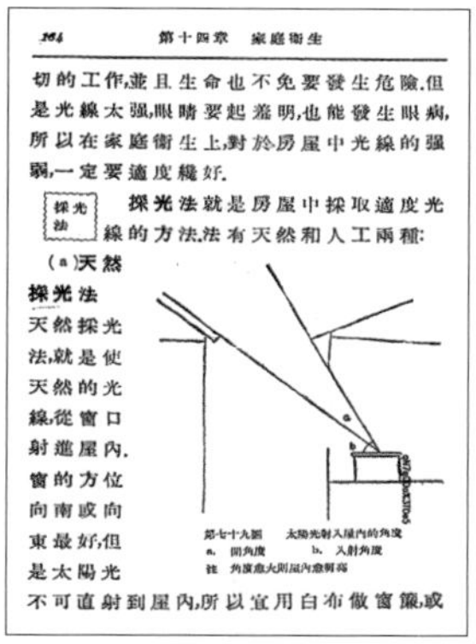

164　第十四章　家庭衛生

切的工作,並且生命也不免要發生危險.但是光線太强,眼睛要起羞明,也能發生眼病,所以在家庭衛生上,對於房屋中光線的强弱,一定要適度纔好.

採光法　採光法就是房屋中採取適度光線的方法.法有天然和人工兩種:

(a)天然採光法　天然採光法,就是使天然的光線,從窗口射進屋內.窗的方位向南或向東最好,但是太陽光不可直射到屋內,所以宜用白布做窗簾,或

第七十九圖　太陽光射入屋內的角度
a.　開角度　　b.　入射角度
註　角度愈大則屋內愈明亮

4—60

图4—60　《卫生学》封面及内容节选，1935年第7版

《卫生学》目录

第一章　总论

第一节　人体构造大概

第二节　人体构造的起原和器官、系统

第三节　生理卫生的原理

第二章　骨骼

第一节　骨的构造和成分

第二节　身体各部分的骨

第三节　各骨的联接

第四节　骨骼的卫生和疾病大要

第三章　肌肉

第一节　肌肉的构造和成分

第二节　身体各部分的肌肉

第三节　肌肉的机能和运动

第四节　肌肉的卫生和疾病大要

第四章　消化器

第一节　口腔、咽头和食管

第二节　胃肠和肝胰

第三节　消化器的卫生和疾病大要

第四节　饮食物和嗜好品

第五章　循环器

第一节　血液

第二节　心脏和血管的生理

第三节　血液循环、心搏和脉搏

第四节　淋巴和内分泌

第五节　循环器的卫生和疾病大要

第六章　呼吸器

第一节　肺和气管的生理

第二节　呼吸的原理和呼吸运动

第三节　呼吸器的卫生和疾病大要

第七章　发声器

第一节　发声器的构成和发音

第二节　发声器的卫生和疾病大要

第八章　皮肤

第一节　皮肤的构造和毛发、爪

第二节　皮肤的功用

第三节　皮肤的卫生和疾病大要

第九章　排泄器

第一节　肾脏的构造和功用

第二节　输尿管、膀胱、尿道和尿

第三节　排泄器的卫生和疾病大要

第十章　神经系

第一节　脑髓、脊髓和神经的生理

第二节　神经系的作用

第三节　神经系的卫生和疾病大要

第十一章　感觉器

第一节　视觉器

第二节　听觉器

第三节　嗅觉器、味觉器、触觉器

第四节　感觉器的卫生和疾病大要
第十二章　全身的生理
第一节　体温
第二节　新陈代谢
第三节　人体的变更
第十三章　个人卫生
第十四章　家庭卫生
第一节　房屋
第二节　光线
第三节　换气和采温
第十五章　社会卫生
第一节　街路的建筑和管理
第二节　水源的清洁
第三节　废物的处置
第四节　蚊蝇的驱除
第十六章　救急和传染病的大要
第一节　救急
第二节　传染病
附　性知识和性卫生提纲

二、开明书店

开明书店1926年成立于上海，创办人章锡琛原在商务印书馆任《妇女杂志》主编。开明书店1929年改组为股份有限公司，杜海生、章锡琛先后任经理；书店扩大后，发行所迁至中区福州路，淞沪会战中，梧州路总店毁于战火；1941年在广西桂林设立总办事处，后迁重庆，1946年迁回上海。开明书店拥有夏丏尊、叶圣陶、顾均正、唐锡光、赵景深、丰子恺、王伯祥、徐调孚、傅彬然、宋云彬、金仲华、贾祖璋、周予同、郭绍虞、王统照、陈乃乾、周振甫等学者、作家担任编辑工作，形成一支知名的编辑队伍。开明书店编写的教科书切合实际，很受欢迎。开明书店的出版物注重质量，其内容、编校、纸张、印刷、装帧设计都十分讲究，为读书界所赞誉。开明书店此阶段出版的中学生物学教科书有以下书籍。

（一）《开明植物学教本》

《开明植物学教本》由王蕴如编，周建人校。1931年在开明书店出版，1932年再版。本书除绪论外共十三章，系统介绍了植物学基础知识，包括种子的芽生、绿色植物的食料、绿叶、根、茎、水分关系和食料贮藏、变态营养的植物、生长和运动、植物的生殖、种子和果实的分布、遗传和变异、植物的应用、植物的系统等内容。

68　植物學教本

叫野菰(*Aeginetia indica*)。這種葉片退化,葉綠素缺乏,生在多腐敗物質地方的植物,向來稱爲'食腐植物。'但眞正的食腐植物,例如許多種蕈類,是生活在枯死的樹榦或腐敗的物質上的。那些顯花植物如水晶蘭等,根部都纏絡着許多菌絲,一部分穿插在皮面的細胞內,像牠們的根一樣,牠們自己是沒有根的,賴這纏絡的菌絲向土中吸取水分,無機鹽類及有機物質,以供牠的榮養。菌絲無疑地是食腐的,水晶蘭等則賴牠們的幫助,方纔取得這些質料,所以牠們可以說是寄生於菌絲之上的寄生物。

食菌植物

上面已說及,有些植物的根部外面裹着菌絲,這種根稱'菌根'(mycor-

圖三四　水晶蘭

4—61

图4—61　《开明植物学教本》封面及内容节选，1932年第2版

《开明植物学教本》目录

绪论

植物是什么　植物界　植物和动物的根本区别　基本性质理解之重要

第一章　种子的芽生

豌豆的发芽　幼苗的部分　豆子发芽的必要条件　别的种子的发芽形式　细胞的长大

第二章　绿色植物的食料

植物的培养试验　植物吸收二氧化碳的气装置

第三章　绿叶

叶的气孔　海绵组织　叶绿粒　叶绿素　养气的放出　脂肪　蛋白质　叶的形态　叶的脱落

第四章　根

根的机能　根毛　中心柱　木质部和韧皮部　根尖　根的分支

第五章　茎

草本双子叶植物的茎——中心柱　木质部　韧皮部形成层

木本双子叶植物的茎——年轮　心木　软木和皮孔

单子叶植物的茎

茎的机能——茎的机械组织　输运食品及水分

第六章　水分关系和食料贮藏

植物因水的多寡而变形　常绿树和落叶树

食料的贮藏与形态——茎的变态　根的变态　攀缘器官　吸枝和刺　缠绕茎

第七章　变态荣养的植物

半寄生　全寄生　食腐植物　食菌植物　食肉植物

第八章　生长和运动

根的伸长　茎的伸长　外界的影响　呼吸作用　热的升高

运动——生长部分的运动　反射运动　感受器和效果器　长成植物的运动　机械运动

第九章　植物的生殖

无性生殖　有性生殖　生殖的主要部分　花粉的输送　虫媒花　风媒花　水媒花　无性生殖和有性生殖的不同　单性生殖　花序

第十章　种子和果实的分布

果实的种类　种子的分布　动物的助力　风的助力　水的助力

种子的潜伏时期

第十一章　遗传和变异

曼兑尔遗传原则——豌豆的例　夜娇娇的例　香豌豆的例

变异——变迁　突变　复合变异

种的起源——上项学说的批评　近代的实验

第十二章　植物的应用

食用植物　衣料植物及染料植物　材用植物　工业植物　药用植物　观赏植物

第十三章　植物的系统

叶体植物——藻类　菌类

苔类植物——青苔　地钱

蕨类植物

裸子植物

被子植物——双子叶植物　单子叶植物

（二）《初中动物学教本》

《初中动物学教本》由贾祖璋编，1936年在开明书店出版第1版。下文选用的版本为1946年第16版（上册），1946年第12版（下册）。本书是依据1936年国民政府教育部颁布的《初级中学动物学课程标准》编辑的教学用书，分上、下两册，共二十章，上册主要介绍脊椎动物，下册主要介绍无脊椎动物，下册在“无脊椎动物通论”后，介绍了人类在自然界的位置以及生命的现象和特性。本书编排先详述每纲或每目代表动物的形态、生理、生态及其与人的关系，次略述其重要同类的形态、习性，然后列举目、纲、门的特征和适应现象，并附有分类简图。每节末尾附列“作业要项”，包括观察、实验、采集、记载、绘图、推理等内容，特别注意综合的归纳和分析的比较，以提升学习者研究的能力和培养学习者的兴趣。本书出现的重要术语和名称，则另编中西名词索引表，附于书末，以便检索。

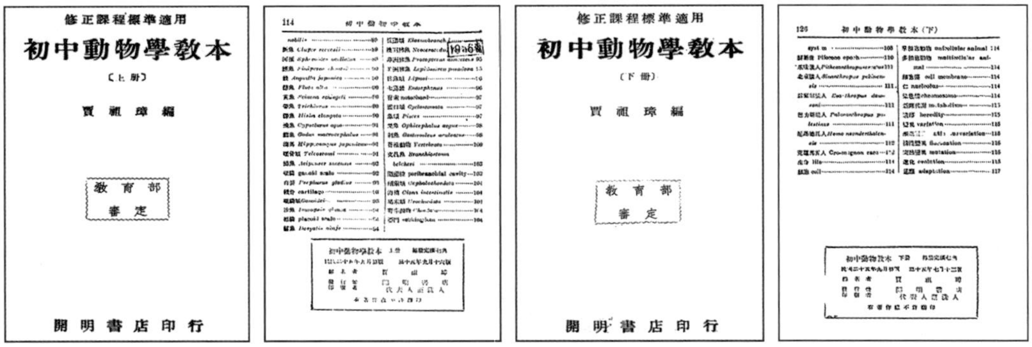

4—62

图4—62　《初中动物学教本》封面及版权页，1946年第16版（上册）；1946年第12版（下册）

《初中动物学教本》（上册）目录

第一章　概论

第二章　哺乳类

第一节　猫和犬

第二节　牛、马和象

第三节　猴

第四节　鼠和蝙蝠

第五节　江豚

第六节　鼹鼠和鲮鲤

第七节　袋鼠和鸭嘴兽

第八节　哺乳类通论

第三章　鸟类

第一节　鸡

第二节　鸭和鸽

第三节　燕

第四节　鹰和啄木鸟

第五节　鹤和鸵鸟

第六节　鸟类通论

第四章　爬虫类

第一节　龟

第二节　蛇

第三节　蜥蜴和鳄鱼
第四节　爬虫类通论
第五章　两栖类
第一节　蛙
第二节　蝾螈
第三节　两栖类通论
第六章　鱼类
第一节　鲫鱼
第二节　鲟鱼
第三节　沙鱼
第四节　肺鱼
第五节　七鳃鳗
第六节　鱼类通论
第七章　脊椎动物通论
附　脊索动物
中西名词对照表和索引

《初中动物学教本》（下册）目录

第八章　节肢动物（一）
第一节　蚕、蛾、螟虫和蝶
第二节　蝗虫
第三节　蜜蜂和蚁
第四节　蚊和蝇
第五节　蜻蜓和白蚁
第六节　天牛
第七节　蝉和床虱
第八节　蚤和衣鱼
第九节　昆虫类通论
第九章　节肢动物（二）
第一节　蜘蛛
第二节　蜈蚣
第三节　虾
第四节　节肢动物通论
第十章　软体动物
第一节　蚌
第二节　蜗牛
第三节　乌贼
第四节　软体动物通论
第十一章　棘皮动物
第一节　星鱼
第二节　海胆和海参
第三节　棘皮动物通论
第十二章　环形动物
第一节　蚯蚓
第二节　蛭
第三节　环形动物通论
第十三章　圆形动物
第一节　蛔虫
第二节　圆形动物通论
第十四章　扁形动物
第一节　绦虫
第二节　扁形动物通论
第十五章　腔肠动物
第一节　水螅
第二节　水母和珊瑚
第三节　腔肠动物通论
第十六章　海绵动物
第一节　毛壶
第二节　海绵动物通论
第十七章　原生动物
第一节　草履虫
第二节　变形虫和疟虫
第三节　原生动物通论
第十八章　无脊椎动物通论
第十九章　人类在自然界的位置
第二十章　生命的现象和特性
中西名词对照表

（三）《初中生理卫生学教本》

《初中生理卫生学教本》由黄素封编，牛惠生校订。1937年在开明书店出版第1版，1948年出版第12版。本书依据国民政府教育部于1936年颁布的《修正初级中学生理卫生课程标准》编辑而成，共十六章，分上、下两编，供一学年用，每周授课一小时。本书旨在使学生了解生理卫生的正确意义，养成卫生习惯，促进身心健康和养成卫生的兴趣及信心，以期学生通过个人的努力，促成家庭、学校和社会的环境健康，使学生初步明了人体的构造与生理、病理及保健方法，略知看护与急救的简易方法。该书“心理卫生”一章，在介绍食物欲时介绍了巴甫洛夫经典条件反射实验。

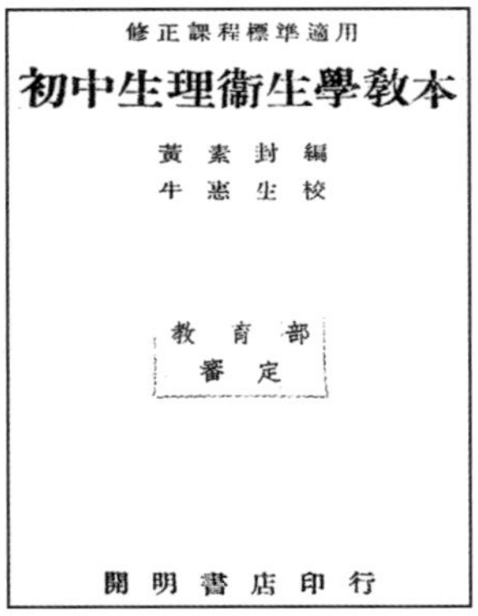
修正課程標準適用

初中生理衛生學教本

黃素封 編
牛惠生 校

教育部
審定

開明書店印行

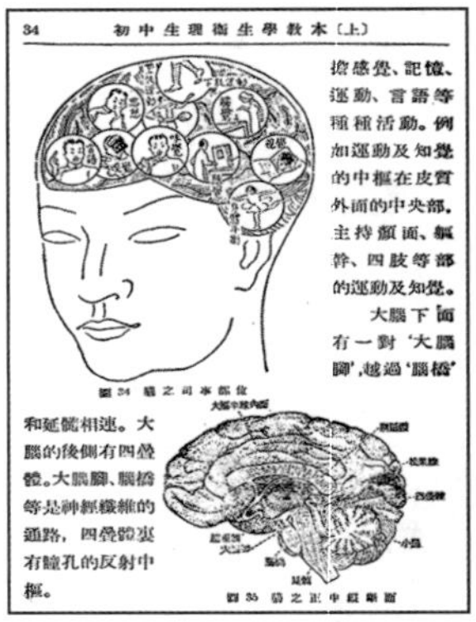
34　初中生理衛生學教本（上）

擔感覺、記憶、運動、言語等種種活動。例如運動及知覺的中樞在皮質外面的中央部，主持顏面、軀幹、四肢等部的運動及知覺。大腦下面有一對‘大腦腳’，越過‘腦橋’和延髓相連。大腦的後側有四疊體。大腦腳、腦橋等是神經纖維的通路，四疊體裏有瞳孔的反射中樞。

4—63

图4—63　《初中生理卫生学教本》封面及内容节选，1948年第12版

《初中生理卫生学教本》目录

上编

第一章　卫生的意义

第二章　人体概论

一　细胞　组织　器官和系统

二　人体各部的构成

三　生活的机能

四　人的胚胎和发生

五　遗传概说

第三章　骨骼和姿势

一　骨骼

二　姿势

三　骨的卫生

第四章　运动和神经系统

一　肌肉和运动

二　运动卫生

三　神经系统

第五章　消化系统

一　消化概论

二　消化管各部的生理作用

三　消化系的疾病

四　消化系的卫生

第六章　营养和发育

一　食物的营养

二　均衡膳食的标准

三　吴氏改良我国营养方略

四　人体发育的概况和要素

第七章　呼吸系统

一　呼吸器官和呼吸作用

二　呼吸系的卫生

三　肺痨病的发生、治疗和预防

下编

第八章　循环系统

一 心脏
二 血液
三 血液的循环
四 淋巴系
五 内分泌系
六 循环系的疾病
七 循环系统的卫生
第九章 排泄系统
一 概说
二 泌尿器
三 皮肤
四 排泄系统的卫生
第十章 心理卫生
第十一章 免疫的意义
第十二章 病原概论
一 疾病和病因
二 两类重要的病原
第十三章 急救和护病常识
一 急救法
二 护病常识
第十四章 学校的卫生设施
一 学校卫生的范围和重要
二 实施健康教育的要项
三 学校的环境卫生
第十五章 卫生习惯和个人健康
一 卫生习惯的养成
二 个人卫生的要项
第十六章 公共卫生及其设施
一 公共卫生的重要
二 政府对于人民的保护设施
三 地方卫生行政的组织及设施
附录 中西名词对照表

（四）《初中植物学教本》

《初中植物学教本》由贾祖璋编。1937年在开明书店出版第1版，上册1947年出版第14版，下册1947年出版第16版。本书先讲述高等植物的形态与生态，再依据进化顺序，由低等植物到高等植物分述各种重要植物的形态和生态，最后总论植物界的生态现象。材料例证多采用与生活实际相关联的我国特产植物。在不同章节末附有“作业要项”，包括观察、实验、采集、记载、绘图、推理等项，注重培养学生的归纳和分析比较能力。插图美观、精巧。

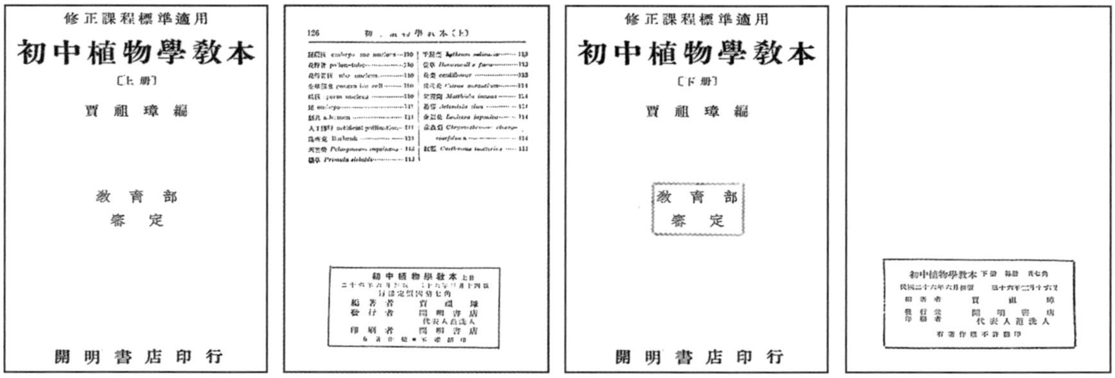

4—64

图4—64 《初中植物学教本》封面及版权页，1947年第14版（上册），1947年第16版（下册）

《初中植物学教本》（上册）目录

第一章 概论
第二章 植物的基本构造
第三章 根
第一节 根的形态
第二节 根的构造
第三节 根的生活机能
第四节 土壤
第五节 根与人生
第四章 茎
第一节 茎的形态
第二节 芽
第三节 茎的构造
第四节 茎的生活机能
第五节 茎与人生
第五章 叶
第一节 叶的形态
第二节 叶的排列
第三节 叶的构造
第四节 叶的生活机能（一）
第五节 叶的生活机能（二）
第六节 叶与人生
第六章 花
第一节 花的形态
第二节 花序和花的开闭
第三节 传粉和受精
第四节 花与人生
中西名词对照表

《初中植物学教本》（下册）目录

第七章 果实和种子
第一节 果实的构造和种类
第二节 种子的构造
第三节 种子的散布
第四节 种子的萌发
第五节 果实与人生
第六节 种子与人生
第七节 选种
第八章 变异、遗传和进化
第九章 藻菌植物
第一节 蓝绿藻类
第二节 绿藻类
第三节 褐藻类和红藻类
第四节 细菌
第五节 藻菌类和囊子菌类
第六节 担子菌类
第七节 地衣类
第十章 藓苔植物
第一节 藓类
第二节 苔类
第十一章 蕨类植物
第一节 蕨类
第二节 木贼类
第三节 石松类
第十二章 种子植物
第一节 裸子植物
第二节 被子植物
第三节 双子叶植物：离瓣花类
第四节 双子叶植物：合瓣花类
第五节 单子叶植物
第十三章 植物的生态
中西名称对照表

三、正中书局

正中书局成立于1931年，创办人为陈立夫和吴大钧。该馆后来成为国民党所辖出版机构，是民国时期六大出版机构之一。创办初期主要出版中小学教科书和教辅读物。正中书局此阶段出版的中学生物学教科书有以下书籍。

《初级中学植物学》

《初级中学植物学》由王守成、方锡琛编著。1935年在正中书局出版。该书分上、下两册，共十四章，先分论高等植物的形态、构造、生理及生态等内容，后根据植物的主要分类，依进化顺序简要概述。其中，对于植物的微观结构只简述大概，而宏观部分如植物的生活现象等叙述翔实。各章末附有“习题”一栏。

4—65

图4—65 《初级中学植物学》封面，1935年初版

《初级中学植物学》（上册）目录

第一章 绪言

（一）植物与生物

（二）植物与动物

（三）研究植物学的旨趣

第二章 植物体的构造

（一）细胞

（二）组织

（三）器官

第三章 根

（一）根的种类

（二）根的生长与构造

（三）根的生活

（四）根与环境的关系

第四章 茎

（一）茎的状态

（二）茎外部的特点

（三）茎内部的构造

（四）茎的生长

（五）茎的生活

（六）茎与环境的关系

（七）森林

第五章 叶

（一）叶的外部构造

（二）叶的内部构造

（三）叶的生活

（四）叶与环境的关系

第六章 植物的营养繁殖

（一）自然的营养繁殖

（二）人为的营养繁殖

（三）营养繁殖的利益

《初级中学植物学》（下册）目录

第七章 花
（一）花的大概
（二）花的构造
（三）花序
（四）传粉作用
（五）受精作用
（六）花的应用
第八章 果实
（一）果实的构造
（二）果实的种类
（三）果实与种子散播的关系
（四）果实的应用
第九章 种子
（一）种子的构造
（二）种子的萌发
（三）种子的重要与保护
（四）种子的应用
第十章 植物的分类
第十一章 藻菌植物
（一）裂殖菌类
（二）藻类
（三）菌类
（四）共生的藻菌植物——地衣
第十二章 苔藓植物
（一）苔类
（二）藓类
第十三章 蕨类植物
（一）真蕨类
（二）木贼类
（三）石松类
（四）水生蕨类
第十四章 种子植物
裸子植物
（一）公孙树类
（二）松柏类
被子植物
（一）双子叶植物
（二）单子叶植物

四、长沙分丰馆

长沙分丰馆由长沙地区著名的中学生物学教员曹非个人主办，所出版的书仅是自己编著的几种教科书，普遍销行湖南省各县，外省亦多有采用。该馆未设门市，但仍代配外版图书。曹非编著有初中、高中用的《生物学》《植物学》《动物学》《生理学》等教科书。1938年11月这些教科书在长沙大火后，曹非随学校至安化蓝田（今为涟源市），遂以分丰馆的名号出版发行自己编的这些教科书，供各中学采用。1946年他回长沙，在织机街继续自编自印自发行。1952年，长沙分丰馆停业[1]。

（一）《初中实用生理卫生学》

《初中实用生理卫生学》由曹非编，1928年出版第1版。1948年参照《修订初级中学生理及卫生

[1] 湖南省新闻出版局党史资料征集工作领导小组. 湖南出版史料：第二辑[M]. 长沙：湖南出版社，1992：143-144.

课程标准》，在初版基础上修改出版第17版。本书对于个人卫生以及公共卫生尤为重视，有关生理学的知识叙述比较详尽，如生殖系统、胎儿发育以及五官等。针对当时婴儿死亡率极高，本书特将婴儿卫生作了详细介绍。本书分上、下两册，上册包括绪论、骨骼系统、肌肉系统、消化系统、循环系统、呼吸系统，下册包括排泄系统、生殖系统、神经系统以及特录。书中概念、名词下加波浪线或直线，重要内容一目了然。各章末附“问题”一栏，另在不同章的“问题”栏后还列表比较不同国家人民的平均寿命、各国婴儿死亡数等具体数据资料。

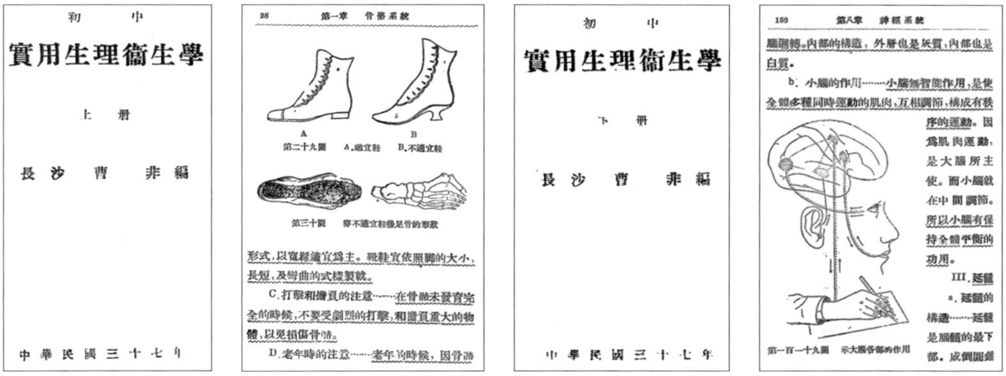
初中

實用生理衛生學

上册

長沙 曹 非編

中華民國三十七年

28 第一章 骨骼系統

A B

第二十九圖 A.適宜鞋 B.不適宜鞋

第三十圖 穿不適宜鞋後足骨的形狀

形式，以寬鬆適宜爲主。靴鞋宜依照脚的大小，長短，及彎曲的式樣製就。

C.打擊和擔負的注意……在骨骼未發育完全的時候，不要受劇烈的打擊，和擔負重大的物體，以免損傷骨骼。

D.老年時的注意……老年的時候，因骨骼

初中

實用生理衛生學

下册

長沙 曹 非編

中華民國三十七年

159 第八章 神經系統

腦迴轉。內部的構造，外層也是灰質，內部也是白質。

b. 小腦的作用……小腦無智能作用，是使全體多種同時運動的肌肉，互相調節，構成有秩序的運動。因爲肌肉運動，是大腦所主使。而小腦就在中間調節。所以小腦有保持全體平衡的功用。

III.延髓

a.延髓的構造……延髓是腦髓的最下部。成倒圓錐

第一百一十九圖 示大腦各部的作用

图4－66 《初中实用生理卫生学》封面及内容节选，1948年第17版

《初中实用生理卫生学》（上册）目录

绪论

第一节 卫生学的意义和范围

第二节 人体概论

第三节 构成人体的基本物体和组织的次序

第一章 骨骼系统

第一节 骨骼的定义和通性

第二节 全体骨骼概要

第三节 关节

第四节 对于骨骼的卫生

第二章 肌肉系统

第一节 肌肉的定义和通性

第二节 随意肌肉的形状和部分

第三节 全体的主要随意肌肉和作用

第四节 随意肌肉和骨骼的一般运动现象

第五节 对于随意肌肉的卫生

第三章 消化系统

第一节 消化的意义和讨论的范围

第二节 营养料的研究

第三节 消化器的构造和生理作用

第四节 对于消化系统的卫生

第四章 循环系统

第一节 循环的意义和讨论的范围

第二节 血液

第三节 循环器的构造的生理作用

第四节 淋巴系

第五节 对于循环系统的卫生

第五章 呼吸系统

第一节 呼吸的意义和讨论的范围

第二节 呼吸器的构造和生理作用

第三节 发声器的构造和生理作用

第四节 对于呼吸器的卫生

《初中实用生理卫生学》（下册）目录

第六章　排泄系统

- 第一节　排泄的意义和讨论的范围
- 第二节　泌尿器的构造和生理作用
- 第三节　皮肤的构造和生理作用
- 第四节　对于排泄器的卫生

第七章　生殖系统

- 第一节　生殖的意义和讨论的范围
- 第二节　男生殖的构造和生理作用
- 第三节　女生殖的构造和生理作用
- 第四节　胎儿的发育
- 第五节　对于生殖系统的卫生

第八章　神经系统

- 第一节　神经系统的意义和通性
- 第二节　全体神经系的大要
- 第三节　全体精神作用概要
- 第四节　对于神经系的卫生
- 第五节　五官器
- 第六节　对于五官器的卫生

特录

- 第一节　公共卫生
- 第二节　内分泌
- 第三节　中毒急救法

（二）《初中实用植物学》

《初中实用植物学》由曹非编。1934年由长沙分丰馆出版第1版，1948年出版第17版。本书初版根据1932年颁布的课程标准编写，1948年第17版在初版基础上修改而成。本书分上、下两册，内容由绪论、显花植物、隐花植物三部分组成。上册包括绪论和显花植物通论（即根、茎、叶、花、果实和种子、芽等形态与结构），下册包括显花植物各论、隐花植物和结论。显花植物各论以被子植物和裸子植物两章介绍各主要类群，隐花植物依次介绍了羊齿植物（即蕨类植物）、苔藓植物等五篇内容，各篇设章介绍代表植物。正文内容与图片穿插排列，部分实验内容列入正文中，不单独设实验标题。书中概念、名词下加波浪线或横线，每章末尾列有问题。

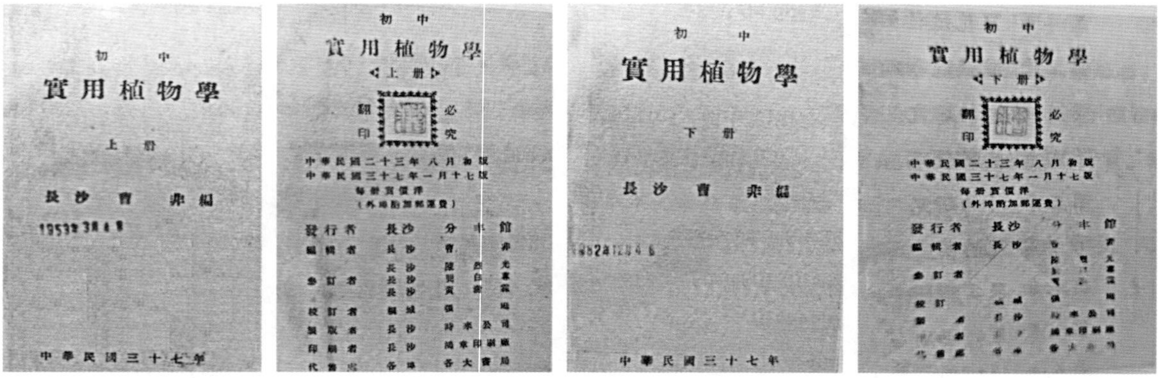

4—67

图4—67　《初中实用植物学》封面及版权页，1948年第17版

《初中实用植物学》（上册）目录

绪论
第一节 植物学的意义
第二节 植物界的类别
第一部 显花植物
第一篇 显花植物通论
第一章 显花植物概观
第二章 显微镜和细胞
第三章 根的研究
第四章 茎的研究
第五章 叶的研究
第六章 花的研究
第七章 果实和种子的研究
第八章 芽的研究
第九章 植物的生活现象

《初中实用植物学》（下册）目录

第二篇 显花植物各论
第一章 被子植物
第一节 双子叶植物
第二节 单子叶植物
第二章 裸子植物
第二部 隐花植物
第一篇 羊齿植物
第一章 羊齿
第二章 石松
第三章 木贼
第二篇 藓苔植物
第一章 土马鬃
第二章 地钱
第三篇 菌类植物
第一章 松茸
第二章 梅衣
第四篇 藻类植物
第一章 车轮藻
第二章 矽藻
第五篇 细菌植物
结论

（三）《初中实用动物学》

《初中实用动物学》由曹非编。1936年由长沙分丰馆出版第1版，1948年出版第14版。本书初版根据1932年颁布的课程标准编写，1948年第14版在初版基础上修改而成。本书分上、下两册，上册由绪论、脊椎动物（哺乳类、鸟类、爬虫类、两栖类、鱼类）组成，下册由节足动物（即节肢动物）、软体动物、蠕形动物、棘皮动物、腔肠动物、海绵动物和原生动物七篇组成。本书内容主要为动物分类学，在介绍每一类群动物时，先详细介绍一种代表动物的特征，再介绍其他同类群动物，从而得到这一类群动物的特征。书中用黑白分明的模式图对动物的内部结构进行了介绍，每一类群学习后附有问题。

4—68

图4—68　《初中实用动物学》封面及内容节选，1948年第14版

《初中实用动物学》（上册）目录

绪论

第一节　动物学的意义

第二节　研究动物学的方法

第三节　人体生理学概要

第一篇　脊椎动物

第一章　哺乳类

第一节　猫的研究

第二节　猿猴类

第三节　食肉类

第四节　翼手类

第五节　食虫类

第六节　啮齿类

第七节　偶蹄类

第八节　奇蹄类

第九节　长鼻类

第十节　游水类

第十一节　贫齿类

第十二节　有袋类

第十三节　单孔类

第十四节　哺乳类动物提要

第二章　鸟类

第一节　鸡的研究

第二节　鹑鸡类

第三节　鸠鸽类

第四节　鸣禽类

第五节　猛禽类

第六节　攀禽类

第七节　游禽类

第八节　涉禽类

第九节　走禽类

第十节　鸟类动物提要

第三章　爬虫类

第一节　水龟的研究

第二节　龟类

第三节　鳄鱼类

第四节　蜥蜴类

第五节　蛇类

第六节　爬虫类动物提要

第四章　两栖类

第一节　金线蛙的研究

第二节　无尾类

第三节　有尾类

第四节　两栖类动物提要
第五章　鱼类
第一节　鲋的研究
第二节　硬骨类
第三节　板鳃类
第四节　硬鳞类
第五节　肺鱼类
第六节　圆口类
第七节　鱼类动物提要
第六章　脊椎动物提要

《初中实用动物学》（下册）目录

第二篇　节足动物
第一章　昆虫类
第一节　飞蝗的研究
第二节　直翅类
第三节　鳞翅类
第四节　膜翅类
第五节　有吻类
第六节　双翅类
第七节　脉翅类
第八节　鞘翅类
第九节　弹尾类
第十节　昆虫类动物提要
第二章　蜘蛛类
第一节　园蜘的研究
第二节　蜘蛛类动物提要
第三章　多足类
第一节　蜈蚣的研究
第二节　多足类动物提要
第四章　甲壳类
第一节　草虾的研究
第二节　甲壳类动物提要
第三篇　软体动物
第一章　乌贼的研究
第二章　头足类
第三章　腹足类
第四章　瓣鳃类
第五章　软体动物提要
第四篇　蠕形动物
第一章　蚯蚓的研究
第二章　环虫类
第三章　圆虫类
第四章　扁虫类
第五章　蠕形动物提要
第五篇　棘皮动物
第一章　海胆的研究
第二章　海胆类
第三章　海星类
第四章　海百合类
第五章　沙噀类
第六章　棘皮动物提要
第六篇　腔肠动物
第一章　水母的研究
第二章　水母类
第三章　珊瑚类
第四章　腔肠动物提要
第七篇　海绵动物
第一章　海绵的研究
第二章　海绵动物提要
第八篇　原生动物
第一章　草履虫的研究
第二章　原生动物提要

此外，百城书局1931年出版了萧述宗编写的《初级中学动物学》，并在此基础上于1934年出版了《新标准初中动物学》，张国璘编著的《新标准初中植物学》也于1934年出版。大东书局1933年出版了王志清编著、吴子修校订的《初中动物学教本》，中国科学图书仪器公司1933年出版了张孟闻、秉志合编的《中国初中教科书动物学》上册，北新书局1934年出版了嵇联晋编著的《初中动物学》等。

自1922年"壬戌学制"颁布之始，为适应新学制的需要，大量新学制教科书产生，迎来了教科书编撰的又一黄金时期。随后十余年间，直至1937年抗日战争的全面爆发，可谓是近代教科书发展的巅峰时期，新起的世界书局也挤进了商务印书馆、中华书局把控的教科书市场，最终形成三大书局引领教科书出版市场的局面。

这一时期，在新文化运动、"五四运动"、外来教育思潮影响的大背景下，我国的教育从借鉴日本学制转向参考美国学制，开启了教育的新局面。我国的中学教育从"壬戌学制"开始出现了初级中学与高级中学的划分，并在1923年颁布的《新学制课程标准纲要》首次有了较为详细的学科教学目标，更是首次提到了"生物"一词，从此，我国中学有了独立的生物学课程。1929年、1932年和1936年国民政府分别对中学课程标准进行了修订，我国的中学教育制度愈来愈完善，与中学生物学教育相关的课程标准也是如此。1929年颁布的中学生物学课程标准开始出现了详细的教材大纲，意味着我国中学生物学教科书的编写有了详细的依据，据此多个书局分别组织各类精英人才编写了大量的中学生物学教科书。这一时期参与教科书编写的不止各书局的专业编辑，还包括很多任职高校的生物学家、中学教师和科普作家等。他们结合自身丰富的教学经验和专业知识编写了大量教科书，彻底摆脱了我国的中学生物学教科书主要借鉴外来教科书的历史，开启了我国中学生物学教育的新时代。

从教科书的编制类型来看，南京国民政府成立之前我国的初级中学主要有综合性教科书和分科式教科书两大类。高级中学基本以综合的生物学教科书为主，但1923年的《高级中学第二组必修的生物学课程纲要》建议使用分科式教科书。因此，这一时期的中学生物学教科书无论初中、高中都有综合性教科书和分科式教科书。1932年，国民政府修订了新的课程标准，这一时期初级中学取消综合科教科书，因此只有分科式教科书，高级中学以综合的生物学教科书为主流。从教科书的内容取材来看，与课程标准中教学大纲的规定相一致，这些教科书的取材十分注重联系现实生活，侧重于我国本土选材。在内容体例的编排上逐渐发生变化，如早期植物学教科书往往分为形态、结构、生理、分类四模块叙述，动物学教科书则从分类、习性两部分介绍，且都侧重分类知识并举若干模式生物为例，而1932年颁布新课程标准后，教科书编写逐渐转变为突出动植物的一般特征，且越来越重视学生的实验环节，以培养学生的思辨与观察能力。据此，可认为该时期初步实现了教科书从"博物学"到"生物学"的转变。

本章小结

1922年11月，北洋政府正式颁行《学校系统改革案》，一般称“新学制”，也称“壬戌学制”（又称“六三三学制”）。该学制模仿了美国学制的特点，是我国为了适应时代发展要求，力图与国际教育接轨的一次尝试，也是20世纪20年代教育改革的标志性成果。该学制的诞生是新文化运动和“五四运动”在教育领域的综合成果之一，也是中国近现代教育发展的一个重要标志。

1923年，全国教育会联合会公布的《新学制课程标准纲要》成为各学科新式教科书编写的主要依据。南京国民政府成立后开始实行教科书审核制度，并出台了《组织教科书审查会章程》，1932年，教育部颁布《中学法》，次年又颁布了《中学规程》，进一步对学校的课程作出严格的规范和统一，并要求教科书的编写遵照课程标准的要求。

1928年至1937年间，国民政府教育部共颁布了14个与中学生物学相关的课程标准，形成了包括目标、时间支配、教材大纲、实施方法概要等的内容框架，这一系列教育文件也成为中学生物学教科书编写的重要依据。

1922年新学制颁布施行后，我国迎来了教科书发展的又一黄金时期，各类教科书日趋成熟，种类繁多。以中华书局、商务印书馆和世界书局为代表，它们出版的教科书版本数量位列前三，呈现出“三足鼎立”的局面。其中，中华书局在新学制颁布初期迅速推出了“新中学教科书”系列，商务印书馆则编写出版了“现代初中教科书”系列、“新撰教科书”系列等，商务印书馆在1932年颁布了新课程标准之后，出版了极具代表性和影响力的“复兴教科书”系列。

梳理中华书局、商务印书馆、世界书局出版的50本中学生物学教科书，以及其他出版机构出版的11本中学生物学教科书后发现，该时期植物学教科书内容编排以植物分类为主线，主要介绍植物形态、植物解剖及植物生理三部分内容，辅以植物生态、植物遗传等内容；动物学教科书的编排以动物分类为主线，主要介绍动物解剖、动物生理、动物生态三部分内容，辅以动物形态，应用动物等内容；生理卫生教科书以先讲解剖，再讲生理，后讲卫生的编排体例呈现，1932年后，更加关注卫生部分的内容；高中生物学教科书的编排一般包括概论、生物的构成、生理功能、遗传与进化、生物与环境和人类的关系五部分内容。这时期初步实现了中学生物学教科书内容从“博物学”到“生物学”的转变。

这一时期参与教科书编写的人员不仅限于各书局的专业编辑，还包括很多在高校任职的生物学家、中学教师和科普作家，如陈桢、陈兼善、顾寿白、华汝成、宋崇义、吴元涤等人，他们结合自身深厚的生物学专业知识、研究成果和丰富的教学经验编写了大量教科书，使我国彻底结束了教科书编写主要借鉴外来教科书的历史，开启了我国中学生物学教育的新时代，推进我国自编中学生物学教科书的发展不断走向成熟，走向本土化。

第五章

民国晚期的中学生物学教科书（1938—1949）

1938

第一节
民国晚期中学教育的状况

1937年7月7日，卢沟桥事变爆发，拉开了中国全面抗战的序幕。1938年3月29日至4月1日，国民党在武昌召开临时全国代表大会，会上通过了《战时各级教育实施方案纲要》，明确规定了战时教育的九大方针和十七项要点。九大方针中侧重教育的是：三育并进；文武合一；教育目的与政治目的一贯；家庭教育与学校教育的密切联系；对于自然科学，依据需要，迎头赶上，以应国防及生产之急需；对于社会科学，取人之长，补己之短，对其原则应加整理，对于制度应谋创造，以求一切适合于国情；对于各级学校教育，力求目标之明显，并谋各地平均之发展；对于义务教育，依照原定期限，以达普及；对于社会教育，力求有计划之实施。[1]为了实施九大方针，该方案还规定了十七个实施要点，与学制、教科书相关的有：大体维持现行学制，对于不易实施者应酌情变通；整理各科教材，使之成为一贯之体系等[2]。在国民党临时全国代表大会上，代表们认为，为更好地配合抗战，必须在中小学进一步加强实施爱国爱家乡教育。会议通过的《战时各级教育实施方案纲要》明确提出，“对于各级学校各科教材须彻底加以整顿，使之成为一贯之体系而应抗战与建国之需要，尤宜尽先编辑中小学公民、国文、史地等教科书及各地乡土教材，以坚定爱国爱乡之观念”[3]，对全面抗战时期的教育政策进行调整。在学制上，在原有的“三三制”中学外，试行不分初高中的六年一贯制中学，个别学校还试行过五年一贯制中学，但这些学制没有大面积推广。1938年国民政府设立国立中学，一改之前只有省立、市立、县立中学的局面，其目的主要是收容从战区撤退的学生。《国立中学课程纲要》[4]将国立中学课程分为精神训练、体格训练、学科训练、生产劳动训练、特殊教学与战时后方服务训练五项。在学科训练部分，初中上午开设自然课，倡议“可采用混合制，并以观察实验，与学理相互参证”，高中上午开设生物课，但此纲要未提及实验内容。为适应抗战需要，1941年颁布六年制中学各科课程标准，与生物学相关的科目有博物和生理及卫生，博物科目包括动植物、生物及矿物，第一、二学年及第三学年第一学期授动物、植物，第三

[1] 秦孝仪. 中华民国史料丛编·战时教育方针. 台北：中国国民党“中央”委员会党史委员会，1976：295.

[2] 同[1]295.

[3] 中国第二历史档案馆. 中华民国史档案资料汇编：第五辑第二篇教育：一[M]. 南京：江苏古籍出版社，1997：14.

[4] 中央教科所教育史研究室. 中华民国教育法规选编：1912—1949 [M]. 南京：江苏教育出版社，1990：354-358.

学年第二学期授矿物，第六学年授生物；生理及卫生科目在第三学年开设。[1]尽管当时的时代背景下，全国的教育事业遭到了重大损失，但是由于一系列政策的实施，此时期中学的教育得到了一定的保障。

抗战全面爆发后，上海等地的出版机构部分内迁，大部分出版社不能正常运转，加上物资缺乏以及交通中断等原因，教科书的出版和供应很难如战前状况，各地基本上是继续使用或翻印以前的教科书。

国民政府教育部试图推行“国定本”教科书，由国立编译馆统一编写教科书，并由国立编译馆负责教科书的编审工作。与此同时，正中书局、商务印书馆、中华书局、世界书局、大东书局、开明书店、文通书局联合成立了“国定中小学教科书七家联合委员会”，该委员会为部编教科书发行的领导机构，下设“国定中小学教科书七家联合供应处”（简称“七联处”）为业务机构，由该处负责教科书的印刷与发行。受到战局影响，七联处成立以后各地教科书供应紧张的问题并未得到根本解决，特别是敌我争夺激烈的战区，由于七联处没有完善的销售网络，教育部只好特许湖南等地的教育厅就地翻印。

1945年抗战胜利后，时任教育部部长朱家骅督导重新修订课程标准。1948年12月，教育部颁布修订后的中学课程标准。此次课程标准的修订历时3年，有数百人参与其中，1949年国民政府被推翻，该课程标准没有起到实质作用。

[1] 课程教材研究所. 20世纪中国中小学课程标准·教学大纲汇编：课程（教学）计划卷[M]. 北京：人民教育出版社，2001：170-173.

第二节 民国晚期中学生物学教科书出版与使用

民国晚期使用的中学生物学教科书很多是以前版本的再版，如陈纶、华汝成编，朱彦頫校，中华书局出版的《初中动物》；华汝成编，糜赞治校，中华书局出版的《初中植物学》《新编初中生理卫生》；周建人编著，商务印书馆出版的《复兴初级中学教科书动物学》；吴元涤编，世界书局出版的《吴氏高中生物学》；赵楷、楼培启编著，世界书局出版的《初中新动物学》（上册）；贾祖璋编，开明书店出版的《初中动物学教本》；曹非编，长沙分丰馆出版的《初中实用植物学》《初中实用动物学》《初中实用生理卫生学》等。

1943年，“国定本”教科书开始发行，其中包括《初级中学动物》和《初级中学植物》，分别由正中书局和商务印书馆编写，版权出让给了国立编译馆。[1]正中书局根据1941年修订的课程标准推出“新中国教科书”系列。汪伪政权下的“教育部编审会”和“教育总署编审会”在此期间也出版了系列教科书。1938—1949年期间出版的部分中学生物学教科书见表5-1。

表 5-1　1938—1949 年出版的部分中学生物学教科书情况

序号	教科书名称	责任者及责任方式	出版年份及版次
1	初中生理卫生	“教育部编审会”著	1938
2	初中动物学	“教育部编审会”著	1939（上册）、1938（下册）
3	初中生理卫生	“教育总署编审会”著	1940修正版
4	初中动物学	“教育总署编审会”著	1941
5	初中植物学	“教育总署编审会”著	1941
6	高中生物学	“教育总署编审会”著	1941修正版
7	新编初中动物学	“教育总署编审会”著	1944
8	新编初中生理卫生	“教育总署编审会”著	1945
9	更新初级中学教科书生理卫生	赖斗岩、王有琪编	1946第7版
10	新中国教科书初级中学动物学	薛德焴编著	1946平2版
11	新中国教科书高级中学生物学	郑勉编著	1946年审定本沪8版
12	新中国教科书初级中学植物学	张珽编著	1946第140版（上册）、1947第204版（下册）

[1] 付雷. 中国近代中学生物学教科书研究[M]. 南宁：广西科学技术出版社，2021：155.

（续表）

序号	教科书名称	责任者及责任方式	出版年份及版次
13	新中国教科书初级中学生理卫生学	陈雨苍编著	1947年审定本沪154版
14	初中新动物学	赵楷、楼培启编著（上册）	1947第12版
15	吴氏高中生物学（增订新版）	吴元涤编著	1948第18版
16	开明新编高级生物学	贾祖璋编	1949第9版

注：上表未提及的版次的为第1版。

以下对1938—1949年间出版的部分中学生物学教科书的内容及编排方式进行分析，在此基础上总结该时期教科书内容及编排的特点。

（一）《初中生理卫生》

《初中生理卫生》由“教育部编审会”著，著者自刊，1938年出版。本书取材切近实用，旨在让学生了解健康的意义，并养成个人卫生和公共卫生的习惯。本书共十二篇，在个人方面，关注运动、营养、锻炼，以期身心共同发展，塑造健康的体格；在公共卫生方面，讲授公共场所应如何建设，废弃物如何处置、下水沟如何铺设，以及传染病应如何预防等基本知识。本教科书强调直观教学，提供了44幅插图。此书“编辑大意”还强调“应使学生有各种自动的或在教师指导下的作业，如笔记，实验，绘图，表演，讨论，参观及课外阅览等，以养成其研究科学的习惯”“所列实验，浅近易行，帮助学生认识身体构成”“列有问题一项，以供提要复习用”。

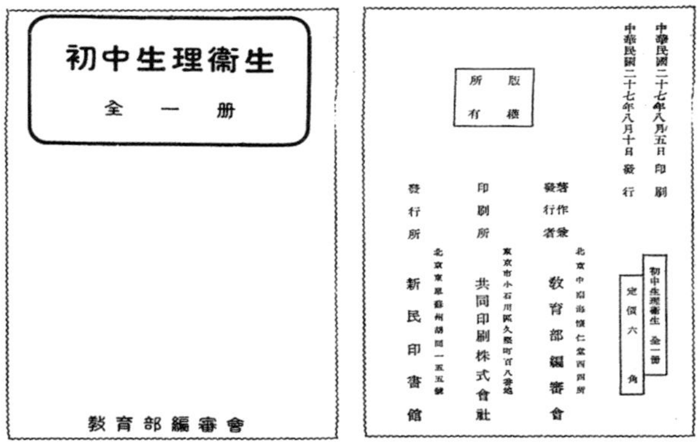

5—1

图5—1 《初中生理卫生》封面及版权页，1938年初版

《初中生理卫生》目录

第一　绪论

　一　生活现象研究之目的

　二　人体的构造

　三　细胞和组织

　四　人体的化学成分

第二　骨骼篇

　一　骨和骨的构造

　二　骨骼的区分

　三　人类骨骼的特性

　四　软骨

第十一　公共卫生篇
一　公共卫生的意义
二　都市卫生
三　传染病和预防
四　卫生行政机关的职责
第十二　疾病和急救法
一　疾病的原因
二　治疗的方法
三　看护病人的常识
四　购用成药的弊害
五　急救法

（二）《初中动物学》

《初中动物学》由“教育部编审会”著，著者自刊，分上、下两册，分别于1939年和1938年出版，可供初级中学动物学教学用。该书取材以本国常见的、与人类活动关系密切的动物为主，对于动物的适应及与人类的利害关系等均有详细说明，对保护有益动物及驱除有害动物的常识，也随时渗透。本书选取每类代表动物，详细说明其形态、生理等特征，其他同类的动物仅选择重要知识点加以说明。本书内容均依分类次序排列，由常见之高等动物起，渐及于低等动物，方便学习者领悟。“编辑大意”中特别提出“其中动物，有出现时期与教学时期不相合者，教师可预先采集，保存。遇必要时，不妨把教材提前或移后”。本书每章及其第一节末尾附有练习题目。书后附汉英对照表，以便检索。

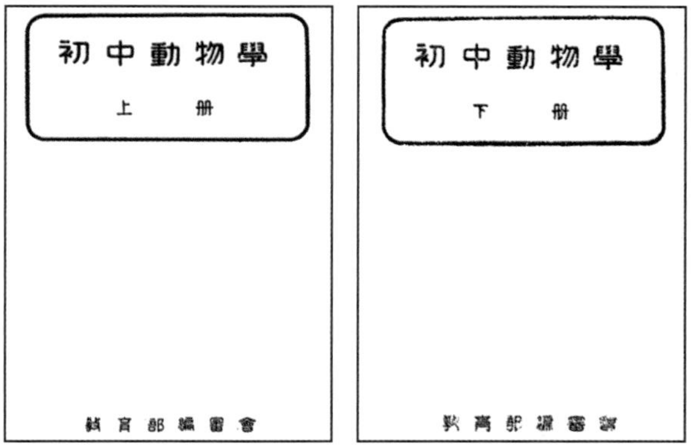

5—2

图5—2　《初中动物学》封面，1939年初版（上册），1938年初版（下册）

《初中动物学》（上册）目录

第一章　绪论
动物的繁布—分类—相互的关系—和人的关系—动物学的范围
第二章　哺乳动物
猫的研究—猕猴—犬—牛—马—骆驼—象—海豚—鼠—鼹鼠—蝙蝠—鲮鲤—袋鼠—鸭嘴兽—哺乳动物提要
第三章　鸟类
鸡的研究—鹰—啄木鸟—燕—鹤—鸭—鸽—驼鸟—鸟类提要

第四章　爬虫类

龟的研究—蛇—蜥蜴—鳄鱼—爬虫类提要

第五章　两栖动物

蛙的研究—蝾螈—两栖动物提要

第六章　鱼类

鲤鱼的研究—鲟鱼—沙鱼—肺鱼—鱼类提要—脊椎动物的一般构造

《初中动物学》（下册）目录

第七章　节肢动物

蚕蛾的研究—螟—蝶—蝗—蜂—蚁—蚊—蝇—天牛—蝉—蜻蜓—蚤—床虱—衣鱼—昆虫类提要

第八章　节肢动物（续）

虾的研究—蜘蛛—蝎—蜈蚣—节肢动物提要

第九章　软体动物

蚌的研究—乌贼—蜗牛—软体动物提要

第十章　棘皮动物

星鱼的研究—海胆—海参—棘皮动物提要

第十一章　环形动物

蚯蚓的研究—蛭—环形动物提要

第十二章　圆形动物

蛔虫的研究—圆形动物提要

第十三章　扁形动物

绦虫的研究—扁形动物提要

第十四章　腔肠动物

水螅的研究—水母—珊瑚—腔肠动物提要

第十五章　海绵动物

海绵—海绵动物提要

第十六章　原生动物

草履虫—变形虫—原生动物提要—脊椎动物和无脊椎动物的分别

第十七章　结论

生物和无生物—生命现象—动物和植物—生物的进化—生物进化的事实—人类的演进—人的种族

（三）《初中生理卫生》

《初中生理卫生》由“教育总署编审会”著，著者自刊。1939年出版，是1938年出版的《初中生理卫生》的修正版，1940年再修正出版。与1938年版相比，本书的内容框架未变，内容稍有修改。内容的变化有：第四篇第十二节由“血管腺”改为“内分泌腺及其作用”；第八篇第二节由“活力素”改为“维生素”；第十篇增添第一节“神经组织”。

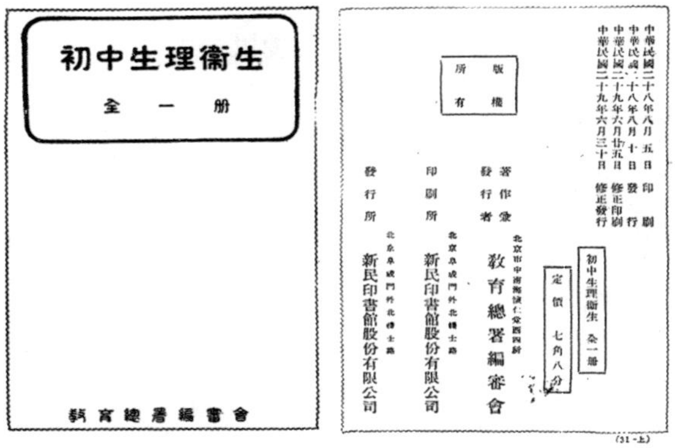

版權所有

中華民國二十八年八月五日印刷
中華民國二十八年八月十日發行
中華民國二十九年六月廿五日修正印刷
中華民國二十九年六月三十日修正發行

初中生理衛生　全一册
定價　七角八分

著作兼發行者　教育總署編審會　北京市中南海懷仁堂西四所
印刷所　新民印書館股份有限公司　北京阜成門外北禮士路
發行所　新民印書館股份有限公司　北京阜成門外北禮士路

(31-上)

5—3

图5—3　《初中生理卫生》封面及版权页，1940年修正版

《初中生理卫生》目录

一　视觉器

二　听觉器

三　嗅觉器

四　味觉器

五　感觉器

第十　神经系统篇

一　神经组织

二　神经纤维

三　脑髓

四　脊髓

五　交感神经

六　中枢神经的机能

七　神经系统的卫生

第十一　公共卫生篇

一　公共卫生的意义

二　都市卫生

三　传染病和预防法

四　卫生行政机关的职责

第十二　疾病和急救法

一　疾病的原因

二　治疗的方法

三　看护病人的常识

四　购用成药的弊害

五　急救法

（四）《初中动物学》

《初中动物学》由“教育总署编审会”著，著者自刊，1941年出版。本书将1938—1939年版《初中动物学》上、下两册合为一册，将原书所设十七章内容改为二十章。具体内容变化为：原书的第十六章中“脊椎动物和无脊椎动物的分别”调成第十七章，原书的第十七章中各部分内容在本书中分别为第十八、十九、二十章。

5—4

图5—4　《初中动物学》封面，1941年初版

《初中动物学》目录

第一章　绪论

动物的繁布—分类—相互的关系—和人的关系—动物学的范围

第二章　哺乳动物

猫的研究—猕猴—犬—牛—马—骆驼—象—海豚—鼠—鼹鼠—蝙蝠—鲮鲤—袋鼠—鸭嘴兽—哺乳动物提要

第三章　鸟类

鸡的研究—鹰—啄木鸟—燕—鹤—鸭—驼鸟—鸟类提要

第四章　爬虫类

龟的研究—蛇—蜥蜴—鳄鱼—爬虫类提要

第五章　两栖动物

蛙的研究—蝾螈—两栖动物提要

第六章　鱼类

鲤鱼的研究—鲟鱼—沙鱼—肺鱼—鱼类提要—脊椎动物的一般构造

第七章　节肢动物

蚕蛾的研究—螟—蝶—蜂—蚁—蚊—蝇—天牛—蝉—蜻蜓—蚤—床虱—衣鱼—昆虫类提要

第八章　节肢动物（续）

虾的研究—蜘蛛—蝎—蜈蚣—节肢动物提要

第九章　软体动物

蚌的研究—乌贼—蜗牛—软体动物提要

第十章　棘皮动物

星鱼的研究—海胆—海参—棘皮动物提要

第十一章　环形动物

蚯蚓的研究—蛭—环形动物提要

第十二章　圆形动物

蛔虫的研究—圆形动物提要

第十三章　扁形动物

绦虫的研究—扁形动物提要

第十四章　腔肠动物

水螅的研究—水母—珊瑚—腔肠动物提要

第十五章　海绵动物

海绵—海绵动物提要

第十六章　原生动物

草履虫—变形虫—原生动物提要

第十七章　脊椎动物和无脊椎动物

脊椎动物和无脊椎动物的分别—动物的一般性质

第十八章　生命的现象

生物和无生物—生命的本质—主要的生命现象—其他的生命现象

第十九章　动物的进化

进化学说的成立—达尔文以外的进化说—动物的系统

第二十章　人类的演进

人类的类属—人类独占优势原因—人的种族

汉英名词对照表

（五）《初中植物学》

《初中植物学》由“教育总署编审会”著，著者自刊。1941年出版，为全一册，初级中学植物学教学用书。本书共十三章，第二至八章叙述高等植物的形态、生理、生态等，使学习者对于植物的生活原理和繁殖方法有充分的了解。后五章叙述植物界的大概情况，使学习者对整个植物界有相当的认识。本书除绪论和第十三章外，每章末附有简单的实验，以补充讲授的不足，并引起学习者主动研究的兴趣。本书中的实验，用五号字排印，在每一实验中，又附有各种问题，使学习者对实物产生疑问，以培养学习者的能力，同时对于教科书上所叙述的事实，予以复习，如实验四“根的构造（一）”中观察蚕豆、玉米种子的萌发，在观察环节提问：“种子发芽时，那一种器官先生出？什么原因？玉蜀黍和蚕豆的根，有什么异同？注意根毛部的地位，用墨笔从根的尖端作十个等分，二日后，观察根的那一部位延长最快。将根的尖端，约二厘米处，用刀切去，观察根能否再向前生长，根的生长点在那一部分？用刀在永久部把根割下，再作一纵切面，放在显微镜下，观察根各部份的构造。根毛从那一种细胞伸出？”关于书中实验，该书特别提到，“教授时可按学校的设备和环境情形，酌量去取，不必一一举行”。书末另附汉英名词对照表，供教师教学参考。

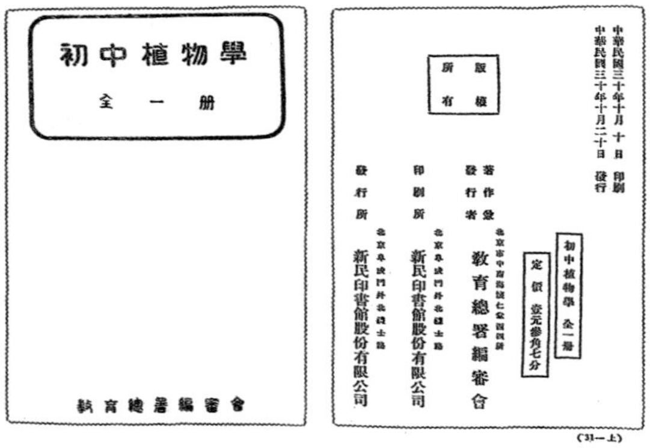
初中植物學
全一册
教育總署編審會

版權所有
中華民國三十年十月十日印刷
中華民國三十年十月二十日發行
初中植物學 全一册
定價 壹元參角七分
著作發行者 教育總署編審會
印刷所 新民印書館股份有限公司
發行所 新民印書館股份有限公司
（31—上）

5—5

图5—5 《初中植物学》封面及版权页，1941年初版

《初中植物学》目录

第一章 绪论
生物和非生物
动物和植物
植物学的分科
植物和人生
第二章 植物的基本构造
器官
组织
细胞
第三章 根
根的功用
根的种类
根的构造
吸收作用
土壤
根的变态
根的繁殖作用
根对刺激的反应
根和人生
第四章 茎
茎的功用
茎的形式
茎的外部形态
茎的内部构造
单子叶植物的茎
水的上升
茎的变态
茎的繁殖作用
人工繁殖
茎对刺激的反应
茎和人生
第五章 叶
叶的外形
叶脉的种类
叶序
叶的内部构造
植物的营养
水的蒸发
叶的脱落
叶的变态

叶的繁殖作用

叶和人生

第六章　花

花的形态

花序

传粉作用

配偶作用

花和人生

第七章　果实

果实的构造

果实的种类

种子的散布

果实和人生

第八章　种子

种子的发生

种子的构造

种子的萌发

植物的生长

种子和人生

第九章　藻菌植物

植物的分类

藻菌植物的通性

藻类植物举例

藻类植物和人生

藻类植物的采集和保存

菌类植物举例

菌类植物和人生

菌类植物的采集和保存

第十章　苔藓植物

苔藓植物的通性

苔类植物举例

藓类植物举例

苔藓植物的采集和保存

第十一章　蕨类植物

蕨类植物的通性

蕨类植物举例

蕨类植物的采集和保存

第十二章　种子植物

种子植物的通性

裸子植物举例

双子叶和单子叶植物

双子叶植物举例

单子叶植物举例

标本的采集、制作和保存

第十三章　遗传、变异与植物学

遗传与变异

遗传的定律

变异的种类

遗传与植物品种之改良

附录　汉英名词对照表

（六）《高中生物学》

《高中生物学》由“教育总署编审会”著，著者自刊。1939年出版，1940年修正出版，1941年再修正出版。本书由“生物、生物学及其范围、细胞与原形质、组织与器官、代谢作用、感应、生殖、发生、遗传、进化、分类、生物与人生”十二章内容组成，可供高中讲授一学年用。本书注意前后各章节的联系，在教授时方便学生理解，书中所采用的例证材料以中国最普通的生物为标准，随时可以采得标本，供学生实验。在“生物与人生”一章，先介绍有用的生物，提出凡直接或间接可供我们利用的植物（或动物），多叫作有用植物或有用动物；将其分为食用、工艺用、药用、饲料及肥料用、观赏用五类，所举实例为学生常见之生物。本书插图皆为精选，且顾及实验，需要实验时，即可参考。为便于学生平时练习，每章均附练习题数则，如第三章“细胞与原形质”末附练习题：“1. 何谓细胞学说？2. 组成原形质的化合物有几种？3. 原形质何以是胶体？说明其理由？4. 植物与动物在间接分裂上有何不同？5. 何谓吸着作用？6. 渗透作用在生物体上有何意义？7. 略述细胞的构造？8. 何谓染色体，在生物现象上有何作用？9. 试述间接分裂的经过概略？10. 表面张力与细胞分裂有何关系？”习题紧贴教学内容，有助于帮助学生及时梳理、消化所学知识，起到及时巩固新知的作用。

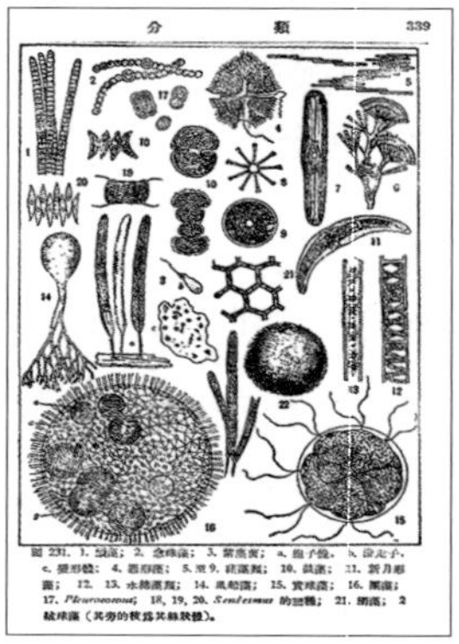

5–6

图5–6 《高中生物学》封面及内容节选，1941年修正版

《高中生物学》目录

第一章　生物

　第一节　生物的特性

　　何谓生物　生物的特征　生机论与机械论

　第二节　动物与植物

　　生物的二大类　高等动植物的区别

第二章　生物学及其范围

　第一节　生物学的定义

　　生物学的定义　生物学的分科

　第二节　研究生物学的方法

　　研究科学的原则　观察法　比较法　试验法　演绎与归纳

　第三节　生物学各科的由来

　　生物学的起源　分类学及其进步　形态学及其发达　生理学及其发达　最近的趋势

　第四节　生物学与各科学的关系

　　生物学与理化学的关系　生物学与数学的关系　生物学与农学的关系　生物学与医学的关系　生物学与教育学的关系

第三章　细胞与原形质

　第一节　细胞与原形质的发见

　　细胞的发见　原形质的发见　细胞学说的概略

　第二节　原形质的显微镜观

　　纤维说　网状说　颗粒说　泡状说或蜂窠状说

　第三节　原形质的化学组成

　　原形质的化学成分组成　原形质的化合物　酵素及其性质

　第四节　原形质的物理性质

　　原形质的物理状态　原形质的胶体性状

表面张力　吸着现象　扩散与渗透
第五节　细胞的构造
细胞的构造　细胞的形状与大小
第六节　细胞的分裂
直接分裂　间接分裂　染色体的个性
第四章　组织与器官
第一节　细胞的特化与集合
细胞的集合　细胞的特化　细胞的合作　生物体制的进化　组织与器官
第二节　植物的组织
植物细胞的分化　植物组织的分类
第三节　动物的组织
上皮组织　缔结组织　肌肉组织　神经组织　血液与淋巴
第四节　植物的器官
营养器官的种类　根　茎　叶　花　种子与果实
第五节　动物的器官
保护器官　消化器官　循环器官　呼吸器官　排泄器官　生殖器官　运动器官　神经系统　感觉器官
第六节　器官的相同与相似
相同的器官　相似的器官　对称与不对称
第五章　代谢作用
第一节　植物的代谢作用
植物的养料　水液的吸收和蒸发　叶绿体与同化作用　原形质的制造　同化物质的转移与贮蓄　植物的特殊营养法　呼吸作用及能的变换
第二节　动物的代谢作用
动物的养料　动物的食性与采食方法　食物的消化　食物的吸收　呼吸作用　循环作用　排泄作用
第三节　自然界物质的循环
水的循环　碳的循环　氧的循环　氮的循环　磷的循环
第六章　感应
第一节　植物的感应性
植物的趋动性　植物的屈向性　植物的倾动性
第二节　动物的神经
神经的由来与进化　神经系统的分类　神经系统的机能
第三节　动物的感觉
感觉的种类　内部感觉　皮肤感觉　化学感觉　味觉　听觉　视觉
第四节　动物的运动
单细胞动物的运动　水中动物的运动　陆上动物的运动　空中动物的运动
第五节　动物的内分泌
内分泌及其发见　内分泌的种类
第七章　生殖
第一节　生殖的意义
自然发生说　生殖的意义
第二节　生殖的方法
无性生殖　有性生殖　单性生殖　幼生生殖
第三节　世代交替
苔藓植物的世代交替　羊齿植物的世代交替　种子植物的世代交替　动物的世代交替
第八章　发生
第一节　生殖细胞的起源
体细胞与生殖细胞　生殖细胞的起源
第二节　减数分裂与生殖细胞的成熟
减数分裂　精子的发育　卵子的发育
第三节　生殖细胞的形态

精子的形态　卵子的形态

第四节　受精现象

体外受精与体内受精　受精的经过　植物的受精

第五节　植物的发生

羊齿植物的发生　被子植物的发生　裸子植物的发生　植物的胚期后的发生

第六节　动物的发生

卵的分沟　胚层的形成　器官的形成　动物胚期后的发生　脊椎动物胚体的附属物

第七节　赫克尔的重现律及其限制

赫克尔的重现律　重现率的例证　重现律的限制

第九章　遗传

第一节　孟德尔以前的遗传观念

形质与遗传　达尔文的学说　魏斯曼的学说

第二节　孟德尔定律

孟德尔定律的由来　孟德尔的试验　孟德尔的解释　反交　二性杂种　孟德尔定律　孟德尔定律的例证

第三节　遗传的物质基础

染色体与遗传因子　关连遗传　互换作用

第四节　两性的遗传

性染色体的发见　性染色体与两性的决定　连性遗传

第五节　变异及品种改良

生物的变异　非孟德尔性遗传　品种的改良　人类遗传与优生

第十章　进化

第一节　生物进化的证据

分类学上的证据　形态学上的证据　胚胎学上的证据　分布学上的证据　化石学上的证据　生理化学上的事实　生物进化的系谱

第二节　适应

机能上的适应　构造上的适应　防御的适应　生物相互间的适应

第三节　进化的理论

自然创生说　希腊时代的进化论　拉马克的进化学说　达尔文的进化学说　新拉马克学说　新达尔文学说　台佛里的突然变异说　近代的进化学说

第四节　人类的进化

人类在自然界的地位　人类的祖先　人类的化石　人类出现的时代

第十一章　分类

第一节　分类的方法

分类的意义　林挪的分类法　生物的学名　分类的标准　种的化学特殊性

第二节　植物分类大纲及其地理分布

植物的分类大纲　植物的分布　中国植物的分布

第三节　动物的分类大纲及地理分布

动物分类大纲　动物的分布　中国动物的分布

第十二章　生物与人生

第一节　有用的生物

食用的生物　工艺用的生物　药用的生物　饲料及肥料用的生物　观赏及爱玩的生物

第二节　有害的生物

直接有害的生物　间接有害的生物

第三节　天然资源的保护

天然资源的种类　消极的保护　积极的保护　保护的实例

（七）《新编初中动物学》

《新编初中动物学》由“教育总署编审会”著，著者自刊，1944年出版。本书根据“教育总署编审会”制定的动物学教材纲要的细目编辑，供初中第二学年用，每周教授两小时。全书共十九章，分别为节肢动物、软体动物、棘皮动物、环形动物、圆形动物、扁形动物、腔肠动物、海绵动物、原生动物、鱼类、两栖类、爬虫类、鸟类、哺乳类、动物的分类、动物的繁殖和发生、动物的生态和分布、动物的进化和人类的演进、生物界。在书末有两个附录，附录一为昆虫类及蛙的饲育方法，附录二为昆虫类标本的采集、制作和保存。本书取材以本国常见及普通的动物为主，对于它们和人类的关系均有详细的说明。本书在每节的开头均附有问题，在大部分知识点中附观察或解剖和实验环节，如第一章第一节“蝗虫和蚕”的开头，设置了两个问题：“问题①蝗虫栖息在什么地方？问题②蚕的一生有怎样的变化？”在“蝗虫的习性和外部形态”知识点设置了观察环节：“由外部观察蝗虫的各部分，按照实物绘图注明各部分的名称。”其编排为便于学习，充分考虑动物与季节的关系。本书插图皆精选，并且力求明了、正确，以便辅助直观教学。每章末均附有练习题。

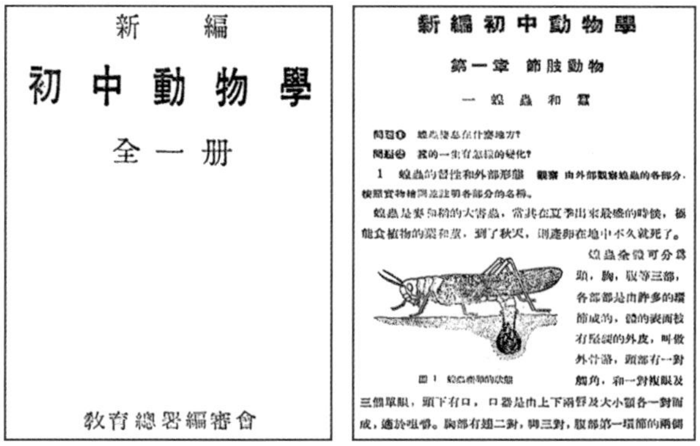
新編
初中動物學
全一册
教育總署編審會

新編初中動物學
第一章 節肢動物
一 蝗蟲和蠶
問題① 蝗蟲棲息在什麼地方？
問題② 蠶的一生有怎樣的變化？
1 蝗蟲的習性和外部形態 觀察 由外部觀察蝗蟲的各部分，按照實物繪圖注明各部分的名稱。
蝗蟲是[illegible]的大害蟲，當其在夏季出來最盛的時候，極能食植物的葉和莖，到了秋天，則產卵在地中不久就死了。
蝗蟲全體可分爲頭，胸，腹等三部，各部都是由許多的環節成的，體的表面被有堅硬的外皮，叫做外骨骼，頭部有一對觸角，和一對複眼及三個單眼，頭下有口，口器是由上下兩唇及大小顎各一對而成，適於咀嚼。胸部有翅二對，脚三對，腹部第一環節的兩側
圖1 蝗蟲產卵的狀態

5—7

图5—7　《新编初中动物学》封面及内容节选，1944年初版

《新编初中动物学》目录

第一章　节肢动物

一　蝗虫和蚕

1. 蝗虫的习性和外部形态　2. 蝗虫的内部构造　3. 蚕　4. 蚕的变态　5. 变态

二　其他的昆虫

6. 螟蛾　7. 粉蝶　8. 蜂　9. 蚁　10. 蚊　11. 蝇　12. 天牛　13. 蝉　14. 蜻蜓　15. 蚤　16. 床虱　17. 衣鱼　18. 昆虫类的通性及分类　19. 昆虫类和人类的关系　20. 保护色和拟态

三　虾的研究

21. 虾的外部形态　22. 虾的内部形态　23. 虾的种类和同类动物　24. 浮游生物

四　其他的节肢动物

25. 蜘蛛　26. 蝎　27. 蜈蚣

五　节肢动物通说

28. 节肢动物提要　29. 节肢动物和人类的关系

第二章　软体动物

一　蚌的研究

30. 蚌的习性和外部形态　31. 蚌的内部形态　32. 蚌的同类动物

二　其他的软体动物

33. 河贝子　34. 乌贼

三　软体动物通说

35. 软体动物提要　36. 软体动物和人类的关系

第三章　棘皮动物

一　星鱼的研究

37. 星鱼的外部形态和习性　38. 星鱼的内部形态

二　其他的棘皮动物

39. 海胆　40. 海参

三　棘皮动物通说

41. 棘皮动物提要　42. 棘皮动物和人类的关系

第四章　环形动物

一　蚯蚓的研究

43. 蚯蚓的形态和习性

二　其他的环形动物

44. 蛭

三　环形动物通说

45. 环形动物提要　46. 环形动物和人类的关系

第五章　圆形动物

一　蛔虫的研究

47. 蛔虫的形态和习性

二　其他的圆形动物

48. 蛲虫和十二指肠虫

三　圆形动物通说

49. 圆形动物提要　50. 圆形动物和人类的关系

第六章　扁形动物

一　绦虫的研究

51. 绦虫的形态和习性　52. 绦虫的种类

二　其他的扁形动物

53. 姜片虫

三　扁形动物通说

54. 扁形动物提要　55. 扁形动物和人类的关系

第七章　腔肠动物

一　水螅的研究

56. 水螅的形态和习性

二　其他的腔肠动物

57. 水母　58. 珊瑚

三　腔肠动物通说

59. 腔肠动物提要　60. 腔肠动物和人类的关系

第八章　海绵动物

61. 海绵的形态和生活　62. 海绵动物提要　63. 海绵动物和人类的关系

第九章　原生动物

一　草履虫的研究

64. 草履虫的形态和生活

二　其他的原生动物

65. 变形虫　66. 疟虫

三　原生动物通说

67. 原生动物提要　68. 原生动物和人类的关系

第十章　鱼类

一　鲤鱼的研究

69. 鲤鱼的习性和外部形态　70. 鲤鱼的内部形态

二　其他的鱼类

71. 鲟鱼　72. 沙鱼　73. 肺鱼

三　鱼类通说

74. 鱼类提要　75. 鱼类和人类的关系

第十一章　两栖类

一　蛙的研究
76. 蛙的习性和外部形态　77. 蛙的内部形态　78. 蛙的发生　79. 蛙的同类动物
二　其他的两栖类
80. 蝾螈
三　两栖类通说
81. 两栖类提要　82. 两栖类和人类的关系
第十二章　爬虫类
一　龟的研究
83. 龟的外部形态和习性　84. 龟的内部形态
二　其他的爬虫类
85. 蛇　86. 蜥蜴　87. 鳄鱼
三　爬虫类通说
88. 爬虫类提要　89. 爬虫类和人类的关系
第十三章　鸟类
一　鸡的研究
90. 鸡的外部形态　91. 鸡的内部形态
92. 鸡的品种和同类鸟类
二　其他的鸟类
93. 鹰　94. 啄木鸟　95. 燕　96. 鹤
97. 鸭　98. 鸽　99. 驼鸟
三　鸟类通说
100. 鸟类提要　101. 鸟类对于飞翔的适应　102. 鸟类和人类的关系
第十四章　哺乳类
一　猫的研究
103. 猫的外部形态　104. 猫的内部形态
105. 猫的同类
二　其他的哺乳类
106. 猕猴　107. 犬　108. 牛　109. 马
110. 骆驼　111. 象　112. 海豚　113. 鼠
114. 鼹鼠　115. 蝙蝠　116. 鲮鲤
117. 袋鼠　118. 鸭嘴兽
三　哺乳类通说
119. 哺乳类提要　120. 哺乳类和人类的关系　121. 哺乳类的饲育和牧畜
第十五章　动物的分类
122. 脊椎动物和无脊椎动物　123. 动物的分类表
第十六章　动物的繁殖和发生
124. 繁殖　125. 发生　126. 卵生和胎生
127. 变态
第十七章　动物的生态和分布
128. 动物和环境　129. 动物的自卫
130. 动物的生活方式　131. 动物的分布
第十八章　动物的进化和人类的演进
132. 生物的进化　133. 人类的演进
134. 人类的种族
第十九章　生物界
135. 生物和无生物　136. 生命现象
137. 动物和植物
附录一　昆虫类及蛙的饲育方法
附录二　昆虫类标本的采集、制作和保存

（八）《新编初中生理卫生》

《新编初中生理卫生》由“教育总署编审会”著，著者自刊，1945年出版。全书共十四章，分别是人体的构造、骨骼、肌肉、饮食物、消化系、循环系、呼吸系、排泄系、体温、神经系、感觉器、全身的调和、疾病及其预防和治疗、卫生。本书先论述人体解剖构造及各器官、系统，后论述简单的疾病及预防、治疗方法和卫生知识。进入每章正文内容前先列出两个问题，引导学生带着问题了解本章内容要点。章内正文中穿插有数量不一的“观察”和“实验”内容，要求简单易实践。各章末附有“练习问题”一栏，以供学生复习总结用。

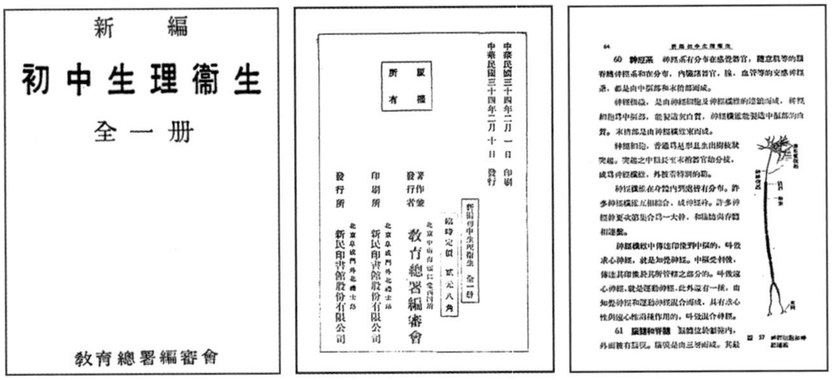

5—8

图5—8　《新编初中生理卫生》封面、版权页及内容节选，1945年初版

《新编初中生理卫生》目录

第一章　人体的构造

1. 人体的构造　2. 细胞　3. 组织　4. 器官　5. 人体的化学成分

第二章　骨骼

6. 骨骼　7. 骨的联接　8. 骨的构造　9. 骨的成分　10. 软骨　11. 骨的卫生

第三章　肌肉

12. 肌　13. 肌的构造　14. 肌的成分　15. 肌的生理　16. 主要的骨骼肌　17. 肌对于骨骼和关节的关系　18. 身体的平衡位置和整齐运动　19. 肌的卫生和运动

第四章　饮食物

20. 营养素　21. 保健食料　22. 生活素　23. 食品　24. 饮料水　25. 食器

第五章　消化系

26. 消化器　27. 口腔　28. 咽头和食管　29. 胃　30. 小肠　31. 大肠　32. 胰腺和肝脏　33. 腹膜和肠间膜　34. 消化作用　35. 吸收作用　36. 消化器的卫生

第六章　循环系

37. 血液　38. 心脏　39. 血管　40. 血液循环　41. 血压和脉搏　42. 淋巴　43. 循环器的卫生　（附）血液型

第七章　呼吸系

44. 呼吸器　45. 呼吸作用　46. 呼吸运动　47. 发声器　48. 呼吸器的卫生

第八章　排泄系

49. 排泄作用　50. 泌尿器　51. 泌尿和排尿　52. 皮肤的发汗　53. 排泄器的卫生

第九章　体温

54. 皮肤的构造　55. 毛发、爪及皮脂腺　56. 皮肤的作用　57. 体温调节作用　58. 皮肤的卫生　59. 衣服

第十章　神经系

60. 神经系　61. 脑髓和脊髓　62. 脑神经和脊神经　63. 脑、脊髓、神经系的作用　64. 交感神经系　65. 神经系的卫生

第十一章　感觉器

66. 视觉器　67. 眼球　68. 视觉　69. 视觉的调节作用　70. 视觉的卫生　71. 听觉

器　72. 听觉　73. 嗅觉器　74. 味觉器

75. 皮肤感觉　76. 位置和运动的感觉

第十二章　全身的调和

77. 内分泌腺　78. 全身的调和

第十三章　疾病及其豫防和治疗

79. 疾病　80. 传染病　81. 预防和治疗

82. 免疫和预防接种　83. 急救法

第十四章　卫生

84. 卫生　85. 个人卫生　86. 公共卫生

（九）《更新初级中学教科书生理卫生》

《更新初级中学教科书生理卫生》由赖斗岩、王有琪编。1941年在商务印书馆出版第1版，1946年出版第7版。本书根据国民政府教育部1936年所颁发的《初级中学生理卫生课程标准》编写，分上、下两册，共十八章，上册由卫生概论、人体概论、骨骼与姿势、运动与神经系统、消化系统、营养与发育、呼吸系统、循环系统、排泄系统、感觉器官、心理卫生、疾病概论十二章组成，下册由免疫的原理和实施、急救及护病常识、学校之卫生设施、卫生习惯和个人健康、公共卫生概要、政府对于人民之保健设施六章组成，每章末附有问题数个，以供学生自学讨论用。本书“心理卫生”一章分析了心理的疾病和原因，并提出了心理卫生的实施方法，如适当补充营养、充分休息，保持合宜课程、良好训练、正当娱乐，保护身体、实行优生、预防疾病等，其中一节内容介绍了智力测验的标准以及智力商数公式，“人们中智力优异者固不乏人，但低能者亦属不少”，列举了无能、智力障碍者的智力商数和行为，特别提出，“同学们遇见一般低能者，当存体恤怜爱观念，以保持人类互助之精神”。本书的“编辑大意”指出“教师课室讲演，宜充分利用模型，标本，图表，照相，幻灯片及电影等，以为直观之辅助”，强调直观教学手段在教学中的应用。书末附有英汉名词索引。

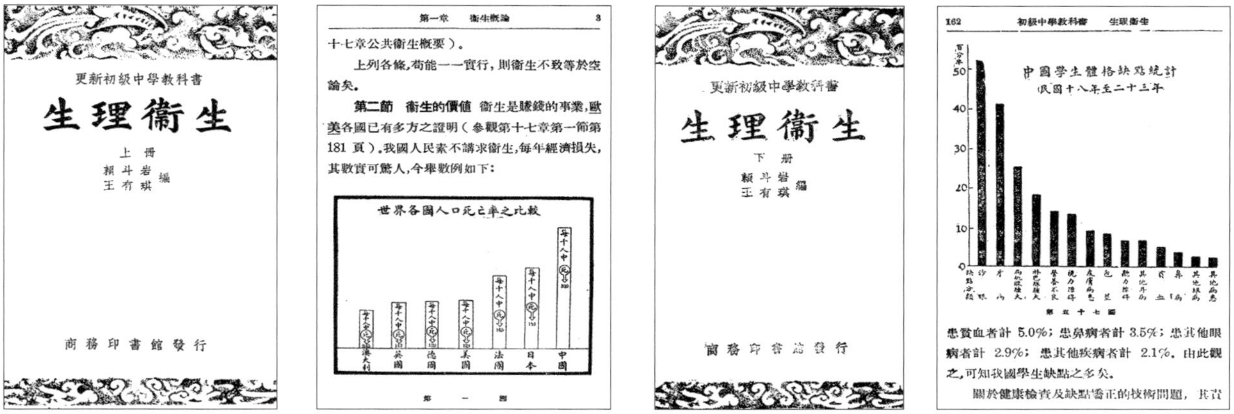

5—9

图5—9　《更新初级中学教科书生理卫生》封面及内容节选，1946年第7版

《更新初级中学教科书生理卫生》（上册）目录

第一章　卫生概论

第一节　卫生的意义

第二节　卫生的价值

第三节　卫生的范围

第四节　卫生学和其他科学的关系

第二章　人体概论

第一节　人体的部分

第二节　人体的基本构造

第三节　人体的由来

第四节　人体生活的机能

第五节　人体生殖器官的构造和生理

第三章　骨骼与姿势

第一节　骨骼

第二节　姿势

第三节　体重与身长

第四章　运动与神经系统

第一节　肌肉的构造和特性

第二节　骨肌的附着和运动

第三节　肌肉运动和神经节制

第四节　神经系统的组织和机能

第五节　运动的生理

第六节　肌肉与神经系的保健

第五章　消化系统

第一节　消化器的构造

第二节　消化器的生理

第三节　消化器的疾病和防治

第四节　消化器一般的保健要则

第六章　营养与发育

第一节　食物的种类

第二节　营养价值的定义及其计算法

第三节　代谢作用

第四节　人体发育的概况及其要素

第五节　食物的选择

第六节　食物的烹调

第七章　呼吸系统

第一节　呼吸的意义

第二节　呼吸器的构造

第三节　呼吸的途径和气道的功用

第四节　呼吸运动

第五节　变态呼吸

第六节　发声器和发声作用

第七节　呼吸器的疾病和防治

第八节　呼吸器的一般保健要则

第八章　循环系统

第一节　循环系的功能

第二节　循环系的构造

第三节　循环系的生理

第四节　淋巴系

第五节　循环系的病理和防治

第六节　循环系一般的保健要则

第九章　排泄系统

第一节　排泄器的功用

第二节　排泄器的构造和生理作用

第三节　排泄器的病理和防治

第四节　排泄器一般的保健要则

第十章　感觉器官

第一节　眼和视觉

第二节　耳和听觉

第三节　鼻和嗅觉

第四节　舌和味觉

第五节　皮肤和触觉

第六节　感觉器官一般保健要则

第十一章　心理卫生

第一节　心理卫生的定义

第二节　心理卫生和生理卫生之关系

第三节　心理卫生运动的起源

第四节　心理的疾病和原因

第五节　心理卫生的实施

第六节　智力测验的标准

第七节　“问题儿童”的意义和卫生方法

第十二章　疾病概论

第一节　疾病的定义和分类

第二节　疾病的原因

第三节　疫病之传染方法

第四节　疾病的预防

《更新初级中学教科书生理卫生》（下册）目录

第十三章　免疫的原理和实施

第一节　免疫的意义及其种类

第二节　天花和种牛痘

第三节　伤寒和免疫

第四节　霍乱和免疫

第五节　白喉和免疫

第六节　猩红热和免疫

第七节　鼠疫和免疫

第八节　结核病和免疫

第十四章　急救及护病常识

第一节　导言

第二节　创伤的急救法

第三节　出血的急救法

第四节　咬伤的急救法

第五节　火伤的急救法

第六节　淹溺的急救法

第七节　人工呼吸法

第八节　骨折的急救法

第九节　昏厥的急救法

第十节　冻僵和中暑的急救法

第十一节　煤气中毒的急救法

第十二节　药物中毒的急救法

第十三节　毒气战争中的防护

第十四节　消毒

第十五节　体温、脉搏和呼吸

第十六节　病房和病床

第十七节　护病概要

第十五章　学校之卫生设施

第一节　健康教育

第二节　保健概要

第三节　学校环境卫生

第四节　预防传染病

第十六章　卫生习惯和个人健康

第一节　卫生习惯的重要

第二节　卫生习惯与个人健康之关系

第三节　卫生习惯的养成

第十七章　公共卫生概要

第一节　公共卫生的定义

第二节　公共卫生的重要

第三节　自来水之装置

第四节　水井之改良

第五节　粪污之处理

第六节　垃圾和死尸之处置

第七节　生命统计

第八节　助产教育

第九节　婴儿卫生

第十八章　政府对于人民之保健设施

第一节　导言

第二节　卫生署

第三节　中央卫生实验处

第四节　中央防疫处

第五节　海港检疫处

第六节　中央工厂检查处

第七节　省卫生设施

第八节　城市卫生设施

第九节　乡村卫生设施

第十节　民众卫生机关

第十一节 医学教育

英汉名词索引

四角号码索引

（十）《新中国教科书初级中学动物学》

《新中国教科书初级中学动物学》由薛德焴编著。1943年在正中书局出版第1版，1946年出版平2版。本书遵照1941年教育部颁布的《修正初级中学博物课程标准》编辑，共二十章，分为上、下两册，上册由绪言、哺乳纲、鸟纲、爬虫纲、两栖纲、鱼纲、脊椎动物通论、节肢动物（一）、节肢动物（二）等九章组成，供第一学年第一学期用，每周授课2小时；下册由软体动物、棘皮动物、环形动物、圆形动物、扁形动物、腔肠动物、海绵动物、原生动物、无脊椎动物及动物通论、人类在自然界的位置、生命的现象和特性等十一章组成，供第二学期用，每周授课1小时。书末附有中西名词对照表。本书对于代表动物描述特别详细，尤其注意生理学、生态学和应用方面的材料。与代表动物相近的种类，书中用小号字呈现，只提示要点，不详加说明，教师可根据当时的实际情况、教学时间来选择使用。每节正文之后，附有纲目特征，章末配有比较表、检索表，使学生学习比较及分类方法。本书的最后一章"生命的现象和特性"为高中生物学的概要，既可使学生在读完动物学后，得到明确而又系统的概念，又可使不能升学或进职业学校或特种学校者，得到高中生物学的基本知识。在下册末尾附有动物学问题109个，供教师组织学生复习用，可作为会考或升学考试之预备材料。

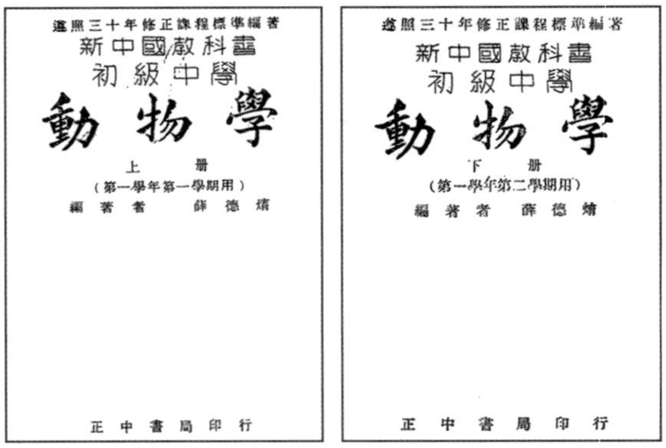

5—10

图5—10 《新中国教科书初级中学动物学》封面，1946年平2版

《新中国教科书初级中学动物学》（上册）目录

第一章 绪言
第二章 哺乳纲
　第一节 猫、犬
　第二节 猕猴
　第三节 鼠
　第四节 蝙蝠
　第五节 牛
　第六节 马
　第七节 骆驼
　第八节 象
　第九节 江豚、鲸
　第十节 鼹鼠、鲮鲤
　第十一节 袋鼠、鸭嘴兽
　第十二节 哺乳纲通论
第三章 鸟纲
　第一节 鸡
　第二节 鸽
　第三节 鹰

第四节　啄木鸟
第五节　燕
第六节　鹤
第七节　鸭
第八节　鸵鸟
第九节　鸟纲通论
第四章　爬虫纲
第一节　龟、鳖
第二节　蛇
第三节　蜥蜴、鳄鱼
第四节　爬虫纲通论
第五章　两栖纲
第一节　蛙
第二节　蝾螈
第三节　两栖纲通论
第六章　鱼纲
第一节　鲫
第二节　鲨
第三节　鲟
第四节　肺鱼
第五节　鱼纲通论
（附）原索类
第七章　脊椎动物通论
第八章　节肢动物（一）
第一节　蚕蛾、螟蛾
第二节　白粉蝶
第三节　蝗
第四节　蜜蜂、蚁
第五节　蝇、蚊
第六节　萤
第七节　蝉
第八节　蜻蜓、白蚁
第九节　臭虫、虱
第十节　蚤、衣鱼
第十一节　昆虫纲通论（二）
第九章　节肢动物（二）
第一节　蜘蛛
第二节　蜈蚣
第三节　虾
第四节　节肢动物通论

《新中国教科书初级中学动物学》（下册）目录

第十章　软体动物
第一节　河蚌
第二节　田螺
第三节　乌贼
第四节　软体动物通论
第十一章　棘皮动物
第一节　海星
第二节　海胆、海参
第三节　棘皮动物通论
第十二章　环形动物
第一节　蚯蚓
第二节　蛭
第三节　环形动物通论
第十三章　圆形动物
第一节　蛔虫
第二节　圆形动物通论
第十四章　扁形动物
第一节　绦虫
第二节　肝蛭
第三节　扁形动物通论

第十五章　腔肠动物

第一节　水螅

第二节　水母、珊瑚虫

第三节　腔肠动物通论

第十六章　海绵动物

毛壶、海绵动物通论

第十七章　原生动物

草履虫、变形虫、疟原虫、原生动物通论

第十八章　无脊椎动物及动物通论

第十九章　人类在自然界的位置

第二十章　生命的现象和特性

附录　问题

（十一）《新中国教科书高级中学生物学》

《新中国教科书高级中学生物学》由郑勉编著，分上、下两册，分别于1944年和1945年在正中书局出版，两册在1946年出版审定本沪8版。本书依据1941年教育部颁布的《修正高级中学生物课程标准》编辑，上册由生物与生物学、生物的基本组织、生物的生活三篇共十章内容组成，下册由生物的遗传与进化、生物的疾病、生物体与厚生三篇共七章内容组成，供高中第一学年用。高中生物课时量为每周三小时（讲演两个半小时，实验半小时）。本书参考了大量书籍，当时生物学上重要理论均择优采入。部分章节附有“附注”一栏，凡关于解释正文的材料，均分条列入。本书插图力求详明适用，其中有多幅是其他书中未有的。每篇的末尾，均附有练习题。本书关于外国人名、地名、分类名以及普通的术语，在译名后附以原名，并于书末，附以中西名词索引，以方便检索。

5—11

图5—11　《新中国教科书高级中学生物学》封面，1946年审定本沪8版

《新中国教科书高级中学生物学》（上册）目录

第一篇　生物与生物学

第一章　生物的特征

第一节　生命的解释

第二节　生命现象

第三节　生物的起源

第二章　生物学及其分科

第一节　生物学的定义

第二节　生物学的分科

第三章　研究生物学的意义和方法

第一节　生物学与各科学的关系

第二节　生物学与民生、民族的关系

第三节　研究生物学的方法

习题

第二篇　生物的基本组织

第一章　原生质
第一节　原生质的显微镜观
第二节　原生质的化学组成
第三节　组成原生质的化合物
第二章　细胞
第一节　细胞的发现
第二节　细胞的构造
第三章　细胞的分裂
第四章　细胞的分化和集合
第一节　细胞的分化
第二节　细胞集合的几种阶段
第五章　组织和器官
第一节　构成植物体的组织
第二节　构成动物体的组织
第三节　构成植物的器官
第四节　构成动物的器官
第五节　器官的同源和同功
习题
第三篇　生物的生活
第一章　维持个体的生活
第一节　植物的营养
第二节　动物的营养
第三节　自然界中物质的循环
第四节　生物的感应和调节
第二章　维持种族的生活
第一节　生物的生殖
第二节　生物的发生
习题
中西名词索引

《新中国教科书高级中学生物学》（下册）目录

第四篇　生物的遗传与进化
第一章　生物的遗传
第一节　遗传的意义与学说
第二节　孟德尔定律
第三节　遗传的物质基本
第四节　遗传形质的连系现象
第五节　两性和遗传
第六节　变异
第二章　生物的进化
第一节　进化的证据
第二节　进化的理论
第三节　适应
第四节　人类的由来
习题
第五篇　生物的疾病
第一章　植物体的疾病及防治
第一节　稻麦棉豆的病虫害及防治
第二节　桑茶的病虫害及防治
第三节　重要果树蔬菜的病虫害及防治
第二章　动物体的疾病及防治
第一节　家畜、家禽的疾病及防治
第二节　蚕病及防治
第三节　人体的疾病与卫生
第四节　血清与免疫
第五节　药用生物
习题
第六篇　生物体与厚生
第一章　工业与生物学
第一节　酿造工业
第二节　食品工业

第三节　纤维工业
第四节　动植物油蜡与燃料
第五节　木材工业
第六节　皮革工业
第七节　橡皮、油漆、酒精等有机工业
第二章　农业与生物学
第一节　植物生产与进种
第二节　动物生产与渔牧
第三章　优生与民族
习题

（十二）《新中国教科书初级中学植物学》

《新中国教科书初级中学植物学》由张珽编著。1943年在正中书局出版第1版，上册1946年出版第140版，下册1947年出版第204版。本书根据1941年教育部颁布的《修正初级中学博物课程标准》编辑，分为上、下两册，共十三章。上册介绍植物体的基本构造，从根、茎、叶、花、果实、种子分别进行论述，供第一学年第一学期用，每周授课2小时；下册介绍植物的分类，由高等到低等，依次介绍种子植物、蕨类植物、藓苔植物、藻菌植物，供第二学期用，每周授课1小时。书中取材以日常能见或与民众生计有密切关系的植物为主。本书根据植物的生活现象陈述，先分论高等植物的形态、构造、生理以及生态等知识，然后就植物界的主要门类作简要陈述，帮助学生略知植物界演化的顺序。每章末尾，附有练习问题若干道，以便学生自习，并供教师提问及与学生讨论时参考。编者尤其强调：本书各章所述实验或野外观察，希望教师在事前预备，随时可以指导学生，以免学生只知有书本而忽于实事。

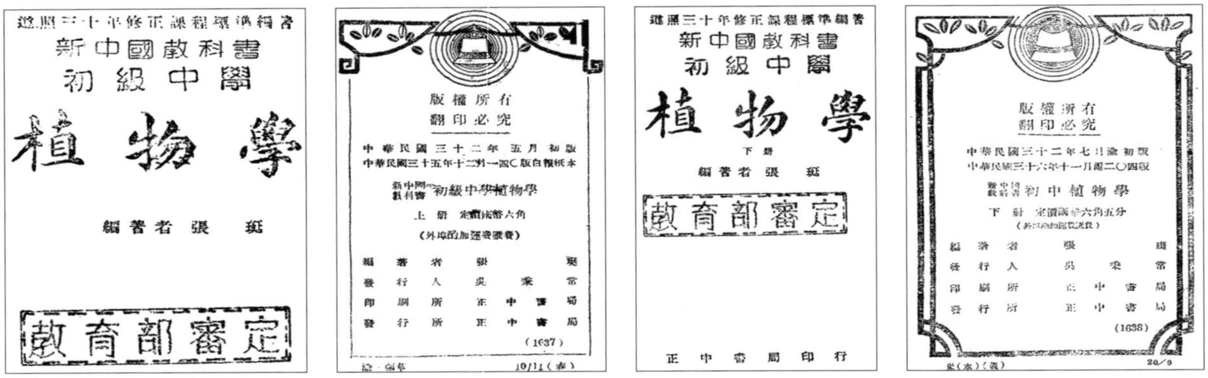

5—12

图5—12　《新中国教科书初级中学植物学》封面及版权页，1946年第140版（上册），1947年第204版（下册）

《新中国教科书初级中学植物学》（上册）目录

第一章　绪言
（一）植物
（二）植物与动物
（三）植物学
（四）研究植物学的意义与方法
第二章　植物体的基本构造
（一）细胞
（二）组织
（三）器官
第三章　根

（一）根的发生
（二）根的种类
（三）根的变态
（四）根的部分
（五）根的构造
（六）根的吸收作用
（七）根与土壤的关系
（八）根的生长和运动
（九）根的用处
第四章　茎
（一）茎的种类
（二）茎的变态
（三）茎的外形
（四）芽
（五）茎的构造
（六）茎的生长
（七）茎的感应性
（八）茎的输导作用
（九）茎的繁殖作用
（十）茎的用处
第五章　叶
（一）叶的外形
（二）叶序
（三）叶的变态
（四）叶的构造
（五）叶的作用
（六）叶的感应性
（七）叶的变色和脱落
（八）叶的用处
第六章　花
（一）花的部分
（二）花的种类
（三）花中各部的形态
（四）花序
（五）传粉作用
（六）受精作用
（七）花的应用
第七章　果实
（一）果实的构造
（二）果实的种类
（三）果实的应用
第八章　种子
（一）种子的构造
（二）果实与种子的散播
（三）种子的萌发
（四）种子的应用

《新中国教科书初级中学植物学》（下册）目录

第九章　植物的分类
（一）分类方法
（二）命名法
（三）植物界的主要门类
第十章　种子植物
（一）裸子植物
（二）被子植物
（A）双子叶植物
（B）单子叶植物
第十一章　蕨类植物
（一）真蕨类
（二）木贼类
（三）石松类
第十二章　藓苔植物

（一）藓类

（二）苔类

第十三章　藻菌植物

（一）藻类

（二）裂殖菌类（细菌）

（三）真菌类

（附）地衣类

中西名词对照表

（十三）《新中国教科书初级中学生理卫生学》

《新中国教科书初级中学生理卫生学》由陈雨苍编著。1944年在正中书局出版第1版，1947年出版审定本沪154版。本书依据1941年教育部颁布的《修正初级中学生理及卫生课程标准》编辑，共三十九章，主要讲述人体的构造及形态、生殖发育、健康、疾病、环境卫生等内容，供初级中学第二、三学年用，每周讲授及实验一小时。本书“编辑大意”中指出编辑的目标为：“（一）使学生获得生理及卫生之科学知识；（二）使学生明了人体结构生理之作用及保健防病之方法；（三）使学生养成卫生习惯，以增进其身心之健康；（四）使学生对于卫生增进其兴趣及信心，以期由个人之努力，促进家庭学校社会之卫生；（五）使学生养成良好卫生态度，具有改进个人及社会生活之志愿，以期造成更健康之次代国民；（六）使学生略知看护与急救之简易方法。”本书每章末尾，就各章内容列一提要，帮助学生厘清所学概念，并附习题若干则，以供学生复习用。

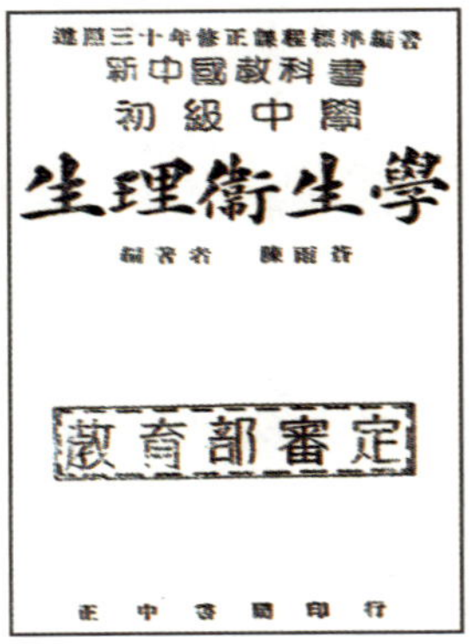

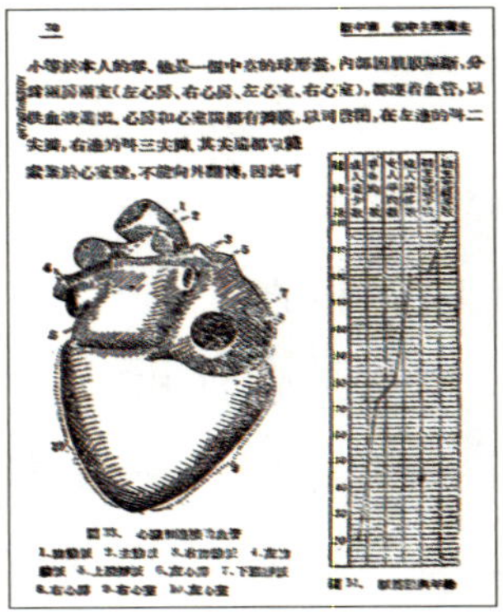

5—13

图5—13　《新中国教科书初中生理卫生学》封面及内容节选，1947年审定本沪154版

《新中国教科书初中生理卫生学》目录

第一章　人体概论

第一节　人体的构造及形态

第二节　胚胎

第三节　发育

第四节　遗传

第二章　骨骼系的构造、生理及保健

第一节　骨骼的构造

第二节　骨的生理

第三节　骨骼的保健

第三章　肌肉系的构造、生理及保健

第一节　肌肉的构造

第二节　肌肉的生理

第三节　肌肉的保健

第四章　循环系的构造、生理及保健

第一节　血液

第二节　心脏

第三节　血管

第四节　淋巴系

第五节　循环系的生理
第六节　循环系的保健
第五章　呼吸系的构造、生理及保健
第一节　呼吸器
第二节　呼吸及空气
第三节　呼吸器的生理
第四节　呼吸系的保健
第六章　消化系的构造、生理及保健
第一节　消化及消化器的生理
第二节　口腔及口腔中的消化
第三节　胃及胃中的消化
第四节　肠及肠的机能
第五节　大肠及其保健
第七章　排泄系的构造、生理及保健
第一节　泌尿器
第二节　皮肤
第八章　神经系的构造、生理及保健（包括心理卫生）
第一节　神经系的构造及生理
第二节　神经系的组织
第三节　神经系的保健及心理卫生
第九章　感觉系的构造、生理及保健
第一节　视觉器的构造、生理及保健
第二节　听觉器的构造、生理及保健
第三节　嗅觉器的构造、生理及保健
第四节　味觉器的构造、生理及保健
第五节　触觉器的构造、生理及保健
第十章　生殖系的构造、生理及保健
第一节　生殖器官的构造及生理
第二节　生殖系的保健
第十一章　内分泌及其生理作用
第一节　内分泌的生理作用
第二节　内分泌腺
第十二章　健康的意义（包括卫生习惯）
第一节　健康的意义
第二节　个人健康及健康的社会
第三节　卫生习惯的养成
第十三章　空气
第一节　空气的成分
第二节　风及其他有害的物质
第十四章　日光
第一节　日光的功用
第二节　接受日光照射的方法
第十五章　水
第一节　水源的分析
第二节　饮用水的标准
第三节　自来水
第十六章　土地
第一节　土地卫生及沟渠
第二节　土地卫生及坟墓
第十七章　营养
第一节　营养及营养素
第二节　食物的种类
第十八章　衣服
第一节　衣服材料的选择
第二节　衣服的消毒及清洁法
第十九章　住居
第一节　住宅的建设
第二节　住宅的清洁
第三节　住宅的分配及卫生
第二十章　废弃物的处理
第一节　粪便
第二节　垃圾
第二十一章　毒害昆虫、鼠、野犬等的扑灭
第一节　毒害昆虫及禽兽之害

第二节 毒害昆虫及其扑灭法

第二十二章 病原概论

第二十三章 人体寄生虫

第一节 绦虫类

第二节 吸虫类

第三节 线虫类

第二十四章 微生物

第一节 微生物及传染病

第二节 细菌的构造及生活

第三节 细菌与人生的关系

第四节 微生物的种类

第二十五章 家畜疾病与人生的关系

第一节 家畜与人类的关系

第二节 家畜的疾病

第三节 家畜疾病的预防

第二十六章 急性传染病的认识、预防及管理

第一节 天花

第二节 伤寒

第三节 赤痢

第四节 白喉

第五节 猩红热

第六节 霍乱

第七节 斑疹伤寒

第八节 鼠疫

第九节 流行性脑脊髓膜炎

第二十七章 慢性传染病的认识、预防及管理

第一节 结核病

第二节 疟疾

第三节 花柳病

第四节 砂眼

第五节 痳疯

第六节 黑热病

第二十八章 急救及护病常识

第一节 急救法

第二节 护病常识

第二十九章 种族卫生

第一节 种族卫生的重要

第二节 种族卫生与优生

第三节 种族卫生与遗传

第四节 种族卫生与经济

第三十章 妇孺卫生

第一节 妇孺卫生的重要

第二节 孕产妇死亡的原因及预防

第三节 婴儿死亡的原因及预防

第四节 学龄前儿童的保健

第三十一章 学校卫生

第一节 学校环境卫生

第二节 健康检查及畸缺矫正

第三节 学校传染病的预防

第四节 健康教育

第三十二章 职业卫生

第一节 职业种类与就业指导

第二节 职业疾患

第三十三章 交通卫生

第一节 水上交通卫生

第二节 陆地交通卫生

第三节 航空卫生

第三十四章 军队卫生

第一节 军队体格检查

第二节 行军卫生

第三十五章 公共卫生的重要及其设施概要

第一节 公共卫生的重要

第二节 公共卫生设施概要

第三十六章 乡村卫生的重要及其设施概要

第一节　我国乡村卫生的重要

第二节　乡村卫生行政的组织

第三节　乡村卫生设施概要

第三十七章　卫生行政组织及私立卫生机关团体

第一节　卫生行政组织

第二节　私立卫生机关

第三节　私立卫生团体

第三十八章　各国卫生设施概况

第一节　各国卫生设施的发展

第二节　各国政府统治下的卫生设施

第三十九章　生命统计

第一节　生命统计的功用

第二节　生命统计的种类及施行

（十四）《初中新动物学》

《初中新动物学》依据1941年教育部颁布的《修正初级中学博物课程标准》编辑，分上、下两册（下册未找到书籍信息），共二十章，供初中第一学年两学期教学用。上册由赵楷、楼培启编著，1938年在世界书局重排，1947年出版第12版。本书取材以我国日常所见及与人类生活最有关系的动物为主。对于各种动物的适应现象及与人类的利害关系等均有详细说明。关于爱护有益动物及驱除有害动物的常识，及时渗透。对于本书每纲代表动物，都有详细说明其形态构造及生活作用等项，其他同类的动物，则选择重要之处加以说明，并随时从已经教授过的材料中取相同或相异各点，分别比较，使学生能对所学知识融会贯通，且可理解动物进化的轨迹。本书使用白话文，并加标点。每章均附有习题，以供学生复习用。对于本书所用学名，在书末附有西中学名对照表，以便查考。

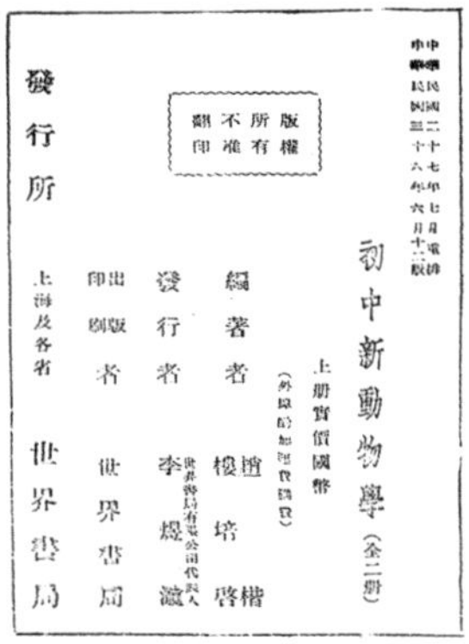

5—14

图5—14　《初中新动物学》（上册）封面及版权页，1947年第12版

《初中新动物学》目录（上册）

第一章　概论

第二章　哺乳纲

第一节　猫（本纲代表动物）

第二节　犬

第三节　牛

第四节　马

第五节　猕猴

第六节　象

第七节　鼠

第八节　蝙蝠

第九节 江豚

第十节 鼹鼠 鲮鲤

第十一节 袋鼠 鸭嘴兽

第十二节 哺乳纲通论

第三章 鸟纲

第一节 鸡（本纲代表动物）

第二节 鸭

第三节 鸽

第四节 燕

第五节 鹰

第六节 啄木鸟

第七节 鹤

第八节 鸵鸟

第九节 鸟纲通论

第四章 爬虫纲

第一节 龟（本纲代表动物）

第二节 蛇

第三节 蜥蜴 鳄鱼

第四节 爬虫纲通论

第五章 两栖纲

第一节 蛙（本纲代表动物）

第二节 蝾螈

第三节 两栖纲通论

第六章 鱼纲

第一节 鲤（本纲代表动物）

第二节 鲟鱼

第三节 沙鱼

第四节 肺鱼

第五节 鱼纲通论

第七章 脊椎动物通论

（十五）《吴氏高中生物学》（增订新版）

《吴氏高中生物学》（增订新版）由吴元涤编著，1938年在世界书局出版。本书初版发行后，得到广泛采用和赞许。本书1948年发行增订新版第18版，增订新版除对于教育部审查修正的条文分别遵照订正外，还遵照教育部1936年颁布的修正课程标准，重新进行改编，较之初版，修改较多，供高级中学及同等程度学校教学用。全书按照1936年修正课程标准分章节编制，体系清晰，取材新颖，记述简要，可供每周讲授2小时或3小时，并进行1次实验，满足一学年用。全书共8章，依次是概论、生物的基本组织、营养、感应和调节、生殖和生长、遗传、天演、分类，各章结尾设有“提要”一栏，将各章的要点分条摘记，并有问题若干道，便于复习和启发。书中关于生物形态构造的叙述，以提纲挈领、综合比较为准则，有助于学生明晰生物学的相关原理和共同法则。所举事例，皆选择种类普通、容易搜集的实物，以便随时随地进行实验观察。关于生物的生理和感应，以当时生物化学的进展为主介绍，如内分泌腺分泌物质等。遗传变异和优生优育与人类发展息息相关，内容比较复杂，因而精心挑选内容编入。关于生物的生态、适应和分类、分布等内容，虽限于篇幅，仅介绍概况，但特别重视分类法在中国历史上的沿革以及动植物在中国地理上的分布，以发扬本国固有文化和提升学生研究国产资源的兴趣。本书的附图均选自东西方专著，或由编者自行描绘，并逐一附以原版出处，方便考查。

5—15

图5—15 《吴氏高中生物学》（增订新版）封面及版权页，1948年第18版

《吴氏高中生物学》（增订新版）目录

第一章 概论

第一节 生物的特征

甲 动植物的通性

代谢作用 生长 生殖和死亡 活动性 感应性 适应性

乙 动植物的区分

运动 感觉 营养法 外形 细胞膜质

第二节 生物学及其分科

形态学 生理学 胚胎学 分类学 遗传学 进化论

第三节 研究生物学的意义及方法

学理的 应用的 观察 实验

提要 问题

第二章 生物的基本组织

第一节 原形质

显微镜性状 化学组成 物理性质

第二节 细胞

研究历史 构造 生产物 大小形状

第三节 细胞分裂

直接分裂 间接分裂 染色体的定数

第四节 细胞的集合和分化

绿团藻虫 大团藻虫 水螅

第五节 组织和器官

甲 植物的组织和器官

生长组织：原生生长组织 后生生长组织

永久组织：薄膜组织 保护组织 机械组织 输导组织 分泌组织

营养器官：根 茎 叶

生殖器官：花 果实 种子

乙 动物的组织和器官

皮膜组织 结缔组织 肌组织 神经组织

保护器官：皮肤 外骨骼

营养器官：消化器 循环器 呼吸器 排泄器

生殖器官：生殖腺 生殖输管 雌雄同体

运动器官：肌肉 骨骼

知觉器官：神经系 感觉器

第六节 器官的同源和同功

同源器官 同功器官

提要 问题

第三章 营养

第一节 植物的营养

植物的组成：药液培养

水液的吸收、运输和消失：水液上升学说

光合作用：物质变化 叶绿素的性状

养分的利用和贮藏：构成植物体质 贮藏的营养物质

呼吸作用：呼吸和代谢作用 分子间呼吸和发酵

第二节 动物的营养

消化作用：消化和分泌 口腔消化 胃腔消化 肠管消化 胰液 胆汁 肠液 消化和吸收 营养和生活素

循环作用：血液的性状 淋巴液 血液 循环的功能 血红素

呼吸作用：外呼吸 内呼吸 呼吸量 体温

排泄作用：肾脏的排泄 肺脏的排泄 皮肤的排泄

第三节 自然界物质的循环

碳的循环 氮的循环 其他各原素的循环

提要 问题

第四章 感应和调节

第一节 植物的感应性

趋性 向性 倾性

第二节 动物的感应

智力 感觉 运动

第三节 动植物的调节作用

神经系的调节作用：反射中枢 自律中枢 运动中枢 综合中枢

内分泌的调节作用：脑下垂体 松果腺 甲状腺 副甲状腺 胸腺 脾脏 副肾 胰脏 生殖腺

免疫体的免疫作用：免疫性 免疫体 免疫血清

提要 问题

第五章 生殖和生长

第一节 生殖方法

无性生殖：二均分裂 出芽生殖 胞子生殖

有性生殖：接合 受精 孤雌生殖 幼体生殖

世代交替：苔藓植物 羊齿植物 种子植物 疟疾原虫 水母 蚜虫

第二节 两性细胞的成熟

精子发生 卵子发生 植物生殖细胞的成熟

第三节 受精现象

体外受精和体内受精 受精的经过

第四节 胚胎发育

甲 植物的发生

羊齿植物 裸子植物 单子叶植物 双子叶植物 胚期后

乙 动物的发生

卵裂的型式 原肠期的形成 中胚层和体腔的形成 器官的发生 胚体发达和附属器官

第五节 变态

系统变态和后生变态 重现律

第六节 生长

植物的生长 动物的生长

提要 问题

第六章 遗传

第一节 孟德尔氏以前的遗传概念

斯宾塞氏说 达尔文氏说 内辯里氏说 惠诗曼氏说

第二节 孟德尔氏定律

孟氏定律的由来 孟氏的试验 孟氏的解释 孟氏两对以上因子的交配 孟氏律的要纲 人类毛发遗传的

例证

第三节　遗传的物质基本

染色体和因子的关系　遗传因子的定位　遗传因子的环连　遗传因子的互换

第四节　两性的遗传

从前的假想　现今的发现　两性决定的型式　伴性遗传

第五节　育种和优生

动植物的育种：纯系分离　杂种造成　变种保存

人体的遗传：身体形质的遗传　精神形质的遗传　疾病形质的遗传　优生的实际问题

提要　问题

第七章　天演

第一节　天演证据

形态学上的证据　发生上的证据　生理上的证据　化石上的证据　分布上的证据　系统上的证据

第二节　适应

机能上的适应：栖处　气候　食料　生殖　分布

构造上的适应：趋同律　趋异律

生物间相互的适应：群栖　群体　共生　寄生　防御器　保护色　拟态　警戒色

第三节　天演学说

特别创造论　生物偶生的概念　重要学说：用进废退说　淘汰说　生殖质说　突变说

第四节　人类的天演

人类的位置　人类的化石　人类出现时代和发祥地

提要　问题

第八章　分类

第一节　分类的方法

人为分类法：林挪氏分类法　李时珍氏分类法　自然分类法

学名的规定：二名法

第二节　植物分类大纲及其地理分布

植物分类：各门大要

植物地理分布：世界分布　中国分布

第三节　动物分类大纲及其地理分布

动物分类：各门大要

动物地理分布：世界分布　中国分布

西中名词索引

（十六）《开明新编高级生物学》

《开明新编高级生物学》由贾祖璋编。1948年在开明书店出版第1版，1949年出版第9版。本书由生物与生物学、细胞和器官、生物的生活、生物体的疾病、生物体与厚生、生物的进化各章以及附录组成，阐述了什么是生物，生物的特征，生物与其他学科以及民生、民族的关系，细胞的构造，组织和器官，生物个体和群体的生活，植物体以及动物体的疾病与防治，生物学与工业、农业和优生的关系，生物的进化等。此外，本书还非常关注生物学与社会生活的关系。

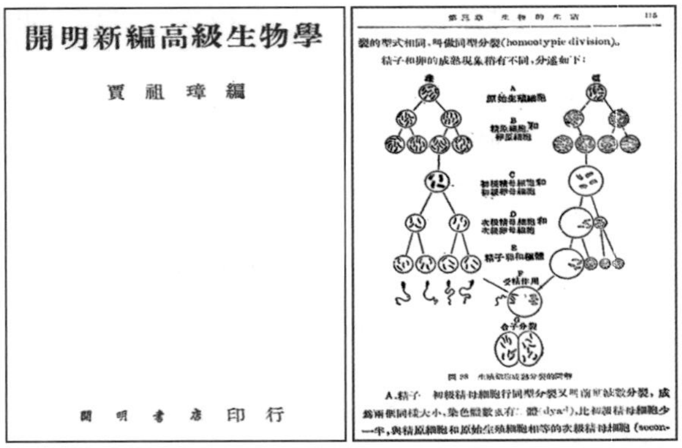

5—16

图5—16　《开明新编高级生物学》封面及内容节选，1949年第9版

《开明新编高级生物学》目录

第一章　生物与生物学
　第一节　生物的特征
　第二节　生物学及其分科
　第三节　生物学与其他科学的关系
　第四节　生物学与民生、民族的关系
　第五节　研究生物学的方法
第二章　细胞和器官
　第一节　细胞的构造、生理及其分裂
　　1. 细胞的构造
　　2. 原生质的性状
　　3. 细胞的生理
　　4. 细胞的分裂
　　5. 生命现象
　第二节　组织和器官
　　1. 单细胞生物和多细胞生物
　　2. 植物的组织
　　3. 植物的器官
　　4. 动物的组织
　　5. 动物的器官
　　6. 生物的体制
第三章　生物的生活
　第一节　维持个体的生活
　　1. 食物和摄食法
　　2. 消化作用
　　3. 水分的吸收、运输和消耗
　　4. 养分的利用和贮藏
　　5. 循环作用
　　6. 呼吸作用
　　7. 排泄作用
　　8. 自然界物质的循环
　　9. 感应调节和内分泌
　第二节　维持种族的生活
　　1. 生命的起源
　　2. 生殖的方法
　　3. 生殖细胞的成熟和受精现象
　　4. 胚胎的演发
　　5. 衰老和寿命
第四章　生物体的疾病
　第一节　植物体的病虫害和防治
　　1. 植物体的病虫害总说
　　2. 稻、麦、棉、豆的病虫害和防治
　　3. 桑、桐、茶的病虫害和防治
　　4. 重要果树和蔬菜的病虫害和防治
　第二节　动物体的疾病和防治
　　1. 蚕病和防治
　　2. 家禽疾病和防治

3. 家畜疾病和防治
4. 人体的疾病和卫生
5. 超视微生物和细菌
6. 原生动物和寄生虫
7. 血清和免疫
8. 细菌战争和防疫
9. 药用生物
第五章　生物体与厚生
第一节　工业与生物学
1. 酿造工业
2. 食品工业
3. 动植物油蜡胶漆
4. 纤维工业
5. 木材工业
6. 皮革工业
第二节　农业与生物学
1. 遗传学说
2. 孟德尔定律
3. 遗传的物质基础
4. 性与遗传
5. 植物生产和育种
6. 动物生产和育种
第三节　优生与民族
第六章　生物的进化
第一节　进化学说
第二节　进化例证
附录　西文索引

民国晚期使用的中学生物学教科书很多是以前版本的再版。此时期教育部强调推行“国定本”教科书，很多书局都被要求统一印刷和发行“国定本”教科书，但正中书局却遵照1941年教育部修正的课程标准出版了“新中国教科书”系列，该系列教科书中与中学生物学相关的有《新中国教科书初级中学动物学》《新中国教科书初级中学植物学》《新中国教科书初级中学生理卫生学》以及《新中国教科书高级中学生物学》。这套教科书封面简洁无图，书中插图精美，封面印有有“遵照三十年修正课程标准编著”“新中国教科书”字样，盖有非常醒目的“教育部审定”字印。整套教科书内容完整，全面展现了当时生物学发展的概貌。

此时期的中学植物学教科书在编排体例上与清末的植物学教科书相似，对植物的形态、解剖、生理、分类进行系统介绍，同时对植物的生态、应用与遗传相关知识有所关注和体现；而中学动物学教科书一直将动物类群作为主要内容，大部分教科书从动物的高等到低等呈现，对动物与人类的关系也越来越重视，编排体例与清末的动物教科书比较相似，有通论和各论，其知识体系更加科学和系统化，在关注动物应用的同时，有专门的章节讲述动物应用以服务于日常生活；中学生理卫生教科书在介绍人体基本构造、生理的同时，关注人体所处的外环境以及疾病与人体的关系，重视保健知识的传授和公共卫生体系的建立；高中生物学教科书则凸显生物的一般特征以及生物学与人类的关系，关注生物的疾病与防治以及生物的应用价值。

本章小结

抗日战争全面爆发后，国民政府教育部试图推行“国定本”教科书，并由国立编译馆统一负责教科书的编写与编审工作。与此同时，还成立了由正中书局、商务印书馆、中华书局、世界书局、大东书局、开明书店、文通书局联合组成的“国定中小学教科书七家联合委员会”，由该委员会作为部编教科书发行的领导机构，另外，下设“国定中小学教科书七家联合供应处”为业务机构，负责教科书的印刷与发行。

战乱对教科书编写与出版事业的严重影响，导致了民国晚期新编教科书的数量较少，学校使用的中学生物学教科书很多是以前版本的再版。直到1943年，“国定本”教科书开始发行，其中包括《初级中学动物》和《初级中学植物》，分别由正中书局和商务印书馆编写，版权则出让给了国立编译馆。此外，正中书局根据1941年修订的课程标准推出了“新中国教科书”系列，“教育部编审会”和“教育总署编审会”在此期间也出版了系列教科书。

该时期的中学植物学教科书对植物的形态、解剖、生理、分类进行了系统介绍，同时，对植物的生态、应用与遗传的相关知识也有所关注和体现；而中学动物学教科书则一直将动物类群作为主要内容，大部分教科书按照动物由高等到低等的顺序呈现，也更加重视动物与人类的关系，在内容编排上既有通论，又有各论，知识体系更加科学化和系统化，关注动物应用，并有专门的章节对相关知识进行讲述以服务于日常生活；中学生理卫生教科书在介绍人体基本构造、生理的同时，关注人体所处的外环境以及疾病与人体的关系，重视保健知识的传授和公共卫生体系的建立；高中生物学教科书则凸显生物的一般特征以及生物学与人类的关系，关注生物的疾病与防治以及生物的应用价值。

后　记

本书立足于生物学教科书实物，并借助CADAL（大学数字图书馆国际合作计划）、国家图书馆等数字资源，对1840—1949年间的社会背景、学制和所出版的相关生物学教科书文本按时间顺序进行史料分析，系统汇总了该时期不同时段使用较广的生物学教科书，并以图文的形式对版本信息和教科书内容进行了介绍与展示。本书力求以历史的视角、以发展的眼光重新审视中国近代生物学教科书的发展历程。通过资料的编选和呈现，反映中国近代生物学教科书发展的主要线索，展示其从国外引进、翻译，编译逐步走向自编的编写历程，以期给读者呈现该时期中学生物学教科书的编写与出版情况，还原近代生物学教育的概貌。

本书共分五章：第一章对近代教会学校、民间编译的早期生物学相关书籍和期刊进行了介绍；第二章介绍了晚清时期从“壬寅学制”颁布至中华民国成立之前，学制的产生及博物学教科书的国外引进情况，以及当时官编教科书和民间自编教科书的编写出版情况；第三章从民国初期教育变革与学制的介绍入手，整理了该时期生物学教科书的出版情况；第四章梳理了民国中期的新学制与课程标准、三大书局出版的生物学教科书以及其他出版机构与地方自编生物学教科书，展示了中国近代教科书成熟与稳定阶段生物学教科书的编写与出版情况；第五章对民国晚期中学教育状况和出版的中学生物学教科书进行了梳理。

清朝末年的教会学校和洋务学堂引入的博物教科书，为我国编写具有现代意义的中学生物学教科书奠定了基础。分析此书中整理的跨越百年的中学生物学相关教科书，其内容的选取关注植物、动物、生理及卫生，渗透着进化的观点，凸显结构与功能相适应的生命观念，强调与学生生活实际的联系，尤其关注对学生健康知识的教育，注重图文并茂，倡导实验，向学生传递了现代生物学研究的思维和方法。

本书所选取的时段距今年代久远，时间跨度较大，导致一些生物学教科书难以收录，部分资料的收集和整理不齐全，缺少佐证材料等，这是本书无法避免的问题。因为一些资料的缺失，且当前对该时期生物学教科书的研究资料较少，本书多从宏观的角度进行描述，没有进行深入分析。另外，民国时期（尤其是民国晚期）政局动荡、战争频发等社会因素对教科书的发行和使用产生了不可估量的影响，部分生物学教科书在重版后可能存在出版信息等变更的现象。

此书的面世，要特别感谢我的导师石鸥教授。我从2018年下半年开始参与此项工作，其间停停续续，有时因为资料的缺失也会产生畏难情绪，是石鸥教授总是在关键的时候给予了我最大的包容、鼓励和指导！感谢《百年中国教科书图文史：1840—1949》（13册）项目的负责人、广东教育出版社的林检妹女士，她为这本书的面世一再宽容了我的拖延，她和本书责任编辑李慧老师、阳洋老师的敬业、专业、高效给我留下了深刻印象。还要特别感谢我的研究生杨阳、马腾宇、周小红、刘珂和颜素凤，2018年底到2019年，杨阳和马腾宇大多数的时间都是在学校图书馆的古籍特藏部阅览室度过的，他们查书、笔录的身影还历历在目，此项研究的阶段性成果也在他们的毕业论文和海峡两岸暨香港、澳门教科书研讨会上作了分享。周小红在最近两年里，成为我最得力的助手，借书、查书、整理资料已成为他学习中的常态，他和杨阳对本书的内容提出了很多好的建议。马腾宇参与了第一章、第五章的编写，杨阳参与了第二章、第三章的编写，周小红参与了第四章、第五章的编写，并和刘珂、颜素凤一起负责图片的处理及校对工作。如果没有他们的辛勤付出，我是很难完成此项工作的，这本书的面世，也凝聚了他们的智慧和汗水！感谢学校图书馆古籍特藏部老师们给予的无私帮助！

由于缺乏经验，资料的收集还不够完备，有挂一漏万之忧，这也是此书稿一再拖延提交的最主要的原因，加之研究水平有限，本书还有很多不足，对一些文献的参考和引用也有可能遗漏，敬请批评指正。

2024年4月于长沙

（段巍，湖南师范大学生命科学学院教授，博士生导师）